Volker Reinhardt

Im Schatten von Sankt Peter

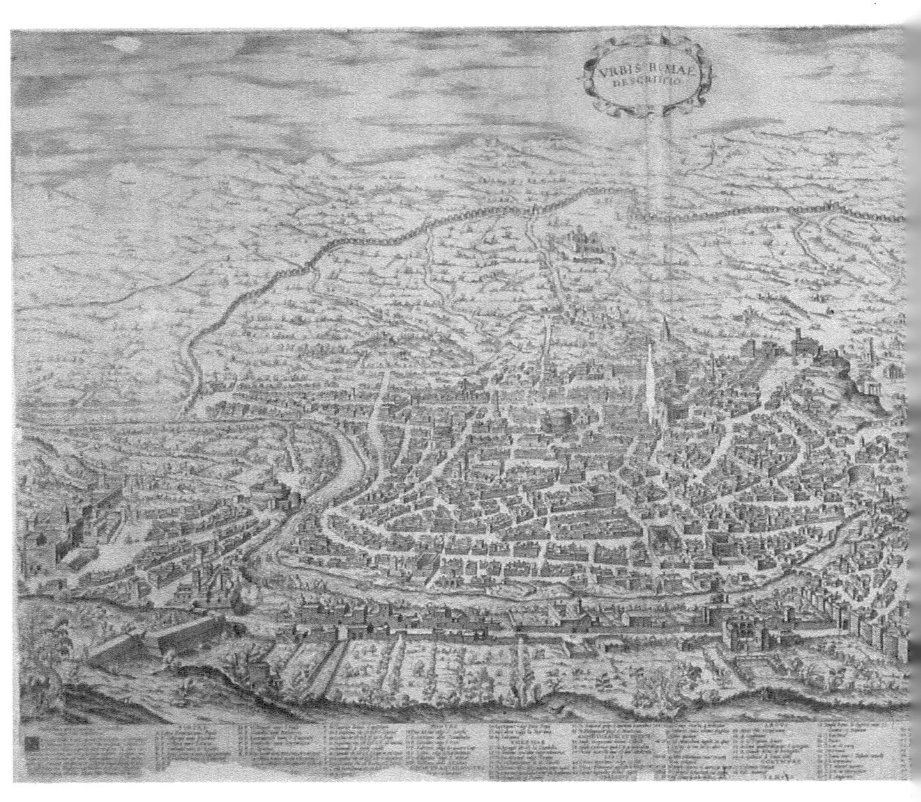

Ugo Pinard, Ansicht der Stadt Rom, um 1555.

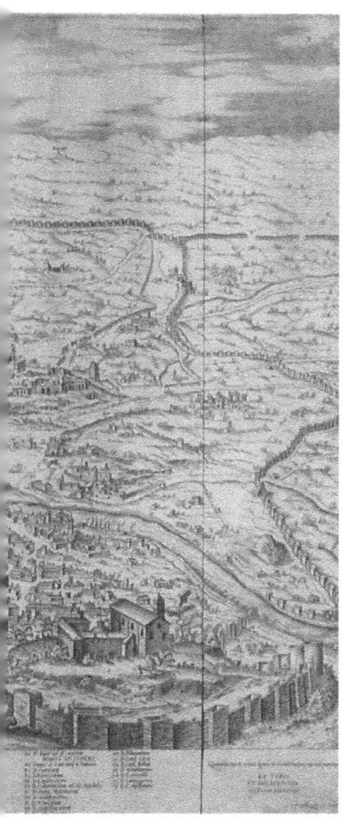

Volker Reinhardt

Im Schatten von Sankt Peter

Die Geschichte
des barocken Rom

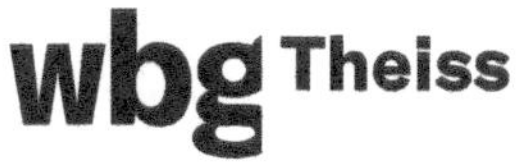

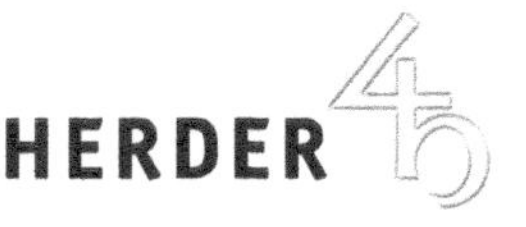

wbg Theiss

HERDER

FREIBURG · BASEL · WIEN

Inhalt

Einführung:
Lebensstationen einer Stadt

Für Pier Paolo Pasolini war der Verlust der Lebensordnung das Problem. Der 1975 in Ostia ermordete Autor und Regisseur diagnostizierte diese Orientierungslosigkeit bei den Römern der jungen, nach 1945 geborenen Generation. Ihre Vorfahren waren in ein vorgegebenes Gefüge hineingewachsen, das für alle Lebenssituationen approbierte Verhaltensweisen bot. Diese wiederum waren mit überkommenen Riten verknüpft. Ritualisiert war nicht nur der Alltag, sondern auch dessen Durchbrechung, etwa in Protest, Widerstand und Aufruhr. Diese Lebensordnung verband Zeit und Ewigkeit, Natur und Übernatur, Gegenwart und Vergangenheit, die Lebenden und die Toten.

Ob diese Lebensordnung am Tiber ganz verschwunden ist, lässt sich mit guten Gründen bezweifeln. Die Bettler des Jahres 2011 sammeln ihre Almosen an denselben Plätzen wie vierhundert Jahre zuvor. Die Anziehungskraft „aristokratischen" Auftretens kann man jeden Sonntag ab 17 Uhr in den Straßen um die Spanische Treppe mit eigenen Augen ermessen. Dann nämlich beginnt die *volta*, der Paradespaziergang der Familien, die etwas gelten wollen und deshalb durch Kleidung und Gestus ihre Geschlossenheit und ihren Rang vor Augen zu führen versuchen, und zwar umso aufwendiger und angestrengter, je weniger beides vorhanden ist. Ein weiterer Zweck dieser rituellen Präsentation besteht darin, Vernetzung sichtbar zu machen: Höhergestellte werden entsprechend unterwürfig, verbündete Gleichrangige freundschaftlich, tiefer Rangierende, sofern nützlich, leutselig gegrüßt. Der Appell an das christliche Mitleid, die Allgegenwart der Propaganda, die ständische Abstufung der Gesellschaft, die Notwendigkeit zu repräsentieren und der Stellenwert der Klientelverbände – diese (und nicht wenige weitere) Merkmale des heutigen Rom sind ein Erbe der Vergangenheit.

Die gültige, bis in die Gegenwart prägende Lebensordnung Roms bildete sich im 17. Jahrhundert aus. Die Stadt zehrt bis heute von dieser Vergangenheit: Das äußere Erscheinungsbild des Papsttums und der Kirche, der Straßen und Plätze ist in hohem Maße von dieser Zeit bestimmt, ebenso die Anziehungskraft auf die Fremden und damit der Tourismus als Hauptgewerbe und wichtigste Einnahmequelle. Dementsprechend trauerte Rom diesem „Goldenen Zeitalter" lange nach, manches von dieser Sehnsucht lebt bis heute fort. Alle Veränderungen der Folgezeit waren von außen erzwungen: die liberale Revolution von 1798, die Reformen im Zeitalter Napoleons, der „Anschluss" an das Königreich Italien 1870. Die Römer selbst blieben an diesen Wendepunkten ihrer Geschichte ganz überwiegend passiv, um bald danach die Rückkehr zur vermeintlich guten alten Zeit herbeizuwünschen.

Warum diese Beharrungskraft und diese Nostalgie? Was machte die „Lebensform Rom" im 17. Jahrhundert in den Augen so vieler Römer so vorbildlich? Eine weitere Analogie zum 21. Jahrhundert sticht sofort ins Auge: Der Glanz des „barocken" Zeitalters und damit auch die vorherrschende soziale Stabilität war erborgt, da auf Schulden gegründet. Rom konnte sich seine große Zeit zu keinem Zeitpunkt wirklich leisten. Das galt für alle Schichten: Die Verwandten der Päpste, die die Stadt in jeder Hinsicht dominierten, gaben Geld aus, das ihre „Wohltäter", die Päpste, aus den Ressourcen der Kirche abzweigten oder als Kredit aufnahmen. Doch auch die große Masse lebte unerhört privilegiert: In Rom herrschte – von wenigen, dramatischen Ausnahmen abgesehen – eine Stabilität des Brotpreises und damit der Lebenshaltungskosten, die den Armen das garantierte, was ein guter Herrscher als heiligste Pflicht zu leisten hatte: Überlebenssicherheit. Auch weitere Forderungen der kleinen Leute wurden erfüllt – zum Brot kamen die Spiele. Rom war die Stadt der lebenden und gemalten Bilder, der dauerhaften wie der vergänglichen Bildwerke aus Stein oder Pappmaché, der Illuminationen, Feuerwerke, künstlichen Überschwemmungen und Seeschlachten, in einem Wort: der Spektakel, des permanenten Augenschmauses. Zum Armenrecht auf Speisung kam der Anspruch auf Unterhaltung, zur Stabilität die Bewegung, zur Beharrung die Unruhe. Beides zusammen macht das Lebensgefühl des 17. Jahrhunderts aus. Sein städtebauliches und poetisches Sinnbild ist der Brunnen: eherne, unvergängliche Schale und funkelnd fließendes Wasser.

Die Kombination von beidem ist zugleich das Leitmotiv der päpstlichen Selbstdarstellung und Propaganda. Der rasende, reißende Fluss der Geschichte schwemmt Staaten und Fürsten empor und zieht sie wieder herab, doch das Papsttum steht über diesen Strudeln. Im Amt des Stellvertreters Christi auf Erden und in der Lehre der Kirche wandelt sich nur die Form, die Substanz aber bleibt unter allen Veränderungen der Oberfläche gleich. Von diesen Erschütterungen kann der Nachfolger Petri als Mensch ergriffen und gebeutelt werden, doch die Institution bleibt davon unberührt und unzerstörbar. Denn ihr ist die Hilfe Gottes gewiss, die der Papst als Statthalter des Himmels auf Erden nur abzurufen braucht: Botschaften, die die päpstlichen Auftragskunstwerke in Rom tausendfach verkünden.

Überhaupt ist Rom die Pionierstadt in Sachen Medien und Propaganda. Seit Nikolaus V. (1447–1455) ist es das Bestreben der Päpste, ihre Hauptstadt zum Spiegel ihres Amts und ihres Ranges zu gestalten. Die Medici in Florenz hatten eine Generation zuvor die Macht der Bilder und Bauten für die Zwecke der Herrschaftsfestigung und des Herrschaftsausbaus entdeckt. Sie hatten „ihre" Stadt mit eindrucksvollen Herrschaftszeichen ausgestattet, die ihre göttliche Vorherbestimmung zur fürstlichen Macht unter Beweis stellen sollten. Doch sie waren nie so weit gegangen, die lebende Stadt in diese Inszenierung mit einzubeziehen. Dieses Experiment blieb den Päpsten vorbehalten. Mehr noch: Diese *mussten* es wagen. Denn gemäß eigener Auslegung war die Macht des Papsttums von dieser Welt und zugleich nicht von ihr, denn sie beruhte auf den biblischen Einsetzungsworten Christi: Du bist Petrus, und auf diesen Felsen will ich meine Kirche bauen. Sie prangen wie eine Art Grundgesetz im Inneren von Michelangelos Petersdom-Kuppel. Diese Herrschaftsbegründung zeitlicher und überzeitlicher, politischer und geistlicher Art aber wurde von den Reformatoren ab 1520 vehement bestritten.

Die wirkungsvollste Methode, diesen doppelten Herrschaftsauftrag unter Beweis zu stellen, bestand darin, die Stadt mit ihren Einwohnern auf einer immer glanzvoller ausgestalteten Bühne mit immer kostbareren Kulissen in einem immer sorgfältiger ausgearbeiteten Schauspiel immer eindrucksvoller vor Augen zu führen. Bei dieser Inszenierung verstanden sich die Päpste als Drehbuchschreiber und Regisseure in einer Person. Doch dieser Anspruch erwies sich als nicht durchsetzbar. Die Römer aller Schichten waren nicht bereit, als willenlose Komparsen zu agieren; sie hatten eigene Vorstellungen von ihrer Rolle und von dem Stück, in dem sie auftreten sollten. Das Ergebnis war die Lebensordnung des 17. Jahrhunderts mit all ihren Ritualisierungen, ihrer minutiös ausgefeilten Darbietung von Herrschaft und Gefolgschaft, Geben und Nehmen, Anbindung und Eigenständigkeit. Doch nicht nur die Mitgestaltung der verschiedenen römischen Adelsklassen, der auswärtigen Botschafter, der Advokaten und kleinen Leute erzwang Veränderungen des Skripts, auch die tiefen Meinungsverschiedenheiten innerhalb der kirchlichen Führungsschicht selbst machten Kompromisse in der Inszenierung unumgänglich. In keinem anderen Herrschaftssystem waren die Ansichten darüber, wie, nach welchen Vorgaben, mit welchen Zielsetzungen und Formen der Selbstdarstellung regiert werden sollte, so tief gespalten wie in Rom. Hier war das Führungsgremium der Kardinäle seit anderthalb Jahrhunderten in nahezu allen Grundsatzfragen zutiefst zerstritten: Durften die Päpste ihre Verwandten fördern, und falls ja, wie intensiv? Sollten die Führungspositionen am päpstlichen Hof nach dem Grundsatz des Verdiensts und der Leistung allein oder auch durch Empfehlung einflussreicher Persönlichkeiten bzw. durch Verwandtschaft mit diesen besetzt werden? War es angebracht, „heilige" Päpste zu wählen, die die Welt durchgreifend verbessern wollten, oder war ein Petrus-Nachfolger die bessere Lösung, der nach dem Motto „Leben und leben lassen" regierte? Sollten auch die höchsten Kleriker nur von den Erträgen einer einzigen Pfründe leben, und falls nein, wie viele solcher „Benefizien" durften sie maximal übertragen bekommen?

In allen diesen Fragen gab es in Rom nie einen Konsens, sondern immer nur Kompromisse. Sie schlugen sich in Normen nieder, die immer nur für eine begrenzte Zeit galten, nie wirklich eingehalten wurden und deshalb maximal eine Überbrückungsfunktion hatten: Sie ließen moderate Vertreter verschiedener Richtungen aufeinander zu gehen und erlaubten damit mehrheitsfähiges Handeln. Vor allem aber gestatteten sie, die unliebsamen Aspekte einer Realität zu verdrängen, die durch permanente Abweichung von diesen Normen geprägt war. Die römische Lebensordnung des 17. Jahrhunderts ist von dieser Ausblendung, der Selbsttäuschung, die sie förderte, und damit von hoher Flexibilität innerhalb eines unverrückbaren Rahmens geprägt – auch das eine Übereinstimmung zum 21. Jahrhundert, in dem das Euro-Europa permanent gegen die selbst gesetzten Normen verstößt, doch diese Verletzung der eigenen Regeln entweder rechtfertigt oder ganz totschweigt.

Nur eine Lebensordnung, die solche Widersprüche zu einem Ganzen verschmolz, konnte in Rom populär und im Rückblick zu einem goldenen Zeitalter werden. Diese Widersprüche waren im Rom des 17. Jahrhunderts allgegenwärtig. Das Grundgesetz der Kirche schrieb vor, die Würdigsten für die Führungspositionen auszuwählen. Im Gegensatz dazu bestand der innere Kern der Kurie, des päpstlichen Führungsapparats, jedoch aus einem eng begrenzten Verbund dominierender Familien, die mithilfe ihrer Klientel die Verteilung von Ämtern und Macht bestimmten und darüber entschieden, welche Neuankömmlinge zugelassen wurden und welche nicht. Dieser Zirkel der etablierten Verwandtschaftsverbände konnte sich nicht völlig gegen außen abschließen, doch wurde der Aufstieg in die Kreise von Rang und Einfluss streng reglementiert. Er verlief normalerweise nicht nur über mindestens zwei Generationen, wobei meistens ein Erst-Einsteiger-Onkel dem noch erfolgreicheren Neffen den Weg bereitete, sondern barg darüber hinaus einen zweiten Widerspruch zwischen Anspruch und Wirklichkeit in sich: Karriereförderung durch Geld. Um den Einstieg in die kuriale Laufbahn zu bewerkstelligen, mussten sich die Kandidaten regelrecht einkaufen. Solche Investitionen wurden ferner unumgänglich, wenn die Prälaten nicht auf mittlerem Kader-Niveau stehen bleiben, sondern ganz nach oben aufsteigen wollten. Kardinalate konnten finanzkräftige Kandidaten im 17. Jahrhundert zwar nicht mehr ersteigern wie unter Alexander VI. Borgia (1492–1503), doch eine ziemlich sichere Anwartschaft auf den roten Hut konnten sie sich durch teure Ämter weiterhin erwerben, und zwar nach dem Prinzip „Verlier und gewinn!". Nach der Ernennung zum Kardinal mussten sie ihr Kaufamt aufgeben, das folglich wiederverkauft werden konnte – eine klassische Win-win-Option, der die Päpste bis zum späten 17. Jahrhundert nicht widerstehen konnten.

Verwandtschaft, Empfehlung, Geld: Alle drei Auswahlmethoden für Führungspersonal standen in unüberbrückbarem Widerspruch zu Anspruch und Selbstverständnis der Kirche – und zu ihrer Geschichte. Petrus, der Apostelfürst, war bekanntlich ein einfacher Fischer vom See Genezareth. Und das Evangelium preist die Armen und Erniedrigten, die das Himmelreich erlangen werden. Stattdessen herrschten an der Spitze der Kirche nützliche Netzwerke, deren Patrone ihre Kreaturen förderten und Gegenleistungen von diesen forderten. Für die Kritiker solcher Zustände herrschten somit Käuflichkeit und Korruption. Solche Anklagen durchziehen die Kirchengeschichte von Anfang an wie ein roter Faden. Besonders laut wurden sie in den Jahrzehnten vor der Reformation und im danach einsetzenden Konfessionellen Zeitalter, als die drei Rechtgläubigkeitssysteme Katholizismus, Luthertum und Calvinismus um das religiöse Wahrheitsmonopol und damit um den Anspruch kämpften, die einzig wahre, das heißt: apostolische Kirche zu sein.

Doch diese Schlacht tobte nicht nur zwischen den Konfessionen, sondern auch innerhalb ihres Führungspersonals. An der Spitze der katholischen Kirche waren die Ansichten darüber, wie man diese Widersprüche aufheben sollte, geteilt. Diese Meinungsverschiedenheiten betrafen nicht nur die praktischen Probleme Nepotismus, Klientelismus und Ämterkäuflichkeit, sondern weitere ins Auge stechende Gegensätze: Der Papst sollte als „gemeinsamer Vater" aller Christen wirken. Das hieß im 17. Jahrhundert konkret: Er hatte als unparteiischer Schiedsrichter und Schlichter des katholischen Europa zu amtieren, doch de facto nahm ein Papst wie Urban VIII. (1623–1644) während des Dreißigjährigen Krieges zwei Jahrzehnte lang für Frankreich und damit für eine der katholischen Hauptmächte Partei – zum Nachteil Spaniens, Frankreichs wichtigstem Konkurrenten. Weitere Widersprüche taten sich in Hofhaltung und Selbstdarstellung des Papsttums auf. Durften Päpste überhaupt Hof halten, durfte der Nachfolger des armen Fischers vom See Genezareth prachtvoll wohnen und prunkvoll auftreten? Schließlich war die Macht der Päpste nicht durch dynastische Erbfolge oder Eroberung, sondern allein durch die Bibel begründet. Doch diese Andersartigkeit teilte sich der Welt unter den Renaissancepäpsten von Sixtus IV. bis Paul III. (1471–1549) kaum noch mit: Im Vatikan wurden rauschende Feste gefeiert, Kardinäle und vor allem die Nepoten traten wie weltliche Fürsten auf. Diese „Verweltlichung" des päpstlichen Hofs wurde von innerkirchlichen Reformern im Umkreis des Reformkonzils von Trient (1545–1563) scharf kritisiert und vor allem unter Pius V. (1566–1572) rückgängig gemacht, doch war diese strenge Phase der römischen Hof-Verweigerung nur von kurzer Dauer.

Die Katholische Reform stellt sich nach neuesten Forschungen überwiegend als ein Mythos heraus. Alle Bestrebungen, die Herrschaft der Päpste rigoros zu normieren, hatten sich in unverbindlichen Empfehlungen erschöpft, vor allem in Sachen Nepotismus. Und noch ein folgenreiches Scheitern schlägt zu Buche. Seit den 1550-er Jahren hatte sich innerhalb des Kardinalskollegiums, zuerst unter Führung Marcelo Cervinis, der 1555 dreiundzwanzig Tage lang als Papst Marcellus II. regierte, und danach am nachdrücklichsten und vertieftesten unter der Führung Guglielmo Sirletos (1514–1585) eine „Intellektuellen-Fraktion" gebildet, deren Ziele letztlich auf eine fundmentale innere Umgestaltung der Kurie und des Papstamts hinausliefen. Sirleto schwebte die Schaffung eines Gelehrten-Gremiums ausgewählter Purpurträger vor, das künftig Grundsatzentscheidungen, vor allem im Bereich der Theologie und speziell zum Verhältnis von Kirche, Staat und Politik, treffen sollte, die auch für die Päpste verbindlich sein mussten. Mit dieser Anbindung ging es Sirleto mit dem Blick auf theologisch irregeleitete Pontifikate der Vergangenheit, die in seinen Augen die Spaltung durch die Reformationen mitverursacht hatten, darum, solche Rufschädigungen künftig zu vermeiden und stattdessen die innerkirchlichen Ausrichtungen des Papsttums und seine Beziehungen zu den weltlichen Herrschaften auf feste, künftig unverrückbare Fundamente zu stellen. Konkret hieß das, theologische Alleingänge theologisch nicht oder schlecht ausgebildeter Päpste zu verhindern, aber auch zum Zweck der Rekatholisierung an den Protestantismus abgefallener Mächte und Länder eine von Fanatismen freie Politik der „Kirchenräson", das heisst: mit Augenmaß und Rücksichtnahme auf nationale Befindlichkeiten, zu gewährleisten. Diese Strategien, die auf eine innere und indirekte, nach außen kaum sichtbare, aber umso effizientere „Konstitutionalisierung" des Papsttums hinausliefen, schienen unter Gregor XIII.

(1572–1585) noch gute Verwirklichungschancen zu haben, um danach unter Sixtus V. eklatant zu scheitern – gab dieser doch eigenmächtig, gegen das Votum der Fachleute, eine extrem fehlerhafte Ausgabe der Vulgata, der lateinischen Bibel, heraus und zeigte sich auch bei anderen theologischen und liturgischen Fragen gleichermaßen unberaten bzw. beratungsresistent. Daran änderte sich im 17. Jahrhunderts nichts mehr, im Gegenteil – was theologische Fachkompetenz und kulturelles Gesamtniveau betrifft, fielen Päpste und Kurie weit unter den Höchststand der 1570er- und -80er-Jahre zurück.

Zu Beginn des 17. Jahrhunderts versuchte die kuriale Führungsschicht eine neue, gewagte Synthese; sie bestand darin, innerweltliche Askese und mondänes Auftreten in ihrem Lebensstil zu vereinbaren. Antike Kunst und Mythologie hielten nach kurzer Verbannungsphase erneut ihren Einzug in Paläste und Villen von Kirchenfürsten. Zu diesem Zweck waren sie gleichsam exorzisiert und gereinigt worden: Die heidnischen Götter standen jetzt für christliche Tugenden oder für den Sieg der Enthaltsamkeits-Moral über vergängliche irdische Freuden, doch gewannen sie in den Statuen und Fresken eines Gianlorenzo Bernini und Pietro da Cortona eine Sinnlichkeit und Ausstrahlungskraft, die diese erbaulichen Lektionen überstrahlt oder sogar ins Gegenteil verkehrt. Noch Papst Sixtus V. (1585–1590) hatte auf den Sockeln der Obelisken, die er vor der römischen Kathedrale San Giovanni in Laterano und der Peterskirche aufstellen ließ, den Sieg der Märtyrer über die römischen Kaiser und damit den Triumph der Kirche über das Imperium gefeiert; durch das Opfer der Blutzeugen war das heidnische Rom geläutert und bezwungen zugleich. Dieser Austreibungsakt allein erlaubte es den Päpsten, das heidnische Erbe des Weltreichs für sich zu reklamieren. Von dieser radikalen Zäsur zwischen Heidentum und Christentum aber war in Hofhaltung und Kunstwerken des 17. Jahrhunderts immer weniger zu erfahren.

Die heidnischen Götter, der hedonistische Lebensstil der Kirchenfürsten, die den Sinnen schmeichelnde, die Sinne kitzelnde Kunst, der überbordende Nepotismus und damit eine Amtsauffassung, die Nebendinge zur Hauptsache macht, sind zurück, die Zeiten der Erneuerung vorbei: So lautete um 1600 die Kritik der *zelanti*, der wertkonservativen Radikalreformer. Innerhalb des Kardinalskollegiums waren sie zu einer wortmächtigen und moralisch respektierten Minderheit geschrumpft – auch das ein charakteristischer Widerspruch für Rom im 17. Jahrhundert: Die Worte der Mahner wurden gehört, ihre Werte akzeptiert, doch nicht umgesetzt. Sie blieben theoretisch in Kraft, wurden jedoch von verbindlicheren Regeln der praktischen Durchführung verwässert, aufgehoben und nicht selten ins Gegenteil verkehrt – stets hinter einer Propagandafassade, die ungebrochene Kontinuität und damit das Festhalten an den Grundprinzipien verkündete.

Sein und Schein entwickelten im Rom des 17. Jahrhunderts eine Eigendynamik, ja, geradezu ein Eigenleben wie kaum je zuvor: Rom wurde zur Pionierstadt des Medieneinsatzes. Gewiss, Propaganda war zu allen Zeiten dafür geschaffen, die tatsächlichen Motive, Ziele und Zwecke menschlichen Handelns ruhmvoll und prestigeträchtig umzudeuten, und zwar dadurch, dass eine völlige Übereinstimmung mit dem höchsten und respektiertesten Normensystem vorgespiegelt wird. Doch war dieser Gegensatz selten so tief wie in Rom, wo beruflich völlig unerprobte Papstverwandte in jugendlichem Alter höchste Ämter und Würden mit der Begründung übertragen bekamen, sie hätten sich durch ihre Leistungen um die Kirche verdient gemacht oder würden zumindest Anlagen erkennen lassen, die diese Großtaten mit Sicherheit erwarten ließen.

Das Gesetz des Widerspruchs zwischen Sein und Schein durchdrang im Laufe des 17. Jahrhunderts alle Bereiche des öffentlichen und privaten Lebens. Innozenz X. (1644–1655), dem Papst, dessen Proteste gegen den Westfälischen Frieden von 1648 und damit gegen die neue europäische Staatenordnung nach dem Dreißigjährigen Krieg wirkungslos verhallten, huldigen in Berninis Vierströmebrunnen auf der Piazza Navona alle vier damals bekannten Kontinente als ihrem von Gott eingesetzten Oberherrn. Ein Kardinalnepot wie Ludovico Ludovisi, dessen erborgte und umstrittene Machtstellung mit dem Tod des Familienpapstes Gregor XV. (1621–1623) unwiderruflich zu Ende war, ließ in den Fresken seiner Villa seinen ewigen Ruhm verkünden. Und der gigantische Bronzebaldachin über dem (dort vermuteten) Grab des Apostelfürsten in der Peterskirche huldigt – wie zahlreiche Wappensymbole anzeigen – ganz überwiegend nicht diesem, sondern der regierenden Papstfamilie Barberini. Deren weltlicher Nepot ließ im Familienpalast an der Via della Quattro Fontane die Taten des Herkules malen und sich dadurch als tugendhafter Halbgott verherrlichen, der durch seine heroischen Kämpfe gegen das Chaos zur Unsterblichkeit aufsteigt; gleichzeitig wurde hinter vorgehaltener Hand darüber getuschelt, dass der ebenso jähzornige wie tölpelhafte Neffe Urbans VIII. im Zorn einen seiner Diener erschlagen hatte. Andere Papstverwandte von allenfalls zweitklassiger Herkunft ließen sich als Abkömmlinge des Trojanerfürsten Aeneas feiern und legten sich phantasievolle Genealogien zu, die diese illustre Abstammung belegen sollten.

Rom im 17. Jahrhundert, die schizophrene, mit sich selbst zerfallene

Stadt? Für kritische Außenstehende wie protestantische Reisende oder besonders eifrige *zelanti* mochte es zumindest teilweise so aussehen: Bauten und Bilder verdeckten, übermalten, schönten und rechtfertigten nicht nur wie überall eine viel nüchternere und grauere Realität, sondern verkehrten sie geradezu ins Gegenteil. Solche Entdeckungen des Widerspruchs zwischen Schein und Sein reizten nicht erst im Zeitalter der Reformationen zu radikalen Rom-Demaskierungen, nach dem Muster: Die Stadt der Märtyrer und Heiligen ist in Wahrheit die biblische Hure Babylon, und der Papst ist der Antichrist, der böse Nachahmer Christi und teuflische Seelenverführer. Selbst den Römern, die mit ihren Bildwelten überwiegend in Eintracht und Harmonie lebten, konnte der Gegensatz zwischen virtueller und realer Welt schmerzhaft bewusst werden: Wenn sich ein Papst wie Alexander VII. (1655–1667) in Reliefs und Inschriften der Kirche Santa Maria della Pace in Zeiten bitterer Hungersnot als väterlicher Ernährer seines Volkes preisen ließ, kehrte sich die Botschaft der Werke gegen ihren Auftraggeber.

Doch das waren seltene Ausnahmen von der Regel. Sie besagt, dass der Schein der Kunstwerke nicht als Gegensatz oder gar als Widerspruch zum Alltag, sondern als dessen Vollendung und Überhöhung, mehr noch: als deren tiefster Sinn und wahre Wirklichkeit wahrgenommen wird. Mit anderen Worten: Nicht nur die Herrschenden, sondern auch die Beherrschten glaubten daran, dass sich hinter der unvollkommenen irdischen Existenz eine höhere Seinsform verbarg, die in Bauten, Fresken und Statuen ihren ewig gültigen Ausdruck gewann. Antithese und Synthese, Widerspruch und Harmonisierung sind somit unauflöslich ineinander verwoben. Gerade weil Rom in permanenter Übertretung der eigenen Grundwerte und Prinzipien lebte, bedurfte es der unaufhörlichen Kunstproduktion, die diesen Kontrast zu verdecken und die Widersprüche zu versöhnen vermochte, und wurde so zu einem beispiellosen Fest für alle Sinne. Doch auch wenn sich die große Mehrheit der Römer von der Überwindung der Gegensätze überzeugen ließ, blieb für eine Minderheit der Normenkonflikt und damit die Unvereinbarkeit von Ideal und Wirklichkeit bestehen. Für sie ging, allen Beschwörungen überzeitlicher Beständigkeit zum Trotz, das Streben nach einer radikaleren Umgestaltung aller Lebensbereiche und damit nach einer wahrhaft gottgewollten Lebensordnung weiter, auch diese Infragestellung aller Kompromisse gehörte zum Rom des 17. Jahrhunderts, wo sie in unterirdischen Friedhöfen mit unbestatteten Mönchsmumien und Kronleuchtern aus Menschenknochen makaber zelebriert wurde. Im letzten Viertel des 17. Jahrhunderts gelangten diese *zelanti* („Eiferer") sogar an die Macht und versuchten ihre Vorstellung von einer wahrhaft frommen Stadt in Köpfe und Stein einzuprägen; nach 1676 wurden Prunkpaläste zu Spitälern, Theater geschlossen und Volksfeste verboten – auch diese düster ritualisierte Weltverachtung gehörte zum Lebensgefühl der Zeit. Zwei Rom in einer Zeit, zwei Jahrhunderte in einem: Die Gegensätze türmen sich kuppelhoch.

Doch ob sinnenfroh oder weltverneinend, Rom war und blieb die Stadt der Bilder und der Bildergläubigkeit. Für die kleinen Leute Roms war die Pracht der Fresken, die ihnen die Freuden des Paradieses vor Augen führten, eine höhere Wirklichkeit. Für sie war ein gemalter Heiliger nicht, wie es die Dekrete des Konzils von Trient definierten, ein bloßer Abglanz und Widerschein in Farben, sondern ihr verehrter Fürsprecher im Himmel, wie er ewig leibte und lebte. Die fein säuberliche Unterscheidung zwischen Vorbild und Abbild war für sie weltfremde Theorie der Theologen; mochten sich diese über den „Fetischismus" des Volkes ereifern, das tote Leinwand anbetete – die einfachen Römerinnen und Römer wussten, was sie an diesen Kultobjekten hatten, nämlich Trost in einem stets prekären Alltag. Zu Beginn des 21. Jahrhunderts vermag – wie kommunikationswissenschaftliche Feldforschung belegt – ein sehr großer Teil von Daily-Soap-Konsument(inn)en zwischen „Fernsehwirklichkeit" und „Wirklichkeitwirklichkeit" nicht mehr zu unterscheiden; das belegen die Glückwünsche, die die Schauspieler(innen) bei den Geburtstagen der von ihnen gemimten Held(inn)en erhalten. Eine gemalte Madonna Raffaels für lebendig zu halten, ist überdies sehr viel leichter nachvollziehbar, als an die Lebensechtheit von Telenovelas zu glauben.

Nicht nur die einfachen Betrachter, auch die Auftraggeber der Propaganda im Rom des 17. Jahrhunderts glaubten an ihre eigenen Ruhmesbotschaften. Damit standen sie keineswegs vereinzelt dar. Überall in Europa hatten Staatskunstwerke eine Erziehungsfunktion für die Elite, die sie anfertigen ließ. Im Saal des Großen Rats der Republik Venedig wie der sehr viel kleineren, aber ebenfalls souveränen eidgenössischen Republik Fribourg hatten die Mitglieder dieses Gremiums die Werte, denen sie verpflichtet sein sollten, und die Tugenden, die sie haben sollten, zusammen mit den Früchten ihrer guten Regierung gemalt vor Augen. So war es auch in Rom, doch ging hier der Prozess der Selbstüberredung noch viel weiter. Nicht nur der neu gewählte Papst, sondern dessen ganze Familie fühlt sich vom Heiligen Geist erhoben und entsprechend vorherbestimmt: Wir sind die Kirche! Und da wir rastlos für sie wirken, ist jegliche Form von Bereicherung und Rangerhöhung ein bescheidener Lohn für höchste Verdienste – so lautete die Ideologie der Nepoten schlechthin.

Die Veredelung des allzu kurzen Lebens durch die Schönheit des Scheins, die Aufwertung des Niedrigen durch Erhabenheit, die Überwindung der Vergänglichkeit durch die Ewigkeit des Ruhmes – diese Wahrnehmung eines höheren Seins hinter den flüchtigen Erscheinungsformen der irdischen Existenz gehörte als unverzichtbarer Kernbestand zur Lebensordnung, wie sie sich im Rom des 17. Jahrhunderts dauerhaft und gültig ausbildete. Ohne diese doppelte Lesart des Lebens wäre das Dasein unerträglich gewesen, nicht nur für die große Mehrheit der Einwohner, die wenig mehr als ihr täglich Brot hatten, sondern auch für die schmale Minderheit der Reichen und Mächtigen. Sie alle waren auf ihre Weise fromm und von der alleinigen Wahrheit der katholischen Religion zutiefst durchdrungen. Und für sie alle war die Vorstellung, dass ihre – durch die schnellen Machtwechsel begrenzte – Herrlichkeit in einem christlichen Elysium fortdauerte, ebenso selbstverständlich wie unverzichtbar.

Das Regelwerk dieser römischen Lebensordnung schlägt sich in Lebensstationen nieder, die sich wiederum in ritualisierten Tätigkeiten manifestieren. Sie gliedern die befristete Existenz des Einzelnen, der Gruppe, der Gesellschaft und setzen sich über Generationen hinweg fort. So lässt sich die Geschichte Roms im 17. Jahrhundert in ihnen erfassen.

1.

Wählen:
Triumphe und Niederlagen im Konklave

Das Papsttum der Neuzeit war eine Wahlmonarchie, und zwar die einzige ihrer Art, die Anspruch auf uneingeschränkte Souveränität in einem eigenen Staat erheben konnte. Seit dem 11. Jahrhundert wählten die Kardinäle den Papst, seit dem 13. Jahrhundert im Konklave, das heißt: Sie wurden so lange eingeschlossen, bis ein Kandidat das Rennen gemacht hatte. Das ist bis heute so geblieben. Weißer Rauch aus dem Schornstein der Sixtinischen Kapelle zeigt an, was der Dekan der Kardinäle kurz darauf von der Loggia der Pesterskirche verkündet: Habemus Papam, wir haben einen Papst. Für ein Amt, das den schwindelerregenden Anspruch erhob, die Nachfolge Christi auf Erden anzutreten, und auf dieser Grundlage die doppelte Oberhoheit über Kirche und Politik einforderte, war der Tod seines Inhabers ein in mehrfacher Hinsicht krisenhafter Augenblick. Er zeigte die Ungleichheit zwischen dem Begründer des Amts, dem zum Himmel aufgefahrenen Gottessohn, und dem sterblichen Nachfolger – ein Gegensatz, der kritische Rückfragen zur Legitimität dieser Nachfolge und der darauf begründeten Machtstellung aufkommen lassen konnte. Problematisch war die Sedisvakanz – die Verwaistheit des päpstlichen Stuhls – darüber hinaus als Machtvakuum. In diesen Zwischenzeiten ohne Papst ging die herrscherliche Gewalt an das Kardinalskollegium über, so die Theorie. Die Römer sahen das jedoch anders. Für sie schlug in papstlosen Zeiten die Stunde der Revanche. Jetzt war die Gelegenheit gekommen, offene Rechnungen zu begleichen, erlittenes Unrecht wiedergutzumachen, mit anderen Worten: die Welt wieder ins Lot zu bringen. Darin spiegelt sich gewiss eine sehr traditionelle Auffassung von Macht und Machtausübung wider, nach dem Muster: Der Papst ist tot, die Gesetze sind außer Kraft, es lebe die anarchische Freiheit! Doch war dieses Verhalten zugleich modern und konsequent: Ein Pontifikat war de facto die Herrschaft einer Familie und ihrer Gefolgschaft. Wer nicht dazu gehörte oder gar zu den Feinden des herrschenden Netzwerks zählte, holte sich in der Zeit der Herrscherlosigkeit, was ihm seiner Ansicht nach zustand, bevor die Ressourcen an die nächste Interessengruppe übergingen.

Aus allen diesen ideologischen und herrschaftspraktischen Gründen war es von höchster Bedeutung, Sedisvakanzen möglichst kurz zu halten und für einen eindeutigen Ausgang des Konklaves zu sorgen. Doppelwahlen hatten zuletzt 1378 zu einer Spaltung der Kirche (Schisma) mit verheerenden Folgen für alle Seiten geführt; am Ende hatte sich das Konzil über den Papst gestellt, die drei konkurrierenden Päpste abgesetzt bzw. zum Rücktritt bewogen und 1417 einen neuen gewählt. Diese Oberhoheit der Kirchenversammlung über den Stellvertreter Christi auf Erden war zwar schon ein knappes halbes Jahrhundert danach wieder rückgängig gemacht und ins Gegenteil verkehrt worden, doch saß die Angst vor einem erneuten Schisma im Vatikan weiterhin tief. Eine eindeutige und praktikable Wahlordnung war deshalb vonnöten. Sie wurde 1488 mit dem *Caeremoniale Romanum* erlassen, das die schriftliche Stimmabgabe (Skrutinalwahl, von lateinisch *scrutinium*: Wahlzettel) mit dem Text „Ich, Kardinal X, wähle zum Papst den Kardinal Y" vorsah, doch verblüffenderweise zwischen 1513 und 1621 kein einziges Mal eingehalten. Anders ausgedrückt: Mehr als 100 Jahre lang verstieß das Papsttum in einem seiner symbolträchtigsten und politisch bedeutsamsten Akte gegen sein eigenes Grundgesetz.

Stattdessen wurden die Päpste durch die sogenannte Adoration gewählt. Nach mehr oder weniger langwierigen Vorgesprächen der Parteiführer wurde ein Kardinal auserkoren, für den eine Stimmenmehrheit vorhanden zu sein oder zumindest möglich schien. Danach begann der Chef dieser Lobby damit, seinen Kandidaten durch Verneigung und Fußkuss als neuen Pontifex maximus zu „adorieren", das heißt: sichtbar zu verehren. Wenn sich die nötige Zweidrittelmehrheit anschloss, war die Wahl rechtsgültig vollzogen. Die nachträgliche Abgabe der Stimmzettel änderte daran nichts mehr.

Warum diese Abweichung von der vorgesehenen Ordnung? Auch die eigentlich vorgeschriebene Skrutinalwahl war alles andere als geheim. Jeder Wahlzettel sollte dem *Caeremoniale* gemäß im Konklave vor dem gesamten Kollegium verlesen werden, sodass alle Kardinäle jederzeit wussten, wer für wen votierte – und, für die künftige Gunstverteilung mindestens so wichtig, wer nicht. Die Adoration bot also nicht mehr Transparenz, wohl aber mehr Dynamik und damit mehr Beeinflussungsmöglichkeiten. Das zeigt die dramatischste aller Adorationswahlen, aus der Clemens VIII. (1592–1605), der erste Papst des 17. Jahrhunderts, als Sieger hervorging. Sein Vorgänger Innozenz IX. war nach einem Pontifikat von wenigen Wochen am 30. Dezember 1591 gestorben; er war schon der vierte Papst, der in weniger als zweieinhalb Jahren das Zeitliche segnete. Nach so vielen kurz aufeinanderfolgenden Sedisvakanzen war das Bedürfnis nach einer längeren Regierungszeit und damit nach Stabilität groß. Und ein Kandidat, der das alles garantieren konnte, war auch vorhanden: Kardinal Giulio Antonio Santori, seines Zeichens Chef der römischen Zentralinquisition und wegen seiner Strenge als Generalinquisitor gefürchtet. Für ihn hatten seine Promotoren – so schien es – 36 der 52 Kardinäle, die am Abend des 10. Januar 1592 das Konklave bezogen, gewonnen und damit die Zweidrittelmehrheit sicher. Um den 16 abseits Stehenden gar nicht erst die Gelegenheit zu geben, einen Gegenkandidaten aufzubauen, schritten die Anhänger Santoris schon am nächsten Morgen um sechs Uhr zur Tat. Sie kündigten ihm, wie in solchen Fällen üblich, die Wahl zum Papst an und führten ihn zur Adoration in die Cappella Paolina. Zu diesem Zeitpunkt fühlte sich Santori durch die vorangegangenen Huldigungsakte seiner Parteigänger bereits als Papst. Als solcher wurde er von ihnen nicht nur angesehen und angesprochen, sondern auch behandelt – seine Konklavehelfer plünderten seine Zelle, wie es der uralte Ritus vorsah. Wer zum Papst erhoben wurde, wechselte die Identität, brauchte also die Güter aus seinem vorangehenden Leben nicht mehr; an diesen durften sich diejenigen gütlich tun, die ihm zur Wahl verholfen hatten. Wir, der erfolgreiche Kandidat und seine nützlichen Freunde, sind Papst: Diese Devise galt leicht abgewandelt für den ganzen Pontifikat. Doch die Freunde Santoris freuten sich zu früh.

In der von Michelangelo ausgemalten Cappella Paolina angekommen, versuchten die Organisatoren des Wahl-Handstreichs, die eigentliche „Anbetung“ durchzuführen. Doch das gestaltete sich schwierig. In der Kapelle war es so dunkel, dass die Kardinäle nicht die Hand vor Augen sehen konnten. Fackeln ließen sich auf die Schnelle nicht auftreiben, die Zahl der Anwesenden war im allgemeinen Gedränge nicht sicher festzustellen. Zudem machte sich die Opposition der sechzehn immer bemerkbarer. Sie hielten die Stellung in der Sixtinischen Kapelle und sandten Boten aus, um in letzter Minute wenigstens einen der Wahlwilligen abzuwerben. Mit Erfolg: Kurz vor dem alles entscheidenden Moment der finalen Huldigung brach plötzlich Kardinal Ascanio Colonna in den Ruf aus: Ich will ihn nicht, ich habe mich getäuscht, ich werde ihn nie wählen, so wahr ich Ascanio Colonna heiße.

Was diesen Stimmungsumschwung bewirkt hatte, ist unbekannt. Auf jeden Fall zog Colonna von der Mehrheits- zur Minderheitskapelle um, wo er naturgemäß mit Jubel begrüßt wurde. Jetzt waren es also in der Cappella Paolina nur noch 35 Wähler. Das reichte rein theoretisch immer noch zur notwendigen Stimmenzahl, falls Santori sich selbst huldigte; doch das ließ sich mit der Forderung nach *humilitas*, der von einem neuen Papst verlangten Bescheidenheit und Unterordnung unter den Willen des Heiligen Geistes, kaum vereinbaren. Schweren Herzens mussten die Fädenzieher des Unternehmens jetzt doch noch Wahlzettel austeilen lassen. Allerdings verkündete Santori, diese schriftliche Abstimmung sei nur noch eine Formalität, die seine Wahl auch ohne Zweidrittelmehrheit nicht mehr rückgängig machen könne. Doch musste er sich sagen lassen, dass er noch nicht Papst, sondern immer noch Kardinal war. Und dabei blieb es. Bei der Auszählung der Skrutinien fehlten Santori vier Stimmen; zwei weitere Kardinäle wählten ihn im (vom *Caeremoniale* approbierten) Akzess (Anschlussverfahren), die beiden fehlenden Voten aber konnte er trotz aller Bemühungen nicht mehr gewinnen. Papst wurde stattdessen der florentinische Kardinal Ippolito Aldobrandini, wie auch Santori schließlich anerkannte. So kurz vor dem Ziel das eigene Scheitern einzugestehen und dem Konkurrenten zu huldigen, kostete ohne Frage Selbstüberwindung.

Die Kunst, ohne Gesichtsverlust abzudanken, Macht abzugeben und Niederlagen zuzugeben, war in Rom systembedingt viel weiter ausgebildet als im übrigen Europa (und in weiten Teilen der Welt bis heute). Gewiss, in Republiken wie Venedig oder Bern gaben Spitzenpolitiker des 17. Jahrhunderts ihre Ämter auf, wenn ihre (meist sehr kurze, maximal auf ein Jahr befristete) Amtszeit abgelaufen war, doch konnten sie sich nach einer kürzeren „Verbotszeit" wieder zur Wahl stellen. Für unterlegene Kardinäle und die Verwandten eines verstorbenen Papstes aber gab es nach 1534 kein Comeback; zuvor wurden in gut einhundert Jahren fünfmal Päpste gewählt, die vorher selber Nepoten gewesen waren. Doch seit dem Konzil von Trient galt eine solche Zweifach-Erhöhung einer Familie als anstößig.

Das Adorationsverfahren aber hatte sich zu Beginn des 17. Jahrhunderts zugleich bewährt und diskreditiert, je nach Blickwinkel und Einstellung. Die Häupter einer Kardinals-Gefolgschaft kannten kein besseres Mittel, um ihren Willen durchzusetzen. Im stillen Kämmerlein einen Wahlzettel auszufüllen – selbst wenn dieser später öffentlich verlesen wurde –, bot bessere Chancen, den eigenen Willen gegen den Druck eines übermächtigen Parteiführers zu behaupten, als die öffentliche „Anbetung" des Kronfavoriten; wer mochte bei Kniefall und Handkuss schon für alle sichtbar abseits stehen? Doch auch die Schattenseiten dieser Erhebung im Schnelldurchgang waren 1592 unübersehbar geworden. Sie sollten schon im übernächsten Konklave vom Mai 1605 noch krasser hervortreten. Wieder glaubte eine Partei genügend Anhang zu besitzen, um eine erfolgreiche Adoration in die Wege zu leiten. Wieder war eine Minderheit nicht einverstanden; in ihren Augen war der Auserkorene, Kardinal Domenico Tosco, als ehemaliger Soldat seines schroffen Auftretens und martialischen Images wegen unannehmbar. Diesmal hatte ein besonders angesehenes Mitglied des Kollegiums, der als Kirchenhistoriker profilierte und als moralische Autorität respektierte Kardinal Cesare Baronio, sogar den Mut, diese Bedenken laut und vernehmlich vorzutragen, und zwar gegen den Strom der Kardinäle, die zur „Anbetung" schritten. Trotzdem hatte dieser Kassandra-Ruf in letzter Minute Folgen: Einige eben noch zur Wahl bereite Kardinäle stoppten, machten ihr Votum rückgängig und schlugen stattdessen den Mahner und Warner Baronio selbst vor. Dieser war jedoch der spanischen Krone und damit den spanientreuen Kardinälen nicht genehm, da er als Geschichtsschreiber die Anwesenheit des Apostels Jakobus, des spanischen Nationalheiligen, auf der Iberischen Halbinsel in Zweifel zu ziehen gewagt und damit einen Sturm der Entrüstung entfesselt hatte. Daraufhin kam es zu Aufruhr und Gedränge, Prunkgewänder wurden zerrissen. Am Ende schlug wie 1592 die Stunde eines Kompromisskandidaten, des Kardinals Camillo Borghese.

Borghese hatte keine Feinde, galt bei leichter Vorliebe für Spanien als politisch wenig exponiert, juristisch beschlagen und fromm. Fazit: ein ziemlich unbeschriebenes Blatt und damit das ideale Profil für einen Papst des 17. Jahrhunderts. Gegen ihn sprach (genauso wie gegen seinen Vorvorgänger Clemens VIII.) nur sein Alter: Mit 52 Jahren war er eigentlich viel zu jung. Andere Kardinäle wollten auch noch Papst werden. Ein zu langer Pontifikat ließ zudem für die nicht gewählten Konkurrenten und ihre Gefolgschaft eine schlimme Dürrezeit erwarten. Den Großmächten Spanien und Frankreich schließlich waren Päpste im Vollbesitz ihrer körperlichen und geistigen Kräfte meist unerwünscht; sie ließen sich schwerer beeinflussen oder gar lenken. Vorlieben und Abneigungen dieser Art blieben in Rom nicht ohne Folgen. Beide Monarchen waren seit Langem daran gewöhnt, eine ansehnliche Zahl ihrer Wunschkandidaten mit dem roten Hut der Kardinäle geschmückt zu sehen. Darüber hinaus war ihnen, je nach politischer Ausrichtung der jeweiligen Pontifikate, in der Regel mindestens einer der ehemaligen Kardinalnepoten der verstorbenen Päpste verpflichtet.

Trotzdem war die Gemengelage im Konklave komplizierter als eine bloße Pro-Spanien- und Pro-Frankreich-Konstellation. Das zeigte sich daran, dass die jeweiligen Parteiführer auch nach langen Pontifikaten nie über die Gesamtheit der Kardinäle verfügen konnten, die ihr Onkel ernannt hatte. Dabei hätte es – den ungeschriebenen Gesetzen der Klientel gemäß – eigentlich anders sein müssen. Die Verleihung eines roten Huts verpflichtete den Empfänger zu lebenslanger Gefolgschaftstreue. Wurde er selbst Papst, so fühlte er sich gemeinhin zu einem rituellen Dankabstattungsakt gedrängt, der im Insiderjargon der Kurie *rendere il cappello*, den Hut zurückgeben, hieß. Mit anderen Worten: Der regierende Pontifex maximus gab einem Mitglied der Familie, deren Papst ihn zum Kardinal gemacht hatte, das von diesem „geschenkte" Kardinalat zurück. Ich gab, damit du später wieder geben wirst – diese Norm hielt den Kreis der Familien, die die Kurie dominierten, eng.

Doch grenzenlose Loyalität, ein bedenkenloses Durch-dick-und-dünn-Gehen konnte kein Papst jemals erzwingen, mochte er noch so viele rote Hüte „verschenkt" haben. Das zeigt die Wahlbilanz des 17. Jahrhunderts klipp und klar: Kein Papst des 17. Jahrhunderts bekam seinen Wunschnachfolger; kein Kardinalnepot konnte als Nachlassverwalter seines verstorbenen Onkels dessen Lieblingskandidaten durchsetzen. Dagegen sprach, dass sich durch eine solche Gefälligkeitswahl die bestehenden Machtverhältnisse nicht nur fortsetzen, sondern weiter verhärten und zuspitzen würden. Doch der eigentliche Grund für diese „Nachfolge-Verweigerung" bestand darin, dass über die jeweilige Vernetzung und Verflechtung hinaus zusätzliche und nicht selten ausschlaggebende Motive für Ablehnung oder Annahme ins Spiel kamen: persönliche und familiäre, doch – wie die gescheiterten Kandidaturen Santoris, Toscos und Baronios zeigen – auch theologische und im weitesten Sinne moralische und weltanschauliche Gesichtspunkte. Zudem mussten sich die Päpste der kritischen Betrachtung durch die Andersgläubigen stellen. Hier konnten sie zwar kaum etwas gewinnen, doch unterschiedlich viel verlieren – ein Papst mit Generalsmanieren wäre für die Protestanten aller Couleur unschätzbare Munition im Kampf um die Seelen gewesen. Zusätzlich mussten also Außenwirkung und Image der Kandidaten in Rechnung gestellt werden. Da die Konkurrenz der Konfessionen um das christliche Wahrheitsmonopol ganz überwiegend an der Sittlichkeits-Front ausgetragen wurde, mussten sich die Kandidaten in puncto Sexualverhalten minutiös überprüfen lassen. Noch Gregor XIII. (1572–1585) hatte vor seinem Eintritt in die kirchliche Laufbahn einen Sohn gezeugt – Wiederholungen unerwünscht.

Alle diese Auswahlkriterien machten eine gründliche Konklavereform erforderlich. Sie kam um die Jahreswende 1621/22 während des Pontifikats Gregors XV. Auch dieser Bologneser Papst war im Februar 1621 als ein typischer altersschwacher und kränkelnder Kompromisskandidat gewählt worden. Doch de facto regierte – äußerst untypisch für das 17. Jahrhundert – sein junger, tatkräftiger, intelligenter und machtbewusster Neffe Ludovico Ludovisi (1595–1632). Wie seine Vorgänger erhielt er als Kardinalnepot den hochtrabenden Titel eines „Oberaufsehers des Kirchenstaats" und war damit theoretisch für die innere Politik des päpstlichen Herrschaftsgebiets ebenso wie für dessen diplomatische Beziehungen zu anderen Mächten zuständig. Als einziger Papstneffe des 17. Jahrhunderts war Ludovisi diesen vielfältigen Herrschaftsaufgaben auch gewachsen – und wie!

Die neue Wahlordnung, die Gregor XV. am 15. November 1621 erließ, spiegelt die prekäre Stellung seines Neffen ganz klar wider. Nach menschlichem Ermessen würde der Ludovisi-Pontifikat nicht lange dauern; eine große Gefolgschaft mit zahlreichen Kardinälen konnte der Nepot daher nicht um sich scharen. So bot ihm die Adorationswahl nur minimale Chancen, einen eigenen Kandidaten durchzubringen. Doch solche Parteierwägungen waren nicht alles, dazu kam ein aufrichtiger Reformimpuls: Wenn der Katholizismus verlorenes Terrain zurückerobern wollte, mussten Päpste gewählt werden, die als moralisches Vorbild taugten, auch bei den Gegnern. Überbordende Begünstigung der eigenen Blutsverwandten aber war prestigeabträglich. Nepotismus war nichts anderes als eine besonders zugespitzte Form von Klientelismus, nach dem Motto: Blut ist dicker als Wasser. Die Macht der Netzwerke aber konnte man nur eindämmen, wenn die Kardinäle im Konklave nicht nach Parteizugehörigkeit, sondern nach ihrem Gewissen allein entschieden. Genau das schrieb ihnen die neue Wahlordnung vor, und zwar in den schärfsten Tönen. Jeder Kardinal hatte künftig bei der Abgabe seines Stimmzettels einen Eid abzulegen, in dem es um Heil oder Verdammnis ging: Ich wähle den Kandidaten, den ich für den würdigsten halte, im Bewusstsein, darüber am Tag des Jüngsten Gerichts vor Gott Rechenschaft ablegen zu müssen. Negativ ausgedrückt: Wer sein Gewissen übertönte, um der Stimme des Parteiführers zu folgen, würde mit seinem Patron zusammen in die Hölle wandern.

Diesen bedrohlichen Schwur mussten die Wähler des neuen Papstes sinnigerweise vor Michelangelos Riesenfresko des Jüngsten Gerichts in der Sixtinischen Kapelle ablegen. So hatten die Kardinäle bei der Stimmabgabe die aufbrechenden Gräber des Jüngsten Tages zur Linken und die grausigen Teufelsgestalten, die ihre von Christus verdammten Opfer in die ewigen Höllenfeuer trieben, gegenüber. Das gewaltige Kunstwerk diente somit als moralische Wahlhilfe, eine eindrucksvollere Bildpädagogik war schlichtweg nicht denkbar. Schon in der Cappella Paolina waren die Wähler einem mahnenden Fresko Michelangelos ausgesetzt gewesen. Hier blickte sie der mit dem Kopf nach unten ans Kreuz genagelte Apostel Petrus an, und zwar so intensiv, als wollte er ihnen ins Gewissen reden. Doch die Ansicht der Unterwelt war ohne Frage noch wirkungsvoller. So spricht alles dafür, dass die Sixtinische Kapelle des gewaltigen Freskos wegen von jetzt an als Wahlort festgeschrieben wurde.

Zeitigte das neue Reglement in Verbindung mit dem Bild Folgen? Würde das Konklave von jetzt an anders ablaufen, der Wahlausgang anders ausfallen? Norm stand gegen Norm: Die Pflicht zur Gefolgschaft, die wiederum aus der Pflicht zur Dankbarkeit herrührte, prallte auf die kategorische Forderung, den Würdigsten ohne Anschauung der Partei zu wählen. Welches Gesetz würde sich als tiefer verinnerlicht und damit stärker erweisen? Oder würden sich beide Regeln gegenseitig aufheben und dadurch chaotische Zustände einreißen? Die Römer vermuteten offensichtlich Letzteres, rechneten mit einem endlosen Konklave und machten sich frohgemut an ihre Rache und Zerstörungsarbeit. Giacinto Gigli, seines Zeichens wohlbestallter Notar und unermüdlicher Tagebuchschreiber, schildert die Schrecken der Sedisvakanz, die nach dem Tod Gregors XV. am 8. Juli 1623 anbrach, in den grellsten Farben. Niemals seien so viele Vergewaltigungen und Morde vorgekommen; speziell die Zahl der kopflos aufgefundenen Toten habe Entsetzen erregt. Dazu kamen die malariaschwangere Sommerhitze und die Todfeindschaft der beiden wichtigsten Parteiführer, der Kardinäle Scipione Borghese und Ludovico Ludovisi. So sprach alles dafür, dass die Unruhestifter mit einer langen ungestörten Wirkungszeit rechnen durften.

Die ersten Skrutinien des Konklaves, das am 20. Juli begann, bestärkten sie in dieser Erwartung. Seit Langem wurden nicht mehr so viele Namen auf den – von jetzt an anonymen! – Wahlzetteln vermerkt. Auswärtige Beobachter sprachen schon davon, dass die Macht der Netzwerk-Leader aufgesprengt worden sei. Das konnte man durchaus auch kritisch sehen. Bei so vielen ehrgeizigen Kardinälen, von denen die meisten insgeheim auf die eigene Wahl hofften, war ohne heilsamen Druck von oben die nötige Zweidrittelmehrheit kaum zu erreichen – hatte sich das System Rom mit der neuen Wahlordnung also selbst gelähmt? Offensichtlich hegten nicht wenige Wähler solche Befürchtungen. Sie steigerten sich durch die unerträgliche Hitze und das grassierende Fieber. In der allgemeinen Beklemmung erschienen die alten Loyalitäten und Methoden plötzlich in einem anderen, goldenen Licht, und die Netzwerkführer gewannen die Autorität zurück, die ihnen die Konklavebulle Gregors XV. absprach. Dabei war Ludovisi klar, dass er seinem Feind Borghese nur einen von Paul V. erhobenen Kardinal als Kandidaten vorschlagen konnte, schließlich hatte dieser 32 der Wähler kreiert, Gregor XV. nur deren acht. Von diesen 32 schien Ludovisi Kardinal Maffeo Barberini am geeignetsten. Er war kein blinder Gefolgsmann Borgheses, sondern galt als eigenständig und profiliert. Zudem hatte er sich als Nuntius in Paris sowie als Dichter und Kunstkenner einen Namen gemacht – Vorlieben, die ihn ein halbes Jahrhundert zuvor in der Zeit der strengen

Reform disqualifiziert hätten, jetzt aber als prestigeträchtig galten. So war Barberini ein Kompromisskandidat, doch alles andere als farblos und insofern auch wieder untypisch.

Seine Wahl kam nach einer kurzen Experimentierphase ganz traditionell, nämlich durch Einigung der Parteiführer zustande. Doch das konnte man nicht offen zugeben, da das neue Wahlgesetz nun einmal ein umgekehrtes Verfahren vorschrieb. So musste der Ritus verschleiern, was tatsächlich geschehen war. Die Anhänger Ludovisis – so wurde vereinbart – sollten ihre Stimme für Barberini auf dem Wahlzettel abgeben; die Gefolgsleute Borgheses würden diesem Votum dann durch öffentlichen Akzess beitreten. So war dem Buchstaben des Reglements Genüge getan, ohne dass die Patrone die Kontrolle über ihre Gefolgsleute verloren. Dass der Sinn der Konklavebulle ins Gegenteil verkehrt wurde, spielte demgegenüber keine Rolle. Die Norm war formell eingehalten, das allein zählte – bezeichnend für den römischen Umgang mit sperrigen neuen Regeln.

Doch selbst das so vereinbarte Verschleierungs-Unternehmen ging nicht ohne Komplikationen über die Bühne. Die „Ludovisianer" bestanden die Loyalitätsprobe zwar makellos. Doch als die „Borghesianer" an der Reihe waren, machte ihr Chef die ganze Operation zunichte: Er warf sich vor Maffeo Barberini nieder und adorierte ihn vor aller Augen als neuen Papst! Ein Fauxpas war dieser „Kniefall-Rückfall" wohl kaum, sondern weit eher eine offene Missachtung der Wahlordnung von 1621. Vom Verhalten ihres Führers befremdet, taten es ihm seine Gefolgsleute nicht nach und versuchten dadurch den Schein der Korrektheit einigermaßen wiederherzustellen. Doch der Peinlichkeiten war damit immer noch kein Ende. Die mündliche Wahlbekundung im Akzess musste nachträglich durch Stimmzettel bestätigt werden. Als diese ausgezählt wurden, kam man auf 51 – einer fehlte und erwies sich mysteriöserweise trotz intensiver Suche als unauffindbar. Auf diese eine Stimme kam es rein mehrheitstechnisch nicht an; selbst wenn man sie als „Nein" zählte, war Maffeo Barberini gewählt. Doch darauf wollte es dieser nicht ankommen lassen. Er bestand – in Übereinstimmung zum Wahlgesetz – auf einem zweiten Skrutinium, in dem er alle Voten bis auf vier (darunter wie vorgeschrieben seine eigene Stimme) auf sich vereinigte.

Ein dauerhafter Wandel der Mentalitäten und Verhaltensweisen fand also nicht statt; darüber waren sich die politischen Beobachter einig. Am Ende würde das Gewissen die Entscheidung für die eigene Partei und den eigenen Vorteil rechtfertigen: Der Mensch rechtfertigte, was ihm Nutzen brachte. Über diesen unausrottbaren Hang zum Egoismus waren sich die Theoretiker der Staatsräson seit Machiavelli einig. Im römischen Fall kam hinzu, dass sich die Familie des neuen Papstes als Ganzes für miterhoben hielt – eine Einschätzung, die zumindest ihre eingeschworenen Anhänger geteilt haben dürften. Wenn man so dachte, hielt das Votum für den Wunschkandidaten des Patrons auch vor dem Jüngsten Gericht stand. So wurde das Geschäft des Wählens nach 1621 allenfalls etwas mühsamer. Die Chefs der rivalisierenden Fraktionen mussten ihre Vorlieben eingehender begründen und legitimieren. Die Gewählten selbst aber konnten aus der Wahlordnung Gregors XV. propagandistisches Kapital schlagen: Sie durften sich als Wunschkandidaten der göttlichen Vorsehung präsentieren, und zwar nicht allein. Diese „Divina Providenza" krönt im Ruhmesfresko des Barberinipalastes die drei Bienen des Barberiniwappens mit der Tiara (Abb. 1). Die Verwandten des Papstes nahmen damit für alle sichtbar den Ruhm für sich in Anspruch, zur höchsten Würde vorherbestimmt zu sein. So ist es kein Zufall, dass der Nepotismus Urbans VIII., des Barberini-Papstes, alle bisherigen Dimensionen sprengte. Die Prestige- und Profit-Union zwischen dem Papst und seinen Verwandten wurde durch die Wahlreform somit noch inniger.

War das alles? Ein Faktum zu den Papstwahlen nach 1621 sticht klar hervor: Sie dauerten von jetzt an länger, nicht selten ein Mehrfaches der vorher üblichen Konklavezeit. Der Rekord wurde 1691 mit 151 Tagen erreicht, 1669/70 waren es immerhin 130. Wieweit die lange Ergebnislosigkeit der Skrutinien mit der Einschärfung der Gewissenspflichten durch Gregor XV. zusammenhängt, ist schwer abzuschätzen. Als plausibel darf hingegen gelten, dass sich die Kardinäle, die sich im Konklave nur auf ihr Gewissen beriefen, dadurch gestärkt sahen. 1655 schien ihre Stunde zum ersten Mal zu schlagen. In diesem Jahr wählte die Mehrheit mit Fabio Chigi einen Kandidaten, von dem man einen Wertewandel erwarten durfte; das hieß konkret: ein Pontifikat ohne Nepotismus, gegen den sich Chigi als Kardinal entschieden ausgesprochen hatte. Als Papst hielt er diese Abstinenz ein Jahr durch, dann wurden die Mitglieder der Familie Chigi mit Ämtern, Titeln und Geld geradezu überschüttet. Zwölf Jahre später plagten den Sterbenden deswegen Gewissensqualen.

Die wirtschaftlichen und moralischen Folgen für das Papsttum waren so verheerend, dass der einschneidende Wandel 21 Jahre später doch noch eintrat. Von den 63 Kardinälen, die im August und September 1676 den neuen Papst zu wählen hatten, galt eine ungewöhnlich große Zahl als unabhängig und damit nicht bereit, Anweisungen der Parteiführer zu folgen. Sieben von ihnen pochten mit besonderem Nachdruck auf diese Ungebundenheit. Von ihren Gegnern wurden sie als *squadrone volante* – wörtlich: „fliegende Mannschaft" – tituliert; das war unfreundlich gemeint und sollte einen

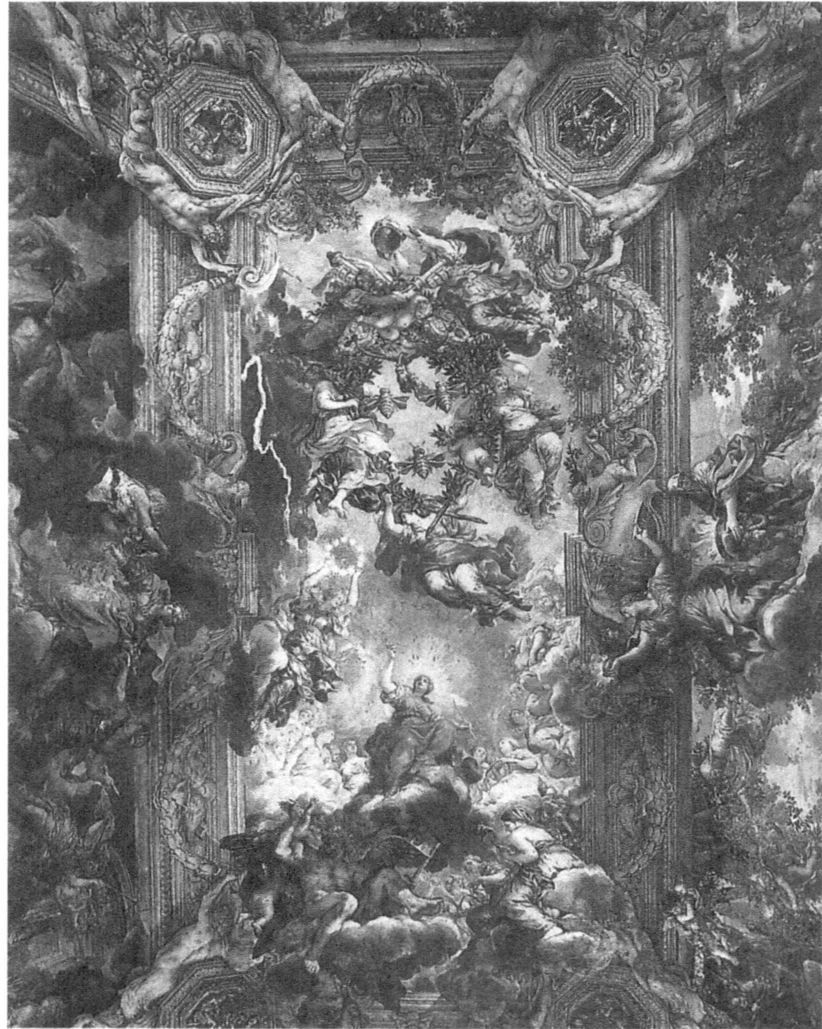

Abb. 1: Bienen in prestigeträchtiger Dreiecksformation: Ausgeschwärmt sind sie in
Pietro da Cortonas Deckenfresko des Palazzo Barberini, und zwar zum höheren
Ruhm Urbans VIII. und seiner Familie (Rom, Palazzo Barberini).

eklatanten Mangel an Zuverlässigkeit und Gefolgschaftstreue bezeichnen,
ließ sich aber auch als Freiheit eines Christenmenschen und damit als
Ehrentitel umdeuten. Das Haupt dieser „Anti-Partei", der 65-jährige Kardinal Benedetto Odescalchi, hatte vor der Wahl eine sogenannte Kapitulation

aufgesetzt, die in 14 Artikeln einschneidende Änderungen für Kurie und Kirchenfürsten vorsah: eine Stärkung von Inquisition und Mission, eine rigorose Sittenkontrolle nicht nur bei Geistlichen, sondern in der ganzen Stadt, drastische Reduzierungen aller Ausgaben, auch bei den Versorgungsprivilegien der kleinen Leute, eine Reform der Justiz, die Käuflichkeit und andere Missstände in der Rechtsprechung abstellen sollte, sowie mehr Kooperation zwischen Papst und Kardinälen. Unausgesprochen standen hinter diesen Klauseln die Ablehnung des Nepotismus und der Wunsch nach seiner Abschaffung. Doch so deutlich durfte Odescalchi das nicht sagen, sonst hätte er viele zögerliche Kardinäle verschreckt; Verwandtenförderung was zu einem tief verwurzelten Brauch geworden, wer ihn abstellte, stellte die moralische Integrität seiner Vorgänger infrage.

Solche Vorschläge zur Reform, verstanden als Anknüpfung an die vorbildliche Tradition der Urkirche, waren seit mehr als 200 Jahren vor dem Konklave vorgelegt und meist auch von allen Kardinälen unterzeichnet worden, doch fühlte sich der neu gewählte Papst an diese Richtlinien nicht mehr gebunden. Doch diesmal kam es anders. Am 21. September 1676 schrieben 20 Kardinäle den Namen Benedetto Odescalchis auf den Stimmzettel, die übrigen 42 schlossen sich im Akzess an. Doch der Gewählte, der sich Innozenz XI. nannte, nahm die Wahl erst an, als sich seine Wähler zur Annahme seiner eigenen Wahlkapitulation verpflichteten. Damit war eine einmalige Gelegenheit geboten: Der Ideengeber der Reform hatte jetzt alle Chancen zu deren Durchführung. Und so kam es auch, vom ersten Tag Innozenz' XI. an. Die Funktionselite des Systems Rom hatte den Kandidaten gewählt, von dem ein tiefgreifender Wandel der Normen und der politischen Praxis zu erwarten war. Diese war schon aus finanziellen Gründen überfällig; der bis 1676 angehäufte Schuldenberg drohte das System Rom unter sich zu begraben. Einschneidende Änderungen mussten also letztlich auch im Interesse derjenigen Kirchenfürsten liegen, die einen solchen Kurswechsel aus persönlicher Feindschaft oder weltanschaulichen Differenzen fürchteten oder missbilligten. Zudem war Benedetto Odescalchi erst gewählt worden, als Ludwig XIV., der mächtigste Monarch Europas, seine Zustimmung gegeben hatte. Aus den Macht- und Einflussverhältnissen der konkurrierenden Netzwerke allein lässt sich die Wahl eines so radikalen Systemveränderers somit nicht erklären. Stattdessen zeigte sie an, wie tief die Normenkonflikte und wie entgegengesetzt die Vorstellungen von den Aufgaben des Papsttums im Rom des 17. Jahrhunderts waren.

2.

Regieren, mitregieren, sich regieren lassen:
Herrscher, Eliten, Volk, Staat, Finanzen

Für die Römer war das Konklave mehr als spannende Politik-Unterhaltung. Schon Machiavelli, der im Herbst 1503 die zweite Papstwahl dieses Jahres als Sondergesandter der Republik Florenz erlebte, berichtet, wie leidenschaftlich und hoch die Römer auf den Ausgang des Konklaves wetteten. Am 31. Oktober notierten die römischen Buchmacher den Kardinal Giuliano della Rovere mit einer Siegchance von 80 Prozent; wenige Stunden später war er Papst und nannte sich Julius II. Obwohl diese „Papstwetten" im Zuge der Katholischen Reform verboten wurden, florierten sie im 17. Jahrhundert mehr denn je. Doch mit Ausnahme Innozenz' XI. machte kein erklärter Favorit jemals das Rennen. So konnte man mit dem richtigen Tipp viel Geld gewinnen – oder verlieren.

Wie ein „guter" Papst herrschen sollte, darüber gingen die Meinungen weit auseinander. In den Augen der kleinen Leute hatte er vor allem eine Aufgabe: billiges Brot und damit sicheres Überleben zu garantieren. Schlechte Ernten und widrige Konjunkturen wurden als Entschuldigungen nicht akzeptiert. Im Gegenteil: Damit stellte Gott seine irdischen Stellvertreter auf die Probe. Hielt er trotz hoher Getreidekosten den Brotpreis weiterhin niedrig, dann hatte er diese Prüfung bestanden; andernfalls stand seine Legitimität infrage. Die Qualität eines Pontifikats ermaß sich also an der Fürsorge für die Armen; „soziale Gerechtigkeit" ist keine Erfindung des 21. Jahrhunderts. Überhaupt sollte ein Papst nach Meinung der meisten Römer Verständnis für das Menschlich-Allzumenschliche haben; sie fürchteten nichts mehr als einen weltfremden, allem Irdischen abgetöteten Asketen auf dem Thron Petri. Von einem solchen Herrscher war zu erwarten, dass er das Volk seinen verqueren Idealen entsprechend umziehen wollte und alles verbieten würde, was Spaß machte.

Auch unter den höheren Prälaten waren die Ansichten über den idealen Pontifex maximus geteilt. Wie zahlreiche mit dieser Frage befasste Theologenkommissionen des 17. Jahrhunderts zeigten, standen sich auch hier die Befürworter einer weltzugewandten und einer geistlich-erzieherisch ausgerichteten Regierung schroff gegenüber. Für einen Papst zum Anfassen, dem nichts Menschliches fremd war, sprach, dass Christus selbst es nicht verschmäht hatte, Mensch zu werden. Die Gegenseite verwies darauf, dass der Gottessohn sein Reich als nicht von dieser Welt bezeichnet hatte. Kompromisse und überbrückende Normen waren daher unvermeidlich. In den Augen der Reformer hatten sie vor 1676 immer nur in die eine Richtung, nämlich zur Anpassung an die bestehenden Verhältnisse geführt; so war das Papsttum der Welt schließlich zu weit entgegengekommen.

Wie wurde man im 17. Jahrhundert Papst? Wer hatte die besten Chancen, den Thron Petri zu besteigen? Was die soziale Herkunft der Päpste betrifft, so lässt sich diese Frage leicht beantworten; das „Ausgangs-Milieu" der im Konklave erfolgreichen Kardinäle stellt sich erstaunlich einheitlich dar. Von Clemens VIII. Aldobrandini (1592–1605) bis zu Clemens XI. Albani (1700–1721) stammten fast alle siegreichen Kandidaten aus gehobenen, doch nicht führenden Familien Ober- und Mittelitaliens. Die Aldobrandini gehörten ebenso wie die Barberini in der Republik Florenz seit dem 14. Jahrhundert zur amtsfähigen Oligarchie, ohne jemals in deren innersten Kreis vorzustoßen; dasselbe galt für die Ludovisi, die Familie Gregors XV. (1621–1623), in Bologna. Die Rospigliosi, die Familie Clemens' IX. (1667–1669), gehörte zu den führenden Kreisen der florentinischen Untertanenstadt Pistoia, was ihren Rang im Verhältnis zu den Geschlechtern aus den Metropolen entsprechend verminderte; ähnlich die Herkunft der Odescalchi, die es als Kaufleute in Como zu beträchtlichem Reichtum gebracht hatten, und der Albani in Urbino. Paul V. Borghese (1605–1621) entstammte einem Geschlecht, das in Siena zur politischen Elite zählte, in Rom, wo sein Vater als Spitzenjurist in Diensten der Kurie tätig war, jedoch nur zum weit weniger einflussreichen Stadtadel gehörte, der weit hinter den führenden Baronal- und Nepotenfamilien rangierte. Aus derselben Schicht, die wegen des atemberaubenden Aufstiegs der Papstverwandten und der zahlreichen an der Kurie erfolgreichen Ausländer mancherlei Groll und Ressentiments gegenüber den „Fremden" hegte, kamen Innozenz X. Pamphili (1644–1655) und Clemens X. Altieri (1670–1676). Die Ottoboni, denen Alexander VIII. (1689–1691) entsprang, zählten in Venedig, ihrer Heimatstadt, seit Generationen zur privilegierten Sekundärelite der *cittadini originari* und hatten sich erst kurz zuvor für schweres Geld in den Adel, die eigentliche Führungsschicht der Lagunenrepublik, eingekauft. Standen hier die Zeichen schon länger auf Aufstieg, so schien die Familiengeschichte der Chigi, der Familie Alexanders VII. (1655–1667), abwärts zu verlaufen. Mit Agostino Chigi, dem Haus- und Hofbankier Julius' II., stellten sie zu Beginn des 16. Jahrhunderts einen der führenden Finanzmagnaten Europas. Danach jedoch hieß es: Wie gewonnen, so zerronnen. Erst mit der kurialen Laufbahn Fabio Chigis, des späteren Papstes, kehrte sich dieser Trend wieder um. Die zwei Ausnahmen, die die Regel bestätigten, waren Leo XI. Medici (1605), der einer Seitenlinie des großherzoglichen Hauses von Florenz entstammte und nach vierwöchigem Pontifikat starb, sowie Innozenz XII. Pignatelli (1691–1700) aus einem reich begüterten süditalienischen Feudalgeschlecht.

Warum so viele „B-" und „C-Promis"? Gab es an der Kurie des 17. Jahrhunderts einen Willen zum Aufstieg wie im Deutschland der 1950er Jahre – nach dem Muster: Die Neffen sollen es noch besser haben als die Onkel, die die Weichen für die kuriale Karriere stellen? Entsprechende Mentalitäten und Mechanismen waren durchaus vorhanden. Alle späteren Päpste wurden durch ältere Verwandte oder andere Karrierehelfer in die Prälatenlaufbahn eingeführt, genossen also die in Rom unverzichtbare Anfangs- und Einstiegs-Patronage. Zudem hatten ihre Eltern viel Geld in eine sorgfältig geplante Ausbildung, nämlich ein Studium der Rechte, investiert. Kein Papst des 17. Jahrhunderts war ein „ausgebildeter" Theologe, das heißt: Keiner von ihnen hatte eines der vom Trienter Konzil (1545–1563) begründeten Priesterseminare besucht oder an einer Hochschule das Fach Theologie belegt. Im Gegenteil: Wenn ein Kardinal wie Bernardino Spada theologische Basiskenntnisse besaß, galt er geradezu als Ausnahmeerscheinung; von einem Kirchenfürsten wurde Weltzugewandtheit und Weltgewandtheit erwartet, für Dogmatik waren wenige Spezialisten wie Kardinal Roberto Bellarmin zuständig. In den dogmatischen Streitigkeiten zwischen Jansenisten und Jesuiten, die die katholische Welt des 17. und 18. Jahrhunderts zutiefst erschütterten, waren die Päpste daher in hohem Maße auf den Rat von Fachleuten angewiesen. Das „Wir wollen nach oben!" der gehobenen Mittelschichten war jedoch nicht der einzige Grund für die relativ homogene Herkunft der Päpste. Neben der regulären Prälatenlaufbahn, die Ämterkauf und Mindesteinkünfte voraussetzte, gab es für weniger bemittelte Kandidaten aus „namenloser" Familie den Seiteneinstieg durch die Bettelorden, zumindest im 15. und 16. Jahrhundert. Sixtus IV. (1471–1484) und Sixtus V. (1585–1590) waren bei den Franziskanern aufgestiegen, Pius V. (1566–1572) hatte sich bei den Dominikanern Rang und Ansehen verschafft. Doch im 17. Jahrhundert, der großen Zeit des Adelsprestiges und der Verfestigung sozialer Hierarchien, gelang keinem Mönch der Sprung auf den Papstthron.

Der Papst ist bis heute das einzige Staatsoberhaupt Europas mit unbeschränktem Gewaltenmonopol, ohne eine Verfassung, die diese Machtfülle begrenzt. Diese *plenitudo potestatis* war von den „papalistischen" Theologen zwischen dem 13. und 15. Jahrhundert systematisch begründet und ausgebaut worden; sie gipfelte im doppelten Primat, der dem regierenden Pontifex maximus die unumschränkte Herrschaft über die Kirche nebst der Oberhoheit über alle politischen Gewalten der Christenheit und damit auch das Recht einräumte, „pflichtvergessene", zum Beispiel protestantische Herrscher zu exkommunizieren und ihres Amtes zu entheben; noch Sixtus V. (1585–1590) machte von dieser Prärogative Gebrauch. Doch das hieß nicht, dass diese monarchische Regierung in der Kirche und im Kirchenstaat unumstritten war. Im Gegenteil: Außer den Konzilien, die mit der vom Papst einberufenen und kontrollierten Kirchenversammlung von Trient als gezähmt gelten durften, meldeten vor allem die Kardinäle weitreichende Mitregierungsansprüche an. Diese rechtfertigten sie mit der Theorie, dass Christus die Apostel, ihre Vorläufer, als Gruppe zur Führung der Kirche eingesetzt habe. Unter Leo X. (1513–1521) kam es sogar zu einer Kardinalsverschwörung gegen das Leben des regierenden Pontifex maximus, die jedoch rechtzeitig entdeckt und niedergeschlagen wurde. Der Medici-Papst konterte mit der Ernennung von 31 Kardinälen auf einen Schlag und wies damit seinen Nachfolgern den Weg, um den Einfluss der lästigen Konkurrenten einzudämmen. Mit der Erweiterung des „Heiligen Kollegiums", das sich gerne als „Senat der Kirche" titulieren ließ, auf 70 Mitglieder unter Sixtus V. waren Rang und Macht des Durchschnitts-Kardinals definitiv herabgedrückt; vom Status eines veritablen Fürsten der Kirche war dieser jetzt zum führenden Ratgeber des Papstes abgesunken. Die Einbuße an Macht versuchten die Päpste durch die Erhöhung der Titel zu versüßen – seit Urban VIII. (1623–1644) durften sich die Purpurträger als „Eminenz" anreden lassen.

Zum Kardinalat, dem Ziel jeder Prälatenlaufbahn, führten verschiedene Wege. Ein ebenso breiter wie gangbarer Karrierepfad verlief über die Schlüsselstation der Nuntiatur. Nuntien hießen (und heißen) die Diplomaten, mit denen das Papsttum an die „weltlichen" Machtzentren angebunden war (und ist). Im 17. Jahrhundert residierten solche Gesandten nur im katholischen Europa. Die wichtigsten dieser Botschafter im (Erz-)Bischofsrang saßen in Madrid und Paris. Sie gehörten selbstverständlich zu den Nuntien erster Klasse, die nach erfüllter Mission darauf hoffen durften, mit dem roten Hut belohnt zu werden; Kollegen minderen Ranges wie etwa im eidgenössischen Luzern mussten sich erst noch weiter empordienen. Eine Nuntiatur war eine mehrfache Bewährungsprobe und daher ein wirklicher Test auf die „Kardinalswürdigkeit". In erster Linie hatte der römische Botschafter selbstverständlich die Aufträge seines Herrn auszuführen, und zwar loyal und effizient, soweit es seine Kräfte erlaubten. Dabei waren „öffentliche" und „private" Aufgaben keineswegs fein säuberlich getrennt. Jeder päpstliche Gesandte hatte die Wünsche der Nepoten als „Staatsangelegenheit" allererster Priorität zu behandeln. So wandte sich Scipione Borghese selbstverständlich an den Nuntius in Brüssel, um sich feinste Gobelins und edelste Schwäne für seine Villa auf dem Pincio besorgen zu lassen. Darüber hinaus aber mussten die Nuntien den Aufenthalt im „Gastland" dazu nutzen, nützliche Kontakte in Sachen des eigenen Fortkommens zu knüpfen.

Das gelang am sichersten, wenn sie ihren Gastgebern dabei behilflich waren, ihre Wünsche in Rom durchzusetzen. Allerdings mussten die kurialen Diplomaten dabei bestrebt sein, den Ruf einer allzu engen Anbindung und damit der politischen Hörigkeit zu vermeiden; im Konklave konnte ihnen eine solche Parteinahme den Weg auf den Papstthron verbauen. Höchstes Fingerspitzengefühl war überdies bei Problemmissionen gefordert; wenn es Konflikte zu lösen oder zumindest zu schlichten galt, wurde die Nuntiatur vollends zu einem Balanceakt zwischen den Erwartungen und Ansprüchen zweier Herren. Für solche Gratwanderungen waren die kurialen Diplomaten durch die spezifisch römische Kunst der Klientelbildung, von der noch die Rede sein wird, optimal geschult. Urban VIII. und Alexander VII. hatten bei ihrer Wahl zum Papst eine erfolgreiche Diplomatentätigkeit hinter sich, der Erste in Paris, der Zweite in Köln und beim Westfälischen Friedenskongress. Allerdings hatten geistliche Botschafter im Verhältnis zu ihren „weltlichen" Kollegen mancherlei Handicaps. Bei feuchtfröhlichen Geselligkeiten, die mit jeder größeren diplomatischen Veranstaltung einhergingen, waren ihnen Beschränkungen auferlegt. Das galt auch für die theoretische Untermauerung ihrer Missionen. So rühmte sich Fabio Chigi, der spätere Alexander VII., ein so durch und durch unmoralisches Buch wie Machiavellis „Fürsten" niemals in die Hand genommen zu haben – was seinen Verhandlungspartnern, die diese Skrupel nicht kannten, nur recht gewesen sein dürfte. Bei ihrem Auszug zu fremden Ländern und Menschen wurden die Nuntien durch ausführliche Instruktionen ihrer Vorgänger unterwiesen; in diesen landeskundlichen Handlungsanleitungen war zu lesen, wie der Charakter der jeweiligen Nation beschaffen war und wie man mit dem betreffenden Menschenschlag am einfachsten ans Ziel kam. Diese „Völkerspiegel" wandelten sich im Laufe der Jahrhunderte nur wenig; die uralte Überzeugung der italienischen Humanisten, dass Italien den Barbaren die Schätze der Zivilisation und des wahren Menschentums vermitteln musste, blieb weitgehend ungebrochen. Auf diese Weise zeigten sich die päpstlichen Nuntien im Laufe des 17. Jahrhunderts weltläufig und provinziell zugleich.

Den Rat der Kardinäle holte der Papst seit jeher im Konsistorium ein, wo die wichtigsten Geschäfte, nicht zuletzt neue Kardinalsernennungen, besprochen wurden. Einer uralten Tradition gemäß ließ der Pontifex maximus dort seine Beschlüsse vom versammelten Senat der Kirche approbieren. Dabei ging die Theorie von Harmonie aus, unüberbrückbare Meinungsverschiedenheiten waren nicht vorgesehen. Was im Falle von unaufhebbarem Dissens zu geschehen hatte, war also offen. Eine mehr oder weniger elegante Lösung bestand darin, dass die Kardinäle, die nicht einverstanden waren, mit einer passablen Begründung, meist Krankheit, um Urlaub nachsuchten und sich dann von Rom entfernten. Unter dem zweiten Borgia-Papst Alexander VI. (1492–1503) war das Konsistorium auf diese Weise häufig äußerst schwach besucht, da eine starke Minderheit der Purpurträger die Machenschaften dieses Papstes wie offene Kardinalatsverkäufe nicht mitzutragen gesonnen war. Im 17. Jahrhundert aber war das Konsistorium überwiegend Routine; der Papst pochte auf seine Machtfülle, und die Kardinäle, die an das nächste Konklave dachten und Neffen zu versorgen hatten, gaben ihm gemeinhin keine Widerworte. So war der Wunsch des Pontifex maximus in der Regel Befehl. Doch was lange schlief, konnte plötzlich zu neuem Leben erwachen: Am 8. März 1632 drohte ein spanischer Kardinal Urban VIII. mit der Absetzung – aus Gründen, auf die noch einzugehen sein wird.

Äußerst aufmüpfig hatte sich im 15. Jahrhundert die Stadtgemeinde Rom gebärdet. Solche „Kommunen" hatten sich 300 Jahre zuvor in allen größeren Städten Nord- und Mittelitaliens gebildet und dort auch rasch die Macht erobert; in ihren Gremien dominierte zuerst ein frühzeitig in der Stadt ansässig gewordener Feudaladel, danach auf Dauer eine neue Elite von Bankiers und Großhändlern. In Rom verlief die Entwicklung anders, hier hatte die Gemeinde einen sehr viel schwereren Stand. Ihr Hauptgegner war nicht einmal der Papst – der noch 1434 für neun Jahre ins Exil vertrieben wurde –, sondern das Duo der großen Baronalfamilien Colonna und Orsini, die mit zahlreichen Burgen und eigenen Truppen das römische Umland und oft genug auch die Stadt selbst beherrschten. Doch um die Mitte des 16. Jahrhunderts waren nicht nur die Barone, sondern auch die Vertreter der Kommune weitgehend gezähmt. Die höchsten Amtsträger der römischen Stadtgemeinde, die sich aus dem Stadtadel rekrutierten, residierten in ihren prächtigen Palästen auf dem Kapitolsplatz, den Michelangelo im Auftrag Pauls III. (1534–1549) mit der Reiterstatue des antiken Kaisers Marc Aurel zu einer grandiosen Bühne päpstlicher Herrschaftsverklärung umgestaltet hatte; in diesem prunkvollen Ambiente blieb den kommunalen Oberbeamten mit ihren hochtrabenden Titeln als „Bewahrer (*conservatori*) des römi-

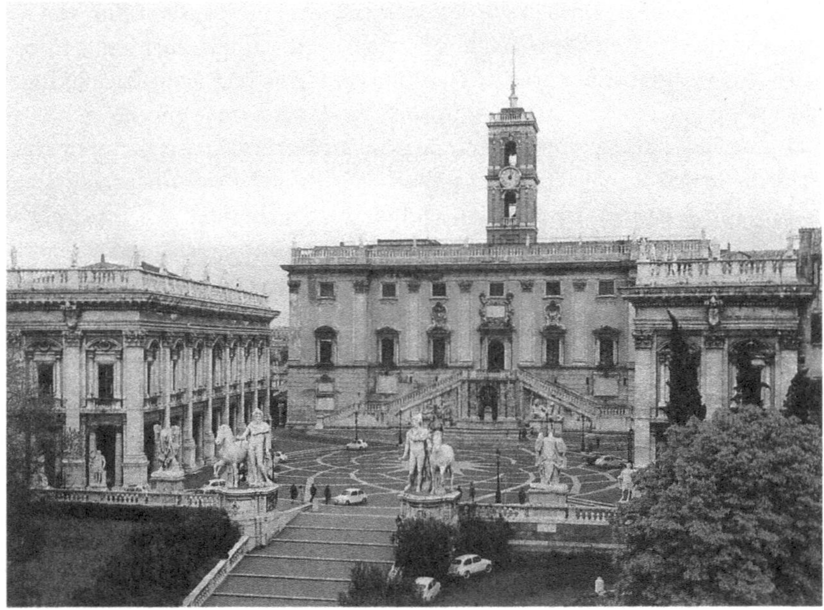

Abb. 2: Der Kapitolsplatz, wie ihn Michelangelo für Paul III. (1534–1549) entwarf und Innozenz X. mit dem Palast zur Linken komplettierte: „Schöner Wohnen" für kommunale Amtsträger mit hochtönenden Titeln, doch ohne wirkliche Macht.

schen Volks" und seiner unsterblichen Größe wenig mehr zu tun, als die Anweisungen aus dem Vatikan auszuführen und ihren Namen unter päpstliche Dekrete zu setzen (Abb. 2). Doch auch das galt nur für den Normalfall. In Krisen wie der katastrophalen Hungersnot des Jahres 1648 wagten auch die sonst so devoten und um die Karrieren ihrer Sprösslinge besorgten Befehlsempfänger auf dem Kapitol Widerspruch und manchmal sogar Widerstand – auch dazu unten mehr.

Mit den großen Familien der Colonna und Orsini und den fast ebenbürtigen Geschlechtern der Caetani und Savelli hatten die Päpste nach letzten Kämpfen zwischen 1526 und 1542 einen Pakt auf Gegenseitigkeit geschlossen. Darin verpflichteten sich die Barone zu einer besonderen Form des Gehorsams gegenüber ihrem regelmäßig neu gewählten Oberherrn: keine Aufstände mehr auf dem Land, Stellung von Bräuten für die Neffen der Päpste, Eintritt in die kuriale Laufbahn. Dafür erhielten sie als Gegenleistung beträchtliche Karrierevorsprünge – außer den Nepoten und Abkömmlingen der fürstlichen Dynastien Europas bekam niemand den roten Hut so früh

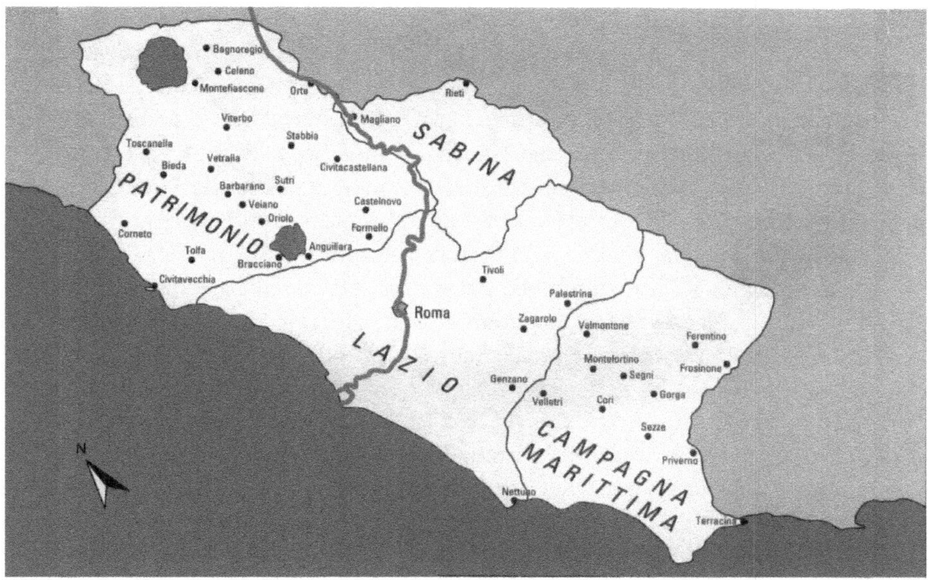

Abb. 3: Karte der annonarischen Provinzen – in diesem Gebiet hatte die römische Getreidebehörde die uneingeschränkte Versorgungshoheit inne.

wie die Colonna und Orsini. Noch wichtiger: In ihren ausgedehnten Lehensherrschaften (*feudi*) auf dem Lande verteidigten sie ihre umfassenden Herrschaftsrechte, einschließlich der höchsten richterlichen Gewalt über Leben und Tod. Bei der Ausübung dieser Jurisdiktion wurden sie von den päpstlichen Gouverneuren und Kongregationen zwar überwacht, doch nicht wesentlich eingeschränkt, und zwar aus einem guten Grund: Die Papstverwandten heirateten nicht nur in die großen Geschlechter ein, sondern erwarben selbst eigene *feudi*, in denen sie dieselbe Stellung von Kleinkönigen auf dem Lande einnehmen wollten wie die Colonna und Orsini – mit ausdrücklicher Billigung und Titelverleihung durch den Papst, versteht sich. Dieser konnte den Baronalfamilien nicht wegnehmen, was er seinen eigenen Verwandten so großzügig verlieh; der alles beherrschende Nepotismus setzte der römischen Staatsentwicklung von vornherein sehr enge Grenzen.

Das galt nicht nur für Rom und seine fünf „annonarischen" – das heißt: den Versorgungsbedürfnissen der Hauptstadt unterworfenen – Provinzen, die zusammen einen Radius von etwa 100 Kilometern um die Sieben Hügel bildeten (Abb. 3). In den peripheren Gebieten des Kirchenstaats war der Machtzugriff der römischen Zentrale ebenfalls durch weitreichende Autonomien und Sonderrechte der lokalen Eliten abgeschwächt, wenn nicht gar behindert. Dabei fehlte es nicht an Ämtern und Amtsträgern hohen und höchsten Ranges. Ferrara, Bologna und die Provinz Romagna sowie Perugia unterstanden jeweils einem Legaten im Kardinalsrang. Dieser konnte sich durch einen Vizelegaten, meistens einen aufstrebenden jungen Karriereprälaten, vertreten lassen. Wollte sich dieser bewähren, musste er viel Fingerspitzengefühl an den Tag legen. Denn die führenden Familien der größeren Städte wie Bologna, Perugia und Ferrara hatten im Laufe des 16. Jahrhunderts – ähnlich wie die römischen Barone – Herrschaftskonditionen ausgehandelt, die ihnen vor Ort, auf unterer und mittlerer Ebene, weitgehende Selbstbestimmung garantierten, vorausgesetzt, sie verhielten sich in Konfliktsituationen loyal. Trotzdem waren Reibungen und Streitigkeiten im Alltag der Verwaltung unvermeidlich. In solchen Auseinandersetzungen setzte sich „Rom" durch, wenn das unmittelbare Machtinteresse sowie das Renommee des Papstes und seiner Familie auf dem Spiel standen, etwa bei repräsentativen Projekten wie Trockenlegungen von Sümpfen und ähnlichen Großunternehmungen. Hängte die Zentrale am Tiber ihr Anliegen weniger hoch, empfahlen sich stattdessen partielle Zugeständnisse oder stillschweigendes Nachgeben. Wenn der Repräsentant des Papstes in solchen Fällen nicht flexibel reagierte, sah er sich schnell abberufen und in einem tiefen Karrieretal.

Dass in Rom wie an der Peripherie die örtlichen Führungsschichten so häufig das letzte Wort hatten, hing mit dem eigentlichen „Sonderfall" der päpstlichen Herrschaft zusammen: ihrer sprichwörtlichen Diskontinuität, das heißt Unbeständigkeit. Päpstliche Gesetze gelten so lange, wie der Papst, der sie erlassen hat, regiert; danach geraten sie entweder in Vergessenheit oder werden von seinem Nachfolger aufgehoben bzw. ins Gegenteil verkehrt – so dachten die Untertanen des Papstes allenthalben. Daher nahmen sie sich die Freiheit, die Regeln zu befolgen, die ihnen nützten, die anderen aber für erledigt und abgetan zu halten. Dieser Widerstand durchzog alle Schichten. In den unteren Klassen manifestierte er sich im *banditismo*. Wer mit einem päpstlichen Amtsträger Streit hatte oder aus anderen Gründen mit der herrschenden Gewalt zerfallen war, wurde *bandito*, das heißt wörtlich: als Gesetzesbrecher öffentlich bekannt gemacht, und schlug sich daraufhin in die Büsche, das heißt: in die ländliche „Wildnis", in der die Autorität der Machthaber noch schwächer war als in den Städten. Dort traf er seinesgleichen reichlich an. Die „Banditen" bildeten eine „Parallelgesellschaft", die als gesetzlos gebrandmarkt wurde, doch durchaus nach Gesetzen lebte, allerdings nach eigenen. Diesen Outlaws hatte niemand so entschlossen wie

Papst Sixtus V. Peretti den Krieg erklärt; auf einem Relief seines (zu Lebzeiten in Auftrag gegebenen und dann wie ein Tatenbericht aktualisierten) Grabmals tragen päpstliche Soldaten die abgeschlagenen Köpfe der Rebellen als Trophäen nach Rom, in die Geburtsstätte von Recht und Ordnung, zurück. Doch dieser Triumph in Marmor wurde voreilig angestimmt. Nach dem Tode des Peretti-Papstes im Spätsommer 1590 belagerte eine regelrechte „Banditenarmee", die sich vor allem aus arbeitslosen Söldnern rekrutierte, die Ewige Stadt, wo sich die alarmierten Kardinäle nur durch weitreichende Zugeständnisse freikaufen konnten.

Herrschaft ließ sich unter diesen Voraussetzungen nicht durch Härte und Machtdemonstrationen, sondern nur durch stetiges Einlenken und zudem immer nur befristet stabilisieren. Dieses Entgegenkommen zwischen Zentrum und Peripherie war meistens ein „Sich-auf-halbem-Wege-Treffen". Denn natürlich hatte Rom von seinen Provinzen nicht nur viel zu fordern, sondern diesen auch manches zu bieten. Die führenden Familien Bolognas, Ferraras und Perugias waren lebhaft daran interessiert, von den Wohltaten des jeweiligen Pontifikats zu profitieren. Zu diesem Zweck mussten sie möglichst enge Beziehungen zum Papst und seinen regierenden Nepoten knüpfen. Für den Königsweg dieser „Verflechtung", die Verbindung durch Heirat, waren diese Provinzgeschlechter nicht einflussreich und prestigeträchtig genug. Doch gab es viele weitere Möglichkeiten, gedeihliche Beziehungen anzuknüpfen. Vor allem der Weg in die Klientel der regierenden Papstfamilie ließ sich auf mannigfache Art und Weise bahnen: durch gute Dienste vor Ort als päpstlicher Amtsträger, durch erwünschte Voten und Wahlen im jeweiligen Stadtrat, durch Präsente und Gefälligkeiten aller Art. Die römischen Patrone waren ihrerseits an einer breit gefächerten Gefolgschaft in den Provinzen interessiert; ihnen ging es darum, ihre eigenen Schützlinge zu versorgen und ihre gefährdete Position nach dem Tod des Familienpapstes so breit wie möglich abzustützen. Auf diese Weise näherten sich Untertanen und Regenten, Zentrum und Provinzen einander im Laufe des 17. Jahrhunderts vielfältig an. Wenn ein Papst lange regierte, konnte diese Entwicklung so weit voranschreiten, dass sich auch politisch daraus Kapital schlagen ließ. Doch der Kirchenstaat als politisches Gebilde festigte sich dadurch nicht – im Gegenteil. Die mit der herrschenden Nepotenfamilie „verflochtenen" Führungsschichten der Provinz übertrugen ihre Loyalität auf Personen, nicht auf den „Staat" und erst recht nicht auf den neuen Papst und dessen Nepoten, die quasi gesetzmäßig die Feinde ihrer Vorgänger waren.

Auf diese Weise begann die „Anbindung" der Provinzen an die Hauptstadt mit jedem Pontifikat von Neuem – eine politische Sisyphusarbeit, bei der der Stein der römischen „Staatsentwicklung" im Durchschnitt alle zehn Jahre mehr oder weniger auf den Ausgangspunkt zurückrollte. Oder sogar noch weiter nach hinten: Verglichen mit der politischen Konsolidierung um die Mitte des 16. Jahrhunderts war der Staat der Päpste 1650 und 1750 jeweils um einige Stufen schwächer. Diese „Wachstumshemmung" bzw. Rückentwicklung war nicht nur vom politischen Eigenwillen der „Untertanen" erzwungen, sondern zumindest teilweise auch ideologisch gewollt. Eine Verselbstständigung des Staats von der Kirche oder gar seine Ablösung von der Religion im Zeichen der Staatsräson war für das Papsttum die Fehlentwicklung der Moderne, ja, das politische Böse schlechthin. Im Kirchenstaat selbst wurden die Bischöfe zwar schneller und gründlicher entmachtet als anderswo, doch eine Staatsentwicklung durch Ausbau und Anonymisierung von Behörden nach westeuropäischem Vorbild konnte der Papst seinem Selbstverständnis als Stellvertreter Christi gemäß nicht anstreben. Sein eigenes Modellgebilde in der Mitte Italiens sollte im Gegensatz zu diesen „gottlosen" Staaten die für alle Ewigkeit vorbildliche Ordnung vor Augen führen: Der Mensch war dazu geboren, das ewige Heil zu gewinnen, nicht jedoch, um reich und mächtig zu werden – dieser Aufstieg blieb der erwählten Sippe der Nepoten vorbehalten. Im Gegensatz zu den großen Monarchien des 17. Jahrhunderts, die sich von der Vormundschaft des Papsttums längst emanzipiert und ihre Machtkonkurrenten im Inneren zurückgedrängt hatten, sollte der christliche Idealstaat, wie ihn sich Rom wünschte, seine Grenzen erkennen und anerkennen; seine Aufgabe bestand darin, die moralische Oberhoheit der Kirche zu respektieren, die wahre Religion zu schützen, dem Bösen, vor allem den Ketzern, zu wehren und sich mit dieser bescheidenen Rolle als Diener des Stellvertreters Christi zufriedenzugeben.

Was ihren eigenen Staat betraf, so war das Ideal der Päpste im 17. und 18. Jahrhundert ein ebenso hierarchisch geschichtetes wie harmonisch gestaltetes Gefüge von Herrscher, Elite und Volk. Der Papst als den Gelüsten der Welt abgetöteter und zugleich den Gebresten der Welt, speziell den Nöten der Armen, segensreich zugewandter Treuhänder der ihm von Gott übertragenen Macht regierte sein Musterländchen als fürsorglicher Familienvater: geliebt von den Seinen, flankiert und verehrt von den Vertretern der großen Familien, die ihm zur Seite saßen und standen – wie Jesus und die Jünger beim Abendmahl. Dass zu diesen herausgehobenen Stützen des päpstlichen Thrones auch die Geschlechter der päpstlichen Nepoten zählten, gab diesem „Staat" seinen eigentlichen Familien-Sinn.

Mit Machtmitteln wie Militär und Polizei konnte sich dieses politische Gebilde nicht behaupten. Machiavelli hatte Überlegungen darüber angestellt, ob die Herrschaft der Päpste aufgrund dieser Schwäche permanent bedroht oder aber wegen ihrer religiösen Legitimation dauerhaft geschützt sei. Sein Fazit fiel zwiespältig aus: In seinen Augen handelten die Päpste durchgehend gegen ihre eigene Lehre; sie predigten Nächstenliebe, Verzeihung und Sanftmut, eroberten aber stattdessen mit rücksichtslosen Rechtsbrüchen und nackter Gewalt eigene Staaten für ihre verdienstlosen Nepoten. Dadurch untergruben sie ihre eigenen Machtgrundlagen. Daher war ihre Herrschaft nur so lange geschützt, wie das andächtige Europa im Papst den Stellvertreter Christi auf Erden sah. Die monatelange Terrorherrschaft der deutschen und spanischen Söldner, die die Ewige Stadt 1527 plünderten und verwüsteten, hatte gezeigt, wie ernst solche Warnungen zu nehmen waren. Die Angst vor einer Wiederholung dieses *Sacco di Roma* ging auch im 17. Jahrhundert am Tiber um.

Im Interesse ihrer Machtbehauptung waren die Päpste also auf ein gedeihliches Verhältnis zu den Führungsschichten ihres Staates angewiesen, nicht zuletzt aus ökonomischen Gründen. Die goldenen Zeiten der Papstfinanz waren im 17. Jahrhundert nur noch eine nostalgische Erinnerung. Als Folge des Schismas von 1378 war die vorher flächendeckende Besteuerung des europäischen Klerus durch die römische Zentrale weitgehend zusammengebrochen. Was die Päpste dadurch verloren, gewannen die europäischen Fürsten, die ihren „Landeskirchen" jetzt viel höhere Abgaben abverlangen und auch einen Großteil der lukrativen Pfründen an ihre Gefolgsleute vergeben konnten. Trotzdem blieb der europäische Klerus bis zur Französischen Revolution insgesamt reich begütert, doch das Haupt der Kirche profitierte davon immer weniger. Der Papst konnte zwar in Nord- und Süditalien weiterhin ansehnlich dotierte Pfründen vergeben und auch aus einigen weiteren Ländern wie zum Beispiel Deutschland oder Portugal diverse Gebühren abschöpfen. Dazu kamen sogenannte „unsichere", das heißt unregelmäßige Einnahmen aus der Gewährung von „Gnaden". Solche Zahlungen an die „Datarie", die päpstliche Behörde, wurden fällig, wenn gekrönte Häupter Heiratsdispense wegen zu naher Verwandtschaft brauchten oder andere Klauseln des kanonischen Rechts außer Kraft gesetzt werden mussten. Diese Einnahmen waren vor der Reformation reichlich geflossen und von den Reformatoren wie Martin Luther als Missbräuche propagandawirksam angeprangert worden. Nach dem Reformkonzil von Trient war dieser Finanzstrom zwar nicht versiegt, doch sprudelte er im 17. Jahrhundert weit weniger üppig.

Den Großteil ihrer Einkünfte mussten die Päpate daher aus ihrem eigenen Staatsgebiet beziehen. Um dessen Wirtschafts- und damit Finanzkraft war es in der Frühen Neuzeit jedoch nicht gut bestellt. Rom galt seit jeher als eine „verbrauchende" Stadt, die selbst außer Bauwerken und einigen Luxusgütern nichts produzierte, dafür aber umso mehr verzehrte – ein Image, das sich bis heute voll und ganz erhalten hat. Die zweitgrößte Stadt des Kirchenstaats, Bologna, war wegen ihrer Universität und Gelehrsamkeit berühmt, doch auch keine Gewerbe- oder Kommerzmetropole wie Florenz oder Venedig. Natürlich gab es in Bologna wie in Rom eine reiche Oberschicht mit ausgedehntem Grundbesitz; zudem waren die *luoghi pii*, Kirchen und Klöster, Latifundienbesitzer ersten Ranges. Doch wie überall im Europa des 17. Jahrhunderts trugen auch im Kirchenstaat die weltlichen und geistlichen Eliten nur in geringem Maße zu den Staatseinnahmen bei. Weit überproportional belastet wurden stattdessen die mittleren und unteren Schichten, und zwar vor allem durch indirekte Steuern auf Verbrauchsgüter des täglichen Lebens wie Brot, Wein und Fleisch. Entsprechend verhasst waren diese *gabelle* und die Finanzunternehmer, die sie gepachtet hatten.

Durch alle diese Steuern, Abgaben und Zölle kamen im päpstlichen Budget des 17. Jahrhunderts mehr als zwei Millionen *scudi* zusammen (zum Vergleich: Ein besser situierter römischer Handwerker verdiente jährlich zwischen 50 und 70 *scudi*). Doch diese Summe klingt nach sehr viel mehr, als den Päpsten tatsächlich zur Verfügung stand. Zieht man die von vornherein abzuschreibenden Ausgaben, zum Beispiel für Gehälter und Zinsen, ab, dann ergab sich bestenfalls ein Überschuss von zehn Prozent der Bruttoerträge. Damit ließen sich keine großen Sprünge machen. Zudem reichten schon kleinere Sonderbelastungen aus, um diese Zahlen rot einzufärben. An kostspielige Unternehmungen wie Großbaustellen, üppige Schenkungen an die Nepoten oder gar Kriege war so gar nicht zu denken. Dazu reichten auch die Erträge der Datarie nicht mehr aus.

Was tun? Um die Versorgung der hauptstädtischen Unterschicht zu sichern, waren die Päpste auf den freiwilligen Gewinnverzicht der grundbesitzenden Elite angewiesen, und zwar nach einer simplen Kosten-Nutzen-Rechnung. Weidewirtschaft war im Kirchenstaat sehr viel lukrativer als Getreideanbau; der ungebremste Appetit der Besserverdienenden auf Fleisch trieb die entsprechenden Kosten in die Höhe, während die Weizenpreise von der römischen Getreidebehörde kontrolliert und durch Vorratshaltung sowie andere Maßnahmen niedrig gehalten wurden. Trotzdem erlegten sich die Großgrundbesitzer lange Zeit selbst die Verpflichtung auf, ausreichende Anbauflächen bereitzustellen, und zwar gemäß der weisen Erkenntnis, dass sie bei Hungerrevolten am meisten zu verlieren hatten. Aufgekündigt wurde dieses Stillhalteabkommen erst 1763/64, ein Vierteljahrhundert vor Ausbruch der Französischen Revolution – mit der Folge, dass die Papstfinanz Anfang Februar 1798, als die französischen Truppen den Papst absetzten und die Republik ausriefen, bankrott war. Im 17. Jahrhundert hatte dieser Deal mit der Elite jedoch ganz überwiegend Bestand, doch mit der Folge, dass die Päpste keinerlei einschneidende Reformen gegen die Interessen der Oberschicht wagen, geschweige denn durchsetzen konnten.

Trotzdem war der Weg in den Schuldenstaat vorgezeichnet. Subsidienzahlungen für katholische Mächte, umfangreiche Bauvorhaben und vor allem die „Versorgung" der Nepoten kosteten Unsummen, die nur durch Anleihen zu finanzieren waren. Eine frühe Form des Staatskredits bildete der Verkauf von Ämtern. Dieser war innerhalb der Kirche als Simonie verboten, doch Verwaltungsposten wie Notariate und ähnliche Stellen ließen sich seit dem letzten Viertel des 15. Jahrhunderts meistbietend versteigern. Allerdings musste man den Käufern Rendite in Form von Gehältern bieten, was wiederum die Gebühren der kirchlichen Zentralinstitutionen nach oben trieb und das Image des Papsttums beschädigte. Eine Zwischenlösung bestand darin, Ämter ohne Aufgaben, also letztlich wohlklingende Titel, zu verkaufen, die einen bestimmten prozentualen Ertrag vom Kaufpreis garantierten. Doch wurden diese *uffizi* schon seit den 1520er Jahren von den *monti* (wörtlich: Berge) verdrängt. Ein *monte* wurde für eine Pauschalsumme, zum Beispiel eine halbe Million *scudi*, „errichtet" und zu diesem Preis von einem zahlungskräftigen Bankenkonsortium aus Florenz oder Genua erworben. Diese Summe stückelten die Bankiers nun in „Bergorte" (*luoghi di monte*) von 100 *scudi*, die auch für die Kleinanleger erschwinglich waren und weit über das 17. Jahrhundert hinaus die bevorzugte Geldanlage risikobewusster Mittelschichten in ganz Italien bildeten. Denn obwohl die Päpste bis zu den Finanzreformen Innozenz' XI. ab 1676 Dutzende und Aberdutzende solcher *monti* aufhäuften – und zwar so viele, dass selbst die gewieftesten Finanzexperten die größte Mühe hatten, sämtliche Schulden-„Berge" und speziell die vielen zusätzlichen Aufstockungen ausfindig zu machen –, waren sie gute Schuldner. Im Gegensatz zu den spanischen Königen erklärten sie nie den Staatsbankrott, sondern zahlten die Zinsen eisern weiter. Diese lagen für die vererbbaren *luoghi di monte*, die bei weitem häufigste Geldanlage, bei fünf bis sechs Prozent, bis sie unter Innozenz XI. radikal reduziert wurden.

3.

Verwandte fördern:
Die Kreise der Nepoten

Ein Kriterium bei der Kandidatenkür im Konklave war die Verwandtschaft. Wie viele Neffen hatten die jeweiligen Thronanwärter und wie viel Familiensinn? Das waren zwei Faktoren in einer Rechnung: Wie viel würden sie für ihre Nepoten ausgeben, wie viel Einfluss würden diese auf die Regierung von Kirche und Kirchenstaat gewinnen? In diesem Punkt schnitten die Kardinäle am besten ab, die bereits über ein beträchtliches Vermögen verfügten; von ihnen war zu erwarten, dass sie mit den Ressourcen des Systems Rom pfleglicher umgehen würden als ihre „armen" Konkurrenten. Entschiedene Gegner des Nepotismus waren vor 1655 chancenlos. Ja, sie mussten sich sogar gegen vehemente Anklagen verteidigen. Wer ostentativ verweigerte, was alle seine Vorgänger getan hatten, setzte sich dem Vorwurf des Hochmuts aus. Solche selbst ernannten Saubermänner wollten sich als besser erweisen als die Päpste, denen sie ihr Emporkommen verdankten. Schlimmer noch: Durch ihr Verhalten stellten sie ihre eigenen Wohltäter bloß, ja, machten sie geradezu verächtlich. Das Gesetz der *pietas*, der Ehrfurcht vor den Vorfahren und Vorgängern, verlangte kategorisch, deren Ruhm zu erhöhen, statt ihn zu schmälern.

Pietas forderte auch das Umfeld der nützlichen Freunde und der Verwandtschaft ein: Wer immer auf seine Weise zum Aufstieg des neuen Papstes beigetragen hatte, glaubte, ein verbrieftes Anrecht darauf zu haben, jetzt den verdienten Lohn zu empfangen. Wer ihnen diesen vorenthielt, setzte sich einem weiteren schwerwiegenden Vorwurf aus: Undankbarkeit aus Selbstüberschätzung. Damit war der Tatbestand eines kapitalen Lasters, sprich einer Todsünde gegeben: *superbia*. Wer ihr verfiel, wollte allen Ruhm für sich, statt jedem zu geben, was das Seine war, und Gott allein die eigene Erhöhung zuzuschreiben. *Superbia* hatte einst den Erzengel Luzifer zum Aufstand gegen Gott angestachelt und zum Höllenfürsten mutieren lassen; das 17. Jahrhundert sah *superbia* in Ketzern und Hexen am Werke. Ein Papst wie Alexander VII., der zu Beginn seines Pontifikats seinen Verwandten verbot, von Siena nach Rom zu kommen, fühlte sich daher einem starken moralischen und sogar theologischen Druck ausgesetzt, diese „Nepotensperre" schleunigst aufzuheben. Dazu kamen weitere verführerisch naheliegende Argumente: Ein neuer Papst fand sich in einem fremden Herrschaftsapparat wieder, umgeben von Amtsträgern, die er nicht selber eingesetzt hatte und die ihm daher keine Loyalität schuldeten, sondern meistens der Familie seines Vorgängers ergeben waren. Wo, wenn nicht in den Reihen seiner eigenen Blutsverwandten sollte also ein frisch erhobener Pontifex maximus verlässliche Helfer, treue Stützen seines souveränen Herrschaftswillens und uneigennützige Berater in allen Lebens- und Herrschaftslagen finden? Blut ist dicker als Wasser – diese volkstümliche Binsenwahrheit galt im 17. Jahrhundert viel mehr als heute, wo allein schon der Begriff der Familie kaum noch zu definieren ist. Damals aber war sie das Maß aller Dinge. Individuen wurden als Glieder einer Generationen übergreifenden Abstammungsgemeinschaft betrachtet, bewertet und beurteilt; die Strategien des Einzelnen waren in höchstem Maße auf die Erhöhung der Sippe, ihren Rang, wenn möglich sogar auf ihre irdische Ewigkeit ausgerichtet.

Das galt in der Welt, doch in der Kirche durfte es eigentlich nicht gelten. Die Reformpäpste des 11. Jahrhunderts hatten durch die Einschärfung des Zölibats für Kleriker mit höheren Weihen nicht nur die Erblichkeit von Pfründen, sondern auch die Besetzung von Führungspositionen nach dem Kriterium von Familie und Verwandtschaft verhindern wollen. Statistisch gesehen, ohne Erfolg: Der oberste katholische Klerus Europas war zwischen 1500 und 1800 fast ausnahmslos adelig, sehr oft sogar hochadelig. Nur für den Bischof von Rom, das Haupt dieser Adelskirche, galt das nicht. Damit ist ein wesentlicher Grund für den Extremnepotismus des 17. Jahrhunderts genannt: Nachholbedarf. Die Päpste der Neuzeit sahen nicht nur sich, sondern ihre Familie zur Führung der Kirche mit berufen und mit erhoben. Damit ihre Verwandten diese Aufgabe erfüllen konnten, mussten sie das dafür nötige Ansehen in der Welt gewinnen; in der Welt aber zählten nur Titel, Reichtum, Herrschaft, Prunk und Verschwägerung, in variabler Reihenfolge und Kombination. Die Würde des Papstes gebot es demnach, seine engsten Blutsverwandten in die höchsten Ränge des römischen Adels emporzutragen. So haben die Päpste des 17. Jahrhunderts ganz überwiegend gefühlt, gedacht und gehandelt. Das zeigen zum Beispiel ihre Testamente. Darin wurde der Erbgang der unter dem Pontifikat angehäuften Güter nicht nur wie üblich für die nächste Generation geregelt, sondern zugleich der irdische Fortbestand der Dynastie mit einer geradezu verzweifelt anmutenden Besessenheit zu garantieren versucht: Welcher Seitenzweig beim Aussterben der Hauptlinie, welche Nebenlinie beim Erlöschen des Seitenzweigs, welche verschwägerte Sippe beim schlimmsten anzunehmenden Ausfall des totalen

Stammbaum-Abbruchs unter der Bedingung, den Familiennamen weiter-
zuführen, an der Reihe war, wurde mit höchster juristischer Präzision und
einer wahren Detailbesessenheit festgelegt – bis ins dreißigste Glied und darüber hinaus. Der biologische Tod des Einzelnen ist zu verschmerzen, der
der Familie nicht, genauso wenig wie ihr sozialer Tod durch Armut und
Reputationsverlust: Dieses Gesetz von Leben und Tod beherrschte die römische Gesellschaft des 17. Jahrhunderts.

Alte und kranke Päpste waren in der Regel nepotistische Päpste. Lag ein
Pontifex maximus krank darnieder oder gar auf dem Sterbebett, stellten
sich die wohlmeinenden Ratgeber ein: Noch ein Kardinalat für diesen Neffen und jenen treuen Klienten, bevor es zu spät ist! Doch weil Moribunde
hilflos waren, galten Kardinalsernennungen in letzter Minute bei den stren-
ger Denkenden als anstößig und wurden dementsprechend auch regelmäßig
verweigert. Für die „Einflüsterer" hingegen war ihre Stimme die Stimme der
Natur: Die Natur hat den Menschen als Familienwesen geschaffen, und die
Natur ist von Gott. Die strengen Theologen hielten dagegen: Die Natur ist
durch die Erbsünde verdorben, ein Papst muss den natürlichen Trieben
mehr als jeder andere Mensch widerstehen. Vollständig widerstanden hat
ihnen in drei Jahrhunderten nur ein Einziger.

Aus diesem Widerstreit der Meinungen tritt zweierlei ganz klar hervor:
Eine funktionale Begründung für Nepotismus hat es zu keinem Zeitpunkt
gegeben. Das Gesetz der *pietas* verlangte von einem neu gewählten Papst
nicht mehr, als die Not von Verwandten und Freunden zu beheben und diesen ein „anständiges" Auskommen zu bieten. Doch diese Art von Sozialhilfe
war niemals vonnöten; dafür hatten die späteren Päpste schon als Kardinäle
gesorgt. Auch eine wie auch immer geartete Herrschaftsfunktion hat der
päpstliche Nepotismus insgesamt zu keinem Zeitpunkt gehabt; das politische Naturtalent Ludovico Ludovisi war von Februar 1621 bis Juli 1623 die
wichtigste, zufallsbedingte Ausnahme, die die Regel bestätigt. Die übrigen
Kardinalnepoten des 17. Jahrhunderts zerfallen in drei Kategorien: herr-
schaftsabstinent, Herrschaft auflösend, Herrschaft zum alles dominierenden Vorteil der Familie umleitend. Nominelle Oberaufseher des Kirchenstaats, doch von dessen Regierung und der tatsächlichen Leitung der
päpstlichen Diplomatie ferngehalten und damit herrschaftsneutral waren
zum Beispiel die Kardinalnepoten Scipione Borghese und Flavio Chigi, die
Neffen Pauls V. und Alexanders VII., der Erstere mangels Eignung und Interesse, der Letztere mangels Gelegenheit. Borghese setzte seinen Namen unter Schriftstücke, die qualifizierte Karriereprälaten ausgearbeitet hatten;
Chigi, der es wahrscheinlich besser gekonnt hätte, wurde von „seinem"

Papst Alexander VII. aus moralischen Skrupeln daran gehindert. Dieses für das Rom des 17. Jahrhunderts so typische System der doppelten Besetzung – ein hochgestellter Amtsinhaber, der das Amt nicht ausübt, aber einen Stellvertreter hat, der die Arbeit für ihn erledigt – war teuer, doch nicht unbedingt ineffizient. Ohne Folgen für die Reputation des Papsttums blieben die von der großen Politik ganz oder weitgehend ferngehaltenen Kardinalnepoten dennoch nicht. Da ihr Rang, der bei feierlichen Zeremonien provozierend zur Schau gestellt wurde, und der Reichtum, der ihnen zufloss, durch keinerlei Aktivitäten gerechtfertigt werden konnten, trat umso krasser hervor, wozu sie wirklich da waren: um möglichst viel Geld aus Pfründen anzuhäufen und auf die Konten der Familie umzuleiten.

Schwere politische Turbulenzen hatte Nepotismus fast immer zur Folge, wenn ein Papst mehr als einen Familienkardinal ernannte. Ein frühes und zudem krasses Beispiel dieser zweiten, Herrschaft auflösenden Variante bot der Pontifikat Sixtus' IV. von 1471 bis 1484. Dieser ehemalige Franziskanergeneral aus der unteren Mittelschicht der ligurischen Provinz erhob in 13 Jahren sukzessive nicht weniger als sechs nahe Verwandte zu Kardinälen, was vor allem in der zweiten Hälfte der Regierungszeit endlose Zwistigkeiten unter den Nepoten selbst und unübersehbare Auflösungserscheinungen der Herrschaft nach sich zog. Um diese zu lähmen, reichten schon drei Verwandte im Senat der Kirche aus, wie sich unter Urban VIII. zeigte. Dieser hatte gleich nach seiner Wahl seinem Bruder Antonio Barberini, einem weltabgewandten Kapuziner, und einem ehrgeizigen jungen Neffen namens Francesco den roten Hut verliehen. Diese Konstellation erwies sich als einigermaßen herrschaftsverträglich, solange der Papst selbst gesund und handlungsfähig war. Ab der Mitte der 1630er Jahre aber ging es damit nach mehreren Schlaganfällen rapide bergab. Als sich dann mit Antonio dem Jüngeren, Francescos Bruder, noch ein dritter Familienkardinal hinzugesellte, brach das Herrschaftssystem an der Spitze regelrecht auseinander. Denn die beiden Papstneffen waren nicht nur verfeindet, sondern machten sich sogar systematisch Konkurrenz, und zwar unter den Augen des Papstes, der diesem Spiel kein Ende zu bereiten vermochte. Auf diese Weise gab es am Ende des Barberini-Pontifikats drei rivalisierende Herrschaftszentren: Urban VIII. und die offiziellen Amtsträger an der Spitze der Kurie sowie zwei „Nebenhöfe", die um den beherrschenden Einfluss auf den immer unselbstständigeren Pontifex maximus rangen – ganz zu schweigen vom weltlichen Nepoten, dem Fürsten Taddeo Barberini, der seinerseits von seiner willensstarken Gattin Anna Colonna gelenkt wurde.

Noch ungewöhnlicher und mindestens ebenso kontraproduktiv war

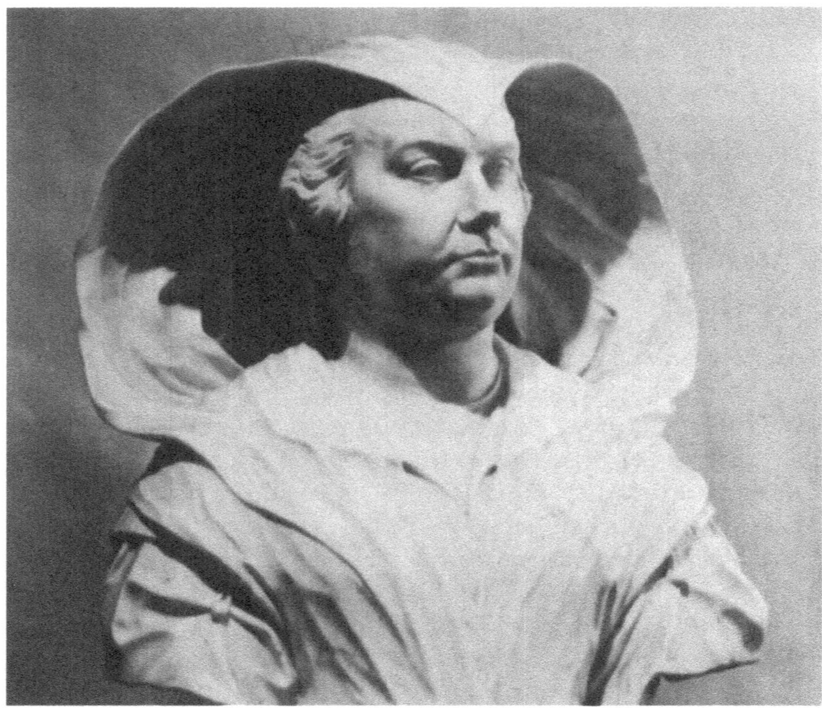

Abb. 4: Eine starke Frau: So sah Olimpia Maidalchini sich selbst. Eine Teufelin –
so sahen sie die Römer. Alessandro Algardis meisterliches Marmorporträt hält
zwischen beiden Bildern die Mitte (Rom, Palazzo Doria-Pamphili).

die „Nepoten-Konstellation" unter Innozenz X. (1644–1655), Urbans
Nachfolger. Zum ersten und einzigen Mal gewann eine Frau den beherr-
schenden Einfluss auf den Papst und damit auf die Ressourcen von dessen
Amt: Olimpia Maidalchini, die Witwe von Innozenz' Bruder Pamphilo
Pamphili, die ihrem Schwager bei dessen langer und phasenweise stagnie-
render Karriere an der Kurie die entscheidende finanzielle Unterstützung
hatte zukommen lassen und dafür jetzt ein Jahrzehnt lang reichen Lohn
einstrich. Dass die römische Gerüchteküche ihr ein Verhältnis mit dem
Papst andichtete, versteht sich in Anbetracht ihrer ungewöhnlichen
Machtstellung von selbst, doch spricht alles dafür, dass dieses Bündnis vor
dem Pontifikat rein strategisch und danach von der überlegenen Willens-
stärke der „Päpstin", wie Olimpia im Volksmund genannt wurde, erzwungen war (Abb. 4). Als Tochter eines Getreidehändlers, der in der Gegend

von Corneto (heute Tarquinia) Weizen für die römische Getreidebehörde aufkaufte und dabei reichlich auf seine Kosten kam, war die Schwägerin Innozenz' X. ebenso habgierig wie profitbewusst – mit dramatischen Folgen für die öffentliche Ruhe und Sicherheit in Rom, wie noch zu berichten sein wird. Ihr Sohn Camillo Pamphili, der Kardinalnepot, schmückte sich zwar wie seine Vorgänger in dieser Rolle mit dem Titel eines Oberaufsehers des Kirchenstaats, doch wurde er in Wirklichkeit von seiner Mutter beaufsichtigt und beherrscht, bis er unter ungeheurem Aufsehen aus der Rolle fiel: Er legte den roten Hut ab und heiratete die schöne junge Witwe Olimpia Borghese, geborene Aldobrandini. Der Kardinalswürde durfte man gemäß dem kurialen Normenkatalog nur entsagen, wenn eine fürstliche Dynastie mit unabsehbaren politischen Folgen auszusterben drohte. Ein Verzicht aus amourösen Gründen aber war ein Skandal, der durch die ganze Christenheit nachhallte. Die römischen Klatschkolumnisten, die Europa mit den „vermischten Nachrichten" vom Papsthof versorgten, hatten jetzt immer aufregendere Neuigkeiten zu berichten. Olimpia gegen Olimpia, so lauteten die Schlagzeilen: böse Schwiegermutter gegen schöne Schwiegertochter (die sich in diesem Duell durchaus zu behaupten wusste). Für einen weltlichen Hof gehörten solche Vorkommnisse zum Alltag, dem Papsttum fügten sie jedoch schweren Imageschaden zu. Als der greise Innozenz X. im Januar 1655 für immer die Augen schloss, weigerten sich sowohl Olimpia Maidalchini als auch Camillo Pamphili, ihren Wohltäter zu bestatten – bis der Fall buchstäblich zum Himmel stank.

Hinter den sensationellen Geschehnissen treten charakteristische Merkmale des Systems Rom hervor. So heiratete Olimpia Aldobrandini als „Nepotin nach dem Pontifikat" in erster Ehe mit Paolo Borghese ebenfalls einen Nepoten der zweiten Generation; nach dem Tod des jeweiligen Familienpapstes standen die großen Baronalfamilien meistens nicht mehr für Heiraten zur Verfügung, sodass die Papstfamilien sich mangels Alternativen untereinander verschwägerten. So machten sie aus der Not eine Tugend und bildeten einen Zirkel innerhalb der römischen Elite, der sich auf die Verwandtschaft mit den Päpsten viel zugute hielt. Vor allem aber zeigte der Pamphili-Nepotismus, wie gefährlich die extreme Verwandtenförderung für das päpstliche Herrschaftssystem geworden war. Die dritte Variante der Herrschaftsschwächung durch Nepotismus, die völlige Konzentration auf die Interessen der Familie, erregte weniger Aufsehen, doch schädigte sie das Ansehen des Papstamts mindestens genauso sehr. Den Typus des „Herrschaftsumleiters" verkörperte Paluzzo Paluzzi degli Albertoni, der „adoptierte" Kardinalnepot des greisen und während seines sechsjährigen Pontifikats fast unbegrenzt beeinflussbaren Clemens' X. Altieri (1670–1676). Paluzzi interessierte sich kaum für die eigentlichen Amtsgeschäfte, umso mehr jedoch für die Bereicherung und den Aufstieg seiner Verwandtschaft.

Warum gab es überhaupt Kardinalnepoten, wenn diese die Herrschaftskreise der Päpste überwiegend störten? An die Stelle der Herrschaftsfunktion trat die Versorgungsfunktion. Die Nepoten mit dem roten Hut waren Geldbeschaffer von kolossalen Dimensionen, darin lag ihre eigentliche Existenzberechtigung. Das Konzil von Trient hatte auf die Einschärfung der rigorosen Regel „Ein Kleriker, eine Pfründe" verzichtet und sich darauf beschränkt, den Päpsten Mäßigung in Sachen Pfründenhäufung ans Herz zu legen. In einem wichtigen Punkt sind diese dem frommen Wunsch gefolgt: Kein päpstlicher Verwandter erhielt jemals mehr als ein Bistum. Die Zeiten eines Cesare Borgia, der als Sohn Alexanders VI. und Kardinalnepot 16 Bischofstitel sammelte, bevor er umsattelte und Herzog der Romagna wurde, waren nach dem Reformkonzil definitiv vorbei. Die Kardinalnepoten konnten es verschmerzen, denn in anderen Bereichen waren der Großzügigkeit der päpstlichen Onkel kaum Grenzen gesetzt. So erhielt Scipione Borghese während des gut 15-jährigen Pontifikats Pauls V. mehr als 50 Kommendatarabteien verliehen. Das waren Klöster, deren meist ansehnliche Erträge nicht mehr den Mönchen, sondern dem sogenannten „Kommendatarabt" zuflossen. Als solcher hatte Borghese wie seine Nachfolger nominell die Verpflichtung, die Klosterinsassen angemessen zu versorgen; de facto waren die Kommendataräbte als Nutznießer dieses Systems jedoch im Interesse der Profitmaximierung bestrebt, ihre Abteien verwaisen zu lassen, sofern das ohne allzu viel unliebsame Aufmerksamkeit möglich war. Zu diesen Kommenden kamen hohe Einkünfte aus „Pensionen", die Bischöfe aus den Erträgen ihrer Diözesen an die Kardinalnepoten abführen mussten. Lukrativ war überdies eine Reihe hoher kirchlicher Ämter. Ganz oben rangierte die Stelle des Camerlengo, danach kam der Posten des Großpönitentiars. Allerdings wurden beide Ämter auf Lebenszeit übertragen, sodass es hier für die neuen Nepoten oft erst einmal abwarten hieß. Trösten durften sie sich mit einer ansehnlichen Zahl renditeträchtiger Ämter, die der Papst nach Gutdünken entziehen und wieder verleihen konnte, zum Beispiel mit der Legation der römischen Exklave Avignon in der Provence. Natürlich mussten die Nepoten nicht an die Rhone ziehen, um diese Einkünfte zu beziehen; die dortigen Geschäfte besorgte nach bewährtem Muster ein Vizelegat vor Ort. Manche Päpste bezahlten ihren Kardinalnepoten überdies ein monatliches „Gehalt" – als ob die vielen Pfründen zum standesgemäßen Lebensunterhalt nicht ausreichten.

Scipione Borghese, der Kardinalnepot Pauls V., „verdiente" am Ende des Familienpontifikats mehr als 200 000 *scudi* jährlich, also das Drei- bis Viertausendfache eines römischen Handwerkers. Bei seinem Tod im Oktober 1633 hinterließ er seiner Familie Vermögenswerte von etwa viereinhalb Millionen *scudi*; auf derselben Vergleichsgrundlage umgerechnet, entspricht das heute etwas mehr als einer Milliarde Euro. Paul V. und die Borghese hatten sich dabei an den Einkünften der vorangehenden Nepoten orientiert, doch die vorgefundenen Normen weiter ausgedehnt – ein nicht nur in Sachen Nepotismus für das System Rom bezeichnendes Vorgehen.

Beim Tode Pauls V. Anfang 1621 schrieb die Camera Apostolica, das päpstliche Finanzministerium, Schulden von elf Millionen *scudi*, was ungefähr dem Fünffachen der regulären Jahreseinnahmen entsprach. Doch von den theoretisch mehr als zwei Millionen jährlicher Erträge muss der Löwenanteil in Form von Zinsen, Besoldungen und anderweitigen Belastungen von vornherein abgezogen werden; frei verfügbar waren pro Jahr höchstens etwa 200 000 *scudi*, also ein Fünfundfünfzigstel der Schulden. Zum Vergleich: Für Deutschland liegt die Gesamtverschuldung 2025 etwa sechsmal höher als der reguläre Bundeshausalt. Dreiundzwanzig Jahre später hatte sich die Situation in Rom dramatisch verschlechtert – beim Tod Urbans VIII. im Juli 1644 überstiegen die aufgenommenen Kredite die theoretischen Einnahmen schon um das Zwölffache, die de facto disponiblen Summen sogar um das Hundertfünfundzwanzigfache. Zu diesem Zeitpunkt lagen die jährlichen Gesamteinkünfte sämtlicher Nepoten Urbans VIII. zwischen 400 000 und einer halben Million *scudi*, also mehr als doppelt so hoch wie die dem Papst für eine aktive Politikgestaltung verbleibenden Mittel. Dabei ist zu berücksichtigen, dass der Großteil der Nepoteneinkünfte aus den Erträgen von Kommendatarabteien floss, von denen den drei Barberini-Kardinälen zusammen zwischen einhundert bis einhundertzwanzig, darunter die ertragsreichsten Italiens, übertragen wurden, womit sie den alten Rekordwert Scipione Borgheses um mehr als das Doppelte übertrafen. Dazu kamen Einkünfte aus kurialen Ämtern, von denen die drei Barberini-Kardinäle mit den Positionen des Vizekanzlers, des Großpönitentiars und des Camerlengo die drei lukrativsten und prestigeträchtigsten innehatten – eine weder vorher noch danach anzutreffende Monopolstellung einer einzigen Familie. Das Gros der Nepoteneinkünfte wurde somit nicht unmittelbar aus dem päpstlichen Budget abgezweigt, im Gegensatz zu Geldschenkungen an die Verwandten, die sich mit etwa 1,5 Millionen *scudi* in 21 Jahren ungefähr auf dem Niveau des Borghese-Pontifikats bewegten. Trotzdem ist das daraus abgeleitete Argument, dass der Nepotismus des 17. Jahrhunderts kein wesentlicher Faktor der bis 1676 fortschreitenden Finanzparalyse des Papsttums gewesen sei, alles andere als stichhaltig – die enormen Summen, die an die Papstverwandten flossen, wären, wie sich unter dem Pontifikat Innozenz' XI. zeigte, sehr wohl auch für öffentliche Zwecke und Projekte einsetzbar gewesen und hätten dadurch das Budget der Kammer so beträchtlich erweitert, dass weitere Verschuldung unnötig, ja sogar Schuldentilgung machbar gewesen wäre.

In absoluten Zahlen ausgedrückt, bildete die Finanzausstattung der Barberini in ihren einundzwanzig fetten Jahren einen nie mehr übertroffenen Spitzenwert. In Relation zu den – in der zweiten Hälfte des 17. Jahrhunderts als Folge von Agrarkrisen und Epidemien – sinkenden Einnahmen der Papstfinanzen war der in den nachfolgenden Pontifikaten weiterhin auf Hochtouren laufende Nepotismus ein mindestens ebenso gravierendes Motiv der Schwächung wie zuvor, und zwar gleichermaßen ökonomisch wie moralisch. Ein rapider Verlust an Ansehen, Autorität und Ausstrahlungskraft stellte sich zuerst im Frankreich des jungen Königs Ludwig XIV. ein, der durch seinen ‚Whistleblower‘, den Kardinalminister Jules Mazarin, mit den geheimsten Interna der Kurie und speziell des Systems Nepotismus bestens vertraut war und dieses Wissen systematisch zur Prestigeminderung der Päpste instrumentalisierte. Wie sehr sich dieses System verselbständigt hatte und ohne Rücksicht auf die verschlechterte innere wie äußere Lage Roms und des Papsttums in für kritische Beobachter geradezu unheimlicher Unbeeinflussbarkeit und Eigengesetzlichkeit fortdauerte, zeigt nach neuesten Untersuchungen exemplarisch der letzte Pontifikat ‚alten Stils‘ unter Clemens X. Im achtzigsten Lebensjahr stehend und nach allgemeinem Urteil an fortgeschrittener Altersschwäche leidend – schärfere Kritiker diagnostizierten Phänomene, die im 21. Jahrhundert als beginnende Demenz eingestuft würden –, war der aus einer altansässigen Familie der ‚römischen Römer‘, also aus einer Tertiärelite ohne großen Einfluss stammende Pontifex vom ersten Pontifikatstag an der Spielball des Netzwerks, das ihn nach oben getragen hatte. Zu dessen tragenden Figuren gehörten die Neffen der beiden letzten Päpste Alexander VII. und Clemens IX., die für die Wahl des greisen Kandidaten zusammen Bedingungen gefordert und durchgesetzt hatten, die auf einen ‚Mehrfamilien-Nepotismus‘ hinausliefen. Im Rahmen dieses innovativen Arrangements musste sich der adoptierte Kardinalnepot Clemens' X., Paluzzi degli Albertoni, Sohn einer Nichte des Papstes, die Profite mit den beiden Papstmacher-Sippen und deren Klientelverbänden teilen. Trotzdem fiel auch für ihn eine Menge ab. Nach den Kaufpreisen für Landgüter und den Kosten für die darauf in Oriolo und auf dem römischen

Esquilin errichteten Bauten zu urteilen, strich Paluzzi für sich allein in sechseinviertel Pontifikatsjahren mindestens zweieinhalb Millionen *scudi* ein, davon in etwa die Hälfte durch direkte Schenkungen. Von seiner Prestigeerhöhung durch die Erhebung einer Verwandten zur Seligen wird noch die Rede sein.

Seinen Daseinszweck hatte ein Kardinalnepot mit der Unterschrift unter sein Testament erfüllt. Darin ging der Löwenanteil der zu Lebzeiten zusammengerafften Vermögenswerte an den weltlichen Stammhalter der Familie über, der ihre irdische Ewigkeit durch die Zeugung von Nachkommen garantieren sollte. Zu diesem Zweck wurde er mit prestigeträchtigen Adelstiteln ausgestattet, darunter in der Regel mindestens ein Fürstentum, das ihm der päpstliche Onkel zu Pontifikatsbeginn kaufte. Da Rom und der Kirchenstaat von Klerikern regiert wurden, waren lukrative und prestigeträchtige Ämter für die weltlichen Nepoten dünn gesät. Das bei weitem wichtigste war das „Generalat der Kirche", das Kommando über die päpstlichen Truppen. Der Pontifex maximus verfügte über kein stehendes Heer, sondern nur über eine hoch bezahlte Schweizer Leibgarde und eine viel niedriger besoldete und weniger renommierte korsische Schutztruppe, sodass auch dieser Generals-Posten im Wesentlichen eine Pfründe mit wohlklingendem Titel und noch klingenderer Münze war. Brauten sich allerdings Konflikte zusammen, die die Aufstellung einer Armee erforderlich machten, wie im Konflikt mit Venedig ab 1605 und im Kampf um das Herzogtum Castro zwischen Toskana und Latium in den 1640er Jahren, zeigte das System Nepotismus seine Schattenseiten auch im Militärbereich. Versuchte der – dafür zu keinem Zeitpunkt ausgebildete – Nepot den Strategen zu spielen, endeten solche Unternehmungen regelmäßig im Desaster.

Die einzige Aufgabe, die dem fürstlichen Nepoten niemand abnehmen konnte, bestand darin, eine Braut aus höchstem römischem Hause zu ehelichen und mit dieser männlichen Nachwuchs in die Welt zu setzen. Auch das wurde im Fall der Borghese zu einer Zitterpartie. Der erste Fürst von Sulmona – so der höchste der zahlreichen feudalen Titel der Familie – namens Marcantonio (1601–1658) zeugte mit seiner Gattin Camilla aus dem Hause Orsini, die ein Leben im Kloster vorgezogen hätte (und sich später durch Frömmigkeit und Klostergründungen hervortat) einen einzigen Sohn: eben jenen Paolo Borghese (1624–1646), dessen Witwe nach seinem Tod Camillo Pamphili ehelichte, zu diesem Zeitpunkt jedoch bereits den Fortbestand der Familie Borghese durch die Geburt zweier Söhne gesichert hatte. Eine weitere Heiratsallianz zwischen einem „weltlichen" Nepoten im

Fürstenrang und einer Braut aus römischer Baronalfamilie ist durch deren ungewöhnliche Persönlichkeit und die Quellen, die sie aufgrund ihrer vielfältigen Aktivitäten hinterlassen hat, ungewöhnlich gut dokumentiert.

Szenen einer arrangierten Ehe oder: die eingetauschte Braut. Als Taddeo Barberini, Fürst von Palestrina, 1628 Anna Colonna heiratete, wurde von beiden Seiten viel gegeben und genommen. Wie immer mussten die Aufsteiger, also die Barberini, das soziale Gefälle durch Mehrleistungen ausgleichen. So wurde der Bruder der Braut, wie im Heiratskontrakt vereinbart, zum Kardinal erhoben – eine umgekehrte Mitgift, die es in sich hatte. Die Braut aus vornehmster Familie brachte ihren Namen, die Reputation ihres Geschlechts und darüber hinaus ihre große Intelligenz sowie ihre nicht minder starke Willenskraft in die Ehe ein. Mit diesen Qualitäten beherrschte und verachtete sie ihren schwächlichen Gemahl vollständig. Ihr Verhältnis zum führenden Kardinalnepoten Francesco Barberini war nicht minder getrübt. Dass sich Anna Colonna als Frau im zölibatären System der Kurie trotzdem glänzend behauptete, lag daran, dass sie zum einen dem Papst imponierte und zum anderen mit dem Pfund ihrer prestigeträchtigen Abkunft kräftig wucherte. Ja, aus der Sicht der Colonna spielte sie die ihr zugedachte Rolle, durch ihr „Bäuerin"-Opfer zugunsten ihres Clans Einfluss auf die Regierung des Papstes zu nehmen, geradezu perfekt. Als einer ihrer Brüder nach einem Duell mit tödlichem Ausgang gravierende Folgen befürchten musste, verschaffte sie ihm durch ihre entschlossene Intervention Straffreiheit. Als lebende Trophäe war Anna Colonna für die Barberini unverzichtbar; damit ließ sich die Papstfamilie regelrecht erpressen. Wenn du nicht tust, was ich will, ziehe ich mich unter Aufsehen erregenden, das heißt: für dich und deinen Onkel extrem peinlichen Umständen unter den Augen der empörten Öffentlichkeit in ein Kloster zurück: Mit dieser Drohung konnte die couragierte Aristokratin viel erzwingen. Typisch an dieser Ehe war überdies die Herablassung, mit der die alten Adeligen den Nepoten-Parvenüs gegenübertraten – ein Papstonkel machte eben noch keinen echten Edelmann, auch nicht das viele Geld und die große Zahl der Landgüter und Lehensherrschaften, die sich damit erwerben ließen.

Letztere waren naturgemäß der ganze Stolz der weltlichen Nepoten, denn sie waren mit wohlklingenden Titeln verbunden. Die meisten dieser *feudi* ließen sich im Königreich Neapel akquirieren, das südlich an den Kirchenstaat anschloss und zu Recht als feudales Eldorado galt; der Arm des spanischen Vizekönigs am Vesuv reichte kaum in diese ländlichen Kleinkönigreiche hinein. Höher geschätzt, da prestigeträchtiger zu verwerten, waren jedoch Lehen im Kirchenstaat selbst, am besten möglichst nahe bei

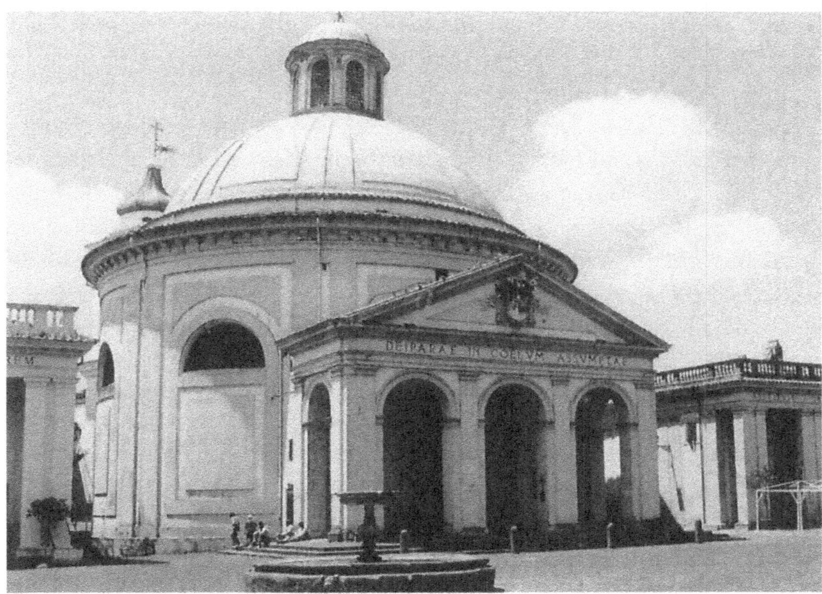

Abb. 5: So „feudal" bauten Nepoten auf dem Lande: Die Kirche des Örtchens Ariccia in den Albaner Bergen krönte Gianlorenzo Bernini im Auftrag der Familie Chigi mit einer pompösen Kuppel.

Rom. Dem stand allerdings ein formidables Hindernis entgegen: Papst Pius V. (1566–1572), der im Rufe der Heiligkeit starb und 1712 auch heiliggesprochen wurde, hatte strengstens verboten, Lehen mit umfassenden Jurisdiktionsrechten neu zu vergeben. Wie man diese Schranke umgehen konnte, zeigte das Beispiel der Chigi. Mit der tatkräftigen Unterstützung „ihres" Papstes Alexander VII. (1655–1667) erwarben sie von der insolvent gewordenen Baronalfamilie Savelli deren Lehen Ariccia in den Albaner Bergen südlich von Rom, und zwar für die stolze Summe von 385 000 *scudi*. In diesem Preis war alles mit inbegriffen: ausgedehnter eigener Grundbesitz, das Recht, eine ansehnliche Quote (meist ein Viertel) der Feldfrüchte von den Bauern als „Lehensabgabe" einzuziehen, sowie der gesamte Baubestand aus Baronalpalast und Kirche. Doch war dieser für die neuen Besitzer nicht großartig genug. Der römische Stararchitekt Gianlorenzo Bernini errichtete alles neu: eine repräsentative Kuppelkirche, Verwaltungsgebäude und fürstliche Residenz (Abb. 5). Alle diese Architekturschöpfungen führten den frisch erworbenen feudalen Rang ihres Besitzers geradezu penetrant vor

Augen: der Bürger als Edelmann, wie Molière zur selben Zeit sein Stück über das lächerliche Gehabe bürgerlicher Parvenüs in Frankreich nannte.

Der aus heutiger Sicht bizarr anmutende Kosmos des päpstlichen Nepotismus im 17. Jahrhundert ist mit all diesen Bereicherungs- und Erhöhungsaktionen nicht ausgeleuchtet. Wie umfassend, ja geradezu ganzheitlich der Führungs- und Geltungsanspruch der Papstverwandten während des „Familienpontifikats" ausfiel, zeigen weitere, schlaglichtartige Einblicke. So enthielt der Heiratskontrakt für Anna Colonna und Taddeo Barberini gewissermaßen im Kleingedruckten eine Klausel, die zwei Schwestern der Braut, die als Nonnen im Kloster lebten, zwang, ihren angestammten Konvent zu verlassen und in einen Orden überzuwechseln, der von den Barberini protegiert wurde. Klosterfrauen waren Bräute Christi. Dass sie ihre Loyalität umpolen und ihre Identität wechseln mussten, nur weil ihre „weltliche" Schwester einen Neffen des regierenden Papstes ehelichte, mutet geradezu blasphemisch an, erklärt sich jedoch aus dem dahinter stehenden Anspruch: Wir, die Barberini, sind die Kirche und bahnen den Weg zum Heil; unsere Ehre ist die Ehre der Kirche, und deshalb muss unsere Ehre durch die Übersiedlung der Nonnen vermehrt werden.

Wie sehr der Nepotismus zum Hauptregierungszweck geworden war, zeigte selbst der Pontifikat des „Juristenpapstes" Paul V., der am stärksten von allen darauf bedacht war, mit der intensiven Förderung seiner Verwandten so wenig Ärgernis wie möglich zu erregen. Im Zuge dieser Strategie ernannte er zwar nur einen Kardinalnepoten, doch waren nicht wenige weitere Kardinalsernennungen vom System Nepotismus diktiert. So war Giovanni Battista Leni ein Vetter Scipione Borgheses; zudem waren Orazio Maffei, Marcello Lante, Giovanni Garzia Millini, Fabrizio Verallo, Pietro Paolo Crescenzi und Tiberio Muti mit diesem mehr oder weniger weitläufig verwandt oder verschwägert. Weitere Kardinäle waren Studienfreunde und nützliche Helfer des Kardinalnepoten. Ihr einziger Zweck bestand darin, der Familie Borghese in der „Nepotendämmerung" nach dem Tode des Familienpapstes zur Seite zu stehen, zuallererst im anschließenden Konklave. So wurde die Zusammensetzung des „Senats der Kirche" durchgehend in höchstem Maße von familiären Interessen bestimmt – ein eigentümlicher und zugleich bezeichnender Widerspruch des Systems Rom im 17. Jahrhundert.

Die Kreise des Nepotismus reichten jedoch noch viel weiter, nämlich in die päpstliche Außenpolitik hinein. Maffeo Barberini, der spätere Urban VIII., hatte sich als Nuntius in Paris einen Namen gemacht und dort auch die Nachricht von seiner Ernennung zum Kardinal erhalten; dass er

Frankreich auch als Papst eng verbunden blieb, hatte also lebensgeschichtliche Wurzeln. Für diese Orientierung sprachen allerdings auch noch sehr viel handfestere Gründe: Seine Nepoten bezogen aus Frankreich hohe Einkünfte aus reichen Abteien, die ihnen der französische König verliehen hatte. Schon spanienfreundliche Zeitgenossen sahen hier Zusammenhänge, sicherlich zu Recht. Ähnliche Übereinstimmungen zwischen dem Interesse der Papstfamilie und der Politik der Päpste sind in allen Pontifikaten vor 1676 nachzuweisen.

Das System, die unumschränkte Machtfülle zu Lebzeiten des Papstes zugleich auszunutzen und innen- wie außenpolitisch abzusichern, hat sich aus der Sicht der Betroffenen insgesamt glänzend bewährt – mit einer einzigen vorübergehenden Ausnahme. Als Urban VIII. nach fast 21-jährigem Pontifikat am 29. Juli 1644 starb und am 15. September mit Innozenz X. ein Nachfolger gewählt wurde, der zwar seinem Vorgänger den roten Hut verdankte, jedoch von dessen Nepoten gedemütigt worden war, mussten sich die Barberini bedroht fühlen. Zunächst schienen sich ihre düsteren Vorahnungen nicht zu bewahrheiten. Der neue Papst gab sich ihnen gegenüber leutselig, ja geradezu aufgeräumt. Doch als nach knapp einem Jahr das Personal der Barberini im Apparat der Kurie ausgewechselt und durch treue Pamphili-Anhänger ersetzt worden war, wehte plötzlich ein anderer Wind. Im Juni 1645 wurde eine Kommission eingesetzt, die Licht in das Finanzgebaren der Barberini bringen sollte. Das war ein ebenso eindeutig definierter wie schwierig auszuführender Auftrag. Er lief darauf hinaus, die Gelder zurückzufordern, die sich die Nepoten unrechtmäßig angeeignet hatten. Doch wo verlief hier die Grenze? Wo endete die päpstliche Großzügigkeit, die man missbilligen, doch nicht anklagen konnte, und wo begann die illegale Selbstbereicherung? Kompliziert wurde die Operation nicht nur solcher rechtlicher und moralischer Fragen wegen, sondern auch rein finanztechnisch. Dadurch, dass die Nepoten ihre Günstlinge unabhängig von deren Qualifikation in alle möglichen Verwaltungspositionen eingeschleust hatten, gab es in wichtigen Institutionen und Behörden seit Mitte der 1630er Jahre keine geregelte Buchführung mehr. Gelder waren unter der Hand, ohne reguläre Bankanweisungen, ausgezahlt worden, Einnahmen nicht ordnungsgemäß verbucht, Zweckbestimmungen großer Summen unklar. Trotzdem oder gerade deswegen kam die Kommission zum Ergebnis, dass die Nepoten der Apostolischen Kammer, dem Finanzministerium des Kirchenstaats, anderthalb Millionen *scudi* schuldeten. Man hätte auch auf ein Mehrfaches dieser Summe kommen können, doch reichte sie aus, um die ganze Familie Barberini in den Ruin zu stürzen. Ende Oktober 1645 floh Kardinal Antonio der Jüngere nach Paris, im Januar 1646 folgte ihm der Rest der Familie bei Nacht und Nebel in abenteuerlichen Verkleidungen nach. Die Stellung in Rom hielt allein Anna Colonna, und sie hielt sie gut.

4.

Netze knüpfen:
Von der Kunst des Aufstiegs

Wohin sich die in Ungnade gefallenen Nepoten wenden würden, war absehbar: Ihr Fluchtpunkt hieß Paris. Jetzt zahlte sich die enge Anlehnung an Frankreich aus, die Urban VIII. in schwerste politische Turbulenzen gestürzt hatte, seinen Neffen hingegen aus ihrer Bedrängnis heraushalf. Zudem trafen die Barberini in Paris einen alten Bekannten aus – für sie – glücklicheren Tagen wieder, der in der Zwischenzeit nicht nur weit emporgestiegen war, sondern auch seinen Namen den glänzenden neuen Verhältnissen angepasst hatte. Aus Giulio Mazzarini, 1602 in den Abruzzen geboren als Sohn eines Hausangestellten der Familie Colonna, war Kardinal Jules Mazarin geworden, seines Zeichens erster Minister des allerchristlichsten Königs Ludwig XIII. von Frankreich.

Der ehemalige Protégé hatte sich jetzt in den Protektor verwandelt. Auf diesem Weg nach oben hatte er die Chancen, die das System Roms begabten und ehrgeizigen jungen Männern außerhalb der privilegierten Kreise bot, virtuos genutzt. Doch auch ein Meister in der Kunst, sich anderen nützlich zu machen, wie Mazzarini brauchte ein Mindestmaß an Anbindung, um seine schwindelerregende Karriere starten zu können. Die erste dieser Gelegenheiten hatte ihm sein Vater verschafft, der einen viel unauffälligeren Karrieresprung bewältigt hatte: vom Hutmacher in Palermo in die Dienerschaft der Colonna. Damit war die unverzichtbare Nähe zu den Kreisen geschaffen, die über Macht und Einfluss verfügten. Der zweite glückliche Zufall bestand in der Heirat Taddeo Barberinis mit Anna Colonna, denn dadurch wurden die Klienten der einen Familie auch die der anderen. Als Gefolgsmann der Colonna allein wäre Mazzarini ohne Frage ebenfalls emporgekommen, doch nach menschlichem Ermessen kaum über den Rang eines Haushofmeisters hinaus. Die Allianz mit den Barberini aber bot dem vielseitig einsetzbaren jungen Sekretär weitere und vor allem weiterführende Perspektiven. In erster Linie den weltlichen und geistlichen Nepoten Urbans VIII. machte sich das Kommunikations-Genie Mazzarini rasch als Problemlöser in allen Lebenslagen unentbehrlich.

So war es nur natürlich, dass er, gerade einmal 26 Jahre alt, Kardinal

Antonio Barberini den Jüngeren auf diplomatischen und militärischen Expeditionen an die Brennpunkte der damaligen Außenpolitik, zum Beispiel nach Mantua, begleitete, wo ein Erbfolgekrieg mit aktiver französischer Beteiligung am Ausbrechen war. Auf diesen Dienstreisen im päpstlichen Auftrag knüpfte Mazzarini enge Kontakte zu französischen Diplomaten und durch diese zu deren Chef. Dem allmächtigen Kardinal Richelieu, stets auf der Suche nach gut informierten und umtriebigen Agenten, fiel der ebenso wendige wie eloquente Angestellte der Barberini, der gewinnendes Auftreten mit kühlster Kalkulation verband, auf – und wurde postwendend nach Paris abgeworben, in Anbetracht der französischen Ausrichtung Urbans VIII. ein unproblematischer Wechsel. Auch im völlig anders gearteten politischen Ambiente des französischen Hofs fand sich Mazarin mit traumwandlerischer Sicherheit zurecht, machte sich Richelieu unentbehrlich und wurde nach dessen Tod im Dezember 1642 sein Nachfolger. Als Ludwig XIII. wenige Monate darauf starb und die Regentschaft der Königinmutter Anne d'Autriche begann, gewann Mazarin auch diese rasch für sich – sicher nicht durch Zauberei, wie seine vielen Feinde in Hunderten von Pamphleten behaupteten, vielleicht durch ein Liebesverhältnis, mit Sicherheit jedoch durch seine Kunst, Netzwerke aufzubauen und die der anderen zu zerstören. Als Insider des Systems Rom mit einzigartigem Beutewissen ausgestattet, setzte der ehemalige Günstling der Barberini von jetzt an alles daran, seine ehemaligen Dienstherren wieder nach Rom und dort in die Gnade des Papstes zurückzuführen, und zwar nicht aus Zuneigung für die Nepoten Urbans VIII., sondern um das Papsttum als politische Macht zu schwächen und zu demütigen.

Diese Operation wurde rasch ein voller Erfolg. Schon im August 1648 durfte Kardinal Francesco Barberini – Fürst Taddeo war im Pariser Exil gestorben – in die Ewige Stadt zurückkehren. Im Sommer 1653 schließlich besiegelte eine Eheschließung den definitiven Frieden der Barberini mit den Pamphili. Im Rückblick stellt sich die Forderung des Pamphili-Papstes nach Rechenschaftsablegung und Rückzahlung als eine Finte dar. Mit diesem geschickten taktischen Manöver verschaffte sich Innozenz X. gleich drei strategische Vorteile: Als Vorkämpfer der Geschädigten, Verkünder neuer Werte und Vertreiber des alles beherrschenden Clans gewann er gewichtige Startvorteile. Ernst machen konnte er mit seinen Drohungen schon deshalb nicht, weil sein Nepotismus nicht weniger massiv ausfiel als der Urbans VIII. Auch gegen seine eigene Meistbegünstigte, die „Päpstin" Olimpia Maidalchini, strengte sein Nachfolger Alexander VII. einen solchen Prozess an. Doch auch dieses Verfahren kam nicht zum Abschluss – die Beschuldigte starb 1657 an der Pest, bevor man ihren riesenhaften Reichtum zurückfordern konnte. Da die Untersuchung nach ihrem Tod im Sande verlief, drängt sich auch hier der Schluss auf: alles nur ein Schauspiel für die Öffentlichkeit.

Und ein Ritus, der Forderungen anmelden sollte: Jetzt sind wir, die neuen Nepoten, an der Reihe! Mazarins Aufstieg aber zeigt mehr, nämlich die Regeln, nach denen die Netzwerke funktionierten, die das System Rom bestimmten. Wie man erfolgreich bei einflussreichen Gönnern oder Arbeitgebern andockte, hatte sein Vater vor Augen geführt – der Eintritt in die *familia*, die Dienerschaft eines geistlichen oder weltlichen Fürsten, war der archimedische Punkt und Hebel zugleich. Es überrascht daher nicht, dass eine erstaunlich große Zahl von „Privatsekretären" weltlicher und geistlicher Nepoten weit nach oben kam. In dieser Funktion konnte man sich nicht nur unentbehrlich machen, sondern auch Geheimnisträger werden. Als Kardinalnepot eines sittenstrengen Papstes zu amtieren, konnte ungeachtet aller Privilegien und Reichtümer ein hartes Brot sein. Fast alles, was jungen Männern Spaß machte, war dem „Oberaufseher des Kirchenstaats" verboten, speziell Sex und Glücksspiel. Glücklich, wer da wie Scipione Borghese über das Knowhow eines Vertrauten vom Format eines Pietro Campori verfügte, der ihm zumindest das letztere Hobby ermöglichte – und später zum Kardinal und Wunschnachfolger Pauls V. aufstieg, dem im Konklave von 1621 nur wenige Stimmen zur Papstwahl fehlten. Auch auf diesem Gebiet konnte Giulio Mazzarini im Übrigen reiches Fachwissen vorweisen; seit seinen Studienjahren in Spanien galt er auch im Kartenspiel als unerreichter Meister.

Wie es junge Männer ohne familiäre Anbindungen anstellen sollen, den alles entscheidenden Erstkontakt herbeizuführen, darüber gaben Handbücher der Karriereanbahnung eingehende Auskünfte. Ein probates Mittel war, sich an professionelle Patronage-Makler zu wenden. Wie die Event-Manager des 21. Jahrhunderts sammelten diese „Vermittler" soziale Beziehungen, um diese für ihre Kundschaft nützlich zu machen. Ausschlaggebend dafür, ob die Kandidaten die Chance erhielten, ihre Fähigkeiten zumindest in Form eines „Praktikums" unter Beweis zu stellen, waren (meistens in dieser Reihenfolge) das Gewicht der Empfehlung, der Ruf ihrer Familie, die regionale Herkunft, die Ausbildung, die sie genossen hatten, und der persönliche Eindruck, den sie hinterließen. Unter dem Strich ausschlaggebend waren zwei Kriterien: Vertrauenswürdigkeit und Gewandtheit. Fiel diese Bilanz positiv aus, stand einem Eintritt in die *familia* nichts mehr im Wege. Damit genoss der neue „Domestik" wichtige Privilegien der ökonomischen und sozialen Absicherung, doch nahm er – wie noch zu zeigen sein wird – auch harte Pflichten und mancherlei Unannehmlichkeiten auf sich.

Für diejenigen, die es sich leisten konnten, war der direkte Einstieg in die Prälatenkarriere daher der bessere Weg. Auch dazu war einflussreiche Fürsprache vonnöten und natürlich noch viel mehr Protektion, um auf der langen Stufenleiter nach oben zu klettern. Von den Karriereprivilegien der führenden römischen Familien war schon die Rede. Ausgezeichnete Startchancen hatten überdies die Söhne großer Bankiers. Auch mit solchen Häusern entwickelte sich ein für beide Seiten profitabler Deal: Die Väter der künftigen Kardinäle boten den Päpsten Kredite und andere Finanzdienstleistungen, am liebsten in der Funktion des Generaldepositars, des päpstlichen Haus- und Hofbankiers; die Päpste zahlten Zinsen nicht nur in Geld, sondern auch in roten Hüten. Kein Wunder also, dass unter den Kardinälen des 17. Jahrhunderts die Abkömmlinge der großen florentinischen und genuesischen Bankhäuser weit überdurchschnittlich vertreten waren. Bis heute zeugen der Palazzo Sacchetti in der Via Giulia und der Palazzo Costaguti an der Piazza Mattei mit dem Schildkrötenbrunnen von dieser Präsenz; sie wurde dauerhaft, wenn sie wie in diesen beiden Fällen über Kardinalat und Bankgeschäfte hinaus mit einem Adelstitel gekrönt und durch eine entsprechende Dynastiegründung verstetigt wurde.

Mit dem Eintritt in die Klientel eines Papstes, eines Nepoten oder einer anderen einflussreichen römischen Persönlichkeit verpflichtete sich die „Kreatur" dazu, einen Kodex rigoros vorgeschriebener Pflichten gegenüber seinem Patron zu beachten, so wie dieser seinerseits fest vorgeschriebene Aufgaben zu erfüllen hatte. Dabei lautete die Grundregel des Gefolgsmanns, wie überall im damaligen Europa, unbedingte Loyalität zu wahren, den Ruhm seines Herrn zu mehren, allem entgegenzutreten, was dessen Ansehen abträglich sein konnte, und in allen Ämtern und Lebenslagen seinen Nutzen zu mehren. Das galt ganz besonders für die Ämter, die ihm durch Fürsprache seines Patrons übertragen worden waren. War das nicht der regierende Papst selbst, dann hatte dieser ein Problem. Denn dann fühlte sich der Prälat nicht primär ihm, sondern seinem Förderer zu nützlichen Gegenleistungen verpflichtet. Daher musste jeder neue Pontifex maximus bestrebt sein, zumindest die Schlüsselpositionen an der Kurie mit seinen eigenen Anhängern zu besetzen. Diese bestanden keineswegs nur aus Blutsverwandten. Jeder neue Papst brachte aus seinen vorangehenden Karrierestationen eine Klientel qualifizierter Spezialisten mit. In welchem Maße er diese „Technokraten" in Spitzenämter beförderte, entschied über Erfolg oder Scheitern seines Pontifikats – wie der „nepotismusfreie" Pontifikat Innozenz' XI. von 1676 bis 1689 eindrucksvoll belegt.

Im nepotistischen System Rom aber stellte sich das Erste Gebot des kurialen Klientelismus, das „Du sollst deinem Patron in unwandelbarer Treue ergeben sein!" als höchst problematisch dar. In einer „normalen" Monarchie hatten ehrgeizige Möchtegern-Emporkömmlinge eine übersichtliche Zahl von „Andock-Alternativen": den regierenden König, den Kronprinzen, eventuell noch dessen jüngere Brüder oder eine einflussreiche Mätresse des Monarchen, nicht zu vergessen den fast immer vorhandenen königlichen Günstling bzw. Ersten Minister wie Richelieu oder Mazarin. In Rom hingegen war die Karriereplanung viel schwieriger. Die scheinbar aussichtsreichsten Kandidaten wurden meistens nicht Papst. Und selbst wenn man auf die richtige Karte gesetzt hatte, konnte der Gewinn durch eine kurze Regierungszeit bescheiden ausfallen. Die Anhänger des Kardinals Castagna, der 1590 für 17 Tage als Urban VII. regierte, sahen sich wie die Gefolgsleute des Kardinals Medici, der 1605 nach nur vierwöchigem Pontifikat starb, um ihre schönsten Hoffnungen betrogen. Die Verpflichtung zur Treue hatte in diesem Fall den Karriereknick, wenn nicht sogar das Karriereende zur Folge: ein echtes Dilemma. Was konnte man tun?

Eine Lösung hieß: abwarten. So wie die neuen Nepoten die natürlichen Feinde ihrer Vorgänger waren, so knüpften die regierenden Papstverwandten fast immer nützliche Bande mit den Vorgängern ihrer Vorgänger, und zwar einer zwingenden soziomentalen Logik entsprechend: Die Borghese waren 1621 von den Ludovisi als regierende Sippe entmachtet worden, die Barberini traten ihrerseits an die Stelle der Ludovisi, was diese ihnen natürlich verübelten; was lag also näher, als dass sich Borghese und Barberini zu einer nützlichen Allianz zusammenfanden? Zu viel versprechen durften sich die Borghese von ihrer Rolle als alliierte „Enkel-Nepoten" zwar nicht, dem stand das System Nepotismus unüberwindlich entgegen; doch ein gewisses Comeback war so trotzdem möglich. Für karrierebewusste Kleriker konnte sich Treue also auszahlen – vorausgesetzt, sie waren bereit und finanziell in der Lage, auch längere Durststrecken zu überstehen. Sogar verlockende Angebote auszuschlagen, konnte sich vor diesem Hintergrund lohnen. Das musste der Kardinalnepot Ludovico Ludovisi bei seiner Werbung um nützliche Klienten vielfach erfahren. „Sein" Papst Gregor XV. war von so schwacher Gesundheit, dass ein Eintritt oder gar ein Übertritt in die Ludovisi-Gefolgschaft ein fataler Fehler sein konnte.

Allerdings musste man im Rom des 17. Jahrhunderts solche Ablehnungen schmeichelhafter Offerten so formulieren, dass sie den Abgewiesenen nicht brüskierten; schließlich konnte dieser unter dem übernächsten Pontifikat wieder aufsteigen. So bot es sich in solchen Fällen an, die eigene Unwürdigkeit, gepaart mit mangelhafter Eignung für die allzu ehrenvolle Aufgabe, zu beteuern. Doch nicht nur eine höfische Semiotik der wechselseitigen Gesichtswahrung, sondern auch eine besondere Mentalität und ein unverwechselbares Patronagesystem bildeten sich dadurch aus. Ungeachtet aller Primäranbindung machte es multiple Sekundär-Loyalitäten möglich: In Anbetracht des periodischen Austauschs des kurialen Führungspersonals beim Pontifikatswechsel wurde es für karrierebewusste Prälaten unverzichtbar, zusätzliche Protektoren oder zumindest nicht feindlich gesinnte Anlaufstationen in der Hinterhand zu haben. Deshalb war es in der Regel ratsam, allzu eindeutige Festlegungen auf politische und weltanschauliche Positionen zu vermeiden und sich stattdessen flexibel zu zeigen, ohne sich dem Vorwurf des Opportunismus auszusetzen; daraus wurde eine lebenslange Gratwanderung, die einen ganzen Menschentyp prägte. Bei aller Konkurrenz unter den Prälaten ließen sich auf dem Weg zum Kardinalat bzw. zu noch höheren Karrierezielen auch lebenslange Allianzen schmieden. So wussten sich die Kardinäle Bernardino Spada und Giulio Sacchetti, beide Söhne erfolgreicher Geschäftsleute und beide intellektuelle Aushängeschilder des Kardinalskollegiums, in einer strategischen Symbiose verbunden, die durch persönliche Wertschätzung vertieft wurde. Solche Absicherungen durch verlässliche Freunde – im instrumentalen wie affektiven Wortsinn – waren für ein erfolgreiches Beschreiten der kurialen Laufbahn unverzichtbar, nicht zuletzt der zahlreichen Absturzrisiken und heiklen Kompromisse wegen.

Schwierig wurde dieser Kompromisskurs in Extremsituationen wie der Ungnade der Barberini. An sich sollten Klienten gerade in schlechten Zeiten zu ihrem Patron stehen. Dann schied sich nämlich in dessen Augen die Spreu vom Weizen. Dementsprechend versuchten einige der den Barberini eng verbundenen Kirchenfürsten wie der genuesische Kardinal Girolamo Grimaldi, durch Intervention bei Innozenz X. zu retten, was zu retten war – auf die Gefahr hin, selbst die Gunst des Herrschers zu verlieren, und natürlich vergeblich. Andere Klienten wie die Kardinäle Sacchetti und Spada hingegen hüllten sich in Schweigen. Als der Treuste der Treuen aber erwies sich aus der Perspektive der vertriebenen Nepoten mit dem Kardinal Angelo Giori ausgerechnet ihr am meisten verspotteter Parteigänger im Senat der Kirche. Giori stammte aus Camerino, einer unbedeutenden Provinzstadt in der päpstlichen Provinz Marche, und trat seiner niedrigen Herkunft entsprechend als Hauslehrer der jüngeren Barberini-Generation in die *familia* der Nepoten ein. In langen Jahren ergebener Dienste erwies er sich als so unbegrenzt belastbar und zuverlässig, dass sich Urban VIII. kurz vor seinem Tod dazu durchdrang, den Sohn kleiner Leute aus einer kleinen Stadt zum Kardinal zu ernennen – trotz des Protestgeheuls der vornehmeren Purpurträger. Die Nepoten-Dämmerung stand nahe bevor, unbegrenzt loyale Kirchenfürsten standen jetzt hoch im Kurs. In dieser Rolle bewährte sich Giori nach 1644 makellos. Das hatte fraglos mit seinen löblichen Charaktereigenschaften zu tun, spiegelt darüber hinaus jedoch ein weiteres Grundgesetz der Klientelbildung ganz rein wider: Patrone hatten von denjenigen Gefolgsleuten am meisten zu erwarten, die ihnen am meisten verpflichtet waren. Dafür war nicht der stets unsichere Faktor Dankbarkeit, sondern der Mangel an Patronagealternativen ausschlaggebend. Mit anderen Worten: Die besten Klienten waren die Kreaturen, die bei einem Wechsel in ein anderes Netzwerk wenig zu gewinnen und alles zu verlieren hatten.

Gioris Hauptaufgabe während des Exils der Barberini bestand darin, die Arbeiten am monumentalen Grabmal Urbans VIII. zu überwachen, das Gianlorenzo Bernini, der gefeierteste Bildhauer des Jahrhunderts, unter Anspannung aller Kräfte produzierte. Druck machte ihm nicht nur Giori, sondern auch das Barberini-Trio in Paris, das sich in kürzesten Abständen über den Fortgang der Arbeiten unterrichten ließ und offensichtlich große Hoffnungen auf das Denkmal setzte. Mittlerweile hatten die Römerinnen und Römer eingesehen, dass unter Innozenz X. und den Pamphili nichts besser, sondern vieles noch schlechter geworden war. Und da nichts so formbar ist wie die Erinnerung und diese in einer unbefriedigenden Gegenwart zur Verklärung der Vergangenheit neigt, schien es den in Ungnade gefallenen Nepoten an der Zeit, ein Erinnerungszeichen der besonderen Art zu setzen: Seht in Marmor, wie groß und gütig Urban VIII. wirklich war! Sein Nachfolger war da anderer Meinung, doch die musste er für sich behalten – den Ruf eines Vorgängers einzuschwärzen, war für Päpste ein Tabu. So bestand für den Pamphili-Papst Präsenzpflicht, als das Grabmonument des Barberini-Papstes am 1. März 1647 in der Peterskirche unter allgemeiner Bewunderung enthüllt wurde. Er selbst musste zugeben, dass es wahrhaftig schön sei; schön aber hieß für die Mehrzahl der Betrachter fraglos: wahr (Abb. 6).

Dabei hatte sich der Künstler, der es geschaffen hatte, in den Augen der Barberini weit weniger vorbildlich verhalten als Kardinal Giori. Bernini war 21 Jahre lang einer der Hauptprofiteure des Barberini-Pontifikats gewesen. Als Klient Urbans VIII. und seiner Nepoten hatte er in dieser Zeit den römischen Kunstmarkt geradezu despotisch beherrscht; potenzielle Konkurrenten wurden nach allen Regeln der Kunst niedergehalten, diskreditiert oder vertrieben. Der Sturz der Barberini machte dieser quasi absoluten Machtstellung des Bildhauer-Architekten ein Ende – Künstler erfuhren nicht nur die Vorteile, sondern auch die Schattenseiten des Systems Nepotismus am

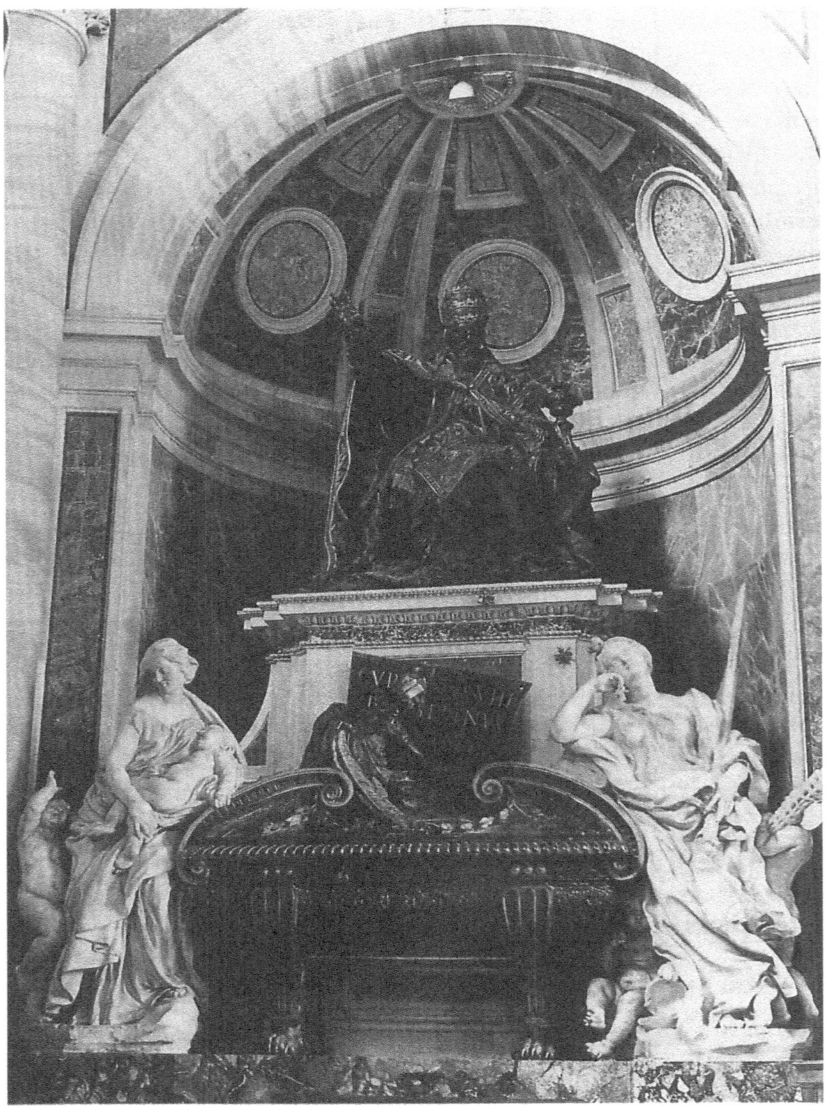

Abb. 6: Majestätischer kann ein Papst nicht über den Tod triumphieren. Machtvoll, doch zugleich fürsorglich und dem Irdischen entrückt – so wollte Urban VIII. durch Berninis Grabmal der Nachwelt in Erinnerung bleiben (Rom, Peterskirche).

eigenen Leibe. Doch hatten sie bessere Chancen, die Widrigkeiten des Herrschaftswechsels zu überstehen. In ihrem (Sonder-)Fall zählte Leistung mehr als Loyalität. Architekten, Bildhauer und Maler wurden mit klar definierten Aufgaben und Erwartungen in die römischen Netzwerke eingebunden. An erster Stelle rangierte für die Patrone der Propaganda-Effekt, den sie aus Kunstwerken ziehen konnten; dieser wiederum hing von der Begabung ab, das Prestige der Auftraggeber zu mehren. Die Wertschätzung von Künstlern im System Rom fiel somit direkt proportional zur Fähigkeit aus, die Reichen und Mächtigen eindrucksvoll zu verherrlichen. In dieser Kunst aber war Bernini unschlagbar.

Im Bewusstsein seines konkurrenzlos hohen Marktwertes durfte er sich sogar erlauben, was weniger talentierten und daher austauschbaren Klienten strikt untersagt war: über seine gestürzten Patrone zu spotten. Zu den vielen Talenten Berninis gehörte es auch, Theaterstücke zu verfassen und so zu inszenieren, dass dem Publikum der Atem stockte: Selbst entworfene Maschinen täuschten Naturerscheinungen wie Sturm und Gewitter verblüffend echt vor und ließen die Bewohner von Hölle und Himmel mit den passenden pyrotechnischen Begleiterscheinungen auftreten. Peinlich nur, dass die zu diesen Wunderwerken gesprochenen Texte die Barberini lächerlich machten. So etwas tat man nicht im System Rom. Ungunst konnte in Anbetracht der stets unsicheren Machtverhältnisse jeden ereilen, die Verlässlichkeit der engsten Klienten war daher ein striktes Überlebensgebot. Bernini hingegen konnte sich nicht nur die Übertretung dieser einen Grundregel erlauben. Als die Planungen Innozenz' X. für das zentrale Prunkensemble seiner Familie an der Piazza Navona bereits weit gediehen waren, und zwar unter Ausschluss Berninis, setzte dieser sich und seinen Entwurf so virtuos in Szene, dass er den lukrativen und prestigeträchtigen Auftrag für den Brunnen, neben dem Neubau der Kirche von Sant'Agnese das Hauptstück der Platzgestaltung, doch noch ergatterte. Nach der Schilderung seines Sohnes und Biographen Domenico fertigte er ein Modell an, das er dem Fürsten Ludovisi, einem angeheirateten Nepoten Innozenz' X., schenkte, der es dann „unauffällig" so platzierte, dass es dem Papst ins Auge stach und grenzenlose Begeisterung hervorrief. In Wirklichkeit wurde der Seiteneinstieg in das Projekt psychologisch noch viel Erfolg versprechender geplant: Berninis Brunnenmodell war aus Silber und der „Päpstin" Olimpia Maidalchini zugeeignet – ihre Habsucht und Berninis Genie zeitigten im Handumdrehen die erwünschte Wirkung.

Trotz seiner „Ausrutscher" in Krisenzeiten blieb Bernini lebenslang ein Klient der Barberini. Als solcher bewährte er sich lange nach dem Tod Urbans VIII. dadurch, dass er den Ruhm des verstorbenen Pontifex maximus nicht nur in Marmor, sondern auch durch seine kaum weniger geschliffenen Worte zu mehren bestrebt war. Für die Nachwelt notiert hat sie der Sieur de Chanlelou, Berninis „Ehren-Edelmann" bei seinem politisch erzwungenen Gastspiel im Paris des Jahres 1665, am Hof Ludwigs XIV. Dem 27-jährigen Monarchen, der gerade damit begonnen hatte, sich das strahlende Image des „Sonnenkönigs" zuzulegen, erzählte der 67-jährige Künstler während der Arbeit an dessen Marmorbüste unaufhörlich von den Qualitäten des Barberini-Papstes, der für ihn wie ein Vater gewesen sei; dabei durfte er sich als perfekter Hofmann sicher sein, dass diese Lobeshymnen auf einen so frankreichfreundlichen Papst im König einen geneigten Zuhörer fanden.

So viel Weltgewandtheit verlangte Rom seinen Künstlern und Intellektuellen ab. Wehe, wenn sie diesen Anforderungen nicht nachkamen! Der große Physiker Galileo Galilei hatte sich in Florenz, wo er den ehrenvollen Posten eines Hofphilosophen und Hofmathematikers bekleidete, als gewiefter Höfling erwiesen, der die Patronage der Mächtigen geschickt zu seinem Vorteil zu nutzen wusste. Am Hof der Medici bekam er denn auch keine Probleme, wohl aber in Rom, wo ihn Urban VIII. ein knappes Jahrzehnt lang als europäische Berühmtheit hofierte und protegierte – bis der Gelehrte seinen selbst ernannten Förderer vor der europäischen Öffentlichkeit der Lächerlichkeit preisgab. Doch dazu unten mehr.

Wie tief reichte der römische Klientelismus? Beschränkte sich das System der Netzwerke auf die Einbindung von Prälaten, Künstlern und Wissenschaftlern? Zahlreiche Spezialuntersuchungen zu Paul V. haben den Pontifikat des Borghese-Papstes zur am besten erforschten Regierungszeit der europäischen Neuzeit gemacht und erlauben zumindest für diesen Papst und seinen Kardinalnepoten Scipione Borghese gesicherte Antworten. Zwischen Mai 1605 und Januar 1621 war dieser – von seinen „beruflichen" Aufgaben als Oberaufseher des Kirchenstaats mangels Eignung weitgehend freigestellt – unermüdlich als Netzwerk-Knüpfer zum Vorteil seiner Familie tätig, und zwar innerhalb wie außerhalb Roms. Auf diese Weise wurde selbst „Außenpolitik" zur Familienpolitik. Um den Rang der Borghese nach dem Borghese-Pontifikat zu behaupten, diente sich der Kardinal den auswärtigen Gesandten als der ideale Gastgeber an: In seiner grandiosen Villa außerhalb des Pincio-Stadttores gab er den Diplomaten aus aller Herren Länder rauschende Bankette, während der heißen Sommermonate in einer Grotte, deren Decke mit dem Gastmahl der Götter auf dem Olymp ausgemalt war. Im nahe gelegenen Tierpark tummelten sich Löwen und Leoparden, Brunnen mit antiken Statuen spendeten kühles Nass, und aufwendige Geschenke

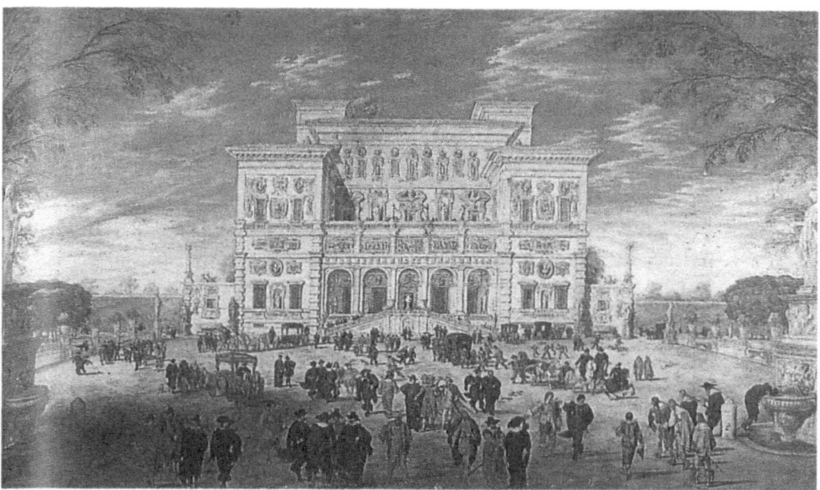

Abb. 7: Sehen und gesehen werden: Die Villa Borghese auf dem Pincio stand für
den Publikumsverkehr offen. Schließlich bestand ihr einziger Zweck darin,
Reichtum und Einfluss ihres Besitzers, Kardinal Scipione Borghese,
vor Augen zu führen.

für die vornehmen Gäste taten ein Übriges, um den Borghese neue nützliche
Freunde zu gewinnen (Abb. 7).

So intensiv umworben wurden römische Handwerker nicht, doch profi-
tierten auch sie vom System. Natürlich war auch hier – im Gegensatz zum
Nepotismus – Professionalität ein zentrales Kriterium der Auswahl; einem
Bautischler, dessen Balken einstürzten, konnte selbst grenzenlose Loyalität
zu seinem Auftraggeber keine weiteren Aufträge einbringen. War jedoch das
unverzichtbare Know-how gewährleistet, kam die Treue zum Patron auch in
diesem Mittelstands-Milieu ins Spiel. Jahrzehntelang tauchen in den Kas-
senbüchern des Kardinals Borghese dieselben Namen auf: Steinmetze, Res-
taurateure antiker Statuen, Maler für untergeordnete Dekorationsarbeiten,
Zimmerleute, doch auch Bäcker, Metzger, Parfumeure, Schneider, Apothe-
ker und sonstige Lieferanten der Luxusgüter, die der Kirchenfürst zur stilvollen Repräsentation brauchte. Sie alle waren keine beliebig austauschbaren
Dienstleister, sondern Klienten im Alltag.

Welche Gegenleistungen hatten sie für die Dauer-Aufträge zu bieten, die
ihnen zuteil wurden? Für den vornehmen Patron das Beste vom Besten, was
Ausbildung und Ressourcen hergaben, und zwar bis auf die kleinste Summe

korrekt abgerechnet: Das war auch hier Kernstück der klientelären Ideologie. Ob die Wirklichkeit diesem Anspruch genügte, erscheint fraglich;
die Hausangestellten des Kardinals überwachten Qualität und Preise mit
Argusaugen – und hatten eine Menge zu monieren bzw. zusammenzustrei-
chen. Keine Baurechnung, kaum eine Eierlieferung, in der nicht der Rotstift
des Hausmeisters wütete. Überhöhte Kosten zu berechnen, gehörte offenbar
zur gängigen Praxis und wurde nicht verübelt; auf der anderen Seite fanden
die Angestellten des schwerreichen Kardinals nichts dabei, spezielle Rabatte
und Sonderabschläge zu verlangen – das wechselseitige Betrügen und Feil-
schen war Teil des Spiels, sofern bestimmte Limits nicht überschritten wurden. Doch beschränkte sich der Klientelismus im Alltag nicht auf das rein
Geschäftliche, wie schlaglichtartige Einblicke zeigen. Wie jeder hohe Prälat
war auch Kardinal Borghese zu ostentativer Wohltätigkeit verpflichtet;
allerdings hielt er den Bereich der geldwerten Nächstenliebe in engen Grenzen. Zu dieser publikumswirksam zelebrierten Caritas gehörte es, Mitgiften
an mittellose Bräute oder arme Novizinnen zu verteilen; zur Verheiratung
oder zum Eintritt ins Kloster war jeweils eine gewisse Grundausstattung
erforderlich. Bei der Auswahl derjenigen, die diese Wohltaten empfangen
sollten, war die Vermittlung der besser situierten Handwerker und Ladenbesitzer gefragt. Als „Klein-Honoratioren" ihrer Nachbarschaftsverbände
konnten sie besser als die hohen Herren abschätzen, wer sich durch Bedürftigkeit und „Würdigkeit" am besten für diese Almosen qualifizierte; der
Klient der Großen wurde so selbst zum Patron der Kleinen. Und wer selbst
Protektion ausübte, verstand sich als Teil des Systems. Deshalb würde er
denjenigen stützen, der ihm diese Patronagehoheit im Alltag verschaffte. In
den gesetzlosen Zeiten der Sedisvakanz und anderen Krisenzeiten konnte
dieser Beistand hilfreich werden; die Bäcker, Metzger, Tischler und Maurer
der Borghese wohnten nicht nur der schnellen Belieferung wegen in unmittelbarer Nähe des Familienpalastes.

Aus allen Versorgungs- und Sicherheitsnetzen der Klientel heraus fiel die
Schicht unterhalb des Mittelstands, zumindest ganz überwiegend. So versorgten die Päpste des 17. Jahrhunderts eine spezielle Gruppe von Armen,
die für ihre Gesundheit und ihr Seelenheil zu beten hatten; die urchristliche
Vorstellung, dass die Mittellosen und Entrechteten das Ohr Gottes und das
Himmelreich leichter fanden als die Reichen und Mächtigen, drückte sich in
dieser Unterstützung aus. Wer regelmäßig milde Gaben bezog wie die zunft-
artig organisierten römischen Bettler, stand keineswegs auf der untersten
sozialen Stufenleiter. Auch wenn Aussagen von „Bettler-Königen" vor den
päpstlichen Behörden mit Vorsicht aufzunehmen sind, lässt sich diesen

Zeugnissen doch sicher entnehmen, dass die römischen Almosensammler eine klientelär verfugte Parallel-Gesellschaft bildeten. Auch als Bettler musste man sich bei einflussreichen Persönlichkeiten beliebt machen, um die einträglichen Ecken in den besseren Stadtvierteln zugewiesen zu bekommen. Die vielen tausend Wanderarbeiter hingegen, die dem Rhythmus der Jahreszeiten entsprechend zur Traubenlese auf den innerstädtischen Weinbergen, zum Unkrautjäten in den Villen und zur Getreideernte nach Rom und Umgebung kamen, sind zwar in den Listen der Verwalter mit ihrem Tagelohn verzeichnet, doch ansonsten namenlos – wie die Vagabunden und Straßenräuber, die die Genrebilder des 17. Jahrhunderts so pittoresk und unheimlich zugleich bevölkern. Nach welchen Regeln diese unterste Unterschicht lebte, verzeichnen allein die Berichte von Ordensgeistlichen, die ihre Missionsreisen nicht nach Indien, sondern in die nicht minder „exotischen" Gefilde des mittel- und süditalienischen Berglands führten: Diese „Eingeborenen" – so ihre alarmierte Rückmeldung – waren im schwärzesten Aberglauben befangen und magischen Riten ergeben: Christus kam nur bis Tivoli, so ihr Fazit.

5.

Ehre absprechen, Ehre verteidigen:
Die Stadt der Gewalt

Seinen Patron gegen Angriffe von Gegnern in Schutz zu nehmen, gehörte gleichfalls zu den selbstverständlichen Pflichten des Klienten, und zwar auch nach dem Motto: Angriff ist die beste Verteidigung. Dazu konnten auch Kunstwerke dienen. Kardinal Scipione Borghese fühlte sich unter der Herrschaft seines Nachfolgers, des Kardinalnepoten Ludovico Ludovisi, zu Recht verfolgt und schikaniert. Der neue, hoch intelligente Oberaufseher des Kirchenstaats ließ keine Gelegenheit ungenutzt, um seinen weit weniger gewandten Vorgänger nach Strich und Faden zu blamieren. Für Borghese war somit guter Rat teuer. Wie sollte er der Serie der Demütigungen ein Ende bereiten, ohne den allmächtigen Oberaufseher des Kirchenstaats allzu sehr herauszufordern? Mit unterwürfigen Ehrengeschenken wie zum Beispiel einer prunkvollen Karosse blitzte er ab, Ludovisi hatte immer eine bissige Retourkutsche parat. So sann der Abgewiesene auf ein besseres, nämlich vergiftetes Präsent. Und ein solches fand sich. Der Ex-Nepot gab beim 24-jährigen Bernini die Statuengruppe „Der Raub der Proserpina" in Auftrag, um dieses Meisterwerk des jungen Künstlers flugs an Ludovisi weiterzuverschenken (Abb. 8). Auf den ersten Blick war das in Anbetracht von Berninis Traumhonorar eine noble Geste, beim zweiten Hinsehen eine Mahnung, vielleicht sogar ein Ultimatum: Bis hierhin und nicht weiter! Griechische Mythologie in Marmor als Gleichnis der Gegenwart.

Proserpina, die leibliche Tochter der Fruchtbarkeitsgöttin Ceres, wird von Pluto, dem Gott der Unterwelt, in das unwirtliche Schattenreich entführt; den Moment des Menschenraubs hat Bernini psychologisch und physisch gleichermaßen eindrucksvoll gemeißelt. Doch damit ist die Geschichte nicht zu Ende. Die Mutter der Entführten klagt vor der höchsten Instanz, dem Gericht der olympischen Götter, und erwirkt bei Zeus einen Schiedsspruch: Die Hälfte des Jahres darf Proserpina auf Erden zubringen, die übrigen Monate muss sie zum Räuber ins unterirdische Schattenreich ziehen. Von diesem Urteil mochte man halten, was man wollte; gerecht war es sicherlich nicht, da es nackte Gewalt zur Hälfte approbierte. Der faule Kompromiss, den der Chefgott verfügte, war zugleich ein Angebot des Schenken-

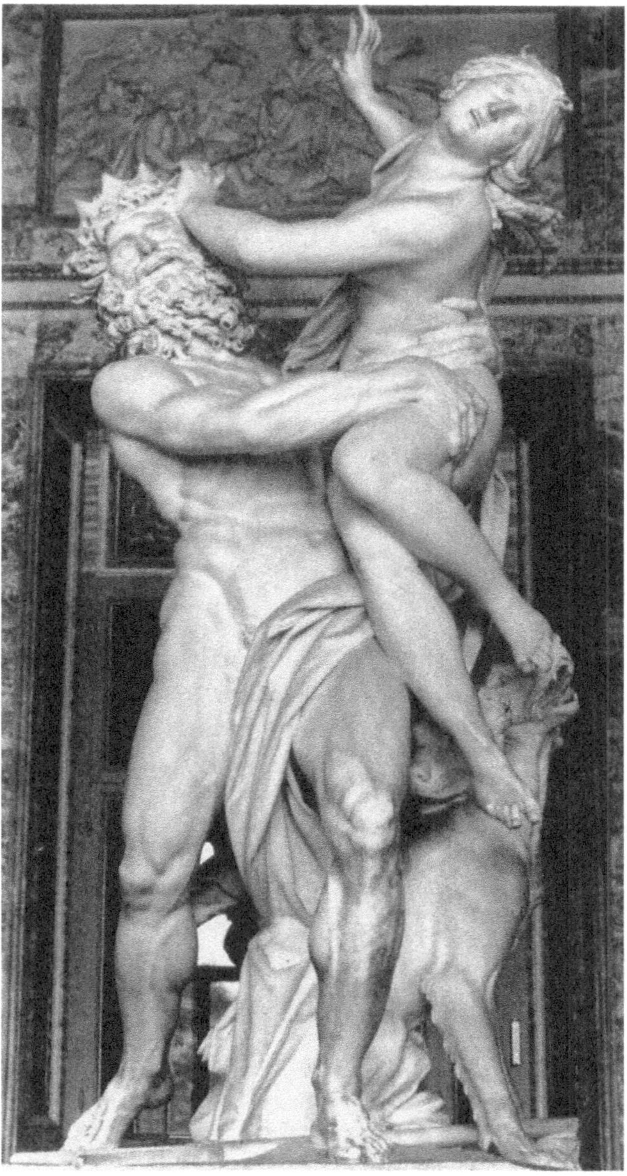

Abb. 8: Pluto raubt Proserpina in die Unterwelt oder: Scipione Borghese macht
seinem Nachfolger Ludovico Ludovisi ein Angebot. Sinnlicher und packender als
in Berninis meisterlichem Jugendwerk ließ sich die Aufforderung zu einem
Friedenspakt nicht in Marmor fassen (Rom, Galleria Borghese).

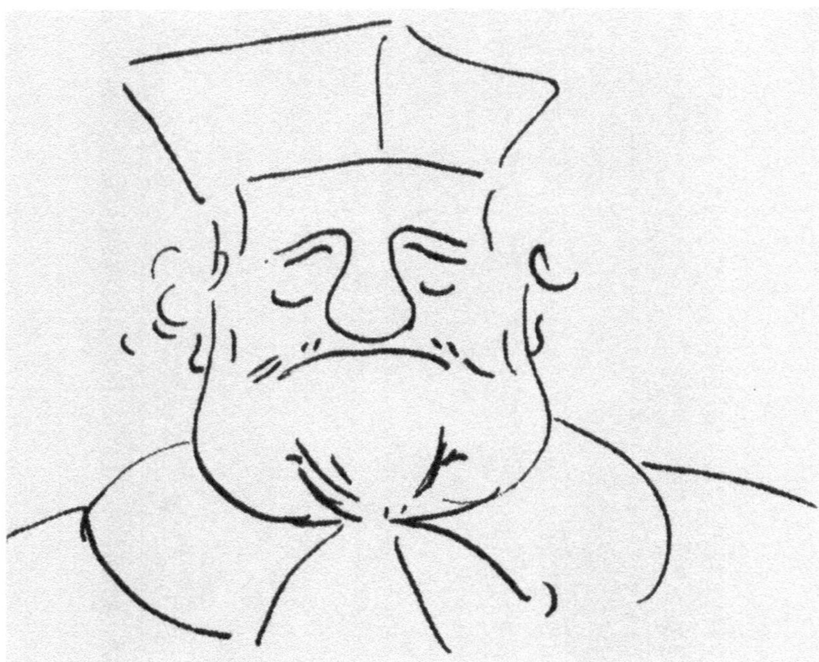

Abb. 9: Das Leben eines Kardinalnepoten nach dem Tod des Papstonkels war nicht immer leicht – Scipione Borghese jedenfalls scheint in Berninis Karikatur nichts zu lachen zu haben (Rom, Vatikanische Bibliothek).

den an den Beschenkten: Gehen wir nach dem Proserpina-Prinzip vor, teilen wir uns die Macht und ihre Annehmlichkeiten, anstatt uns die Ehre zu beschneiden und uns zu zerfleischen! Der Dauerzwist schadet unser aller Renommee. So dürfte Ludovisi, der Empfänger, diese in Marmor geschriebene Botschaft als einen Aufruf zur gütlichen Einigung aufgefasst haben. Doch auch eine Warnung schlummerte in der sinnlichen Statue: Die Unterwelt, in der Proserpina ihr halbes Leben verbringen musste, war das Reich des Todes. Das Damoklesschwert des frühen Machtendes aber schwebte in Anbetracht der schwachen Gesundheit Gregors XV. permanent über Ludovisis Haupt. Treib es nicht zu bunt, die Machtverhältnisse werden sich schon bald zu deinem Nachteil verändern – auch das konnte oder besser *musste* man aus Berninis frühem Meisterwerk herauslesen. Bernini war darüber hinaus ein Meister der Karikatur, wie seine treffsicher hingeworfenen Zeichnungen belegen. Sie reichen vom milden Spott bis zum ätzenden Hohn. Über sein eigenes Punkt-Punkt-Komma-Strich-Gesicht konnte Scipione

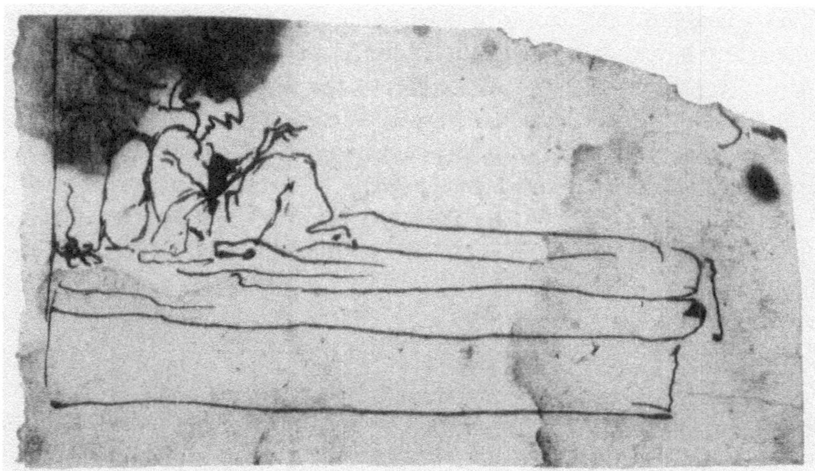

Abb. 10: Ein greiser Papst als Klappergerüst und Arbeitstier zugleich – Berninis Blick auf Innozenz XI., den „Kunst-Verweigerer", ist mitleidlos und zeigt doch unfreiwillig die Größe des Karikierten (Rom, Vatikanische Bibliothek).

Borghese vielleicht noch schmunzeln (Abb. 9). Innozenz XI. hingegen liegt wie ein komisches Gerippe auf seinem Kranken- und Arbeitsbett (Abb. 10). Bernini hatte seine Gründe für diese Ablehnung – auch dazu unten mehr.

Das klassische Medium der Diskreditierung war im Rom des 17. Jahrhunderts die Pasquinade. Pasquino hieß im römischen Volksmund der Torso einer antiken Statue bei der Piazza Navona (Abb. 11). An sie hefteten spottlustige oder aufbegehrende Römer seit jeher Texte, in denen sie mit ihrer Meinung über die Mächtigen und Reichen nicht hinterm Berg hielten, die kleinen Leute im volkstümlichen Dialekt, die gebildeten Schichten auf Latein. Als Urban VIII. die antiken Bronzeverkleidungen des Pantheon-Gebälks einschmelzen ließ, um das Rohmaterial für Berninis Baldachin in der Peterskirche zu gewinnen, kommentierte Pasquino dieses banausenhafte Recycling mit dem Spruch: Was die Barbaren nicht taten, taten die Barberini. Westgoten und deutsche Landsknechte, die Rom geplündert hatten, waren mit dem kostbaren Erbe der Ewigen Stadt pfleglicher umgegangen als die herrschende Papstfamilie – diesen Vergleich fand Urban VIII. gar nicht komisch und ließ den Verfasser der Pasquinade, einen Arzt, einkerkern. Sein bitterer Spottvers zielte auf die Ehre der ganzen Sippe und durfte daher nicht ungestraft bleiben.

Einen regierenden Papst und seine Nepoten zu kritisieren, war selbst für

Kardinäle gefährlich. Umso entschiedener musste man verhindern, dass ein unerwünschter Kollege Papst wurde. Dass Pius IV. (1559–1565) die Nepoten seines Vorgängers, Paul IV. Carafa, hinrichten ließ, hatte sich dem kollektiven Gedächtnis der Kurie als Extremfall und Warnung zugleich eingebrannt. Um solche Unbill zu verhindern, wurde das Konklave nicht selten zum Laboratorium der Verunglimpfung, und zwar lange vor dem 17. Jahrhundert. Schon der große Humanist Enea Silvio Piccolomini, als spät berufener Kardinal ein klassischer Seiteneinsteiger der kurialen Laufbahn, hielt im Konklave von 1458 eine Brandrede gegen die Kardinäle aus Frankreich, von denen die Kirche nichts als Schaden davongetragen habe – und machte daraufhin selbst das Rennen. Anklagen gegen eine ganze Nation erübrigten sich zwar in der Folgezeit, da mit Ausnahme des Niederländers Hadrian VI. (1522–1523) nur noch Italiener gewählt wurden. Doch einen unliebsamen Kandidaten so zu diskreditieren, dass er zumindest in den Augen einer unbeugsamen Sperrminorität unwählbar wurde, blieb weiterhin eine überlebenswichtige Kunst. Die übliche Methode bestand darin, einer solchen *persona non grata* eine einseitige politische Ausrichtung vorzuwerfen und das Gerücht auszustreuen, der spanische oder französische König werde demnächst die Exklusive verhängen, das heißt: ein formelles Veto aussprechen. Dieses hatte zwar keine bindende Gesetzeskraft, genügte jedoch fast immer, um Wahlchancen zunichtezumachen.

Wie man es raffinierter anstellte, zeigte das Vorgehen Kardinal Bernardino Spadas im Konklave von 1655. Als sein Intimfeind Francesco Angelo Rapaccioli unvermutet aussichtsreich platziert dastand, grub er eine peinliche Begebenheit aus dessen jüngerer Vergangenheit aus: Rapaccioli, wie so viele seiner Genossen im Senat der Kirche theologisch wenig beschlagen, hatte an einer Teufelsaustreibung in Terni teilgenommen und dabei seltsame Verhaltensweisen an den Tag gelegt. So war Rapaccioli überzeugt, nicht nur unzählige Dämonen aus dem Körper einer armen Witwe ausgetrieben, sondern den Oberdämon sogar wieder mit Gott versöhnt zu haben. Dieser Chefteufel habe, so der offizielle Exorzismus-Bericht, gehorsam mit seiner Zunge das Kreuzeszeichen auf dem Kirchenfußboden geleckt. Doch waren Teufel bekanntlich unzuverlässige Zeitgenossen und zudem von Gott für alle Ewigkeit verdammt, der Wert dieser „Bekehrung" schien also mehr als fragwürdig. Und was würden die Protestanten, die nur auf solche Blößen lauerten, wohl dazu sagen? Rapaccioli wurde nicht Papst. Giulio Sacchetti allerdings auch nicht. Alle Bemühungen Spadas, seinem Freund die höchste Würde zu verschaffen, schlugen fehl; einen Kandidaten auszuschließen, war einfacher, als ihn durchzusetzen.

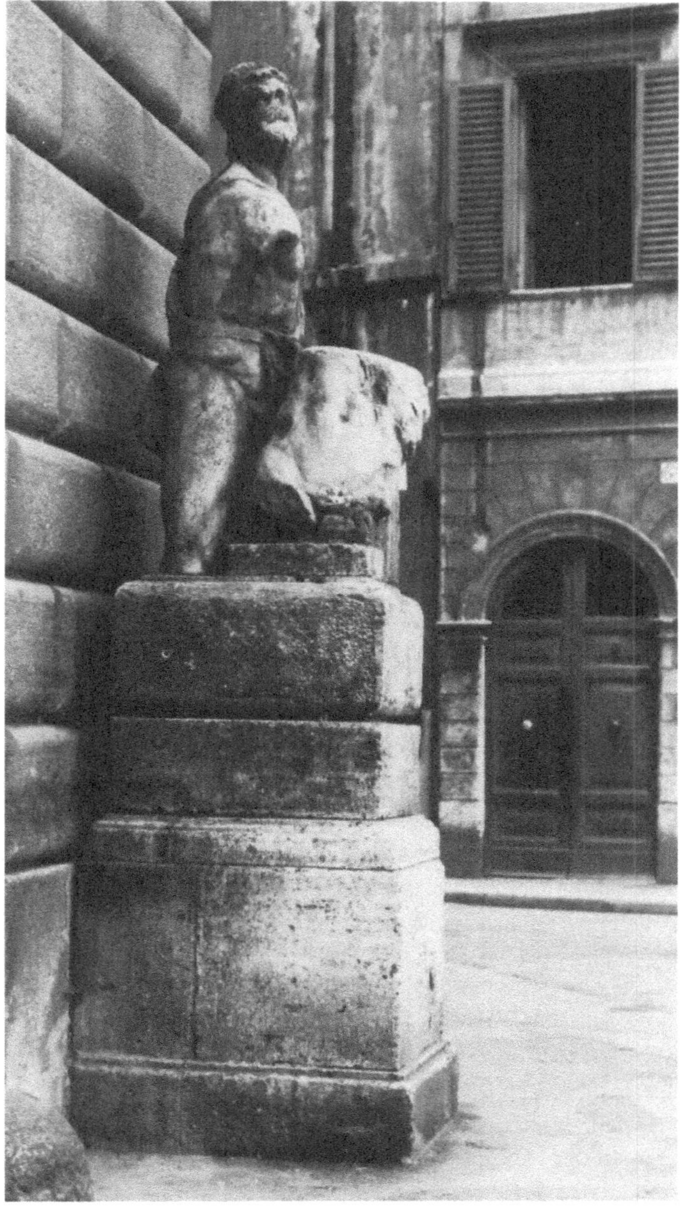

Abb. 11: Wer an der Pasquino-Statue Spottverse gegen die Mächtigen anheften wollte, kam tunlichst bei Nacht und Nebel. Die Rache der Verhöhnten konnte fürchterlich sein.

Ehre verteidigte man(n) im Duell. Der bewaffnete Zweikampf war zwar in Rom wie nahezu überall verboten, doch in Adelskreisen zur Wahrung der Reputation obligatorisch. Speziell hohe Aristokraten mussten davon Gebrauch machen, wollten sie ihr Ansehen unter den Standesgenossen erhalten. Dasselbe Gesetz zwang sogar die noch höher Geborenen zur Gewalt, wie das Verhalten Christinas von Schweden deutlich macht. Als Tochter König Gustavs II. Adolf als Protestantin und Thronfolgerin geboren, dankte die exzentrische Monarchin zwar ab und konvertierte zum Katholizismus, verzichtete jedoch nicht auf die Vorrechte, die mit ihrer hohen Abkunft verknüpft waren, wie die Römer, unter denen Christina ab 1655 lebte, beobachten konnten (Abb. 12). Ihre Ehre stellte die Ex-Königin in ihrer neuen Heimat am Tiber täglich unter Beweis und die Geduld Alexanders VII. damit auf harte Proben. Ihr Sündenregister: Sie störte Gottesdienste, nicht zuletzt durch ihre ostentativ zelebrierte Frömmigkeit, ließ in ihrem riesenhaften Palast in Trastevere alchimistische „Forschungen" betreiben und befleißigte sich äußerst ungezwungener Umgangsformen. Das alles sollte zeigen, dass die ehemalige Monarchin weiterhin den Rang und die Ehre eines Souveräns besaß. Dazu gehörte auch das Recht, Verrat als Majestätsverbrechen mit dem Tod zu bestrafen. Einen Edelmann aus ihrem Hofstaat, der leichtsinnigerweise Geheimnisse ausgeplaudert hatte, ließ sie umbringen; in ihren Augen war das kein Mord, sondern eine legitime Hinrichtung. Die blutige Episode spielte sich zwar auf einer Reise nach Paris ab, wäre aber auch in Rom aller Wahrscheinlichkeit nach zähneknirschend geduldet worden.

Trotz aller Exzentrik und Macht-Theatralik war Christina für die Ausübung der päpstlichen Herrschaftsrechte in der päpstlichen Hauptstadt das kleinere Problem. Als weitaus gravierender erwies sich, dass die Botschafter der beiden Großmächte Frankreich und Spanien immer provozierender als Konkurrenten der Päpste und ihrer Nepoten auftraten. Zu den selbstverständlich beanspruchten Privilegien dieser adeligen Spitzendiplomaten gehörte das Recht, verfolgten Personen Asyl zu bieten. Konkret hieß das, von der päpstlichen Polizei gesuchten Schwerverbrechern Unterschlupf zu gewähren; als Dank für diese Protektion durften diese dann bei Handgreiflichkeiten mit anderen Würdenträgern ihre Talente als Meuchelmörder unter Beweis stellen. Auf diese Weise bildeten sich um den Palast des spanischen Gesandten an der Piazza di Spagna und bei der Residenz des französischen Ambassadeurs an der Piazza Farnese regelrechte extraterritoriale Zonen, in denen die Amtsträger der Kurie nichts auszurichten vermochten. Anlässe für blutige Auseinandersetzungen waren durch den Kult der Ehre reichlich gegeben.

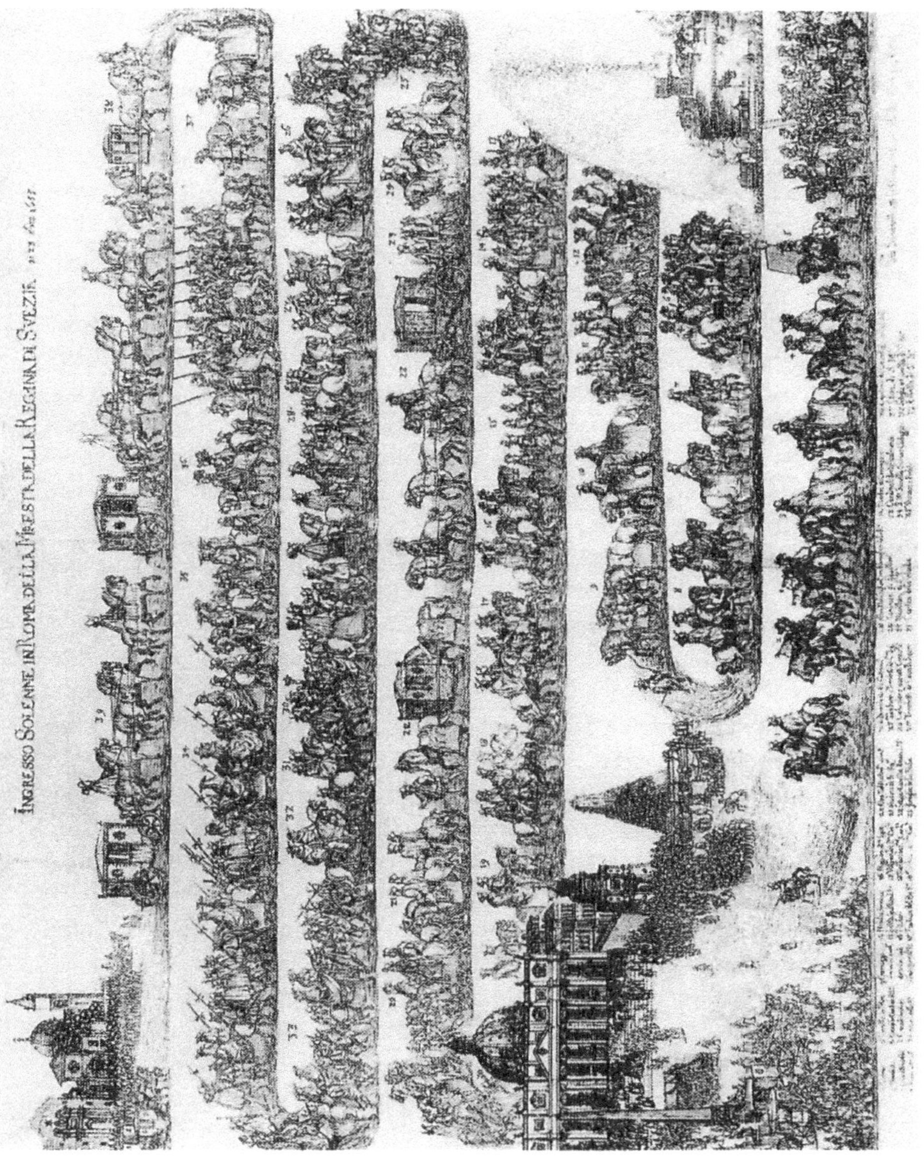

Abb. 12: Viel Aufwand für eine Ex-Monarchin, doch in den Augen Alexanders VII.
war jeder *scudo* für Christinas von Schweden feierlichen Einzug in die Ewige Stadt
gut angelegt. Ihr Übertritt zum katholischen Glauben und ihre Anwesenheit
in Rom bedeuteten für das Papsttum einen permanenten Triumph über
ihren Vater Gustav Adolf, den Retter des Protestantismus.

Am französischen Hof entwickelte der „Sonnenkönig" Ludwig XIV. ab den 1660er Jahren ein immer ausgeklügelteres Verfahren, um die Rang- und Ehrverhältnisse täglich zu zelebrieren und diese regelmäßig neu auszutarieren. Wer die Gunst des Augenblicks genoss, zeigte sich schon beim *lever*, dem königlichen Aus-dem-Bett-Steigen, daran, wer der sakralen Majestät welche Kleidungsstücke reichen durfte; dieses permanente Ausbalancieren von *faveur* und *honneur*, Gnade und Ehre, setzte sich über die königlichen Mahlzeiten an der streng ritualisierten Tafel bis in die nächtlichen Unterhaltungsproduktionen Theater, Ballett und Feuerwerk fort. Eine solche „Prestige-Börse", an der die individuellen Kurse täglich neu ausgehandelt wurden, hatte der päpstliche Hof nicht. Wessen Ehr-Aktien stiegen oder fielen, zeigte sich zum Beispiel im Straßenverkehr; wer wem bei der abendlichen Ausfahrt der Prunkkarossen an den Kreuzungen die Vorfahrt zu überlassen hatte, war deshalb mindestens so umkämpft wie vor den römischen Verkehrsampeln des 21. Jahrhunderts. Waren sich die Kutscher bzw. die von ihnen transportierten Herrschaften nicht einig, wer zuerst anfahren durfte, gab ein Wort schnell das andere, worauf nicht minder rasch die Degen gezückt wurden. In diesen von Pagen und Domestiken ausgetragenen Stellvertreterkämpfen stand nicht das Leben – das verloren „nur" die Diener –, wohl aber die Ehre der Herren oder Damen auf dem Spiel. Das Rangverhältnis zwischen altem und neuem Adel, zwischen Baronen und Nepoten, doch auch zwischen Nepoten und Botschaftern war umso umstrittener und konfliktträchtiger, je mehr die Verwandten des Pontifex maximus auf ihre Präzedenz, das Recht, bei feierlichen Anlässen in der ersten Reihe zu marschieren und zu sitzen, pochten. Denn dadurch fühlten sich die Colonna, Orsini, Savelli und Caetani, denen bei solchen Zeremonien von alters her hoch geschätzte (definitiv erst in der zweiten Hälfte des 20. Jahrhunderts abgeschaffte) Ehrenrechte zustanden, einerseits und die Repräsentanten Spaniens und Frankreichs andererseits zutiefst brüskiert.

In dieses ohnehin schon kräftig lodernde Feuer goss Urban VIII. weiteres Öl, als er 1631 seinen weltlichen Nepoten Taddeo Barberini zum „Präfekten von Rom" ernannte. Dieses Amt hatte seit den Tagen Sixtus' IV. della Rovere (1471–1484) dessen Familie innegehabt, die 1508 durch Adoption zur Herrschaft im Herzogtum Urbino, einem päpstlichen Lehen, emporgestiegen war und 1631 ausstarb. Vor dem Übergang an die Verwandten Sixtus' IV. waren mit diesem Amt wichtige Kompetenzen, zum Beispiel die Befugnis, Adelstitel zu verleihen, verknüpft gewesen. Mit dem Hinweis auf diese einstige Größe stattete der Barberini-Papst das Präfekten-Amt seines Neffen mit rituellen Vorrechten aus, die vom etablierten römischen Adel und den Botschaftern als eine offene Kampfansage verstanden wurden. Schon die Einsetzung Taddeo Barberinis in seine neue Würde im August 1631 machte deutlich, auf welchem Terrain die Kämpfe um den Ehrenvorrang künftig ausgetragen werden sollten. Am ersten dieses Monats zog der Nepot mit ungeheurem Pomp durch die nördliche Porta del Popolo in Rom ein, wie ein neuer Mensch mit neuer Macht und neuer Identität – als ob er dort nicht bereits seit Jahren ansässig wäre. Vier Tage später übergab ihm der Papst in der Kapelle des Quirinalpalastes, seiner städtischen Sommerresidenz, die Abzeichen seines neuen Ranges, in deren Schmuck er am 6. August einen weiteren pompösen Umzug mit Hunderten von Reitern und Kutschen, diesmal in den Straßen der Ewigen Stadt, veranstaltete. Mit der Berufung auf seinen Rang als Präfekt – zu dessen Untermauerung devote Historiker scharenweise in die Archive geschickt wurden – pochte der Nepot von jetzt an bei allen großen Feierlichkeiten auf seinen sichtbaren Ehrenvorrang, was die diplomatischen Beziehungen Roms vor allem zu Spanien nachhaltig störte.

Doch das alles war nur ein harmloses Vorspiel zur sogenannten „Korsenaffäre" drei Jahrzehnte später. In dieser künstlich aufgebauschten Haupt- und Staatsaktion reichte die Verkettung der Ehre von tief unten bis an die politische Spitze Europas – mit verheerenden Folgen für die Reputation des Papsttums in der katholischen Christenheit. Dabei zeigte sich die Vieldeutigkeit der Gewalt; Routine-Gewalt ließ sich mit der nötigen Medien-Macht als bedrohliche Ausnahme-Gewalt und damit als Gefahr für die Ehre zelebrieren. An einem heißen Augustabend des Jahres 1662 war es zuerst zu Wortgefechten, dann zu Tätlichkeiten zwischen Domestiken des französischen Botschafters im Palazzo Farnese und korsischen Soldaten im Dienst des Papstes gekommen. Diese rächten sich für die erlittenen Kränkungen dadurch, dass sie die Residenz des Ambassadeurs, des Herzogs von Créqui, unter Musketenbeschuss nahmen, ohne damit größeren Schaden anzurichten. Die finale Zuspitzung erfolgte erst, als die Gemahlin Créquis von ihrer Abendandacht heimkehrte, mit ihrem Gefolge zwischen die Fronten geriet und ein heftiges Feuergefecht auslöste. Dabei wurde vor der nahe gelegenen Kirche San Carlo ai Catenari einer ihrer französischen Pagen durch eine feindliche Kugel getötet. Affären dieser Art wurden gemeinhin dadurch beigelegt, dass man an den Söldnern ein Exempel statuierte, sich also an den Schwächsten schadlos hielt, nach dem Motto: ein paar Hinrichtungen und dann Schwamm über den unerfreulichen Vorfall.

Doch diesmal kam es anders, nämlich zu einer Eskalation der Kränkungen und des Kampfs um die Ehre. Alle drei, die Herzogin, der Herzog und ihr Auftraggeber, der König in Paris, behaupteten, dass das sommernächtliche Scharmützel ihre Ehre beschädigt habe und deshalb Wiedergutmachungen angebracht seien. Auf eine solche Gelegenheit hatten der Botschafter und sein gekrönter Herr lange gewartet. Entsprechend perfekt, da von langer Hand geplant, zeigte sich ihre Inszenierung. Schon zehn Tage nach dem Feuergefecht schrieb Ludwig XIV. dem Papst einen Brief, in dem er Genugtuung forderte: für den Mordanschlag, der letztlich ihm selbst und seiner Größe gegolten habe. Warum der prestigebewusste Monarch diese Lappalie so hoch hängte, geht aus dem Schreiben ebenfalls hervor: Alexander VII. habe sich ihm gegenüber von Beginn seiner Regierung an feindlich gezeigt, sodass die Verletzung des Völkerrechts auf der Piazza Farnese fraglos einem sorgfältigen politischen Kalkül entspringe. Das waren Unterstellungen, die man in Rom als ungeheuerlich empfinden musste. Zugleich lagen die Ursachen für diese Feindschaft und den bevorstehenden Kampf um Ehre und Macht klar auf der Hand. Fabio Chigi war im Konklave von 1655 alles andere als der Wunschkandidat Mazarins gewesen. Als die Wahl des ungeliebten Kandidaten dennoch erfolgte, hatte der allmächtige französische Minister sein gesamtes römisches Insiderwissen darangesetzt, den neuen Papst zu diskreditieren – was ihm durch den zwar verzögerten, dafür aber umso intensiveren Nepotismus des Chigi-Papstes nicht schwer fiel. Dieser wurde jetzt an die große politische Glocke gehängt: Edelfedern im Dienst der französischen Krone wie Gregorio Leti prangerten die Bereicherung und Machtstellung der Papstverwandten als einen skandalösen Verstoß gegen die Gebote des Christentums an. Parallel dazu gingen die französischen Diplomaten daran, die Stellung und Legitimation der Nepoten rituell zu unterminieren, zum Beispiel durch die Verweigerung von „Antrittsbesuchen" beim regierenden Oberaufseher des Kirchenstaats, Kardinal Flavio Chigi.

Vor diesem Hintergrund war der Vorfall auf der Piazza Farnese für Frankreich ein diplomatisches Geschenk. Créqui zelebrierte die Gefahr, die ihm und seiner Gattin angeblich auch nach dem „Attentat" drohe, mit großem Geschick. Er versicherte sich des Schutzes der französischen Partei in Rom und ließ sogar auf den Straßen Geschenke an die kleinen Leute verteilen – als ob er seines Lebens nicht mehr sicher und auf den Schutz des Volkes gegen weitere Anschläge angewiesen sei. So unverfroren Untertanen abzuwerben, war eine offene Kampfansage an die Herrschaft des Papstes. Doch zu weiteren Straßenschlachten kam es nicht mehr. Der zweite Akt der französischen Inszenierung bestand darin, dass der König seinen Botschafter abberief, angeblich aus Sorge um dessen Leben. Im dritten Akt ließ Ludwig XIV. die päpstliche Exklave Avignon mit eigenen Truppen besetzen. Dass die korsischen Söldner mit Schimpf und Schande entlassen und ihre „Rädelsführer" hingerichtet werden sollten, verstand sich nach den Ehr-Maßstäben der Zeit von selbst. Doch damit nicht genug: Als weitere Wiedergutmachung forderte der König vom Papst, den Gouverneur der Stadt Rom, Kardinal Lorenzo Imperiali, als einen der beiden Verantwortlichen des Tumults abzusetzen und seiner Kardinalswürde zu entkleiden; zudem sollte Mario Chigi, der weltliche Nepot Alexanders VII., als zweiter Hauptschuldiger alle Ämter verlieren, für sechs Jahre nach Siena, die Heimat der Chigi, verbannt werden und ohne Erlaubnis des Königs auch danach nicht zurückkehren dürfen! Das i-Tüpfelchen auf der Demütigung aber sollte ein Denkmal sein, das die Erinnerung an die päpstliche Schande auf ewig wachhalten sollte.

Politische Beobachter fühlten sich an die fernen Tage Papst Bonifaz' VIII. erinnert, der 1303 von einem französischen Entführungskommando in Anagni südlich von Rom gefangengesetzt und tödlich beleidigt worden war; auch der Konflikt mit König Ludwig XII. von Frankreich, der 1511 ein Konzil nach Pisa einberufen hatte, um Papst Julius II. absetzen zu lassen, stand als Menetekel an der Wand. Die königlichen Forderungen in Bausch und Bogen anzunehmen, verbot die Ehre des Papstes und seiner Familie. Mehr noch: Sie verlangte eine geharnischte Entgegnung. Auf diese empörte römische Reaktion antwortete Ludwig XIV. mit unverhüllten Drohungen: Ein Heer unter Marschall Turenne stehe zum Marsch gegen Rom bereit. Doch Turenne, der größte Stratege des 17. Jahrhunderts, winkte gelangweilt ab: Es sei unter der Würde eines Löwen, mit seiner Tatze ein Schoßhündchen totzuschlagen – kein schmeichelhafter Vergleich für Alexander VII. und seine Nepoten, doch zutreffend, was die militärische Schlagkraft beider Seiten betraf. Am Ende kam es nicht zum zweiten *Sacco di Roma*, wohl aber zur gezielten Demütigung Roms. Die Korsen, die ja letztlich nur die Würde ihres Dienstherrn hatten verteidigen wollen, wurden wie befohlen bestraft, dazu politische Forderungen des Königs, die seine Verbündeten in Italien betrafen, erfüllt. Kardinal Imperiali und Mario Chigi kamen ungeschoren davon, doch das Schandmahl wurde errichtet, in Form einer Pyramide sogar sehr auffällig. Alexander VII. und die Historiker, die die „Korsenaffäre" in seinem Auftrag behandelten, stellten die Niederlage als moralischen Sieg des Papsttums dar: Die Kirche sei von der Allgewalt des fürstlichen Absolutismus nur äußerlich bezwungen worden, moralisch aber habe sie triumphiert. Dass Ludwig XIV. bestrebt war, seine Hegemonie in Europa gegenüber dem Papsttum unter Beweis zu stellen, das seit alters her die Oberhoheit über alle christlichen Fürsten beanspruchte, steht außer Frage; für einen Monarchen, der sich direkt von Gott in sein Amt eingesetzt und daher Gott allein verantwortlich fühlte, also ein sehr persönliches Gottesgnadentum für sich reklamierte, war dieser Primat fraglos ein Ärgernis. Doch das ist nur ein Teil der historischen Wahrheit; darüber hinaus zeigt die im römischen Alltag der Gewalt so virtuos herbeigezauberte „Korsenaffäre", wie angreifbar und verwundbar sich die Päpste durch ihren Nepotismus und dessen politische Folgen gemacht hatten.

Kurz darauf wurde Gianlorenzo Bernini nach Paris bestellt, offiziell, um Pläne für den Neubau des Louvre zu entwerfen, doch vor allem, um den Papst durch den Abzug seines bevorzugten Hofkünstlers zusätzlich zu demütigen. Wie der Bildhauer und Architekt dort seine Ehre und die Ehre Urbans VIII. hochhielt, wurde gezeigt: mit geschliffenen Bonmots und einem zugleich stolzen und geschmeidigen Auftreten, das er dem glatten höfischen Parkett für angemessen hielt. Doch Bernini konnte auch anders, wenn es um seine Ehre ging. Ende der 1630er Jahre unterhielt er ein leidenschaftliches Liebesverhältnis mit Costanza Bonarelli, der Ehefrau eines untergeordneten Mitarbeiters, die er in einer seiner eindrucksvollsten Marmorbüsten verewigte (Abb. 13). Diese begann jedoch auch mit Luigi Bernini, der gleichfalls als gehobener Handlanger auf den vielen Baustellen seines erfolgreichen Bruders tätig war, eine Affäre. Als Gianlorenzo die beiden eines frühen Morgens quasi in flagranti ertappte, schlug er auf seinen Rivalen mit einer Eisenstange ein und brach ihm zwei Rippen. Der untreuen Geliebten hatte er noch Schlimmeres zugedacht: Ein Diener zerschnitt der schönen Römerin das Gesicht und entstellte sie damit für immer. Danach machte Gianlorenzo höchstselbst Jagd auf seinen verletzten Bruder, verfolgte ihn mit blankem Degen bis in die Kirche Santa Maria Maggiore hinein und konnte erst dort von den vereinten Kräften mehrerer Priester gebändigt werden.

Künstler standen im Ruf, nah am Wahnsinn gebaut zu sein. So etwas konnte also überall vorkommen. Doch der Ausgang des Eifersuchtsduells unter Brüdern war typisch römisch. Obwohl Mutter Bernini den Kardinalnepoten Francesco Barberini brieflich darum bat, dem rasenden Gianlorenzo durch entschlossenes Eingreifen seine Grenzen aufzuzeigen, ging dieser am Ende als Sieger hervor. Urban VIII. ließ ihm eine Urkunde ausstellen, in der ihm die in erster Instanz verhängte Strafe von 3000 *scudi* erlassen wurde – mit der Begründung, dass er als Künstler von höchster Begabung zum Ruhme des Papsttums beitrage. Auch das gehörte zur klientelären Gesellschaft Roms: Wer den Mächtigen unschätzbare Propaganda-Dienste leistete, durfte sich über dem Gesetz fühlen. Doch nicht alle Künstler konn-

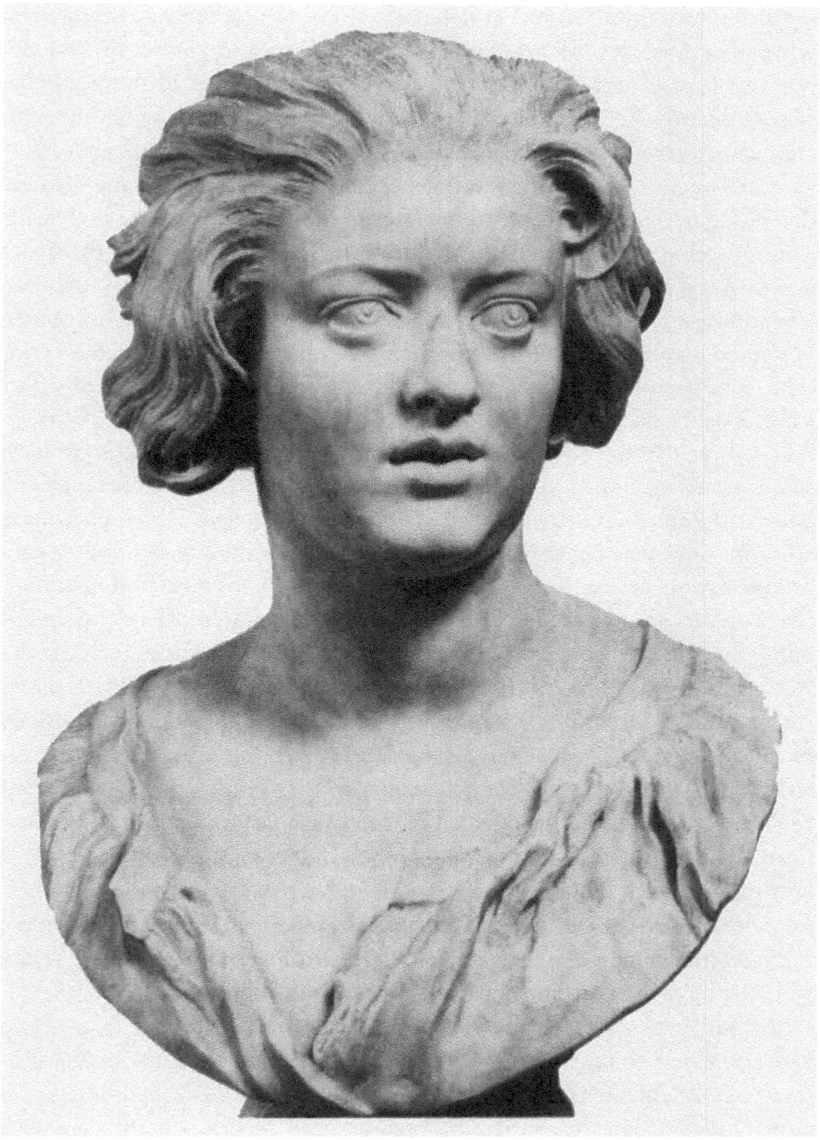

Abb. 13: Eine schöne Frau mit einem Gatten und zwei Liebhabern – im Falle der Römerin Costanza Bonarelli mussten es ausgerechnet die Brüder Bernini sein. Gianlorenzo schuf erst ihr berückendes Porträt in Marmor, dann ließ er dem lebenden Vorbild das Gesicht zerschneiden (Florenz, Bargello).

ten sich dieses gewalttätige Verhalten zur Verteidigung ihrer Ehre erlauben, wie das Beispiel des Michelangelo Merisi, nach seinem lombardischen Geburtsort Caravaggio genannt, zeigt. Auch Caravaggio war für hochgestellte und einflussreiche Auftraggeber in Rom tätig. Doch als er seine Ehre mit dem Degen verteidigt hatte, konnten oder wollten sie ihm nicht helfen.

Caravaggios Vater bekleidete als Haushofmeister des Grafen Sforza, der aus einer Seitenlinie des ehemaligen Mailänder Herzogsgeschlechts stammte, eine ansehnliche Position, die mancherlei Perspektiven für sozialen Aufstieg bot, umso mehr, als die Familie Merisi über ausgedehnten Grundbesitz verfügte. Doch das alles ging im Gefolge einer verheerenden Pestepidemie 1576/77 und nach weiteren familiären Unglücksfällen verloren, nicht jedoch das mit diesem Status verbundene Ehr-Verständnis. Der junge Michelangelo Merisi verweigerte die für Maler eigentlich obligatorische Lehrzeit in der Werkstatt eines approbierten Meisters und legte nach seiner Übersiedlung in die Ewige Stadt einen forciert aristokratischen Lebensstil an den Tag: Mit großen Hunden und gezogenem Degen paradierte er durch verrufene Spelunken und suchte Händel. So hatte sich zwei Generationen vor ihm bereits der geniale Goldschmied Benvenuto Cellini verhalten. Künstler, die für die höchsten Kreise arbeiten, waren offensichtlich anfällig für Adels-Mimikry; doch nicht jeder beherrschte die Technik der Nachahmung so perfekt wie Bernini. Im Falle Caravaggios führte dieser Anspruch auf Vornehmheit zu ununterbrochenen Konflikten, nicht zuletzt mit der Justiz. 1603 wurde der gewalttätige Maler verhaftet, weil er Künstlerkollegen verleumdet hatte; im anschließenden Verhör legte er seine grenzenlose Verachtung für die devoten Farbkleckser an den Tag, die den Mächtigen unterwürfig zu Willen waren. 1604 wurde er gegen einen päpstlichen Sbirren, das heißt Polizisten, handgreiflich, kurz darauf forderte er den erfolgreichen Konkurrenten Guido Reni zum Duell, weil ihm dieser seinen Stil gestohlen habe – was immer das bei der grundverschiedenen Art beider Künstler zu malen auch heißen mochte.

Im Juli 1605 erfolgte dann eine erste Eskalation der Gewalt: Caravaggio verletzte einen Notar mit dem Degen, der sein Rivale bei einer jungen Römerin, vielleicht einer Prostituierten, gewesen sein soll. Diesmal musste der aufbrausende Maler für eine Zeitlang aus Rom fliehen, durfte aber nach Intervention einflussreicher Fürsprecher bald wieder zurückkehren. Kurz danach wurde ihm ein Traumhonorar dafür geboten, Mitglieder der mächtigen Familie Doria, die dem höchsten genuesischen Adel angehörte und auch in Rom viel Einfluss besaß, zu porträtieren. Doch diese Offerte schlug Caravaggio in beleidigenden Tönen aus; sie war offensichtlich unter der

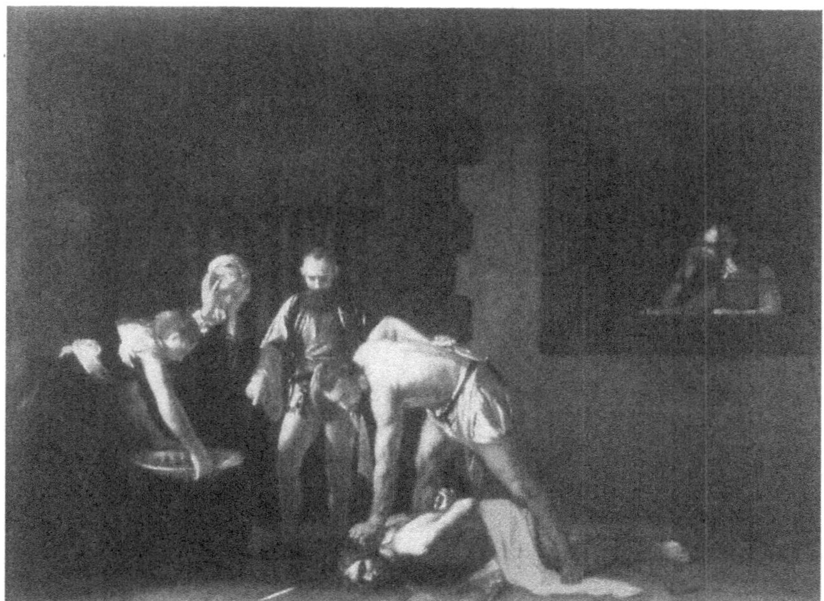

Abb. 14: Der Henker hat zugeschlagen, der Kopf Johannes' des Täufers wird als Trophäe abtransportiert – und zwei Gefangene, die wohl als Nächste an die Reihe kommen, sehen dabei zu. Gewalt und Tod ziehen sich als Leitmotive durch die Bilder Caravaggios, des Möchtegern-Aristokraten (La Valletta, St. John).

Würde des selbsternannten Gentleman-Malers. Im Frühjahr 1606 dann das Finale. Caravaggio hatte Streit mit einem gewissen Ranuccio Tomassoni, der den Titel eines Hauptmanns führte, also Söldner außer Dienst war oder einem ähnlich martialischen Gewerbe nachging. Ihm schuldete der Maler zehn *scudi*, die er beim Ballspiel, einer seiner Lieblingsfreizeitbeschäftigungen, verloren hatte. Spielschulden waren Ehrenschulden, darum allein kann es nicht gegangen sein, die erlittene Kränkung musste tiefer gesessen haben. Denn Caravaggio hatte vorsorglich eine größere Geldsumme beiseitegelegt, um alles für seine Flucht vorzubereiten. Am 31. Mai 1606 stellte er seinen Feind in der Via della Scrofa im Stadtteil Campomarzo. Der Zweikampf artete schnell zu einer regelrechten Straßenschlacht aus, am Ende kämpfte auf jeder Seite ein Dutzend Bewaffneter – bis Ranuccio tödlich getroffen zu Boden stürzte. Caravaggio verschwand umgehend Richtung Süden und fand auf Malta beim Großmeister des Ritterordens, der die Insel beherrschte, ein Refugium. Dort malte er nicht nur eines seiner Meisterwerke, die Enthauptung Johannes' des Täufers, sondern wurde sogar zum Ritter ehrenhalber ernannt, was seine aristokratischen Aspirationen bestätigte (Abb. 14). Doch dieser Erfolg war nicht von Dauer; auch auf Malta legte Caravaggio sein unfriedfertiges Sozialverhalten an den Tag und landete prompt hinter Gittern, konnte jedoch bald darauf fliehen. Dafür renkten sich die Verhältnisse in Rom wieder ein; mit der Nachricht von seiner Begnadigung in der Tasche landete Caravaggio in einem kleinen Hafen am Monte Argentario, wurde verwechselt, festgehalten und starb kurz darauf, knapp 40 Jahre alt, am Fieber; seine Gebeine sollen kürzlich gefunden worden sein. Gewalt beherrscht in verschiedenster Form auch seine Bilder, die mit ihren kruden Hell-Dunkel-Effekten und ihrer Ästhetik des scheinbar Hässlichen dem dominierenden Zeitgeschmack zuwiderliefen, von einzelnen Kunstkennern aus der Oberschicht jedoch gerade deshalb hoch geschätzt wurden. Im Martyrium des Apostels Matthäus, das Caravaggio als eines von drei Bildern für die Contarelli-Kapelle in San Luigi dei Francesci malte, gab er dem äthiopischen König, der den Heiligen in einer regelrechten Gewaltorgie ums Leben bringen lässt, seine eigenen Züge; im Tod des Täufers auf Malta ist seine Signatur im Blut des Opfers geschrieben.

6.
Heiligsprechen:
Kanonisationen und Kapellen

Ab 1580 hatte in Rom ein altes Bildthema wieder Konjunktur: das Martyrium. So wurde in der alten Rundkirche Santo Stefano Rotondo auf dem Celio-Hügel ein umfangreicher Freskenzyklus frühchristlicher Blutzeugen gemalt, der wie ein Geschichtsbuch gelesen werden sollte: In die Bilder wurden Buchstaben eingefügt, die unten wie eine Fußnote mit Namen und historischen Angaben zu den dargestellten Personen und Ereignissen wieder erschienen. In den knapp drei Dutzend Szenen waren alle nur denkbaren Hinrichtungsarten und Martern vertreten. Doch zeigten die Gesichtszüge der Gequälten, dass ihnen die rohe Gewalt der Henker nichts mehr anhaben konnte; sie waren über den Schmerz hinweg und genossen bereits die verdienten Freuden des Paradieses. Damit erfüllte der Zyklus eine pädagogische Funktion: Die Zöglinge des Collegium Germanicum et Hungaricum, des für den geistlichen Nachwuchs aus den gehobenen Kreisen des Heiligen Römischen Reichs Deutscher Nation zuständigen Priesterkollegs, sollten durch die Bilder zur freudigen Nachahmung der Märtyrer angestachelt werden, und zwar im Kampf mit den Protestanten um die Seelen der Gläubigen. Den strengen Sixtus V. rührten die herben, bewusst schmuck- und kunstlos gestalteten Bilder nachweislich zu Tränen.

Derselbe Papst beendete im Januar 1588 eine fast 65 Jahre lange Pause der Heiligsprechungen, die die Forschung durch zwei Hauptgründe zu erklären versucht. Zum einen bestritten die Reformatoren den traditionellen Rang der Heiligen als Fürsprecher der Gläubigen an der Seite Gottes im Himmel, in den sie laut katholischer Lehre aufgrund ihrer Verdienste sofort, das heißt: vor dem Jüngsten Gericht aufgenommen worden seien; Calvin ging in Genf sogar so weit, die Taufnamen von Heiligen zu verbieten. Zum anderen wurde in dieser „Kanonisationsverweigerung" ein Reflex des Renaissance-Papsttums gesehen, das viel mehr mit machtpolitischen Unternehmungen als mit Glaubenssachen beschäftigt war. Ohne Frage bedurfte es der dogmatischen Neubesinnung und Festlegung auf dem Konzil von Trient, um zu neuen Heiligsprechungen zu schreiten. Doch bleibt erklärungsbedürftig, warum es nach dem bahnbrechenden Dekret des Konzils zu

Bildern und Reliquien im Jahr 1563 nochmals ein Vierteljahrhundert dauerte, bis der Prozess der Heiligsprechungen wieder in Gang kam.

Eine weitere Ursache für diese auffallende Verspätung zeigen die Fresken von Santo Stefano Rotondo mit ihrer kruden Ästhetik der Schönheitsverweigerung an. Dieser neue Stil frommer Simplizität entsprang der Bilderskepsis der katholischen Reform und der daraus resultierenden Krise der Bilder und Bildkultur. Die Protestanten aller Richtungen hatten den fetischhaften Missbrauch der Bilder als Christus-Ersatz angeprangert; innerhalb der katholischen Reformbewegungen waren viele religiöse Bilder ihrer „unzüchtigen" und „heidnischen" Thematik und Darstellungsweise wegen ins Gerede gekommen. Neue Heiligsprechungen aber waren notwendigerweise mit neuen Bilderfluten verbunden, mehr noch: Sie waren selbst groß angelegte Prunkinszenierungen und damit lebende Bilder von ungeahnten Ausmaßen. Damit passten sie nicht in die Zeit der Bilderreform, wohl aber in die Jahrzehnte danach.

Mehr noch: Aufwendig zelebrierte Heiligsprechungen entsprachen in idealer Weise den Selbstdarstellungs-Bedürfnissen und Rechtfertigungs-Zwängen, doch auch den gewandelten Bildvorstellungen und moralischen Normen des Papsttums im 17. Jahrhundert – kein Wunder also, dass sie jetzt einen ungeahnten Aufschwung erfuhren. In solchen Kanonisationen feierte die katholische Kirche nicht nur ihre geistlichen Heroen, sondern auch sich selbst, ihr Menschenbild, ihre Lebensordnung – und ihr Haupt und dessen Verwandte. Selbst scheinbar rein kirchliche Vorgänge wie diese wurden vom Nepotismus als vorrangigem Herrschaftszweck wesentlich mit beeinflusst und geprägt.

Die Kritik der Protestanten an Verehrung und Erhebung der Heiligen hatte auf der Gegenseite die im Konfessionellen Zeitalter typischen Auswirkungen gezeitigt: Behauptung, Bestätigung und Reglementierung. Mit anderen Worten: Die Heiligen waren im katholischen Europa triumphal aus der Schlacht um Sein oder Nicht-Sein hervorgegangen. Dem Streit zum Opfer gefallen waren nur diejenigen von ihnen, die sich mit den Methoden der damaligen Geschichtswissenschaft nicht belegen ließen. Die anderen, deren Existenz als durch Quellen erhärtet galt, wurden in einem übersichtlichen Katalog, dem *Martyrologium Romanum*, zusammengefasst, mit einem verbindlichen Gedenk- und Feiertag versehen und so gewappnet in den Kampf um die Seelen geschickt. Zu dieser spirituellen Aufrüstung gehörte auch eine grundlegende Neuordnung des Kanonisations-Prozederes, die in Wirklichkeit einer „Erstordnung" gleichkam. Denn vorher gab es nicht nur eine große Zahl regionaler und sogar lokaler Heiliger, sondern auch der Weg zur Ehre der Altäre war ungeregelt, um nicht zu sagen: chaotisch. Damit war jetzt Schluss. 1588 wurde für diesen Zweck eine eigene Kongregation unter dem Vorsitz eines Kardinals geschaffen und mit einem ansehnlichen bürokratischen Unterbau ausgestattet. Das Verfahren selbst zerfiel von nun an in mehrere Abschnitte. Der sogenannte *Processus ordinarius* fand in der zuständigen Diözese statt. Dort wurden zu Leben und Verdiensten des Kandidaten bzw. der Kandidatin eingehende Untersuchungen angestellt; so wurden Zeugen gehört, Quellen gesammelt und Expertisen in Auftrag gegeben. Fiel das Ergebnis positiv aus, so wurde das Dossier nach Rom weitergereicht. Dort wurde daraufhin der *Processus apostolicus* eingeleitet, der sich wiederum in zwei Hauptphasen gliederte. Das erste Verfahren *super fama in genere* war, wie der Name besagte, der Frage gewidmet, ob die untersuchte Person im „Ruf der Heiligkeit" verstorben war. Wurde auch sie bejaht, trat der Prozess in seine entscheidende Etappe ein; jetzt ging es *super virtutibus et miraculis in specie*, um Tugenden und Wunder. War beides so unanfechtbar unter Beweis gestellt worden, dass die jetzt schon nahe herangerückte Selig- bzw. Heiligsprechung zum Abschluss gebracht werden konnte? Alle diese Verfahrensschritte waren außerordentlich sorgfältig ausgearbeitet, ja, regelrecht bürokratisiert und mit Fachpersonal nur so gespickt – keine weltliche Behörde der Zeit funktionierte mit einer solchen Präzision, Mehrfachkontrolle und Faktengenauigkeit. Dabei spielte der Papst, der immer wieder den Anstoß für die nächste Runde geben musste, die ausschlaggebende Rolle, doch alleine durchpeitschen konnte er den komplizierten Gesamtprozess nicht. In einem geheimen Konsistorium referierte der Präfekt der Ritenkongregation die gewonnenen Resultate vor den Kardinälen, worauf zwei weitere öffentliche bzw. halböffentliche Konsistorien folgten. War deren Votum einstimmig, wurde die Heiligsprechung beschlossene Sache und ihr Datum festgesetzt.

Das alles kostete nicht nur Zeit, sondern auch viel Einsatz und Geld. Kanonisationen waren eine Sache der Lebenden und ihrer Interessen. Nur wenn sich mächtige Persönlichkeiten, Allianzen oder Netzwerke für einen neuen Heiligen oder eine neue Heilige nachdrücklich und nachhaltig einsetzten, bestand Aussicht auf Erfolg, doch auch dann keineswegs immer. So waren die katholischen Kantone der Schweiz lebhaft bestrebt, den 1487 im Ruf der Heiligkeit verstorbenen Eremiten Niklaus von Flüe aus Obwalden zur Ehre der Altäre erhoben zu sehen. „Bruder Klaus", wie er schon zu Lebzeiten genannt wurde, hatte 1481 in einer schweren politischen Krise der Eidgenossenschaft wesentlich zu einer einvernehmlichen Lösung beigetragen; seine Heiligsprechung musste daher der Schweiz als Ganzem Prestige und Ehre einbringen. Doch nach der Vorstufe der Seligsprechung im Jahr 1648/49 erfolgte die Kanonisation erst am 15. Mai 1947, obwohl eine so einflussreiche Persönlichkeit wie Kardinal Carlo Borromeo (1536–1584), der Vorkämpfer der katholischen Reform und der Rekatholisierung in der Schweiz, dieses Anliegen lebhaft unterstützte.

Borromeo selbst wurde der erste große Heilige im Rom des 17. Jahrhunderts. Dass er diesen Rang verdient hatte, war an der Kurie wie im katholischen Europa weitestgehend unstrittig. Trotzdem war seine Kanonisation, die schon 1610, nur 26 Jahre nach seinem Tod, feierlich begangen wurde, extrem umkämpft – nicht das „Ob", sondern das „Wie" und damit die Frage, welche Erinnerung an die Ausnahmepersönlichkeit Borromeo mit welchen Wesenszügen als Vorbild wofür fixiert werden sollte, wurde kontrovers diskutiert. Das hing mit der Ausnahmerolle zusammen, die Borromeo zu Lebzeiten gespielt hatte. Als Kardinalnepot Pius' IV. (1559–1565) hatte er die Rolle des Oberaufsehers des Kirchenstaats völlig neu interpretiert, nämlich weiterhin streng asketisch gelebt, seine hohen Einkünfte für wohltätige Zwecke verwendet und vor allem auf dem Konzil von Trient und danach in Rom eine durchgreifende Reform von Lebensweise und Ausbildung des Klerus voranzutreiben versucht. Das war nicht ohne heftige Zusammenstöße mit der Politik abgegangen; speziell die spanische Großmacht und ihre Herrschaftsstellvertreter in der Lombardei hatte Borromeo als Erzbischof von Mailand im Kampf um kirchliche Rechte und Erneuerung ebenso herausgefordert wie einen großen Teil des Adels, der dadurch seinen Zugriff auf die Ressourcen der Kirche eingeschränkt sah. Kurz vor dem Tod seines päpstlichen Onkels war Borromeo sogar von Rom nach Mailand gezogen, um von diesem Vorposten aus umso intensiver für die Disziplinierung des katholischen Klerus und für die Rückgewinnung verlorenen Terrains, vor allem in der angrenzenden Eidgenossenschaft, wirken zu können.

Auf diese Bemühungen beriefen sich denn auch die von Carlos jüngerem Cousin Federico Borromeo, selbst Erzbischof von Mailand und Kardinal, geführten Kreise, die im Kult des neuen Heiligen die Erinnerung an den unbequemen Radikalreformer gepflegt sehen wollten. Zu diesem Zweck gaben sie eine Biographie in Auftrag, die nicht nur die zahlreichen Konflikte des Erzbischofs, sondern auch dessen Jurisdiktionshoheit und Unabhängigkeit von Rom stark hervorhob. Diese Lebensbeschreibung wurde, wie unschwer vorherzusehen, von Papst Gregor XIV. (1590–1591), einem aus Mailand stammenden und Spanien hörigen Papst, überhaupt nicht goutiert und deshalb auch nicht zum Druck freigegeben. Dabei wollte auch die Kurie den

Papstneffen heiliggesprochen sehen, doch als einen ganz anderen „Erinnerungsort", nämlich als Rechtfertigungsfigur der nachtridentinischen Kirchenfürsten. Zu diesem Zweck durfte der den Genüssen der Welt abgeneigte, doch ihrer sittlichen Verbesserung äußerst zugewandte Kardinalnepot nicht als Ausnahmegestalt geschildert werden, sondern musste als Prototyp und eifrig nachgeahmtes Vorbild seiner Nachfolger in das Gedächtnis eingehen: als treuer Diener, nicht als lebendes Gewissen der Kirche und ebenso wenig als Mahner und Warner. Er war einer von uns und dient uns weiterhin als Modell – das war das Motto der Kanonisation, wie sie die Kurie energisch vorantrieb. Deren Botschaft war mithin eindeutig: Der Prozess der Reform ist nicht, wie auch hochgestellte Kritiker voreilig behaupten, zu Ende, sondern wird maßvoll und zielstrebig, das heißt im Geiste Carlo Borromeos fortgeführt! Um dieses Bild des romtreuen Reformers zu normieren, durften die Maler den künftigen Heiligen nur noch mit seiner Kardinalswürde darstellen.

Es blieb nicht die einzige Vereinnahmung, wie Borromeos Kanonisation am 1. November 1610 zeigte. Obwohl der neue Heilige zu Lebzeiten keinerlei Kontakte zu den – damals an der Kurie weitgehend unbekannten – Borghese unterhalten hatte, wurde eine solche Beziehung jetzt postum nach allen Regeln der Patronage-Anbahnung hergestellt. Paul V., der die Heiligsprechung vornahm, und seine Nepoten stellten sich ostentativ unter den Schutz des neuen Fürsprechers im Himmel. Dieses ganz besondere Protektionsverhältnis dokumentierten sie dadurch, dass sie „ihrem" Heiligen einen Altar in ihrer pompösen Familiengrabkapelle in Santa Maria Maggiore reservierten. Ich gebe, damit du gibst – das Grundgesetz des Klientelismus galt nach Auffassung der Zeit selbstverständlich auch für die Beziehungen zwischen Erde und Himmel. Dieses Patronageverhältnis fand seinen Ausdruck darin, dass der Papst und seine Verwandten den Ruhm des neuen Heiligen kräftig mehrten, um sich dessen Schutz und Gunst zu verdienen. Darüber hinaus ließ sich die Achse Rom – Mailand auch finanziell zum Vorteil der Nepoten ausbauen. Mit wahrem Feuereifer sammelte der regierende Kardinalnepot Scipione Borghese die lukrativsten Pfründen in der Lombardei, um sich diese dann von seinem Onkel übertragen zu lassen; fast ein Viertel aller Einkünfte aus Kommendatarabteien floss am Ende von Mailand nach Rom, um dort zugunsten der Familie Borghese renditeträchtig angelegt zu werden. Auf diese Weise vollzogen die Kardinalnepoten des 17. Jahrhunderts in Wirklichkeit den schroffestmöglichen Bruch mit dem Heiligen, der ihre Machtfülle legitimieren sollte – ein typisch römischer Widerspruch, der vor allem dessen Cousin, Kardinal Federico Borromeo, zutiefst erbitterte. Doch auf sein großes Vorbild konnte er sich in seinen Auseinandersetzungen mit der Kurie nicht mehr offen berufen. Das Andenken Carlo Borromeos war durch die Kanonisation besetzt, durch die Heiligsprechung geradezu versiegelt. Doch blieb die Memoria des widerspenstigen Normenbrechers trotz aller Inanspruchnahme durch das Papsttum des 17. Jahrhunderts lebendig, und zwar als Stein des Anstoßes für tiefergreifende Veränderungen und damit letztlich für eine andere Kurie.

Der leitenden Strategie seines Pontifikats entsprechend ging Paul V. auch bei Kanonisationen vorsichtig, mit juristischen Mehrfach-Absicherungen verschiedenster Art, vor: Ganze zwei Kanonisationen schlagen in seinem fünfzehneinhalbjährigen Pontifikat zu Buche. Nur der Prozess der Francesca Romana, einer verwitweten römischen Stadtadeligen, die sich zu Beginn des 15. Jahrhunderts, in den düsteren Zeiten des Schismas und des städtischen Niedergangs, durch Mildtätigkeit und Frömmigkeit ausgezeichnet hatte, gelangte außer dem Borromeo-Verfahren zwischen 1605 und 1621 zum Abschluss. Dadurch, dass der Borghese-Papst die Heiligsprechung der verdienten Römerin auf den 16. Mai, den Tag seiner eigenen Krönung legte, stellte er ebenfalls eine sehr persönliche Beziehung zu dieser her; zudem betonte er damit die römischen Wurzeln seiner Familie, die in Wirklichkeit erst eine Generation zuvor von Siena in die Ewige Stadt übergesiedelt war.

So viel Zurückhaltung in Sachen Heiligsprechung konnte sich Ludovico Ludovisi, der Kardinalnepot seines Nachfolgers Gregor XV., nicht erlauben. Wie auf der Bühne der großen Politik, bei Konklavereform und Förderung der weltweiten Mission, handelte der energische Oberaufseher des Kirchenstaats auch hier nach dem Motto „Jeder Tag zählt"; unter dem Strich stand mit fünf neuen Heiligen in zweieinhalb Pontifikatsjahren die höchste (nur 1690 nochmals erreichte) Quote des frühneuzeitlichen Papsttums überhaupt. Unter welchem Zeitdruck der rührige Nepot dabei stand, zeigt sich daran, dass alle fünf Kanonisationen auf einmal stattfanden, eine nie da gewesene Gruppenerhebung. Und ein Fanal, das in ganz Europa Beachtung fand: Mitten in den blutigen Verwicklungen des Dreißigjährigen Kriegs bezeugte das Papsttum durch diese Gruppen-Kanonisation seine Kampfbereitschaft. Den Protestanten aller Richtungen wurde eindrucksvoll vor Augen geführt, dass die Zurückhaltung in Sachen Heiligsprechung ein für alle Mal zu Ende war. Das Papsttum stand nicht nur zu seinen theologischen Grundsätzen, es setzte sie auch eindrucksvoll um – und in Szene. Doch nicht nur durch neue Fürsprecher im Himmel wollten die Ludovisi den Kampf für den wahren Glauben gewinnen; durch die Erhebung der neuen Heiligen machten Papst-Onkel und Kardinal-Neffe zugleich deutlich, woher die irdische Hilfe im Kampf ge-

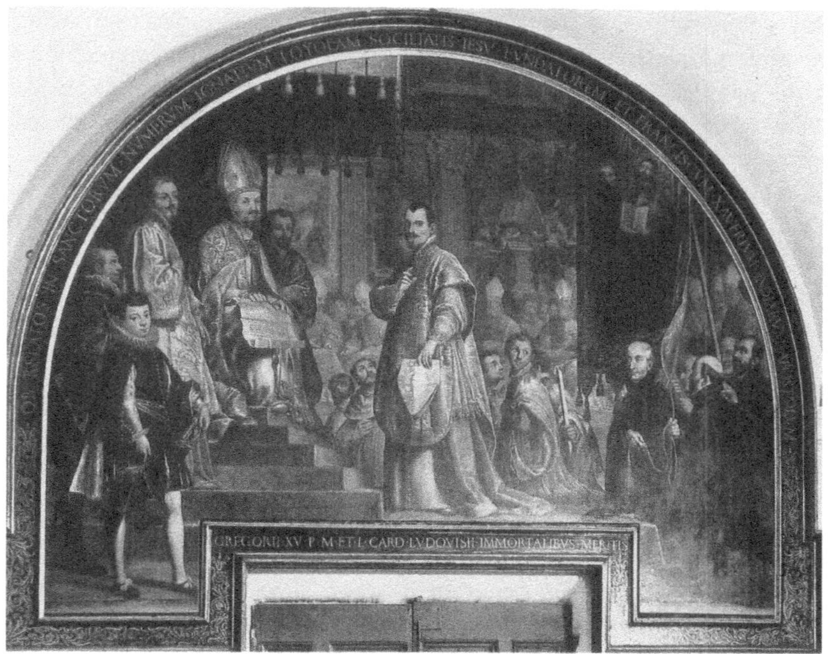

Abb. 15: Onkel und Neffe, Papst Gregor XV. und Kardinal Ludovico Ludovisi,
als lebende Hauptpersonen bei der Heiligsprechung des Ignatius von Loyola
(Rom, Sakristei von Il Gesù).

gen die Ketzer kommen sollte: Vier der am 12. März 1622 zur Ehre der Altäre
Erhobenen stammten aus Spanien! In dieser 80-Prozent-Quote spiegelt sich
die politische Ausrichtung des Pontifikats ganz rein wider. Und noch eine
Hauptachse des kurzen, aber Weichen stellenden Ludovisi-Pontifikats zeichnet sich ab: Mit Ignatius von Loyola und Franz Xaver wurden der Gründer
des Jesuitenordens und dessen renommiertester Missionar kanonisiert. Damit hatte die Papstfamilie eine unauflösliche Allianz mit dem mächtigsten
der Reformorden geschlossen (Abb. 15). Für die Jesuiten war die Heiligsprechung des Ignatius ein absolutes Muss, wollten sie ihre Mission, die katholischen Eliten Europas zu erziehen, erfüllen. Wie sollte man ahnenstolze
Aristokraten konfessionalisieren, das heißt intellektuell und emotional zur
Rechtgläubigkeit indoktrinieren, wenn der eigene geistliche „Stammvater"
nicht durch Aufnahme in den Rang der Heiligen spirituell geadelt worden
war? Die Kanonisation des Asien-Missionars Franz Xaver war ein zusätzlicher
Ritterschlag für den Orden und seine Mitglieder – und eine definitive Abfuhr

für deren zahlreiche Rivalen und Feinde. Durch die zweifache Heiligsprechung konnten sich die Jesuiten endlich neben Dominikanern und Franziskanern behaupten – die Ludovisi ihrerseits durften in den Zeiten der Bedrängnis nach dem Pontifikatsende auf starken Rückhalt in diesem kämpferischsten aller Orden zählen.

Doch nicht nur die Jesuiten wurden durch die „Quintupel-Kanonisation" vom 12. März 1622 aufgewertet. Das römische Gesetz der Mehrfach-Anbindung mit dem Zweck, bei aller Begünstigung der einen Seite die Feindschaft der anderen zu vermeiden, galt auch hier, wenn auch in eng gezogenen Grenzen. Gregor XV. erhob zwar keinen französischen Heiligen – im gesamten 17. Jahrhundert erfuhr mit François de Sales nur ein einziger Franzose diese Ehre, und zwar als eine Wiedergutmachungsgeste nach der Korsenaffäre. Doch mit Filippo Neri aus Florenz kanonisierte der Ludovisi-Papst nicht nur den Gründer der Oratorianer, einer Reformgemeinschaft aus Klerikern und Laien, sondern auch den Ratgeber der Päpste, der sein ganzes moralisches und spirituelles Prestige für die Wiederaufnahme König Heinrichs IV. von Frankreich in die katholische Kirche eingesetzt hatte. Dieser erste Bourbone auf dem französischen Thron war als Calvinist aufgewachsen, in den Wirren der konfessionell-politischen Kriege ab 1562 zwangsweise katholisiert worden, doch danach wieder zum angestammten Glauben zurückgekehrt. 1593 hatte er seine inneren Feinde besiegt und die Spanier, die in Frankreich als selbst ernannte Gralshüter des Katholizismus eingefallen waren, zurückgedrängt. Um sein verwüstetes Königreich, in dem neun Zehntel der Untertanen katholisch geblieben waren, auf Dauer zu befrieden, musste er von der calvinistischen Minderheits- zur römischen Mehrheitskonfession übertreten – ein Schritt, der an der Kurie umstritten war und naturgemäß von Spanien erbittert bekämpft wurde. Neris Heiligsprechung drei Jahrzehnte danach musste somit alle, die die „Katholizität" der französischen Monarchen in Abrede stellten und den regierenden König Ludwig XIII. als Sohn eines Ketzers verunglimpften, ins Unrecht setzen.

Trotzdem gewann der spanische Monarch durch die Gruppen-Heiligsprechung ungleich mehr. Mit Teresa von Ávila, einer wortmächtigen Mystikerin und Gründerin des Ordens der Unbeschuhten Karmeliterinnen, wurde eine weitere „Landsfrau" und geistliche Reformerin kanonisiert. Doch am meisten lag dem spanischen König der fünfte im Bunde der neuen Heiligen, Isidor von Madrid, am Herzen. Dieser repräsentierte zugleich einen neuen Typus des vorbildlichen Katholiken nach Trient: den frommen Bauern. Ansonsten waren Angehörige der höheren Stände unter den zeitgemäßen Heiligen klar überdurchschnittlich vertreten: Ordensgründer oder -reformer,

Theologen, die mystische Versenkung mit innerweltlichem Aktionismus verbanden, tatkräftige Glaubensboten, die dem Christentum neue Welten erschlossen, und mutige Rekatholisierer, die das Martyrium durch Ketzerhand nicht schreckte – sie alle entstammten gemeinhin nicht den unteren Klassen, sondern dem Adel oder zumindest dem gehobenen Stadtbürgertum. Wollte die erneuerte katholische Kirche jedoch nicht nur die oberen Schichten, sondern auch die kleinen Leute an sich binden, so brauchte sie darüber hinaus adäquate Modelle der Heiligkeit fürs Volk, mit anderen Worten: Heilige zum Anfassen, mit denen sich Tagelöhner und Dienstmägde identifizieren konnten. Zugleich wurde damit ein alternativer Weg zum Aufstieg gezeigt, den die Gesellschaft des 17. Jahrhunderts nur Ausnahme-Klienten wie Mazarin bot: nicht in die höheren Stände, sondern ohne Umweg direkt in den Himmel. Insofern war es ein dringendes Desiderat, nicht nur reformeifrige Kleriker, sondern auch vorbildliche Arme zu erheben, die die Widrigkeiten des irdischen Lebens im Geiste der Nächstenliebe und des freiwilligen Verzichts auf die flüchtigen Güter dieser Welt überwanden, um am Ende die ewige Herrlichkeit zu gewinnen.

Doch das war nicht die einzige Aufgabe, die dem neuen Heiligen zugedacht war. Isidors Aufstieg zur Ehre der Altäre war untrennbar mit der atemberaubenden Karriere der Provinzstadt Madrid verknüpft, die 1551 erstmals und 1606 endgültig königliche Residenz und damit Mittelpunkt des spanischen Weltreichs wurde, in dem bekanntlich die Sonne niemals unterging. Damit das neue Herrschaftszentrum im rechten Licht erstrahlen konnte, bedurfte es einer ruhmvollen Vorgeschichte. Mit antiken Ruinen konnte der alte Marktflecken im Herzen der Iberischen Halbinsel nicht punkten; umso wichtiger war ein prestigeträchtiger christlicher Ursprung. Da traf es sich gut, dass alte Quellen von den Tugenden und Wundern des madrilenischen Bauern Isidor im 12. Jahrhundert zu berichten wussten; noch besser war, dass auch dazugehörige Reliquien vorhanden waren. Erfolgreiche Theaterdichter wie der unermüdliche Vielschreiber Lope de Vega nahmen sich des an höchster Stelle erwünschten Stoffes an; so wurde „Isidor, der Landmann" zum Patron der Monarchie, der königlichen Dynastie, Spaniens, Madrids und der Bauern, eine wahrhaft schwindelerregende Karriere.

Dass bei so vielen Vorteilen für so viele Seiten auch für die Papstnepoten etwas abfallen musste, versteht sich im Kosmos des Nepotismus von selbst. Wie die übrigen vier Verfahren war auch der Prozess Isidors unter Paul V. weit, doch für den Kardinalnepoten Scipione Borghese nicht schnell genug vorangeschritten. Er hatte seine eigenen Gründe, diese ganz besondere

Heiligsprechung unablässig zu beschleunigen. Nach menschlichem, speziell ärztlichem Ermessen neigte sich der Pontifikat seines Onkels allmählich dem Ende zu. Die Familie Borghese hatte zwar ein regelrechtes Latifundien- und Lehen-Imperium im römischen Umland, mit ausgeprägtem Schwerpunkt in der Gegend der Albaner Berge, gewonnen, doch gelüstete es sie nach dem aristokratischen Tüpfelchen aufs i, nach dem Titel eines Granden von Spanien für den fürstlichen Stammhalter Marcantonio. Dieser Rang war so exklusiv, dass der spanische König, der ihn verlieh, stolze Gegenleistungen fordern durfte. Dessen waren sich die Borghese wohl bewusst – warum nicht auch eine Heiligsprechung, wenn es der Kandidat nach allen Zeugnissen der Vergangenheit und Einschätzungen der Gegenwart voll und ganz verdient hatte? Doch selbst damit war der kostbare Titel noch nicht ausreichend bezahlt. Paul V. fügte zwei Kardinalshüte für spanische Kandidaten hinzu und sprach Isidor 1619 selig. Doch diese Vorstufe zur Heiligkeit reichte König Philipp III. von Spanien nicht aus. Er war kurz zuvor von einer schweren Krankheit genesen und sah darin ein Wunder Isidors, den er um Hilfe angerufen hatte. Ende 1620 überwies die Stadt Madrid die beträchtlichen Summen, die zur Kostendeckung einer Heiligsprechung erforderlich waren. Damit schien für den spanischen Hof die erwünschte Garantie für das Geschäft auf Gegenseitigkeit vorhanden. Und so wurde Marcantonio Borghese im Dezember 1620 zum Granden von Spanien erhoben. Trotzdem schien das so klug ausgehandelte „Ich gebe einen Heiligen, damit du einen Adelstitel gibst" in letzter Minute zu scheitern. Im Januar 1621 ging es mit der Gesundheit Pauls V. rapide bergab. Buchstäblich bis zum letzten Atemzug wurde der sterbende Papst von seinen Verwandten bedrängt, Isidors mittlerweile erfolgreich abgeschlossenen Kanonisationsprozess mit einem Schriftstück letzter Hand zu bestätigen. Offenbar mit Erfolg: Die Heiligsprechung des spanischen Landmanns war schon während der Sedisvakanz beschlossene Sache, Gregor XV. nur noch ausführendes Organ. In diesem einen Fall heimste nicht Ludovico Ludovisi, sondern sein Vorgänger den Löwenanteil des Lohns ein.

Doch mit einer bloßen Unterschrift war es natürlich nicht getan. Neue Heilige mussten sichtbar im Glanze ihrer Wundertaten erstrahlen, um ins Bewusstsein der Öffentlichkeit zu treten. Nach den trockenen Juristen, die den Prozess geführt hatten, waren jetzt die Künstler an der Reihe, um dessen Ergebnis gebührend zu inszenieren. Sie hatten das *teatro*, die Prunkbühne, zu gestalten, auf der sich der Ritus der Kanonisation vollzog. Als Aufstellungsort dafür kam nur die Basilika des heiligen Petrus infrage. Sie war das Vorzeige- und Prestigeprojekt der erneuerten katholischen Kirche schlechthin und durch Michelangelos Kuppel das am meisten bewunderte Bauwerk der Christenheit. Schon für die Heiligsprechung Carlo Borromeos hatte der Architekt Girolamo Rainaldi in der Peterskirche eine eindrucksvolle Holzkonstruktion nebst Fassade errichtet, die die Unfertigkeit des kurz zuvor an Michelangelos Zentralbau angestückten Langhauses verdeckte. Als Spezialist für prunkvolle Kurzzeit-Architektur lieferte Rainaldi auch die Entwürfe für die Gruppen-Kanonisation von 1622. Sie war so aufwendig, dass die Arbeiten schon im September 1621 begannen. Auf diese Weise entstand aus den Geldmitteln der Stadt Madrid ein 100 Schritt langes und 66 Schritt breites Gesamtkunstwerk aus mehreren Einzelbühnen, Statuen, Bildern mit den Wundertaten der neuen Heiligen, Thronen, Kronen, Gobelins und Fahnen, illuminiert von riesigen Leuchtern und Hunderten von Fackeln, an der Spitze von Engeln umschwebt. Ausgerichtet war dieses majestätische Theater der Heiligkeit auf den Niedrigsten und Einfachsten der fünf, der dementsprechend am meisten erhöht wurde – nicht weniger als 41 Bildtafeln erzählten vom vorbildlichen Leben Isidors, des Landmanns. Hinter ihm traten die vier übrigen neuen Heiligen deutlich zurück. Selbst eine Heiligsprechung kam nicht ohne Hierarchien aus – zum höheren Ruhme des spanischen Königs und zum Vorteil von gleich zwei Nepotenfamilien.

Der Pracht der Bühne entsprach das Stück, das darauf gespielt wurde. Es war ein Fest für die Sinne: Die Kanonen der Engelsburg schossen Salut, die Kirchenglocken läuteten, in der Peterskirche selbst wurde Weihrauch für Tausende von *scudi* verbraucht. Doch auf ihre Kosten kamen vor allem die Augen. Wer in Rom Rang und Namen hatte, marschierte im Festzug mit, der sich vom Kapitol zur Basilika des Apostelfürsten bewegte: der Papst und seine Verwandten vorneweg, dahinter das Kardinalskollegium, Botschafter, Fürsten und sämtliche weiteren Ränge der Kurie, der Aristokratie und der Gemeinde. Das politische und soziale Machtgefüge Roms zeigte sich hier in seiner ganzen Feinabstufung. Nach endlosen Kontroversen war in dieser Rangdemonstration jedem sein Platz zugemessen worden. An der Reihenfolge der Prozession ließ sich daher das offizielle Renommee ablesen, das Korporationen und Personen im Rom des Jahres 1622 genossen. Dieses Ansehen war zwar nicht mit dem tatsächlichen Einfluss, geschweige denn mit der Wichtigkeit von Aufgaben und Funktionen gleichzusetzen; trotzdem trug es wesentlich dazu bei, Macht zu vermehren oder zu vermindern, je nach Platzierung.

Doch zeigte das Schauspiel der Kanonisation mehr als nur die Schichtung des Systems Rom. Der Höhepunkt der Zeremonien war erreicht, als ein

Konsistorialadvokat Gregor XV. im Namen des Kardinals Ludovico Ludovisi darum bat, die fünf Seligen zu Heiligen zu erheben. Auch der Pontifex maximus entgegnete nicht selbst, sondern ließ seine Antwort ausrichten. Dass Amtsträger mittleren Ranges als Mittler fungierten, gehörte zum wohlabgewogenen Spektakel der Vornehmheit – wichtige Nachrichten wurden von Boten überbracht, nicht selbst mitgeteilt, das verlangte der Ritus der Erhabenheit. Zugleich machte die Einschaltung der nachgeordneten Funktionäre deutlich, dass es sich hier – ungeachtet des ungeheuren Festaufwands – um einen geordneten Verwaltungsakt juristischer Natur handelte. Das ging auch aus der Antwort hervor, die der Papst erteilte. Sie lautete nämlich zweimal „Nein"! Abschlägig beschieden wurde die erste, die „inständige" Bitte, genauso wie die zweite, die „inständigere", und zwar mit der Begründung, dass eine so wichtige Angelegenheit wie eine Heiligsprechung mit Bedacht vorgenommen werden müsse. Erst der dritten und letzten *petitio canonisationis instantissime*, dem allerdringlichst vorgetragenen Ersuchen, gab der Papst schließlich nach und verlas die offizielle Kanonisationserklärung, worauf eine ebenso gewaltige wie geordnete Beschallung aus Pauken, Flöten und Trompeten, Musketenschüssen und *Te Deum* über die Zuhörer hereinbrach. Die zweimalige Weigerung, die längst beschlossene Heiligsprechung zu vollziehen, war nicht nur ein effektvolles Mittel der Spannungssteigerung, sondern auch eine Botschaft an die Zweifler und Protestanten: Seht her, wir haben es uns nicht leicht gemacht, sondern sind mit geradezu akribischer Sorgfalt vorgegangen. Auch das Publikum sollte nicht mit leeren Händen von dannen ziehen. Es erhielt eine Plenarindulgenz, das heißt einen vollständigen Ablass für alle bis zu diesem Zeitpunkt angehäuften Sündenstrafen, konkret: Strafnachlass im Fegefeuer. Er bildete das Gegenstück zur Amnestie, in deren Genuss verurteilte Verbrecher bei der Wahl eines neuen Papstes kamen, und zeigt an, welchen Stellenwert Heiligsprechungen für die Päpste des 17. Jahrhunderts hatten. Sie waren Höhepunkte der Regierungszeiten, Rechtfertigungen des Amtes, Veranschaulichungen seiner Gewaltenfülle und damit Akte der Legitimation – und zugleich praktische Lektionen religiöser Volkserziehung. Katholische Konfessionalisierung setzte in viel geringerem Maße auf verbale Unterweisung, geistliche Gerichte oder anderweitigen Zwang und umso mehr auf die Überzeugungskraft der Bilder. Eine Heiligsprechung wie die vom März 1622 war für die Festigung der kleinen Leute im Glauben aus römischer Sicht mehr wert als 100 schwer verständliche Predigten: Rom, die Stadt der Riten.

Deshalb war der Festakt mit dem Abschluss am zentralen Ort der Peterskirche keineswegs zu Ende. Im Gegenteil, an der Peripherie geriet er jetzt erst richtig in Bewegung. Allerdings war der Zug, der am nachfolgenden Palmsonntag, dem 13. März 1622, von Sankt Peter aus zu einem elfstündigen Marsch durch Rom aufbrach, weniger prominent besetzt. Dafür bot er den Römerinnen und Römern mehr Gelegenheit zum Mitmachen, das heißt mitzugehen, mit zu verehren, sich den neuen Heiligen zu empfehlen und sich mit ihnen zu zeigen. Den Kopf der Prozession bildeten diesmal die Orden, die etwas zu feiern hatten, also Oratorianer, Unbeschuhte Karmeliter und Jesuiten; ihr Ziel waren die Kirchen, die dem Kult der frisch Erhobenen gewidmet waren: die Chiesa Nuova unweit des Tibers als Heiligtum Filippo Neris, San Giacomo degli Spagnoli, die spanische Nationalkirche an der Piazza Navona als Erinnerungsort für Isidor, den Landmann, Il Gesù als Verehrungsstätte der beiden Jesuiten sowie Santa Maria della Scala in Trastevere, die Ordenskirche der Mystikerin aus Ávila. Dabei wurde auf jeder der fünf Stationen eine Standarte eingepflanzt, und zwar wiederum mit aufwendigem Schaugepränge, Gebeten und der obligaten musikalischen Untermalung aus schallstarken Instrumenten wie Posaunen und Trommeln. Der römische Stadtraum wurde so aus dem Alltag herausgehoben und für einen Tag zum für alle erfahrbaren Heilsraum: Mit den neuen Heiligen waren neue Beschützer geschaffen worden, deren Angebot zu interzedieren, das heißt: für sündhafte Menschen vor dem Thron Gottes Fürsprache einzulegen, sich an alle Schichten richtete. Jetzt war es die Sache der Gläubigen, die neue Protektion für ihr Heil zu nutzen; diese Interaktion zwischen Heiligen und Volk – das machte die Prozession durch ihren weiten Parcours und ihre Dauer deutlich – würde bis zum Jüngsten Gericht nicht mehr enden. In diesem Sinne zogen sich weitere Feste in den fünf Kirchen und in den Institutionen der ausgezeichneten Orden noch über Wochen hin. Speziell die Jesuiten ließen es sich nicht nehmen, ihre doppelte spirituelle Erhöhung auf die ihnen eigene Art und Weise zu feiern; so führte eine Theateraufführung mit mehr als 100 Mitwirkenden im Hof des Collegio Romano, ihrer zentralen Ausbildungsstätte, nochmals Verdienste und Glorie des Ignatius, ihres Gründers vor Augen. Als weltweit operierender Orden ließ es sich die Societas Jesu zudem nicht nehmen, die Heiligsprechungen auch an ihren Außenposten, zum Beispiel in Indien, der Wirkungsstätte Franz Xavers, feierlich zu begehen.

Zu einer Gesamtbilanz der Feste gehört die Berechnung der Kosten. Im Falle einer Heiligsprechung im Rom des 17. Jahrhunderts lassen sich Schätzwerte von 30 000 bis 40 000 *scudi* pro Einzelfall ausmachen, was knapp 1000 Handwerker-Gehältern oder einem prestigeträchtigen Stadtpalast in bester römischer Wohnlage entspricht. Dabei sind die sozialen und politischen

„Nebenkosten" – Stichwort Granden-Titel – nicht mit einberechnet. Sie lassen sich genauso wenig in Geld umrechnen wie die religiöse Bestätigung und Genugtuung für die Gläubigen. Doch auch der „weltliche" Gegenwert einer Heiligsprechung kann kaum hoch genug veranschlagt werden. Selbst fürstliche Dynastien fühlten sich dadurch aufgewertet; entsprechend begehrt waren Kanonisationen oder auch „nur" Seligsprechungen bei den katholischen Eliten Europas; auch aus diesem Grund musste Gregor XV. auf dem *teatro* von Sankt Peter seine strikte Überparteilichkeit so ostentativ betonen. Trotzdem war der Druck einflussreicher Kreise, doch endlich eine(n) Wunschheiligen(n) aus den Reihen der eigenen Sippe zu erheben, stark – die „Santo subito!"-Rufe nach dem Tod Johannes Pauls II. im Frühjahr 2005 lassen es bis heute erahnen.

Das zeigte auch eines der vielen Dankschreiben, die nach der Gruppen-Kanonisation von 1622 in Rom eingingen. So übermittelte Ottavio Corsini, der päpstliche Nuntius in Paris, nicht nur die Zufriedenheit des französischen Königs über die neuen Fürsprecher im Himmel, sondern kam auch auf sein eigenes Herzensanliegen zu sprechen: Sein eigener Vorfahr Andrea Corsini habe sämtliche Prüfungsverfahren der Kurie erfolgreich durchlaufen, sei dann aber gewissermaßen kurz vor dem Ziel von der Fünfer-Gruppe überholt worden, und das sehr zu Unrecht: Corsinis Tugenden und Wunder und damit sein Ruf der Heiligkeit stünden schon sehr viel länger fest als der des 1622 erfolgreichen Quintetts. In einer Zeit, in der sich Adel durch lange Stammbäume und das Gute durch sein Alter definierte, war das ein gewichtiges Argument und zugleich milde Kritik an der jüngst vollzogenen Kanonisation auf der Überholspur. Zudem habe die Familie Corsini keinen anderen Wohltäter und Beschützer als jenen heiligen Ahnen Andrea. Unser Rang steht und fällt mit dieser Heiligsprechung, das war ein für römische Verhältnisse grober Wink mit dem Zaunpfahl. Von einem Mangel an weltlichen Ressourcen konnte im Falle der Corsini jedoch keine Rede sein; 1730 wurde mit Clemens XII. ein Mitglied dieser florentinischen Familie selbst Papst. Schon 101 Jahre zuvor war Ottavios frommer Wunsch in Erfüllung gegangen. Der florentinische Papst Urban VIII. machte aus dem florentinischen Seligen Andrea Corsini einen florentinischen Heiligen.

Die lebenden Bilder, mit denen jede Heiligsprechung gefeiert wurde, gingen nahtlos in Anbetungen aus Marmor über. Die Fürsprache der Heiligen im Himmel konnten alle Katholiken durch Frömmigkeit und aufrichtige Gefolgschaft gleichermaßen gewinnen. Bei dieser Huldigung aber waren einige wenige gleicher als gleich. Sie verfügten über genügend Rang, Einfluss und Geldmittel, um „ihren" Heiligen ihre Reverenz in alle Ewigkeit sichtbar zu erweisen und auf diese Weise andere zur selben Verehrung anzuspornen. Die Borghese hatten sich durch die Kanonisation Francesca Romanas, Carlo Borromeos und ihren Deal mit der spanischen Monarchie auf „ihre" Heiligen festgelegt, Ludovico Ludovisi hatte sich durch die Promotion der Jesuiten ebenfalls entsprechend gebunden und investierte enorme Beträge in den Bau der Kirche San Ignazio, die deren Ordensgründer gewidmet war. Der großen Mystikerin Teresa von Ávila aber erwies der venezianische Kardinal Federico Cornaro die Huldigung aller Huldigungen.

Für einen Sohn der Lagunenrepublik war die Wahl der spanischen Heiligen eine alles andere als naheliegende Wahl. So waren besondere Umstände nötig, um den Kardinal und die Unbeschuhte Karmeliterin zusammenzuführen. Deren Orden hatte im Rom der 1640er Jahre mit einem schlechten Ruf zu kämpfen; Klagen über mangelhafte Disziplin und lässlichen Lebensstil rissen nicht ab. Daher bedurfte er nicht nur der sittlichen Besserung, sondern auch eines starken Beschützers. Nachhaltige Protektion hatte Cornaro reichlich zu bieten, und zwar im Tausch für das Recht, in der Ordenskirche Santa Maria della Vittoria eine Grabkapelle einzurichten, die der Verherrlichung Teresas und dem Ruhm des Auftraggebers zugleich gewidmet sein sollte. 1647 wurde sich der Kardinal mit dem Künstler einig, der dieses doppelte Verklärungs-Ensemble schaffen sollte: Gianlorenzo Bernini höchstpersönlich, der – nach dem notdürftig überstandenen Karriereknick von 1644 in päpstlichen Diensten nicht mehr vollbeschäftigt – ausnahmsweise für den Auftrag eines „einfachen" Kardinals zu haben war. Genau das wollte Cornaro mithilfe der neuen Kapelle nicht bleiben, wie deren Ausstattung unübersehbar zeigt. In Berninis erfindungsreicher Raumgestaltung ist die Heilige auf einer Bühne der Begnadung zur Schau gestellt. Wie sie selbst in einem ihrer Texte wortmächtig beschreibt, schickt sich ein Engel an, ihr den Pfeil der göttlichen Liebe ins Herz zu versenken; diesen Augenblick von tiefster Glaubensinnigkeit und höchster Verzückung hat Bernini im wild bewegten Marmor für alle Ewigkeit festgehalten (Abb. 16). Der schöne, liebevoll lächelnde Jüngling und die hingebungsvoll dem Moment der Beglückung entgegenfiebernde Nonne bilden ein wahrhaft berückendes Paar – kein Wunder, dass die göttliche Liebe, die in diesem Augenblick der Vision so sinnlich erfahrbar zum Ausdruck gebracht wird, von verständnisinnig schmunzelnden Rom-Touristen im aufgeklärten 18. Jahrhundert sehr fleischlich interpretiert wurde. Doch im Rom des 17. Jahrhunderts waren die Vorstellungen von Natur und Übernatur eben anders – Vergeistigung ließ sich in der Materie des Steins nur als Paroxys-

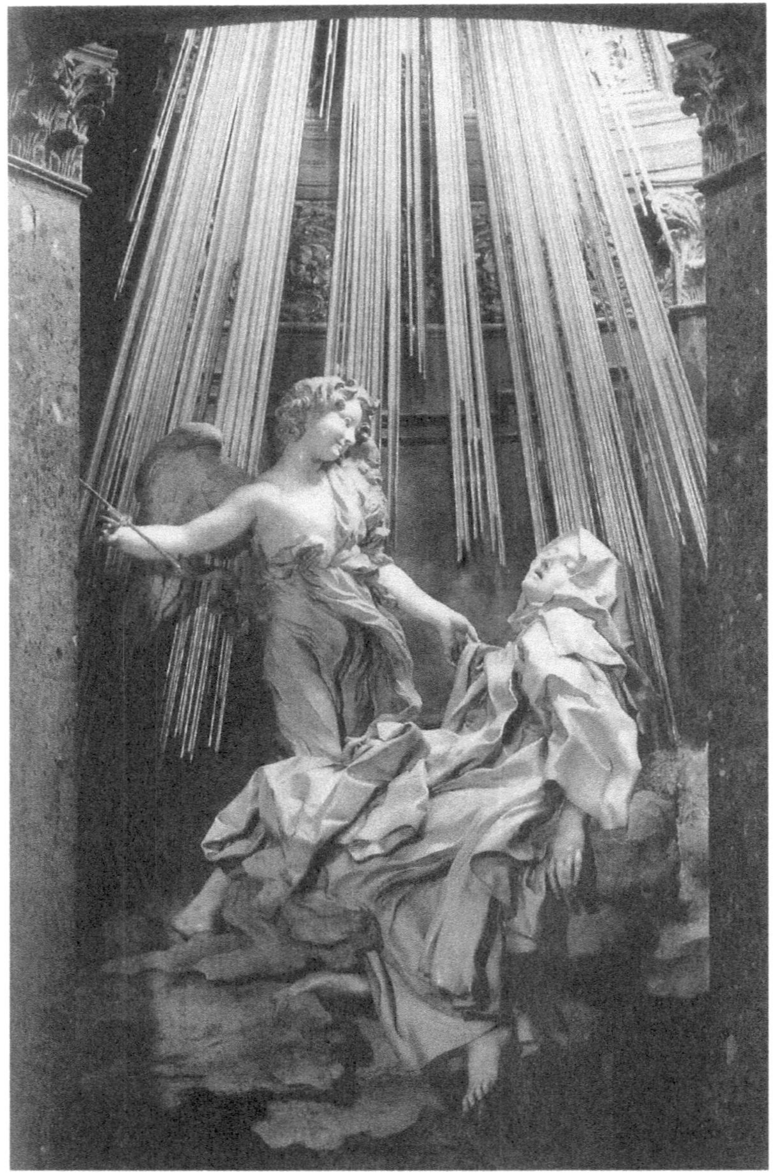

Abb. 16: Wer die Kirche Santa Maria della Vittoria betritt, dem tut sich die Bühne eines übernatürlichen und zugleich sehr sinnlichen Schauspiels auf: Der heiligen Teresa von Ávila wird die Allegorie der himmlischen Liebe den Pfeil ins Herz versenken – und die Familie Cornaro schaut aus kirchlichen Theaterlogen zu.

mus der Sinne, als schiere Überwältigung von Körper, Geist und Seele durch die Macht des Himmlischen darstellen. Insofern ist Berninis Meisterwerk nach den Vorstellungen seiner Zeit und seines Ortes durch und durch fromm.

Das Publikum, dem die Gnade zuteil wird, diesem erhabenen Schauspiel beiwohnen zu dürfen, besteht aus acht Mitgliedern der Familie Cornaro: sechs älteren Kardinälen dieser vornehmen Patriziersippe, dem Dogen Giovanni und seinem Sohn Federico, dem Auftraggeber. Gnade ist kein Zufallsgeschenk, sondern wird nur den Würdigsten zuteil; zudem bringt jede Gnade die Verpflichtung mit sich, sie für das eigene Seelenheil zu nutzen. So spielen auch die Zuschauer des heiligen Schauspiels ihren Part in diesem ewigen Stück: Sie betrachten die Szene auf der sakralen Bühne nicht schwelgerisch-passiv, sondern werden mitgerissen vom Sog der Erscheinung. Und sie reflektieren darüber, ziehen ihre Schlussfolgerungen – und verstehen. Das gilt vor allem für das ungemein charakteristische Porträt des Stifters selbst: Er ist vom Schauen zum Sehen übergegangen und zeigt sich damit als eingeweiht, mit eigener Weihe und Würde versehen. So herausgehoben, war es nicht nur sein Recht, sondern geradezu seine Pflicht, selbst für das Papstamt zu kandidieren – erfolglos. Die dauerhafte Inszenierung der Heiligkeit zeitigte keinen weiteren Karrieresprung.

Umgekehrt ging es einfacher, wie der „Fall" der seligen Ludovica Albertoni ein Vierteljahrhundert später beweist. Diese entstammte einer römischen Stadtadelssippe, war aufgrund des endogamischen Heiratsverhaltens ihrer Schicht mit zahlreichen weiteren Familien dieser Sekundärelite verwandt und starb 1533 im Rufe der Heiligkeit. Doch hätten diese Tugenden und Verdienste nach rein menschlichem Ermessen kaum ausgereicht, um deren kirchliche Anerkennung über die Anfangsstadien hinaus zu befördern. Ludovica Albertoni war verheiratet, Mutter und Mitglied des dritten (Laien-)Ordens der Franziskaner-Tertiarinnen gewesen und hatte damit im Gegensatz zu Ordensfrauen wie Teresa von Ávila rein statistisch betrachtet schlechte Aussichten auf Heiligkeit in der katholischen Kirche nach dem Konzil von Trient. Doch im Mikrokosmos Nepotismus konnten diese Chancen unverhofft steigen. Das zeigte bereits der Fall der Francesca Romana. Für Ludovica Albertonis postume Karriere wurde der 29. April 1670 zum Wendepunkt. An diesem Tag wurde mit Clemens X. Altieri ein Papst aus den Reihen des römischen Stadtadels gewählt. Dessen „adoptierter" Kardinalnepot Paluzzo Paluzzi degli Albertoni aber verehrte Ludovica als seine Urahnin, wodurch das verstaubte Dossier in der für Kanonisationen zuständigen Kongregation schlagartig aktuell wurde. Schon 1671 sprach Clemens X. die Tertiarin selig. Diese Rangerhöhung wiederum musste nach den Vorstellungen der Zeit schleunigst auf Dauer sichtbar gemacht werden – keine Vornehmheit ohne Anschaulichkeit, diese Regel galt nicht nur für lebende Aristokraten, sondern auch für tote Selige. Nach den Qualitätsmaßstäben eines regierenden Kardinalnepoten kam wiederum nur der inzwischen fast 75-jährige Gianlorenzo Bernini als Schöpfer einer repräsentativen Grabkapelle infrage – das Beispiel Cornaros hatte Begehrlichkeiten geweckt.

Die Umstände, unter denen die Cappella Albertoni in der beim Ripa-Hafen gelegenen Franziskanerkirche San Francesco a Ripa geschaffen wurde, waren somit außergewöhnlich und zugleich in mehrfacher Hinsicht typisch römisch. Das galt schon für den Zeitpunkt der Entstehung und den daraus resultierenden Zeitdruck: 1675 war ein Heiliges Jahr nebst dem bei diesen Anlässen üblichen Generalablass angesagt, mit Pilgerströmen daher zu rechnen. Sie sollten die fertige Kapelle zum höheren Ruhm der neuen Seligen und ihrer Familie bewundern können. Darüber hinaus war mit Berninis letzter großer Schöpfung wiederum ein klassisches „Ich gebe, damit du gibst" verknüpft: Der ebenso geizige wie habgierige Kardinalnepot Clemens' X. zahlte für die kostbare Plastik nebst darüber schwebenden Engelsköpfen keinen müden *scudo*, sondern mit einer einzigen Dispens: Straffreiheit für Luigi Bernini. Nach dem hässlichen Skandal um Costanza Bonarelli, in dem er das Opfer seines eifersüchtigen Bruders geworden war, war es um den „kleinen" Bernini jahrzehntelang still geworden. Erst 1670 trat er in fortgeschrittenem Alter wieder ins Rampenlicht des römischen Stadtklatsches: Wegen unerlaubter sexueller Praktiken – entweder mit einem Knaben oder mit einem Schaf – wurde er zu Verbannung und Verlust aller Vermögenswerte verurteilt. Dieser Tatbestand zog im Rom des 17. Jahrhunderts eigentlich die Todesstrafe nach sich; so glimpflich kam der „Sodomit" nur durch die Fürsprache seines Bruders davon. Dessen Kunst wirkte bald darauf ein weiteres Wunder: Gianlorenzo arbeitete nach entsprechender Vermittlung der Ex-Königin Christina von Schweden gratis für Paluzzi degli Albertoni, Luigi durfte zurückkehren und seinen Besitz wieder in Empfang nehmen, als sei nie etwas gewesen – und 1674, pünktlich vor Beginn des Anno Santo, hatte die Selige ihre Kapelle und eine Statue, deren Expressivität selbst die ihrer marmornen „Schwester" in Santa Maria della Vittoria übertrifft. Dargestellt ist die fromme Tertiarin im Moment des Todes, der jedoch nicht das Ende, sondern den Übergang in eine erhabenere Daseinsform bezeichnet. Die Konvulsionen des Sterbens verquicken sich mit der Gottesschau im Jenseits, der Austritt aus der zeitlichen Existenz reinigt von allen Schlacken, befreit von der Schwere der Leiblichkeit, macht aus

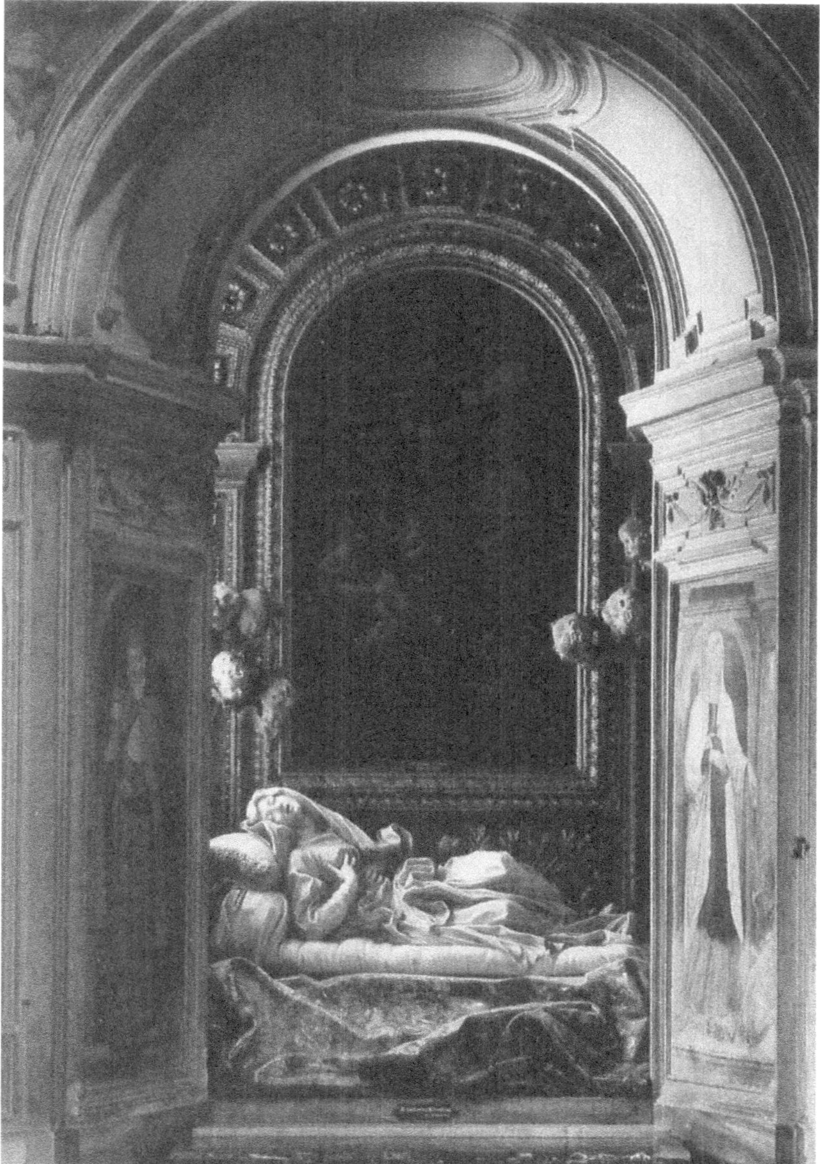

Abb. 17: Der Tod ist das Tor zum Leben: In den Konvulsionen des Sterbens wird die selige Ludovica Albertoni bereits der Herrlichkeiten des Paradieses ansichtig – ihr Nachfahre, der Kardinalnepot Paluzzi degli Albertoni, durfte sich in ihrem spirituellen Ruhm sonnen (Rom, San Francesco a Ripa).

Vergänglichkeit Spiritualität und glättet sichtbar die Runzeln des Lebensalters – die 60-jährige Witwe erscheint im Augenblick des Übertritts in die
Ewigkeit wie eine junge Frau (Abb. 17). Nicht nur Märtyrerinnen und Mystikerinnen wird am Lebensende die Vorahnung der himmlischen Freuden
geschenkt.

Wie es danach weitergeht, zeigen die geflügelten Puttenhäupter an – sie
werden die Selige zum Himmel emporbegleiten. Im Gegensatz zur Cappella
Cornaro sind ihr keine Zuschauer aus der näheren Verwandtschaft beigegeben. Das Publikum bilden allein die Besucher der Kirche; sie blicken durch
den Bogen des Kapelleneingangs wie in einen Guckkasten des heiligmäßigen Sterbens, um sich daran ein Beispiel zu nehmen, wenn ihre eigene
Stunde schlägt. Den vorbildlichen Abtritt von der Erdenbühne konnten und
sollten die Betrachter auch auf den Auftraggeber beziehen. Immer dann,
wenn ein baldiger Tod des Familienpapstes zu befürchten war – was in Anbetracht seines weit vorangeschrittenen Lebensalters bei Clemens X. permanent der Fall war –, gaben sich die Nepoten fromm. Wer sich einer solchen
Vorfahrin wie Paluzzi rühmen durfte, war zur Regierung der Kirche vorherbestimmt und durfte nach dem Ende des Familienpontifikats mit allgemeinem Beifall rechnen – auch das ist eine Botschaft von Gianlorenzo Berninis
Alterswerk.

7.

Erinnerung stiften:
Rom, die Stadt des Gedächtnisses

Lange vor Beginn der päpstlichen Herrschaft war Rom die Stadt der publikumswirksamen Erinnerung, speziell der Selbstverewigung. Große Bauwerke wie das antike Pantheon tragen selbstverständlich Inschriften, die die Urheberschaft und damit die Verdienste des Hervorbringers aufzeigen. Als solcher versteht sich selbstverständlich der Auftraggeber; der Künstler, den eine sehr viel spätere Nachwelt als den eigentlichen Schöpfer ansieht, bleibt fast immer namenlos. Dabei erzeugt eine Inschrift die nächste, Erinnerung schreibt sich im päpstlichen Rom unaufhörlich fort. Rühmt die Widmung des Pantheons Agrippa, den Schwiegersohn des Augustus, als Bauherrn des kuppelgekrönten Tempels, so verewigen der Obelisk und eine Inschrift davor sehr viel ausführlicher das sehr viel bescheidenere Wirken Clemens' XI., des letzten Papstes des 17. Jahrhunderts: Der am 23. November 1700, also 38 Tage vor dem Ende des Säkulums gewählte Albani-Papst hat den Platz vor dem (im 7. Jahrhundert zur Kirche Santa Maria ad Martyres umgewandelten) Heiligtum aller antiken Götter von unansehnlichen Buden und Tavernen gesäubert und der Würde des Ortes entsprechend neu gestaltet. War das eine pompöse Inschrift wert?

Diese Frage drängt sich bis heute auf. Alle Päpste des 20. und 21. Jahrhunderts hinterließen (und hinterlassen) Spuren in Form von Inschriften; seit jeher genügt es, ältere Bauwerke zu renovieren, um sich zu „kommemorieren", das heißt: das eigene Handeln in das Buch der römischen Geschichte einzuschreiben, die sich immer als Weltgeschichte verstanden hat, auch wenn sie im Laufe des 17. Jahrhunderts immer stärker zur reinen Stadtgeschichte schrumpfte. Protestantische Zeitgenossen und ihre wissenschaftlichen Nachfahren im Geiste haben darin Belege für die gottferne Eitelkeit und unchristliche Selbstverliebtheit des Papsttums zu sammeln versucht, nach dem Muster: Wer sich so penetrant verewigt, gibt nicht Gott, sondern sich selbst die Ehre, leugnet seine Sterblichkeit, überschätzt, ja überhebt sich selbst – Todsünde aller Teufel und Ketzer. Starke Indizien dafür fanden sich vor allem in den großen Freskenzyklen der Renaissance. In den Vatikanischen Stanzen illustrierte Raffael 1509 bis 1514 dramatische Begebenheiten aus der Bibel sowie der spätantiken und mittelalterlichen Geschichte, in denen er auf Anweisung seines Auftraggebers den heiligen Päpsten der Frühzeit die Gesichtszüge ihrer lebenden Nachfolger verlieh. 30 Jahre zuvor malte Melozzo da Forlì in einem Fresko (heute in der Vatikanischen Pinakothek), das die Ernennung des Humanisten Platina zum Chef der Vatikanischen Bibliothek zeigt, den Papst im Kreise seiner Familie und damit die Della Rovere als von der Vorsehung zur Leitung der Kirche erwählte Sippe.

Solche Porträt-Unterschiebungen galten nach dem Konzil von Trient als unschicklich. Doch ließ sich dafür adäquater Ersatz finden, wie der Bronze-Baldachin Berninis in Sankt Peter eindrucksvoll zeigt (Abb. 18). Vom Marmorsockel über die elegant geschwungenen Säulen bis zur Spitze schwärmen die Barberini-Wappen-Bienen nur so aus, zudem strahlt die Barberini-Sonne vor Glück über das Glück der Kirche: Das Monument zu Ehren des Apostelfürsten ist zum Ruhmeszeichen Urbans VIII. und seiner Nepoten mutiert. Das Wappen ist an die Stelle des Porträts getreten. Und es ist mehr als ein Lückenbüßer: Durch die Tiara und die gekreuzten Schlüssel über dem Schild ist es auf den Papst als Oberhaupt der Familie bezogen, doch verherrlicht es auch diese als Ganzes – alle, die zum Bienen-Volk gehören, haben Teil an dessen Ruhm. Nicht nur die drei Honigsammler der Barberini, sondern auch Adler und Drachen der Borghese, Lilie und Taube der Pamphili, Eiche und Berge der Chigi sowie die Sterne der Altieri durchziehen als Motive dynastischen Ruhms das römische Stadtbild – und dehnen sich dabei unaufhörlich weiter aus.

Dieses Wachstum der Wappen lässt sich an herausragenden Bauwerken des 17. Jahrhunderts eindrucksvoll nachvollziehen, und zwar auf engstem Raum. 1612 war nach dem Langhaus auch die Fassade der Peterskirche in Rekordbauzeit fertiggestellt: beste Gelegenheit für Paul V., seine Verdienste als Bauherr gebührend herauszustellen. So prangt das mächtige Borghese-Wappen in der Mitte der Inschrift, die an prominentester Stelle nicht den heiligen Petrus, sondern den Namen des Papstes nennt, womit sich nach Meinung Pasquinos, des anonymen Spötters, die Würdigkeits-Verhältnisse doch ein klein wenig verschoben hatten. Ein Vergleich mit dem vor Sankt Peter aufgestellten Obelisken zeigt an, wie weit sich die Selbstverherrlichung der Auftraggeber in einem Vierteljahrhundert verselbstständigt hatte. 1586 verewigte sich auch Sixtus V. als Errichter der heidnischen Sonnennadel, der er zuvor durch einen regelrechten Exorzismus ihr „Heidentum" ausgetrieben und die Aufgabe übertragen hatte, den Sieg des Christentums und die Übernahme des Imperiums durch die Kirche zu feiern. Auch seine Wappensymbole sind präsent, doch fallen sie insgesamt bescheiden aus – im Zent-

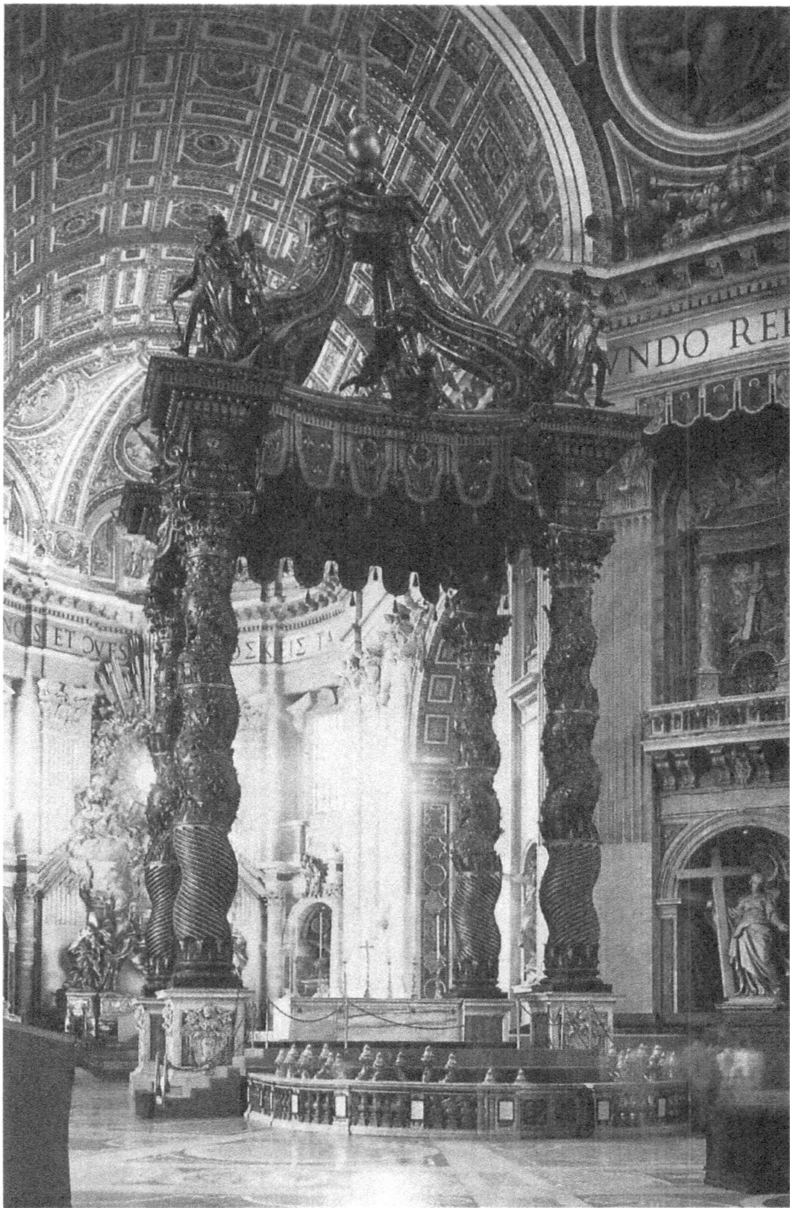

Abb. 18: Berninis Baldachin in Sankt Peter ist der Verehrung des Apostelfürsten
gewidmet, doch die Symbole der Barberini wie Bienen, Sonne und Lorbeer haben
die geschwungenen Bronzesäulen und das Dach fest im Griff.

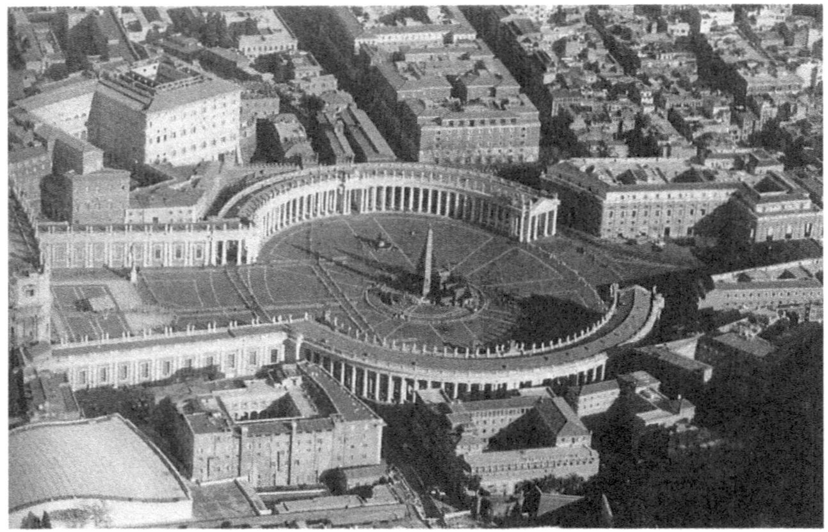

Abb. 19: Der Platz der Plätze aus der Vogelsperspektive betrachtet: Berninis Raumgestaltung mit den machtvollen Kolonnaden war der letzte Propaganda-Triumph des barocken Papsttums und zugleich eine Arbeitsbeschaffungsmaß-nahme ersten Ranges. Wer wieder Boden unter den Füßen hat, sieht, wie auch diese urbanistische Großtat durch Wappen für die Familie Chigi in Anspruch genommen wird.

rum steht das Amt, nicht die Person. Und selbst für den Meister-Ingenieur Domenico Fontana, der den tonnenschweren Steinklotz wider alle Unken-rufe der selbst ernannten Experten aus dem nahe gelegenen Zirkus des Nero hierhin transportieren und aufrichten ließ, ist Erinnerungsplatz reserviert. Ein halbes Jahrhundert nach Fertigstellung der Fassade ging Alexander VII. daran, den Platz vor der repräsentativsten Kirche der katholischen Christen-heit durchgreifend umzugestalten – was dem aufmerksamen Besucher bis heute nicht verborgen bleibt. Das riesenhafte Chigi-Wappen mit jeweils zwei Eichen und Bergen ist an Berninis Kolonnaden geradezu seriell angebracht. Die Anlage des Petersplatzes war eine urbanistische Großtat, großartige Verherrlichungszeichen des Auftraggebers durften nach zeitgenössischen Maßstäben daher als angebracht gelten. Davon unbenommen gilt die Regel, dass sich die Papstwappen an römischen Bauwerken umgekehrt proportio-nal zur politischen Bedeutung des Papsttums entwickelten (Abb. 19).

Urheberschaft, Größe, Verdienste, Erwählung, Fürsorge, Uneigennüt-zigkeit: Das alles sollen die Papstwappen im Rom des 17. Jahrhunderts verkünden. Zugleich ist die Häufung der heraldischen Symbole ein Kontinuitäts-Nachweis: Jeder Pontifex maximus ist Glied einer Kette, die von Christus, dem Auferstandenen, bis zu Christus, dem Weltenrichter, das heißt: bis zum Jüngsten Tag reicht. Fällt auch nur ein einziger Pontifikat aus dieser Reihe heraus, ist der Zeitfluss und damit die Heilssicherung für die Gläubigen unterbrochen. Das nahtlose Ineinandergreifen der Päpste und ihrer Regierungszeiten wurde im Konfessionellen Zeitalter zum entscheidenden Legitimations-Nachweis. Calvinisten und Lutheraner beanspruchten das Erbe der Urkirche, sprachen sich somit die wahre apostolische Nachfolge zu und dem Papsttum ab – umso dringender mussten die Päpste des 17. Jahrhunderts die bruchlose Geschlossenheit der Amtsnachfolge verkünden. In dieser Hinsicht bildeten die Kirchenspaltungen und Gegenpäpste ein ernstes Problem. Bücherzensoren und Inquisitoren hatten es dadurch zu lösen versucht, dass sie um die Mitte des 16. Jahrhunderts die Namen der „falschen" Päpste aus den Geschichtsbüchern zu tilgen oder zumindest totzuschweigen versuchten. Das konnte ihnen aufgrund der Überlieferungsdichte zwar nicht gelingen, doch trat an die Stelle dieser Erinnerungstilgung in der offiziellen Kirchengeschichtsschreibung eine Unterscheidung zwischen rechtmäßigen und „angemaßten" Petrus-Nachfolgern, die für Theologen und Juristen der Spaltungszeit selbst keineswegs so eindeutig gegeben war.

Umso bedeutsamer wurde in der Folgezeit der Kontinuitäts-Nachweis durch Wappen, und zwar gleich beim Eintritt in die Ewige Stadt. So trägt die Porta del Popolo (Abb. 20), die der von Norden kommende Reisende durchquert, bis heute die Kugeln Pius' IV. und darüber die Eichen und Berge Alexanders VII. Dieser ließ das Stadttor zur feierlichen Begrüßung Christinas von Schweden prachtvoll ausbauen und versäumte es nicht, diese Verschönerung zu verewigen. Welchen Stellenwert die berühmte Konvertitin als lebende Trophäe des Papsttums innehatte, zeigt sich daran, dass auch sie dort ihre heraldischen Symbole anbringen durfte – die Gunst der „Wappenteilung" gewährten Päpste als Bauherren nur äußerst selten. Eine besonders eindrucksvolle Häufung solcher Urheberzeichen weist Roms bekanntester Brunnen, die Fontana di Trevi, auf; hier prangen die Wappen der drei aufeinanderfolgenden Päpste Clemens XII., Benedikt XIV. und Clemens XIII. mit genauen Hinweisen, wer was geschaffen bzw. hinzugefügt hat.

Über diese Grundfunktionen hinaus konnten Wappen eine Fülle weiterer Aufgaben übernehmen. Wer die Gemälde-Galerie des Palazzo Spada in der Nähe des Campo de' Fiori mit offenen Augen durchschreitet, sieht nicht nur eine mit erlesenem Geschmack zusammengestellte Sammlung von Ge-

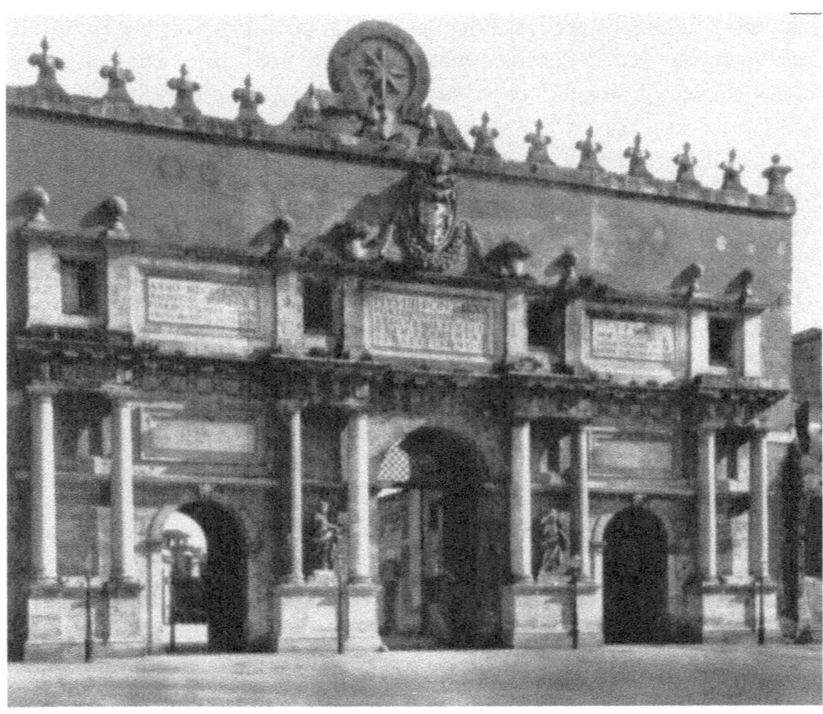

Abb. 20: Durch die Porta del Popolo betraten arme Pilger und die Mächtigen dieser Welt die Ewige Stadt, vorausgesetzt, sie kamen von Norden. Umso wichtiger war es für die Päpste als Bauherren, an dieser Schnittstelle zwischen Innen- und Außenwelt ihre Wappenzeichen zu setzen.

mälden der ersten Meister nebst exquisiter Wohnkultur einer Bankiers- und Kardinalsfamilie des 17. Jahrhunderts, sondern auf manchen kostbaren Möbelstücken auch ein Wappen, das eindeutig nicht den Hausherren gehörte, wohl aber deren Loyalität anzeigte: Die Bienen der Barberini machen jedem Besucher unmissverständlich deutlich, wem die Spada ihren Rang und Reichtum verdankten. Dem Familien-Wohltäter durch ein solches Devotionswappen Ergebenheit zu bekunden, zeugte von *pietas*, der an der Kurie am höchsten geschätzten Tugend, sowie von Demut, Verlässlichkeit und Lebensart zugleich. Mit Wappen konnte man Ehre erweisen, wem Ehre gebührte – das galt auch in umgekehrter Richtung. Zu Beginn des 16. Jahrhunderts hatte Papst Julius II. della Rovere das Eichenwappen, das seine bescheiden situierte Familie während ihres kometenhaften Aufstiegs von einer gleichnamigen, doch nicht verwandten oder verschwägerten Adelssippe übernommen hatte, seinem Haus- und Hofbankier Agostino Chigi verliehen: als Zeichen der Anerkennung und sozialen Aufwertung. Seitdem war das Chigi-Wappen, wie auf dem Petersplatz zu sehen, in Bäume und Berge geviertelt. Diese Wappenhoheit kehrte sich nach der Wahl Alexanders VII. um, wie in der Kirche Santa Maria del Popolo neben dem gleichnamigen Stadttor eindrucksvoll nachzuvollziehen ist. In den Kapellen dieses alten und vornehmen Gotteshauses liegen zahlreiche Kardinäle der Della Rovere und ihrer Verwandten begraben, ja, sie wurde mit der Zeit geradezu zum Pantheon dieses 1631 erloschenen Familienverbandes. Alexander VII. Chigi ließ sie nach der Mitte des 17. Jahrhunderts grundlegend erneuern und brachte dabei sein Wappen großflächig zur Geltung; die Schilde mit Eichen und Bergen zeigen somit an, dass nicht nur die Nachfolge der Päpste bruchlos, sondern auch die Würdigkeits-Gemeinschaft der Papstfamilien unauflöslich ist.

Dass Wappen im päpstlichen Rom mehr als verschlüsselte Namensschilder zur Kennzeichnung von Eigentumsrechten und Wohnstätten waren, zeigte sich im Februar 1798, als eine Republik von Frankreichs Gnaden an die Stelle der geistlichen Wahlmonarchie trat. Im Zeichen von Freiheit und Gleichheit setzte ein Sturm auf die verhassten Herrschaftssymbole und Rangabzeichen ein, dem die meisten vornehmen Familien durch deren rechtzeitige Abnahme zuvorgekommen waren. Doch blieb der revolutionäre Freistaat am Tiber und die von ihm erzwungene Wappenlosigkeit eine kurze Episode. Führende Politiker der papstlosen Zeit wie der Bankier Giovanni Torlonia – Sohn eines Kammerdieners, der spät, doch erfolgreich sein Talent für Finanzgeschäfte entdeckt hatte – erwarben nach der Wiederherstellung der päpstlichen Herrschaft 1815 adelige Titel und legten sich pompöse Wappen zu.

Erinnerung war im Rom des 17. Jahrhunderts überwiegend männlich besetzt. Doch gab es auch für hochgeborene, einflussreich verheiratete und willensstarke Frauen wie Anna Colonna, verehelichte Barberini, eigenständige Formen der Selbstverewigung. So gründete die ahnenstolze Witwe eines schwächlichen Gemahls am Ende ihres Lebens das Kloster Santa Maria Regina Coeli. Das war ein Zeichen gegenüber den Menschen und dem Himmel: Geistliche Stiftungen dieser Größenordnung waren seit jeher fürstlichen Dynastien vorbehalten. Zugleich setzte die selbstbewusste Aristokratin damit ein Zeichen vor Gott – nicht nur Nepoten, sondern auch die großen alten Familien machten sich um die Förderung von Kirche und Frömmigkeit verdient. Frauen wie sie mussten auf diese Weise nicht im Schatten ihrer

Männer stehen, das machte das Grabmal der Klostergründerin in ihrer eigenen Kapelle unübersehbar deutlich.

Damit ist das eigentliche Medium der Erinnerungsstiftung im Rom des 17. Jahrhunderts genannt: das Grabmal. Wer ohne historisches Vorwissen und ohne jede Kenntnis der katholischen Konfession durch römische Gotteshäuser wanderte und zugleich des Lateinischen mächtig wäre – eine zugegebenermaßen unwahrscheinliche Kombination von Ignoranz und Bildung –, würde diese für Erinnerungssäle einer doppelten, geistlichen und weltlichen Funktionselite halten: Gedächtnisstätten für ältere Männer ohne und mit Perücke, mit und ohne Amtskleidung, ohne und mit Adelstitel, immer aber mit Porträt und einer ausführlichen Inschrift, die Leben und Taten würdigt. In diesem marmornen Facebook ist die Kommunikation allerdings einseitig und eingefroren – die in Grabmälern lebendigen Toten erzählen für alle Ewigkeit dieselbe Geschichte, und zwar ihre eigene Geschichte, ob selbst oder von in Treue ergebenen Testamentsvollstreckern verfasst. Diejenigen, die sich hier verewigen, künden von sich und präsentieren sich, so wie sie gesehen werden wollen oder ihre Nachfahren und Erben ihr Bild der Nachwelt übermitteln möchten. Mit der Gestaltung des Grabmals, die besonders medienbewusste und um ihr Nachleben besorgte Persönlichkeiten wie die Päpste des 17. Jahrhunderts und ihre Kardinäle in der Regel zu Lebzeiten in Angriff nahmen, erfuhr die lebenslange Imagebildung in der Hauptstadt der katholischen Christenheit ihren Schluss- und Höhepunkt. Das vor dem eigenen Tod entworfene Sepulchralmonument sollte die Erinnerung in die erwünschte Richtung lenken, das heißt in der Gegenwart ruhmvolle Vergangenheit produzieren. Das Material, aus dem diese leuchtende Geschichte hervorgehen sollte, war die eigene Lebenszeit; die Kunst, diese in prestigeträchtige Erinnerung zu verwandeln, wollte genau studiert und virtuos beherrscht sein. Wer den falschen Werkstoff – unpassende Ereignisse oder ungerade Karriereverläufe – benutzte oder in die falsche Form goss – unpassende Auswahl der Lebensstationen, unzeitgemäße Sprache oder allzu vollmundige Selbstanpreisung –, verzerrte sein Bild für die irdische Ewigkeit. Im Gegensatz zu allen anderen Formen der Propaganda gab es im Fall der Grabstätte keine zweite Chance; allenfalls korrigierende Zusätze waren möglich, wenn von späteren Generationen Erweiterungen oder Ausbesserungen vorgenommen wurden.

Obwohl es vom Tode kündet, ist das Grabmal ein Zeichen der Lebenden für sich und die Kommenden. Das zeigte sich schon am gewaltigsten Sepulchralmonument im Rom des 17. Jahrhunderts, das Bernini für Urban VIII. zu dessen Lebzeiten errichtete: als Vorsorge und Schutzschild für die Nepoten nach dem Machtwechsel und damit auch als Regierungsinstrument für den Papst selbst. Ließen wie im Falle Gregors XIII. Boncompagni knapp anderthalb Jahrhunderte nach dem Tod des Papstes spätere Familienmitglieder ein repräsentatives Grabmal in Sankt Peter errichten, dann ging es in der Regel darum, den zwischenzeitlich verblassten Rang der Sippe durch ruhmvolle Rückerinnerung aufzufrischen und dadurch den künftigen Generationen bessere Karriere-, Vernetzungs- und Verschwägerungschancen zu verschaffen. Die genaue Indienststellung und Stoßrichtung eines römischen Grabmals zu bestimmen, setzt mancherlei Erschließungs- und Entzifferungsarbeit, nicht selten geradezu detektivische Recherchen voraus.

An deren Anfang und Ende stehen zwei Grundsatzfragen. Sie lauten: Waren die Abertausende von Grabmälern eigentlich erlaubt, das heißt theologisch gerechtfertigt? Und hatten sie den erwünschten Erfolg? Die zweite Frage ist schwierig, die erste leicht, nämlich in einem einzigen Wort, zu beantworten: nein. Der Katholizismus nach Trient sah aufwendige Grabmäler in Kirchen nicht nur nicht vor, er untersagte sie sogar – der 1712 heiliggesprochene Reformpapst Pius V. verbot die Anbringung von Sepulchralmonumenten in Gotteshäusern sogar ausdrücklich. Deren rasanter Vermehrung gebot er dadurch jedoch nur kurzfristig Einhalt. Theologische Norm und soziale Praxis erwiesen sich in Sachen letzter Ruhestätten als völlig unvereinbar. Anders ausgedrückt: Die römische Elite brauchte Grabmonumente so dringend, dass die ihnen entgegenstehende Regel stillschweigend außer Kraft gesetzt werden musste – ein weiterer Widerspruch, der dem Papsttum im Kampf der Konfessionen schadete, Rom hingegen zum Ruhmesraum der verewigten Toten und damit zu einer Erinnerungsstadt ohnegleichen machte. Warum dieses Grabmals-Verbot? Zum einen zeitigte in der zweiten Hälfte des 16. Jahrhunderts der Einspruch der Protestanten Wirkung. Jean Calvin, der Genfer Reformator, dessen rigoros disziplinierte Lebens- und Kirchenordnung schon zu Lebzeiten intensiv nach Frankreich, in die Niederlande und nach Schottland ausstrahlte, ließ sich nach seinem Tod 1564 anonym verscharren – das Streben nach Nachruhm zeugte in seinen Augen von fataler Selbsttäuschung, Selbstüberschätzung und Selbstvergottung. Damit war das Standardargument gegen die römischen Grabmäler der Folgezeit vorformuliert: Wer sich im Tode so machtvoll verewigte wie Urban VIII., der bestritt sichtbar die Sündhaftigkeit des Menschen nach der Vertreibung aus dem Paradies. Schlimmer noch: Wer seine sterbliche Hülle in Marmor meißeln ließ und damit unsterblich machte, leugnete selbst noch im Angesicht des Todes seine Vergänglichkeit und spiegelte eine irdische Ewigkeit vor, die zu erstreben eine Todsünde war. Doch das war noch nicht einmal der schwerste Vorwurf der Grabmalskritiker. Den Gipfelpunkt der Unverfrorenheit sahen sie darin, dass ein selbst geplantes Monument mit den obligaten Verherrlichungszeichen und Lobesinschriften Christus, den Richter des Jüngsten Tages, unzulässig beeinflussen sollte, also letztlich ein Bestechungsversuch war.

Unbehagen an der überbordenden Grabmalsproduktion artikulierte sich auch im Rom des 17. Jahrhunderts selbst. Dieser Einspruch wurde umso lauter, je leiser er daherkam. So ließ sich Kardinal Antonio Barberini der Ältere in seiner Kapuzinerkirche in einem schmucklosen Sarkophag bestatten, der keinen Namenszug und kein Wappen, sondern nur eine lateinische Inschrift aufweist: Hier ruht Staub, Asche und sonst nichts. Der Kontrast dieser minimalistisch zelebrierten Anti-Erinnerung zu Berninis Riesenmonument des erfolgreichen Bruders in Sankt Peter ist schroff – und die indirekte Kritik an der monumentalen postumen Selbstdarstellung hart. Noch schärfer fällt sie einige Meter tiefer in den Katakomben derselben Kirche aus. Dort hängen mumifizierte Mönchsleichen am Kuttenseil vom Gewölbe herab; dort ist nicht nur Staub und Asche, sondern die Vergänglichkeit des Fleisches in ihrer ganzen Schaurigkeit zu besichtigen. Doch auch in diesen unterirdischen Memento-mori-Schausälen sind die Überreste der Barberini prestigeträchtig präsent. Die Knöchelchen früh verstorbener Nepotensprösslinge sind an Wänden und Decken zu beinernen Totenleuchtern verarbeitet. Eine einzige Papstfamilie deckte also das ganze Spektrum der finalen Selbstdarstellung im Tode ab: Urban VIII. thronte in unverlierbarer Größe, sein Bruder verewigte sich durch sorgsam zelebrierte Anonymität, die Nachgeborenen feierten in der Verhöhnung des leiblichen Todes ihren Glauben an die Wiederauferstehung. Welches Grabmal das beste, das heißt das prestigeträchtigste war, hing von den jeweils herrschenden Normen ab – wenn man alle zugleich befolgte, konnte man kaum etwas falsch machen. Selbstverherrlichung im Tod, Selbstverleugnung nach dem Tod und die Verspottung des Todes in all seiner Ohnmacht – alle drei Darstellungsformen waren von der Selbstauslöschung durch Erinnerungstilgung im Stile Calvins um Welten getrennt. Pomp oder Schlichtheit, Majestät oder Bescheidenheit – am Ende diente alles demselben, urrömischen Zweck: dem Nachruhm.

Welcher Prozentsatz des jeweiligen Familienvermögens in Grabmäler floss, lässt sich nur in Einzelfällen, nicht jedoch als Durchschnittswert ermitteln, doch spricht alles dafür, dass diese Quote beträchtlich war. Weit über dem Mittelwert lag sie zum Beispiel in der Kirche Gesù e Maria al Corso. Dort ließ Giorgio Bolognetti, der seinen Karrieregipfel früh mit dem

Rang eines Bischofs von Rieti erklommen hatte, in hohem Alter ab 1680 für sich und seine Familie das ganze Kirchenschiff zu einer Loge der Ewigkeits-Schau umgestalten – was den Cornaro in Santa Maria della Vittoria recht war, sollte den Bolognetti billig sein (Abb. 21). Der Aufstieg der Familie hatte mit der Karriere des 1585 verstorbenen Kardinals Alberto ihren Höhepunkt erreicht, stagnierte aber jetzt schon seit längerem. Jeweils über den seitlichen Beichtstühlen wurden die Charakterbüsten des Stifters sowie seiner Verwandten angebracht. Auf schwellende Marmorkissen gestützt, beten sie, vertiefen sich in fromme Meditationen oder widmen sich der andächtigen Konversation: lebend im Tod, abgetötet im Leben, den flüchtigen irdischen Vergnügungen schon vor dem Abscheiden abgeneigt, doch dabei nicht asketisch verknöchert, sondern heiter, dem Tod als Tor zum Leben zugewandt. Wer so der fröhlichen Auferstehung entgegenbeten durfte, für den hatte der Tod wahrlich seinen Stachel verloren. Seinen zweiten, irdischen Zweck, den sozialen Tod der Familie zu verhindern, hat das Pantheon in der Kirche am Corso erfüllt. 1743 wurde mit Mario Bolognetti ein weiteres Mitglied der Familie Kardinal.

Keine Erfolgsgarantie, stattdessen Hochrisiko-Investitionen, nicht selten verlorene Geldanlagen – der Beliebtheit des Mediums Grabmal tat diese sehr durchwachsene Bilanz keinen Abbruch. Entsprang die Monument-Versessenheit der Römer einer puren Illusion? Nochmals zeigt das Monument Urbans VIII., dass nicht alle Hoffnungen unberechtigt waren. In einer Medienstadt wie Rom im 17. Jahrhundert konnte das schöne Abbild das hässliche Vorbild, das Kunstwerk die nüchterne Wirklichkeit in Vergessenheit geraten lassen, wenn die Voraussetzungen dafür günstig waren. Im letzten Jahrzehnt seines Pontifikats hatten die Römer Urban VIII. als einen zunehmend senilen und seinen Nepoten hörigen Schattenherrscher erlebt, der für einen dubiosen und erfolglosen Krieg die Mahlsteuer erhöhte und damit das Überleben der Armen gefährdete. Damit war das Bild eines pflichtvergessenen, exemplarisch schlechten Herrschers gezeichnet. Das gewaltige Grabmal Berninis aber zeigte einen ebenso majestätischen wie vergeistigten Statthalter Christi, der seine Macht treuhänderisch zugunsten der Armen und Entrechteten ausübte, Nächstenliebe und Gerechtigkeit, die als weibliche Allegorien seinen Thron flankieren, ganz und gar ergeben. Welches der beiden unvereinbaren Bilder würde sich durchsetzen und das andere verdrängen – oder würden sie ineinanderfließen und sich vermischen?

Darüber entschied nicht die Vergangenheit, sondern die Zukunft. Unter Urban VIII. war Rom von der Pest, die 1630 das übrige Italien verwüstete, verschont geblieben. Das war ein gewichtiger Erinnerungs-Vorteil, der umso

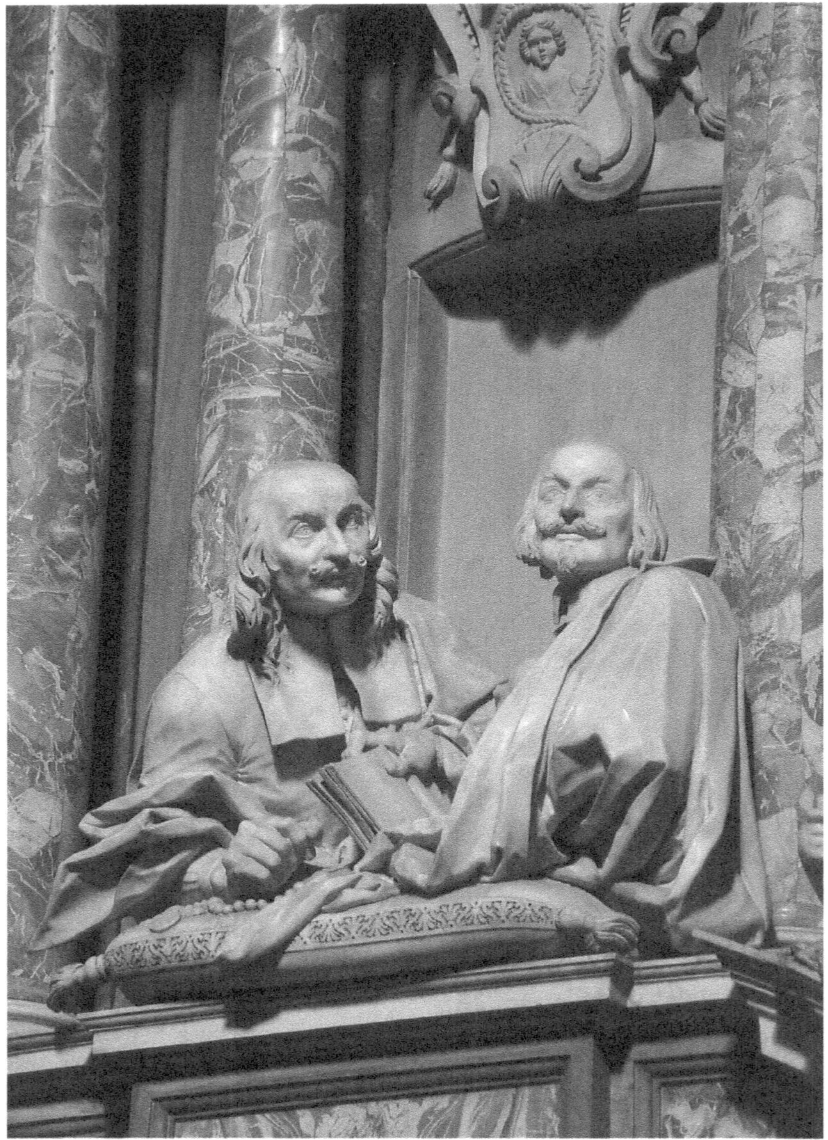

Abb. 21: Das Kirchenschiff von Gesù e Maria al Corso ist ab 1680 zur Grabkapelle
der Familie Bolognetti umfunktioniert worden, und zwar mit Erfolg:
Die Porträtbüsten der Toten und Lebenden sahen nicht nur der Ewigkeit,
sondern auch einem Wiederaufstieg ihrer Familie entgegen.

mehr zählte, als die nächste große Pestwelle der Jahre 1656 und 1657 die Ewige Stadt mit voller Wucht traf und dezimierte. Pech für Alexander VII., der schließlich nichts dafür konnte, so scheint es aus heutiger Sicht. Doch da waren die Römer des 17. Jahrhunderts anderer Meinung. Was während eines Pontifikats *urbi et orbi*, in Rom und der Welt, geschah, war in ihren Augen alles andere als ein Zufall, sondern ebenso geheimnisvoll wie unauflöslich mit der Person des Papst-Herrschers verbunden: Einem guten Stellvertreter schenkte Christus gute Ernten, gute Konjunktur und auch sonst reichlich Erfolge; missfiel ihm hingegen die Wahl seines Vikars, zeigte er seinen Zorn durch Strafen: teures Brot, Krieg und Pest. Auf diese Weise wurde Paul V. der große Sieger des 17. Jahrhunderts. Im Gegensatz zu Innozenz XI. (1676–1689), dessen Regierungszeit ebenfalls von einer wahren Getreideschwemme sichtbar gesegnet war, hielt ihn niemand für heilig, wohl aber für einen guten und pflichtbewussten Regenten, der als treuer Familienvater für seine Kinder, die Armen, sorgte. Dass dem Borghese-Papst das billige Brot gewissermaßen gratis in den Schoß fiel, während sein Nachfolger Gregor XV. Unsummen ausgeben musste, um den gerade noch akzeptablen Mindestpreis zu garantieren, war für die Urteilsfindung der Untertanen und damit für die Frage Nachruhm oder Nachschande unerheblich – Regierungsparteien des 21. Jahrhunderts werden günstige Wirtschaftsdaten schließlich ebenfalls gutgeschrieben. Paul V. war der „gute Papst", von dessen Memoria die Borghese noch lange nach seinem Tod zehren konnten, Gregor XV. hingegen fiel liebloser Halbvergessenheit anheim. Auch Innozenz X., der Nachfolger Urbans VIII., hatte postum keine Chance, im Gegenteil: Sein Bild färbte sich durch die katastrophalste Hungerkrise des 17. Jahrhunderts geradezu nachtschwarz ein – und die Erinnerung an seinen Vorgänger im Rückblick sehr viel milder.

Zwischenfazit: Urban VIII. brauchte ein Grabmal, um wesentliche Retuschen an der kollektiven Erinnerung vorzunehmen, Innozenz X. konnte kein Grabmonument der Welt mehr helfen – und Paul V. hätte keines benötigt, um als unerreichtes Herrscher-Vorbild fortzuleben. Doch das konnten die Borghese nicht vorher wissen, und so gingen sie das Risiko des Grabmalsverzichts nicht ein. Im Gegenteil: Sie gingen bei der Gestaltung der letzten Ruhestätte ihres Papstes bis an die oberste Aufwands- und finanzielle Belastungsgrenze. Auf typisch römische Weise knüpften sie zugleich an ältere Normen an, um diese beträchtlich auszudehnen. Sixtus V. (1585–1590) hatte an die altehrwürdige Basilika Santa Maria Maggiore eine Grabkapelle für sich und seinen heiligmäßigen Vorvorgänger Pius V. anbauen lassen – ein gravierender und deshalb umstrittener Eingriff in die Bausubstanz der spätantiken Kirche. Diese erste Grenzüberschreitung legitimierte die nächste. Was den Peretti, den Verwandten Sixtus' V., recht war, war den Borghese billig. Sie errichteten ihre Grablege auf der gegenüberliegenden Seite: ähnlich dadurch, dass sie ebenfalls ihren Familienpapst und dessen Vorvorgänger gemeinsam zur letzten Ruhe betteten, anders durch den ungleich höheren Prunk der kostbaren Materialien und der Bildausstattung.

Ähnlich fiel auch das Grabmonument Pauls V., das Herzstück der Cappella Borghese, aus: Als Ensemble aus Papststatue und Pontifikats-Schautafel bildete es für jeden Betrachter die Fortsetzung der gegenüberliegenden Kapelle, doch auch des gegenüberliegenden Grabmals Clemens' VIII. So war Kontinuität gleich mehrfach vor Augen geführt: bruchlose Fortsetzung zwischen dem hoch verehrten Reformpapst Pius V. (der sich eine weniger aufwendige Bestattung an seinem bescheidenen Geburtsort im Piemont gewünscht hatte und auch errichten ließ) und dem großen Stadtumgestalter Sixtus V. zum einen, zwischen diesem Duo und seinen beiden Nachfolgern im 17. Jahrhundert zum anderen. Dieser Eindruck der Bruchlosigkeit war umso erwünschter, als die rigorose Reformpartei an der Kurie zwischen diesen Pontifikaten mancherlei Brüche, vor allem den Abbruch des Reformeifers monierte. Die Doppel-Grabmäler kitten darüber hinaus weitere Risse: In der Cappella Sistina gegenüber liegen zwei Päpste aus den rivalisierenden Bettelorden Franziskaner (Sixtus V.) und Dominikaner (Pius V.) begraben, in der Cappella Paolina die Chefs der beiden chronisch verfeindeten Nepotenfamilien Aldobrandini und Borghese. Nicht Konkurrenz der Werte, Normen und Interessen, sondern Eintracht und Harmonie an der Spitze der Kirche, so lässt sich die Botschaft des Grabmal-Quartetts insgesamt formulieren. Dazu kommt ein weiterer Akzent: Spiritualität statt Machtpolitik. Beide Kapellen beruhen auf ausgeklügelten theologischen Konzepten, was man speziell der Cappella Borghese mit ihrer protzigen Vielfarbigkeit und ihrem parvenühaften Materialprunk nicht ansieht. Dabei ist das Grabmal Pauls V. mit seinen steinernen Tatenberichten eng mit dem Freskenschmuck darüber verknüpft. Deren Leitmotiv ist die Bekehrung von Zweiflern und Ketzern, die sich am Ende zur Verehrung Marias, der Gottesgebärerin, bekennen. Deren Kult ist – wie die offizielle Inschrift verkündet – die ganze Kapelle gewidmet; in diesem Sinne blickt die Statue des betenden Papstes auf eine Marien-Ikone des Altars.

Frömmigkeit, Selbstverherrlichung und Familienförderung bilden nicht nur hier eine unauflösliche Einheit. Das gilt auch für die Aussage jedes einzelnen Papstgrabmals selbst (Abb. 22). Dabei lässt sich das Monument

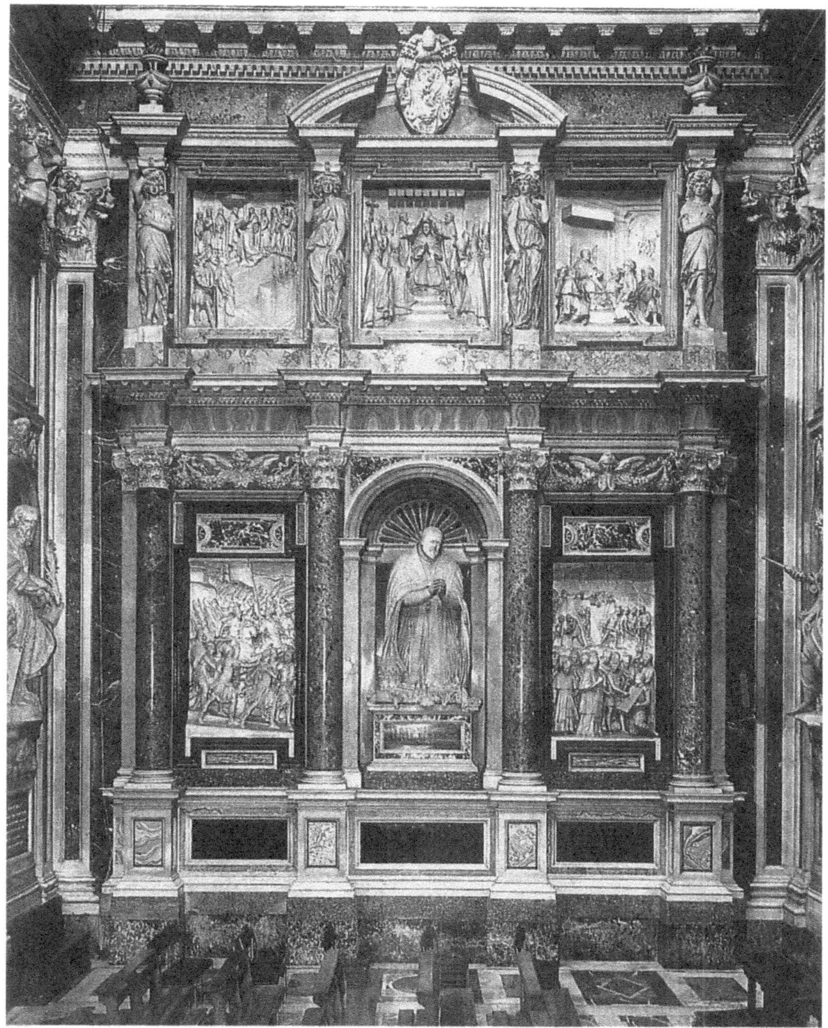

Abb. 22: Ein Grabmal als Leistungsnachweis in Marmor: Auf figurenreichen
Schautafeln bewährte sich Papst Paul V. rastlos als Vater der Kirche und seiner
Untertanen (Rom, Cappella Borghese in Santa Maria Maggiore).

Pauls V. als eine lupenreine Autobiographie in Marmor ansprechen, wie
gleichfalls von einer Inschrift bezeugt: Des Todes eingedenk, setzte er sich
zu Lebzeiten dieses Denkmal. Das heißt: Der regierende Pontifex maximus
konnte vor seinem Tod das Denkmal inspizieren, das für die Ewigkeit und

seinen Nachruhm zugleich geschaffen war. In dieser Kapelle konnte Paul V.
in Frieden ruhen, niemand würde sein Bild für die Nachwelt stören. Doch
die frühe Fertigstellung hatte auch einen Nachteil: Eine weitere Fortschrei-
bung war ausgeschlossen; die Szenen, die den Pontifikat verewigten, mussten früh alles sagen. Um diesen unerbittlichen Maßstäben gerecht zu werden, wurden sie sorgfältig ausgewählt. So wurden Personen und Ereignisse
gewogen, zu leicht oder für erinnerungswürdig befunden, immer nach ein
und demselben Kriterium: Hinter allen Akteuren und Begebenheiten sollten die Gesetze der von Gott zum Schutz des Papsttums gelenkten Geschichte hervortreten; hinter der vergänglichen Zeit musste die Überzeit-
lichkeit des Amtes zusammen mit der dauerhaften Größe seines Inhabers
und der Erwähltheit seiner Familie erkennbar werden. So betrachtet, war
Geschichte nichts als ein Gleichnis: ein ewiger Kampf des Guten, sprich der
Kirche, gegen das Böse, das heißt: Ketzer, Ungläubige und pflichtvergessene
Potentaten. Unter diesem speziellen Blickwinkel musste der Verlauf der
Regierungszeit gefiltert, Gegenwart in gute Vergangenheit verwandelt werden. Auf diese Weise wurden nicht die „Highlights" der Jahre 1605 bis 1621
wie der Kampf Pauls V. gegen das Staatskirchentum der Republik Venedig
oder die ersten Siege der Katholiken zu Beginn des Dreißigjährigen Kriegs
(die man ohnehin nachträglich hätte einfügen müssen), sondern viel unauf-
fälligere Episoden verewigt: Pentagramm einer vorbildlichen Papstherrschaft.

In der Mitte über der Papststatue prangt die Krönungsszene: Dem soeben gewählten Kardinal Camillo Borghese wird die Tiara aufgesetzt, er
gewinnt eine neue Identität als Paul V., verwandelt sich also in den Stellvertreter Christi auf Erden; derselbe feierliche Moment ist auch auf dem
Monument Clemens' VIII. gegenüber dargestellt. Warum diese – einzige –
Wiederholung auf beiden Seiten der Kapelle? Verstanden sich Wahl und
Krönung nicht von selbst? Das Konklave, aus dem der Kardinal Aldobrandini siegreich hervorging, war, wie geschildert, turbulent verlaufen – Kardinal Santori glaubte sich schon gewählt, allein er war es nicht. Nicht weniger
bewegt ging es im Mai 1605 zu, als der Kompromisskandidat Camillo Borghese das Rennen machte. So spricht vieles dafür, dass die beiden Tiara-Auf-
setzungen mit all ihrer feierlichen Ruhe und Einstimmigkeit die Erinnerung
an zwei verstörende Episoden enttraumatisieren und im Rückblick normali-
sieren sollten, und zwar nach dem Motto: Der Heilige Geist geht unerforsch-
liche, manchmal auch steinige Wege, doch glättet der göttliche Wille die
hochgehenden Wogen der Geschichte. Diese ist nichts als ein Gleichnis – das
Papsttum ist von dieser Welt und zugleich nicht von ihr. Vom Himmel ein-

gesetzt und geschützt, kann es von den bösen Mächten dieser Welt bedrängt und zur Selbstaufopferung gezwungen werden, doch wird es am Ende über die Kräfte der Finsternis triumphieren, und zwar kraft seiner Christus- und Petrus-Nachfolge. Diese legitime Sukzession ist die höchste Botschaft der zwei scheinbar selbstverständlichen Krönungsszenen.

Wie die Einsetzung, so die Regierung. Dem zweifachen Primat des Papsttums und seinem Selbstverständnis uneigennütziger Treuhänderschaft der Macht entsprechend sind auf den übrigen vier (von Inschriften zwischen den Säulensockeln erläuterten) Reliefs Szenen väterlicher Fürsorge für das Gottesvolk dargestellt, nach „weltlichen" und „geistlichen" Regierungshandlungen sortiert, doch durch übergreifende Aufgaben, Tugenden und Ziele zu einer Einheit verschmolzen. Schutz gegen eine unaufhörlich gegen den Stellvertreter Christi anrennende böse und neidische Außenwelt bietet der Bau der Zitadelle von Ferrara, den Paul V. links unten neben seiner Statue in Auftrag gibt. Ferrara – so das korrespondierende Fresko vom Grabmal gegenüber – hat Clemens VIII. für den Kirchenstaat zurückgewonnen, als die dort im Namen des Papstes regierende Familie Este im Hauptzweig ausstarb. Kampflos fiel das kostbare Lehen gleichwohl nicht in den Schoß der Kirche zurück, wie ein zusätzliches Relief auf dem Aldobrandini-Monument zeigt – gegen die Rebellen aus einer nicht erbberechtigten Seitenlinie bedarf es massiver Truppengewalt. Zusammen mit dem Festungsbau zeigt die Szene ein wehrhaftes Papsttum, das im Sinne des Römerbriefes dem Bösen wehrt. Doch dass zweimal das kleine und peripher gelegene Ferrara gezeigt wird, lässt tiefer blicken. Aus der Sicht Clemens' VIII. war sein Ruhm bei der Rückgewinnung der verlorenen Stadt 1597/98 ein zweifacher. Diesen mehrte nicht nur die erfolgreiche diplomatische und militärische Operation des Anschlusses, sondern auch der damit verbundene Verzicht auf Staatsbildungs-Nepotismus im Stile der Renaissance-Päpste. Die meisten politischen Beobachter hatten fest damit gerechnet, dass aus dem Este-Herzogtum ein Aldobrandini-Staat werden würde; entsprechende Quoten notierten die römischen Wettbüros. Dass es anders kam und anstelle einer Nepoten-Dynastie von jetzt an ein päpstlicher Legat als Sachwalter des vergrößerten Kirchenstaats am Po regierte, münzte nicht nur das Grabmal in Santa Maria Maggiore zum höchsten Ruhm der Papstverwandten um; diese durften sich über üppigen Ersatz für das entgangene Lehen freuen – die riesige Villa Aldobrandini in Frascati ist nur eines von vielen „Geschenken" Clemens' VIII. an seinen Kardinalnepoten für die erfolgreiche Rückholungs-Aktion von 1598.

Beide Reliefs zeigen zugleich, wie die Propaganda-Strategen des Papsttums mit Schwachstellen umgingen: Kritik am Nepotismus, der zwar nicht

mehr auf eigene Staaten, dafür aber auf höchste Rangstufen im römischen
Adel abzielte, wurde in Verherrlichung umgewertet: Was für eine Beckmes-
serei, sich über Kardinalshüte und Pfründen für Nepoten zu empören, wenn
diese der Stärkung des Kirchenstaats dienen! Kritik wird auf diese Weise
widerlegt, ohne dass man sie überhaupt erwähnen muss – Nichtbeachtung
ist für Nestbeschmutzer die schwerste Strafe.

Die dem Bau der Zitadelle von Ferrara gegenüberliegende Schautafel
zeigt wie ihr Pendant auf dem Monument Clemens' VIII. Szenen aus dem
Krieg gegen die Türken – ein Muss in den kriegerischen Jahren um 1600.
Beide Päpste hatten den Habsburgern in ihren Abwehrkämpfen gegen das
unaufhaltsam vorrückende Osmanische Reich Unterstützung gewährt; obwohl Erfolge dünn gesät waren und durchschlagende Siege völlig ausblie-
ben, ließ sich diese Unterstützung optimal zur Verherrlichung ganzheit-
licher päpstlicher Herrschaft nutzen, nach dem Muster: Das Oberhaupt der
Christenheit schützt Europa vor den Ungläubigen. Zugleich geht es von der
Defensive in die Offensive und verbreitet das Licht des Glaubens in bisher
unerleuchteten Weltgegenden – diese Weltwirkung führt das Relief vor
Augen, das Paul V. beim Empfang einer asiatischen Gesandtschaft zeigt.
Auch aus diesem scheinbar beiläufigen Ereignis wird tieferer Propaganda-
Sinn gefiltert: Unter der Ägide des Borghese-Papstes verbreitet sich die
christliche Wahrheit auf dem ganzen Erdball, die Heiden bekehren sich, ein
Goldenes Zeitalter der Wiedervereinigung im Glauben bahnt sich an.
Noch ist es, wie die militärischen Verwicklungen anzeigen, nicht angebro-
chen, doch lange wird dieser Menschheitsmorgen nicht mehr auf sich war-
ten lassen. Auf dem Weg zu diesem nicht mehr fernen Ziel ist Gewalt für die
Verstockten, die Häretiker und Ungläubigen, vorbehalten. Die Menschen
guten Willens aber werden sich freiwillig der segensreichen Herrschaft des
Papstes unterwerfen. Alles protestantische Gerede von gewaltsamer Rekatholisierung und „Gegenreformation" soll im Marmor schlagend widerlegt
werden – die Völker der Welt eilen aus ureigenem Antrieb zum Stellvertreter
Christi, um ihm im wohlverstandenen Eigeninteresse zu huldigen. Denn sie
wissen, dass dessen Macht nicht auf das Diesseits beschränkt ist.

Ganz rechts oben auf seinem gemeißelten Tatenbericht nämlich spricht
Paul V. Francesca Romana und Carlo Borromeo heilig, als Pontifex ma-
ximus, höchster Brückenbauer zwischen Natur und Himmel, Zeit und
Ewigkeit, sichtbar erwiesen. Zugleich schlägt der Borghese-Papst damit eine
Brücke zum Hier und Jetzt – und zu seiner Familie: Borromeo, dem Haus-
Heiligen der Borghese, ist in ihrer Familienkapelle einer der Altäre gewid-
met. Dass sich die Sippe als Ganzes der löblichen Taten rühmen darf, die

oben in Stein gehauen sind, macht die Inschrift darunter unübersehbar deutlich: Der Kardinalnepot, treuer Gefolgsmann seines Herrn bis zum Schluss, hat sich zu den Füßen des Familienpapstes bestatten lassen. Damit bezeugt er nicht nur eine Loyalität, die selbst der Tod nicht aufbrechen kann, sondern rechtfertigt ein letztes Mal seine Existenz mit all ihren vermeintlichen Anstößigkeiten: Hier ruht ein Diener und nichts als ein Diener, Schande über diejenigen, die daran etwas zu bekritteln finden. Solche Kritik gab es dennoch reichlich. Die Gesamtkosten der Cappella Paolina inklusive der Grabmäler beliefen sich am Ende auf stolze 300 000 *scudi*. Obwohl die Borghese die exklusiven Nutzungs- sowie die uneingeschränkten Patronatsrechte an diesem Bauwerk besaßen, wurde es nicht aus dem Familienbudget bezahlt, sondern auf Staatskosten finanziert. Doch nicht nur die Papstfamilie, sondern auch ein Künstler hat sich auf seine Weise in der Prunkkapelle verewigt. Wer sehr gute Augen oder ein Fernglas besitzt, erkennt auf Ludovico Cigolis Fresko der Madonna auf der Mondsichel in der Kuppel Zeichen einer neuen Zeit: Die Gottesmutter steht auf einem kraterübersäten Himmelskörper, der Künstler hat durch das Fernrohr Galileis gesehen (Abb. 23). Was hier noch ein Spiel ist, wird bald darauf zu einem Drama in mehreren Akten – siehe unten!

Das Grabmal des nächsten Papstes sprengt die Chronologie auf. Gregor XV. wurde erst ein knappes Jahrhundert nach seinem Tod durch ein repräsentatives Grabmal verewigt – 37 Lebensjahre seines hyperaktiven Kardinalnepoten hatten dafür nicht ausgereicht. Doch die Wurzeln des Ludovisi-Monuments in San Ignazio reichen tief ins 17. Jahrhundert zurück; zudem zeigt seine Entstehungsgeschichte, wie vielfältig die Verwendungsmöglichkeiten und Propaganda-Stoßrichtungen einer solchen Erinnerungsstiftung ausfallen konnten. Nach der Heiligsprechung des Ignatius von Loyola und Franz Xaver hatte die Allianz Ludovico Ludovisis mit der Societas Jesu in der Bau- und Finanzierungsgeschichte der Kirche Sant'Ignazio ihre bruchlose Fortsetzung gefunden. Für diese stellte Ludovisi ab 1626 immense Summen zur Verfügung, dementsprechend kamen nach seinem frühen Tod sechs Jahre später die Arbeiten ins Stocken und wurden erst zu Beginn des 18. Jahrhunderts abgeschlossen. Während dieser Zeit wurden die sterblichen Überreste Gregors XV. in der Institutskirche des Collegio Romano gewissermaßen zwischengelagert. Mit der Fertigstellung von Sant' Ignazio war der Moment für ihre definitive Überführung gekommen, doch gab es keine Ludovisi-Nachkommen im Mannesstamm mehr, die sich im wohlverstandenen Familieninteresse dieser Umbettung annehmen konnten. 1681 war mit der Eheschließung der Universalerbin Ippolita Ludovisi

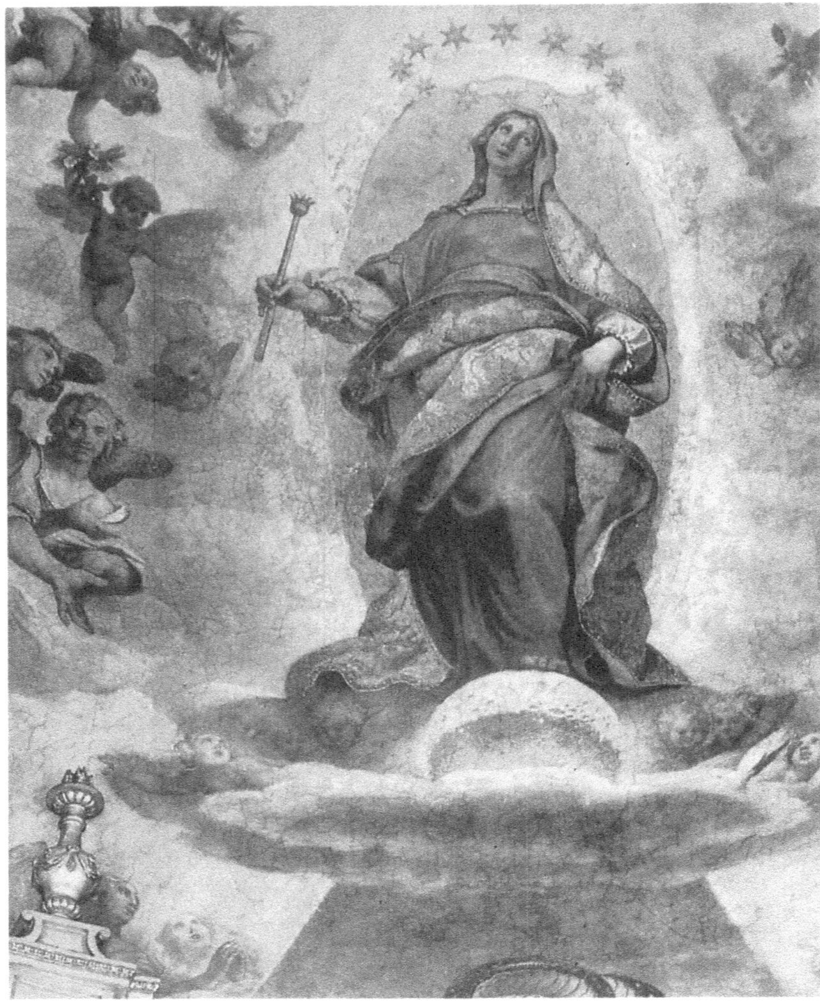

Abb. 23: Der Mond, auf den der Maler Cigoli 1610/12 seine Madonna der
Unbefleckten Empfängnis in der Cappella Borghese von Santa Maria Maggiore
platziert, hat Krater – die Astronomie hält ihren Einzug in die Malerei und bald
danach auch in die Theologie.

mit Gregorio Boncompagni der riesenhafte Besitz, den der umtriebige Kardinalnepot für die Seinen zusammengerafft hatte, inklusive der Fürsten-
tümer Piombino und Fiano an die Nepoten Gregors XV. (1572–1585) übergegangen, die sich immerhin künftig „Boncompagni-Ludovisi" nannten

(und nennen). So verging zwar nicht der Name, wohl aber der Ruhm der Papstverwandten; immerhin blieb das Vermögen in den Händen von Landsleuten – die Familien von Braut und Bräutigam stammten beide aus Bologna. Zu größeren Investitionen in die ewige Ruhestätte des „angeheirateten" Papstes sah sich der Letztere trotz seines Reichtums jedoch nicht veranlasst.

Normalerweise hätte Gregor XV. unter diesen Voraussetzungen mit einem „Minimalgrabmal" vorliebnehmen müssen, wie es für solche Verwaisungs-Fälle vorgesehen war. Dass es statt eines „Armengrabes" eines der prunkvollsten und teuersten Papstmonumente überhaupt wurde, hängt mit der Geschichte des Jesuitenordens zusammen. Diese hatte sich im Laufe des 17. Jahrhunderts zuerst glanzvoll, dann immer krisenhafter entwickelt. Aufgrund ihrer prestigeträchtigen Bildungseinrichtungen und ihres höfisch geschulten Personals hatte die Societas Jesu an den Machtzentren des katholischen Europa einen Einfluss gewonnen, der zahlreiche Konkurrenten und Gegner auf den Plan rief. Deren Hauptvorwurf lautete, dass die Jesuiten der mondänen Welt zu weit entgegenkamen, und zwar dadurch, dass sie mit ihrer Kasuistik eine allzu laxe Moral lehrten und damit unverzichtbare Prinzipien des Christentums verrieten. Das machtvollste Sprachrohr dieser Kritik war der große Physiker und Philosoph Blaise Pascal, der mit seinen *Lettres écrites à un Provincial* von 1657 eine vor Sprachwitz und hintergründiger Ironie nur so funkelnde und zugleich gedankenschwere und theologisch profunde Streitschrift gegen sie veröffentlichte. Pascal gehörte zur Schule von Port-Royal und damit zu den sogenannten Jansenisten, die eine nicht-protestantische Prädestinationslehre verkündeten und ihrer Bildung und Sittenstrenge wegen berühmt bzw. gefürchtet waren.

In allen diesen Auseinandersetzungen hielt Rom konsequent zu den Jesuiten. Pascals (anonym veröffentlichte) Satire wurde auf den Index der verbotenen Bücher gesetzt, eine Verurteilung jansenistischer Lehrsätze folgte auf die andere. Peinlich war nur, dass deren Vertreter ihre gut katholische Gesinnung behaupteten und zugleich bestritten, die verbotenen Artikel jemals verfasst, geschweige denn verbreitet zu haben. Besonders umstritten war die Bulle *Unigenitus*, die Clemens XI. 1713 gegen die Anhänger von Port-Royal publizierte. In deren Augen war dieser Papst wie die meisten seiner Vorgänger durch den theologischen Schwierigkeitsgrad der Debatte intellektuell überfordert, was auch Pascal schon so gesehen hatte. Dass sie von Rom und danach auch von ihrem eigenen König Ludwig XIV. verfolgt wurden, schrieben die führenden Jansenisten einem widrigen Schicksal und nicht zuletzt den Intrigen ihrer Gegner, der Jesuiten, zu. Diese triumphierten ein letztes Mal, als das Kloster von Port-Royal auf Befehl des greisen

Sonnenkönigs zerstört wurde. Doch das waren Pyrrhus-Siege. Nicht nur unter den führenden Intellektuellen, sondern auch in den einflussreichen Kreisen der Parlamente – der obersten Gerichtshöfe mit selbst zugeschriebener Gesetzprüfungs-Kompetenz – gewannen die Jansenisten Anhänger. Und auch in Rom bildete sich eine Fraktion, die der Societas Jesu vorwarf, das Papsttum für seine eigenen Zwecke zu instrumentalisieren und dadurch zu diskreditieren, anstatt ihm, wie vom Ordengründer gelobt, uneigennützig zu dienen.

So war der Stand der Dinge, als sich die Ordensoberen des Jubeljahres 1622 mit den glanzvollen Heiligsprechungen des Ignatius und Franz Xaver und damit des kurzen, aber Weichen stellenden Pontifikats Gregors XV. entsannen. Diesem um die Gesellschaft Jesu so verdienten Pontifex maximus jetzt ein glanzvolles Grabdenkmal zu setzen, bot sich geradezu an. Damit wurde die Erinnerung an einen Papst aufgefrischt, der den Orden wie kaum ein anderer gefördert und aus der gleichen Gesinnung heraus die weltweite katholische Mission neu organisiert hatte. Durch ein solches Monument ließ sich mithin dreierlei beweisen: Die Stärkung der Jesuiten entsprach den Interessen von Papsttum und Kirche; der Orden stand dem Pontifex maximus in unwandelbarer Treue zur Seite, einst wie jetzt; und nur mit einer starken Societas Jesu konnte Rom wieder an diese vergangenen Glanzzeiten anknüpfen. Wer das Gegenteil behauptete wie die Jansenisten, verbreitete Lügen. Das alles sollte ein einziges Grabmal beweisen.

So kam der Ludovisi-Papst ab 1709 zu einem späten Glanz. Bis 1714 schuf der führende Bildhauer Roms, Pierre Legros, ein Prunkgrabmal, das Aufwand, Pathos und Botschaften von Berninis Monument Urbans VIII. weiter steigerte (Abb. 24): Der greise Papst wird von Putten umschwebt, die Himmelsnähe suggerieren. Zu seiner Seite stehen die Allegorien der *religio* und der *abbundantia*, der Frömmigkeit und des Überflusses. Beide lassen sich mit ihrer Aussage getrost kombinieren: Unter diesem Papst gab es durch die Unterstützung der Jesuiten gute Gesinnung und gute Werke im Überfluss. Doch hatten beide Statuen auch noch eine handfestere Aussage. Die römische Getreideversorgungsbehörde hieß mit antikisierendem Namen Annona, doch die ans Volk gerichtete Bezeichnung lautete Abbondanza, Überfluss. Damit sollten alle Befürchtungen, dass Korn und Brot nicht ausreichen könnten, von vornherein erstickt werden – so wie die ehemaligen Arbeitsämter in der Bundesrepublik Deutschland des 21. Jahrhunderts Jobcenter heißen. Schönklingende Namen waren und sind angewandte Psychologie für politische Beruhigungszwecke. Bei der Gestaltung des Gregor-Monuments von Sant'Ignazio schauten die Jesuiten als Auftraggeber dem Volk

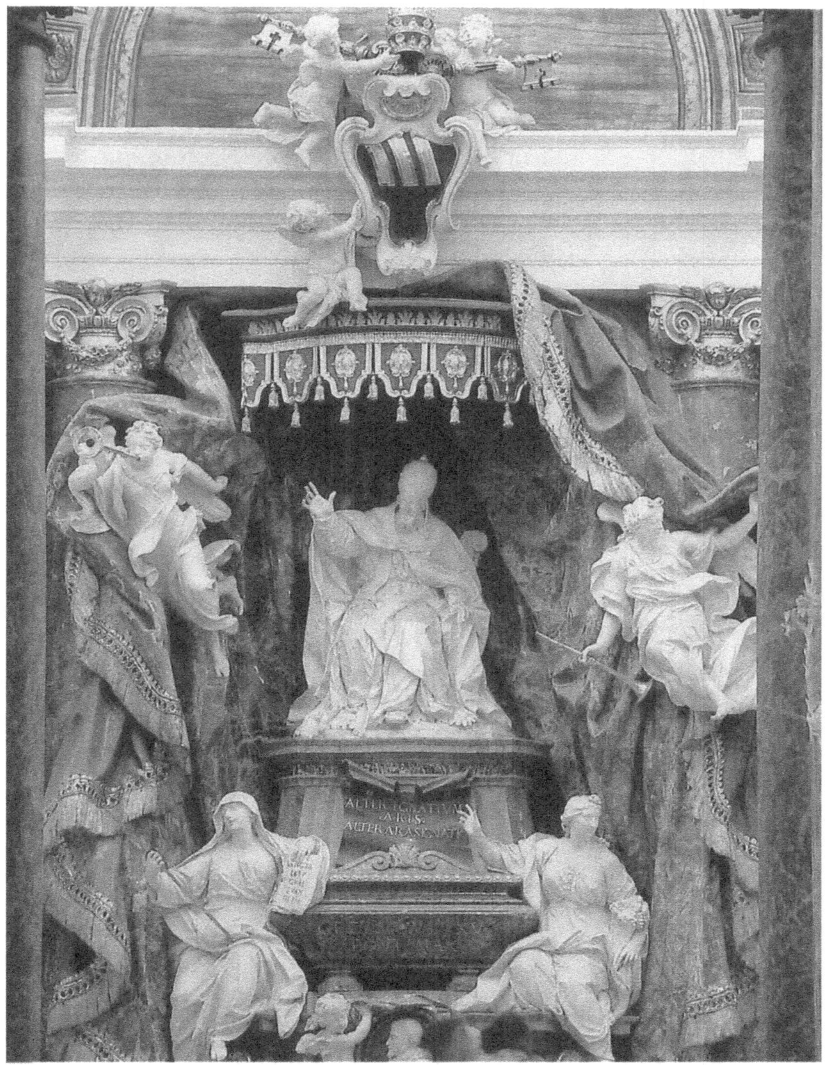

Abb. 24: Später Aufwand für einen kurzen, doch wichtigen Pontifikat: Für Pierre Legros' Grabmal Gregors XV. und seines Kardinalnepoten Ludovico Ludovisi in der Kirche Sant'Ignazio war den Jesuiten zu Beginn des 18. Jahrhunderts nichts zu prächtig oder zu teuer: zum Ruhme des Ludovisi-Papstes und ihres eigenen Ordens.

aufs Maul und auf den Magen: Wenn ein wahrhaft frommer, von den Jesuiten weise beratener Papst regiert, dann segnet Gott dessen Herrschaft mit einem Mannaregen.

Zugleich kam der einzige Kardinalnepot mit herausragenden politischen Fähigkeiten in diesem Grabmal zu seinem Recht. Zum einen wurde er – eine völlig aus dem Rahmen fallende Zweifachdarstellung – mit einem eigenen Porträtmedaillon geehrt. Zum anderen verewigte eine lateinische Inschrift zur Hälfte auch sein Wirken: Der eine – gemeint ist Gregor XV. – weihte den Ignatius den Altären, der andere – Ludovico Ludovisi – die Altäre dem Ignatius – klare Arbeitsteilung. Damit waren die Jesuiten die lachenden Dritten in diesem Ruhmes-Bund. Gregor XV. sprach ihren Ordensgründer heilig, der Neffe sorgte durch Kirchenbauten für dessen Verehrung – das war die wahre *pietas* der Nepoten, die nicht dem Familienruhm, sondern der Verherrlichung eines großen Heiligen und damit den nobelsten Zwecken der Christenheit diente. Auf diese Weise bildete die Doppel-Kommemorierung der Ludovisi ein Angebot an gegenwärtige und künftige Familienkardinäle. Deren Position als Oberaufseher des Kirchenstaats war zwar – wie noch zu erörtern ist – 1692 durch eine päpstliche Bulle aufgehoben worden, bestand aber wie immer in solchen Fällen in abgeschwächter Form fort. Wer so loyal und tüchtig wie Ludovico Ludovisi seines Amtes walten würde, dessen Stellung an der Seite des Familienpapstes wäre auch in Zukunft gerechtfertigt – mit dieser Botschaft warben die Jesuiten um die Allianz der lebenden und der kommenden Nepoten. Vergeblich – 1773 hob Papst Clemens XIV., der dem Franziskanerorden entstammte, die Societas Jesu auf.

Als Ganzes bilden die Grabmäler der Päpste, Kardinäle und Prälaten in römischen Kirchen einen einzigartig reichhaltigen Quellenschatz, den die Forschung erst seit einigen Jahren systematisch zu heben begonnen hat. Über alle Selbstdarstellung nach außen, für die Zwecke der Familie, der Verbündeten oder des Ordens hinaus bilden die Sepulchralmonumente ein unvergleichliches Korpus des Selbstverständnisses, der Sicht des eigenen Lebens im Angesicht der Ewigkeit. Als gläubige Katholiken präsentierte sich die römische Funktionselite ihrem Schöpfer und Richter, wie sie von diesem beurteilt werden wollte. Zu diesem Zweck legte sie in Bild und Text Rechenschaft über ihren Lebensweg, über ihr Wirken und Wesen ab. Ob selbst verfasst oder von späteren Familienmitgliedern bzw. nicht verwandten Testamentsvollstreckern in Auftrag gegeben, immer war die Inschrift auf dem Grabmal das letzte Wort vor dem Verstummen im Tod und darf daher als authentisches Selbstzeugnis betrachtet werden: Am Rande des Grabes musste aller schöner Schein ein Ende haben. Wie aber fiel diese Bilanz der Kirchenfürsten im 17. Jahrhundert aus? Dazu drei Beispiele!

„Dem gnädigsten und erhabensten Gott. Dem Scipione Cobelluzzi aus Viterbo, Kardinal von Santa Susanna, dem Bibliothekar, der an der kirchlichen Würde und Freiheit in höchstem Maße festhielt. Ganz Rom ist sich einig im Lob, dass er durch seine vermittelnden Schriften den Purpur erlangt hat, den Wissenschaften durch seine stetige Förderung der Gelehrten Dank abgestattet und das Ergebnis seines Wirkens daran gemessen hat, möglichst vielen Personen zur verdienten Förderung zu verhelfen. Er starb im Jahre des Herrn 1626 und lebte 62 Jahre. Das Kollegium der Jesuiten von Viterbo, das er durch sein Testament zum Erben einsetzte, ließ ihm dieses Grabmal errichten."

Grabmal und Inschrift in der Kirche Santa Susanna bilden das Minimum, das dem Wohltäter geschuldet wird. Der Text würdigt kaum verschlüsselt das publizistische Wirken des Verstorbenen für die Jesuiten und seinen Einsatz für wahre Gelehrsamkeit. Dass es sich um einen Kirchenfürsten und damit um einen der höchsten Repräsentanten der katholischen Kirche handelt, geht nur aus dem eingangs genannten Titel hervor. Die Kurzlebensbeschreibung beschränkt sich auf das berufliche Wirken; theologische Aussagen fehlen, ebenso wie konfessionelle Merkmale.

„Alessandro Bichi aus Siena, Presbyterkardinal von Santa Sabina, und seinem Bruder Celio, Auditor der Sacra Rota, dem Neffen des Kardinals Metello aus der Linie von dessen Bruder Vincenzo, ist dieses Grabmal gewidmet. Beide amtierten als Stellvertreter des Kammerauditors (= des höchsten geistlichen Richters an der Kurie, V. R.). Danach wurde Alessandro durch die Wahl Urbans VIII. im Königreich Neapel mit einer Mission betraut sowie im Königreich Frankreich Gouverneur von Carpentras. Als Nuntius beiderseits der Alpen stellte er dauerhaft seltene Großmut sowie seltene Frömmigkeit und Klugheit unter Beweis und wurde, nachdem unter Führung des französischen Königs gleichzeitig in Italien das Kriegsfeuer gelöscht und in Frankreich die Provinzen befriedet worden waren, Protektor Frankreichs beim Heiligen Stuhl. Dabei verdiente er sich den Ruhm, den er nie gesucht hatte. Coelius, der nicht weniger Lob verdient, wurde von den Päpsten zu den heiligen Aufgaben päpstlicher Glaubensverteidigung herangezogen und Präfekt der römischen Universität sowie schließlich durch die Wahl Alexanders VII. Konsultor der Inquisition und der Pönitentiarie (des obersten päpstlichen Gnadengerichts, V. R.) und waltete 19 Jahre lang gerecht und in weisester Eintracht mit seinen Kollegen seines Amtes. Seinen verstorbenen Brüdern widmete Galgano, Marchese von Arx Albenia, im

Jahre des Heils 1657 dieses Grabmal. Celio starb am 9. März, 57 Jahre alt, Alessandro am 25. Mai, 61 Jahre alt."

Das Doppelmonument der Bichi-Brüder in der Kirche Santa Sabina ist sehr viel ausführlicher, doch für die Grabinschriften römischer Karriereprälaten nicht weniger bezeichnend. Als „Familienunternehmen" hebt es die Größe des Sippenverbandes hervor, dessen Stellung und Ansehen es für die Zukunft bewahren soll. Ein Hauch milder Kritik klingt darin an, dass der nicht minder würdige Bruder den Kardinalspurpur nicht erlangt hat. Ansonsten werden wie in einem kurialen *Who is who* Ämter, Karrierestationen, Problemlösungen und weitere Verdienste aufgelistet, dazu die entsprechenden Qualitäten wie Gerechtigkeit, Frömmigkeit, Tüchtigkeit, Fleiß. All das waren gewiss christliche Tugenden, doch fehlt dem „durchschnittlichen" Kardinalsgrab aus den ersten drei Vierteln des 17. Jahrhunderts jede „spirituelle" Note: kein Sündenbewusstsein, keine Zerknirschung, keine Angst vor dem Gericht, keine Bitte um Erlösung. Um Fehldeutungen von vornherein auszuschließen: Alle hier Bestatteten waren fromme Christen, ihre Grabmäler Rechenschaft vor Gott. Trotzdem sind ihre letzten Worte stark von antiken Vorbildern geprägt und insgesamt von einer ungebrochenen Verdienst- und Heilsgewissheit geprägt. Die letzte Selbstdarstellung im Angesicht des Todes und des Herrn wandelte sich jedoch im letzten Viertel des 17. Jahrhunderts einschneidend. So steht unter der Büste des 1702 nach 57-jährigem Kardinalat verstorbenen Alderano Cibo in Santa Maria del Popolo nur ein einziger Satz:

„Herr, spreche frei die Seele Deines Dieners Alderano, des Bischofs und Kardinals, und tilge mit der Gnade Deines Mitleids, was sich der jetzt Verstorbene in der Welt durch menschliche Umtriebe zuschulden kommen ließ."

Schuld, Sühne, Gnade, Erlösung – das waren für Kardinalsgrabmäler völlig neue Töne. Cibo war Staatssekretär Innozenz' XI. und wie dieser ein Vertreter der *zelanti*, der wertkonservativen Reformpartei. Doch hielt dieser strenge, fast protestantisch anmutende Stil des Sich-von-der-Welt-Verabschiedens nicht allzu lange an. Auf den Grabmälern des 18. Jahrhunderts häufen sich Totenköpfe, tanzen Geripppe in grotesken Verrenkungen, doch heben sich die Bilder der Verstorbenen von diesem grausigen Geschehen durch stoische Seelenstärke ab.

Wer will, kann in den Erinnerungssälen der römischen Kirchen zu eigenen Expeditionstouren ausrücken. Auf solchen Forschungsreisen entdeckt man Schicksale ohne jeden Hauch von Gefühligkeit, die diesem Wort im Zeitalter der Seifenopern innewohnt, und erst recht ohne Selbstmitleid. In den Wartehallen des Jüngsten Tages verewigt sind keineswegs nur Prälaten und Kardinäle, sondern alle Berufsgruppen, die es sich leisten konnten. Empfehlenswerte Adressen: San Lorenzo in Lucina, an der gleichnamigen Piazza wenige Schritte nördlich der Via del Corso, mit Berninis Büste eines in der Wahrheitsschau entrückten Arztes; Sant'Antonio dei Portoghesi unweit der Via della Scrofa mit dem sprechenden Marmorporträt eines reichen Parfümhändlers; Santa Maria in Traspontina an der Via della Conciliazione mit der Grabplatte eines adeligen dänischen Offiziers, der einen Tag nach seinem Übertritt vom Luthertum zum Katholizismus verstarb – drei von vielen Tausend römischen Geschichten.

8.

Versorgen: Brot und Wasser

Die demographische Entwicklung der Ewigen Stadt verlief unspektaku-
lär. Um 1500 zählte Rom gut 50 000 Einwohner, die sich bis 1600 verdoppel-
ten; als die französischen Truppen Pius VII. Anfang 1798 ins französische
Exil entführen, hatte sich diese Zahl nach einer deutlichen Zunahme im
18. Jahrhundert auf 165 000 erhöht. Die Schwankungen innerhalb des
17. Jahrhunderts fallen nicht allzu stark ins Gewicht; in den 1690er Jahren
lebten innerhalb des antiken Mauerrings maximal 20 Prozent mehr Menschen als am Anfang des Säkulums. Absolut „belastbare" Volkszählungen
gibt es in dieser Zeit nicht; die verfügbaren Zahlen beruhen auf den sogenannten *Status-animarum*-Listen. Sie wurden von den Pfarrern erstellt, die
die Namen derjenigen zu notieren hatten, die wie vorgeschrieben das öster-
liche Abendmahl einnahmen. Banditen und Vagabunden wurden dabei
eher selten gesichtet, sodass diese Zahlen mit einer nur grob abschätzbaren
Dunkelziffer aufgerundet werden müssen.

Völlig gesichert sind jedoch andere, aussagekräftigere Zahlen, zum Beispiel zum jährlichen Getreidebedarf. Dieser reduzierte sich im letzten Jahrzehnt des 17. Jahrhunderts um 7,7 Prozent der zwischen 1600 und 1609 be-
nötigten Gesamtmenge. Da die Einwohnerzahl im Laufe des Jahrhunderts,
wie angegeben, leicht stieg, sank der Brotverbrauch pro Kopf im selben Zeitraum um ein knappes Viertel. Mit anderen Worten: Die Ernährungs-
gewohnheiten der Römerinnen und Römer wandelten sich entsprechend –
weniger Brot, mehr Gemüse und wohl auch etwas mehr Fleisch bzw. Fisch.
Trotzdem blieb die Abhängigkeit vom Brot stark, nicht selten quälend. Für
einen großen Teil der römischen Bevölkerung entschied der Brotpreis über
Sein oder Nichtsein – die Getreidebehörde „Abbondanza" war also gut be-
raten, das Grundnahrungsmittel Nummer eins auf einem günstigen, mindestens aber erschwinglichen Preisniveau anzubieten, anderenfalls drohten
unabsehbare Folgen.

Sage mir, welches Brot du isst, und ich sage dir, auf welcher Stufe der
sozialen Pyramide du stehst: Zwischen 1600 und 1609 konsumierten gut
drei Viertel der Einwohner billige Brotsorten, zwei Drittel das sogenannte
pane a baiocco, der Rest kaufte mehr oder weniger subventioniertes Mehl

bzw. Getreide, um selbst Brot zu backen. Am Ende des 17. Jahrhunderts war der Konsum dieser „niedrigen" Brottypen auf gut 83 Prozent gestiegen – kein gutes Zeichen für die Entwicklung der Sozialstruktur am Tiber. Ein Zwölftel der Einwohner war vom „gehobenen" Brot zum einfachen abgesunken. Und gut vier Fünftel der Gesamtbevölkerung ließen sich nach ihrer Brot-Ernährung der untersten Mittelschicht bzw. Unterschicht zuordnen. Damit waren mindestens drei Viertel der Einwohner bei Versorgungs- und Hungerkrisen in ihrem Überleben akut gefährdet. Die römische Getreidebehörde wurde vor diesem Hintergrund zu einer Staatssicherungs-Institution allerersten Ranges. Auf vielen Positionen konnte die Ewige Stadt Prälaten verkraften, die ihr Amt ausschließlich Empfehlungen einflussreicher Persönlichkeiten verdankten; der Präfekt der Annona jedoch war durchgehend ein „Technokrat", der es regelmäßig nach adäquater Funktionserfüllung an dieser Schlüsselstelle des Systems Rom zum Kardinal brachte.

Den Unterschied zwischen den Brotsorten machte die Herstellung aus. *Pane a baiocco* – „Pfennigbrot" – bestand genauso wie das „vornehme" *pane bianco*, das „Weißbrot", aus Weizen, allerdings weniger fein ausgemahlen, mit mehr Kleie und daher im Farbton bräunlich oder sogar grau, von den vielen Klagen über den Geruch ganz zu schweigen. Alle Versuche, die Einwohner der Ewigen Stadt an andere Getreidesorten wie etwa nordeuropäischen Roggen zu gewöhnen, waren kläglich fehlgeschlagen. Solche Importe ließen in Notzeiten regelmäßig Vergiftungs-Ängste ins Kraut schießen, die zu gefährlichen Handgreiflichkeiten führten. Um der päpstlichen Behörde die Weizen-Hoheit zu sichern, war das Umland der Ewigen Stadt, wie erwähnt, ihrer Rechtsprechung bedingungslos unterworfen; damit war zumindest juristisch der Zugriff auf eine 110 000-ha-Zone garantiert, die in durchschnittlichen Jahren eine auskömmliche Getreidebelieferung gewährleistete. Diese Normalität konnte von zwei Faktoren gestört werden: durch schlechte Ernteausfälle infolge kalter Winter und Frühjahre oder durch die Reduzierung von Anbauflächen. Gegen Klimaschwankungen und Getreidekrankheiten war der Präfekt der Annona, ja, selbst der Papst machtlos. Gegen die Verringerung der Weizenkultur hingegen konnte man mit politischen Druckmitteln und ökonomischen Anreizen vorgehen. Dabei gelangten Zuckerbrot und Peitsche gleichermaßen zur Anwendung. So verlieh die Abbondanza Saatgut an Kleinproduzenten, die dieses nach der Ernte zurückerstatteten. Doch diese zinslosen Getreidedarlehen erzielten nur geringe Wirkungen; der Großteil des Ackerlandes gehörte römischen Aristokraten oder Kirchen.

Diese musste man bei Laune halten, sollte das römische Versorgungssystem ohne horrende Einbußen der Papstfinanz funktionieren. Im 17. Jahrhundert gelang das im Großen und Ganzen recht gut. Im letzten Jahrzehnt war die Anbauquote gegenüber dem Vergleichswert von 1600 bis 1609 sogar um 1,5 Prozent gestiegen. Grund zur Besorgnis gab es dennoch immer wieder. So sank die gesamte Kulturfläche zwischen 1610 und 1619 um fast ein Fünftel gegenüber dem vorangehenden Jahrzehnt ab – Folge der extrem niedrigen Preise in der ersten Hälfte der Regierungszeit Pauls V., die diesem ewige Beliebtheit beim römischen Volk, den römischen Getreideproduzenten jedoch hohe Verluste einbrachten. Ganz ähnlich war die Situation zwischen 1680 und 1689; auch unter Innozenz XI. sanken die römischen Weizenpreise ins Bodenlose – und die Hektarzahlen der Anbauflächen auf 72,5 Prozent des Ausgangswerts von 1600 bis 1609.

Das war ein Warnsignal der Großgrundbesitzer und ihrer Pächter: Bis hierhin und nicht weiter! Tiefer dürfen die Erträge aus Kulturland nicht absinken, dann ist es mit dem Profitmargen-Verzicht vorbei! Diese Einbußen waren auch in Normaljahren nicht unbeträchtlich. Die Nachfrage nach Fleisch war so groß, dass die Nutzung von Grund und Boden als Weideland durchgehend lukrativer war. Eine gewisse Differenz zu ihren Ungunsten nahmen die römischen Aristokraten hin, klafften die Werte zu weit auseinander, war es Zeit, den Päpsten ihre Grenzen aufzuzeigen. Nicht nur sie, sondern auch die führenden Familien der Ewigen Stadt und die reich begüterten Kirchen und Klöster waren naturgemäß lebhaft daran interessiert, die extrem ungleiche soziale Ordnung durch günstige Brotpreise zu festigen; so betrachtet, war die Verpachtung von Ackerland eine Investition in politische Stabilität. Im 17. Jahrhundert dachten daher nur wenige Mitglieder der Elite daran, diesen Dreiecks-Pakt mit dem Papst und dem Volk aufzukündigen. Eine Ausnahme bildete Kardinal Giulio Sacchetti aus reichem, von den Barberini protegiertem Florentiner Bankhaus. Er legte kurz nach der Mitte des 17. Jahrhunderts seine Ideen zu einer umfassenden Wirtschaftsreform Roms und des Kirchenstaats in einer Denkschrift nieder, die in mancher Hinsicht an Diskussionen über soziale Gerechtigkeit zu Beginn des 21. Jahrhunderts erinnert. Die Päpste – so Sacchetti – müssten ihr Augenmerk stärker als bisher auf die produktiven Klassen richten und diesen Ansporn zu intensivierter unternehmerischer Aktivität bieten, statt einseitig die „verzehrenden Schichten" zu begünstigen. Diese entwickelten als Folge der „Überfürsorge" die Mentalität von Schmarotzern; im Wissen, dass sie um buchstäblich jeden Preis durchgefüttert würden, sahen sie sich nicht nur aller eigenen Anstrengungen erhoben, sondern schraubten ihre Ansprüche darüber hinaus ins Ungemessene. Stattdessen müsse man die kleinen

Leute an mehr Eigenverantwortung gewöhnen; so würden sie lernen, in guten Zeiten Rücklagen für Krisen zu bilden, und auf diese Weise auch stärkere Brotpreisschwankungen schadlos überstehen. Anderenfalls gerate das Papsttum in eine Abhängigkeits-Falle, die das Herrschaftssystem als Ganzes bedrohe. Das war eine scharfsinnige Diagnose des Wirtschafts- und Sozialsystem Roms – und eine prophetische dazu, wie sich mit dem Anbaustreik der Elite ab 1763 erweisen sollte.

In den 1650er Jahren stand Rom ökonomisch und sozialpolitisch betrachtet am Scheideweg. Kardinal Sacchetti fehlten im Konklave von 1655 nur wenige Stimmen zur Papstwahl. Hätte er im Falle seiner Wahl – wahrscheinlich aufgrund des gewachsenen Treueverhältnisses zu den Barberini als „Urban IX." – die dringend angeratenen Korrekturen vorgenommen? Das darf mit Fug und Recht bezweifelt werden. Ein Kardinal konnte zu solchen Grundsatzfragen ganz anders Position beziehen als ein Papst. Dieser verstand sich als Glied einer mehr als zweihundertteiligen Kette; aus dieser Tradition erwuchsen Pflichten, die kein Pontifex maximus einfach leugnen konnte. Seit Gregor dem Großen (590–604) unterlag jeder Papst dem Zwang, sich als Beschützer der Armen zu bewähren; die Fürsorge für die *pauperes Christi*, die aufgrund ihrer Mittellosigkeit dem Erlöser am nächsten standen, musste durch Almosen aller Art, nicht zuletzt durch ausgeprägte Versorgungs-Privilegien, unter Beweis gestellt werden. Wer gegen diese Regel verstieß, war als schlechter Herrscher gebrandmarkt, seine Legitimität war mehr als fraglich. Im Laufe eines Jahrtausends hatte sich diese Schutzpflicht stetig verstärkt; im wohlverstandenen Eigeninteresse wurde sie von den kleinen Leuten am Tiber so interpretiert, dass die Päpste einen unüberwindlichen Schutzwall gegen die apokalyptischen Reiter Krieg, Pest und Hungersnot zu errichten hatten. Diese traten meistens zusammen oder kurz nacheinander auf. Krieg verwüstete das flache Land, sodass die Felder unbestellt blieben; magere Ernten hatten Hungersnöte zur Folge, die ihrerseits Seuchen nach sich zogen. Vor all diesen Katastrophen musste ein Papst die Einwohner seiner Hauptstadt schützen, wenn er den Pflichten seines Amtes gerecht werden wollte.

Was bedeutete das im Alltag? Die Römerinnen und Römer des 17. Jahrhunderts hatten darauf eine klare Antwort: *abbondanza!* Sie verlangten kategorisch, dass ihr *pane a baiocco* bei günstigem Ernteausfall so schwer wurde, wie es der von Gott gesandte Überfluss erlaubte. Himmlischer Segen ermaß sich in Rom nicht in Geld, sondern in Gewicht: Wie schon der Name besagte, blieb der Preis für „Unterschichtenbrot" immer gleich, nämlich bei einem *baiocco* (dem Hundertstel eines *scudo*) pro Broteinheit (*pagnotta*).

Herauf- oder herabgesetzt wurde stattdessen die Brotmenge – kein Einzelfall in Europa. Dahinter stand die verzweifelte Hoffnung der Behörden, dass
Gewichtsreduzierungen weniger auffallen und dadurch weniger Unruhe
erzeugen würden als Preiserhöhungen. Doch das war ein Irrtum: In Rom
wurde die *pagnotta* tagtäglich geradezu auf die Goldwaage gelegt. Das so-
zialpolitische Programm der römischen Unterschicht lautete also: keine
künstlich herbeigeführten Brotverteuerungen in guten Jahren, um dadurch
Reserven für schlechte Zeiten anzulegen – Parallelen zu den europäischen
Staatshaushalten im 21. Jahrhundert drängen sich auf. Und selbstverständlich wurde dieser kategorische Brot-Imperativ um eine Zusatzklausel er-
gänzt: in Krisen keine Absenkung des Brotgewichts unter den magischen
Satz von acht Unzen (225 Gramm) pro *baiocco*.

Der Durchschnittswert des 17. Jahrhunderts liegt bei knapp 8,8 Unzen,
also fast ein Zehntel über der Basisforderung. Auch auf Jahrzehntbasis berechnet, erscheint die Bilanz, mit den kritischen Augen der römischen Konsumenten gelesen, fast makellos. Zwischen 1610 und 1619 stieg die *pagnotta*
durchschnittlich auf sagenhafte 11 Unzen an, ein wahres Schlaraffenland
der Armen; und auch im letzten Jahrzehnt des 17. Jahrhunderts lag sie mit
9,5 Unzen weit über dem Limit. Eine Unterschreitung des Standards zeichnet sich nur einmal, zwischen 1650 und 1659 ab, als der Mittelwert bei 7,6
Unzen lag. Eine solche Abweichung um minus 5 Prozent scheint noch ver-
kraftbar. Doch der Schein trügt. Dezenniumswerte ebnen mancherlei kurz-
oder mittelfristige Schwankungen ein. Um das Überleben der römischen
Unterschicht akut zu gefährden, genügte es, das Brotgewicht einige Wochen
lang drastisch zu reduzieren. Genau das war zwischen 1648 und 1655 insgesamt drei Mal der Fall – mit Folgen, die unten näher zu schildern sind.

Vorher, genauer: zwischen 1593 und 1647 sind Brotgewichts-Verminde-
rungen unter acht Unzen pro *baiocco* selten und eher geringfügig. Zwischen
dem 29. Juli 1658 und dem 22. März 1764 blieben sie ganz aus. Kein anderer
Ort Europas konnte auch nur ansatzweise eine solche Stabilität vorweisen.
Summarisch bilanziert: Die Päpste haben die Verpflichtung, die Versor-
gungssicherheit der römischen Bevölkerung zu garantieren, von wenigen
Ausnahmen abgesehen nicht nur beherzigt, sondern geradezu übererfüllt.
Um die Folgen für die gut drei Viertel der Einwohner zu ermessen, die zu
den krisenanfälligen Schichten gehörten, ein Blick auf die Entwicklung von
Löhnen und Preisen im selben Zeitraum! Auf den Ausgangswert für 1600
bis 1609 bezogen, stellt sich auch dieses Bild insgesamt positiv dar. Nach der
Pestepidemie der Jahre 1656 und 1657 nahm die Kaufkraft der Lohnempf-
fänger aller Sparten mehr als ein Jahrhundert lang zu, und zwar Jahrzehnt

für Jahrzehnt und nicht selten um satte Margen, zwischen 1670 und 1699 um etwa ein Zwölftel. Das hatte weniger mit der Erhöhung des Einkommens zu tun, das für landwirtschaftliche Tagelöhner, Domestiken und kleinere Handwerker langfristig weitgehend stabil blieb, umso mehr jedoch mit fallenden Preisen für die „übrigen" Lebenshaltungskosten außer Brot: Mieten, Kleidung, Schuhe, Lebensmittel diverser Art – alles wird in der zweiten Hälfte des 17. Jahrhunderts deutlich billiger. Gute Zeiten, schlechte Zeiten: Gut waren sie für das römische Volk, schlecht für Unternehmer, die in den Jahrzehnten der Deflation ihren Tätigkeitsradius systematisch einschränkten. Natürlich fiel auch die Grundrente, der Ertrag aus Grund und Boden, steil ab. Die Reichen wurden weniger reich, mit unübersehbaren Folgen für das römische Stadtbild.

Rom, das gelobte Land der Unterschicht: Wie wurde dieses Versorgungs-Wunder bewerkstelligt? Vom partiellen Profitverzicht der Grundbesitzer im wohlverstandenen Eigeninteresse war bereits die Rede. Dahinter stand eine regelrechte Staatswirtschaft, wie sie in dieser Ausprägung für Alteuropa vor der Französischen Revolution einmalig ist. Die römische Annona bzw. Abbondanza kaufte in großem Stil Weizen ein, und zwar zu Preisen, die sie selbst fest- und meistens auch durchsetzte, und zwar umso leichter, je niedriger Rang und Einfluss der Verkäufer waren. Diese Bestände wurden in riesigen Speichern gelagert, die unter Paul V. bei der Kirche Santa Maria degli Angeli, in unmittelbarer Nähe der Stazione Termini, gelagert wurden – ein Wappen des Borghese-Papstes mit Inschrift erinnert bis heute an diese staatliche Vorratshaltung. Aus ihren Reserven gab die Annona Jahr für Jahr die Quantitäten an die römischen Bäcker ab, die ihr in Anbetracht der jeweiligen Versorgungslage und des aktuellen Weizenpreises angemessen erschienen. Völlig frei war sie bei diesen Kalkulationen jedoch nicht, dem stand ein unerbittlicher Zeitfaktor entgegen; auch im milden und trockenen Klima der Ewigen Stadt drohte Getreide nach spätestens drei Jahren zu verfaulen. Das hatte zur Folge, dass die römischen Bäcker „annonarisches" Korn auch dann abnehmen mussten, wenn es auf dem Markt reichlich und kostengünstiger bezogen werden konnte – das war der Preis der Brotgewichtsstabilität. Die römischen Verbraucher sahen diese Ausgleichs-Praktiken gar nicht gern, ja, sie hielten sie schlichtweg für illegal, mussten sich aber zähneknirschend immer wieder damit abfinden, am längsten und intensivsten unter dem Reformpontifikat Innozenz' XI. Auf das ganze 17. Jahrhundert bezogen, lag die „Staatsweizen-Quote" bei 20 Prozent – jedes fünfte Brot ging somit auf Aufkäufe der Annona zurück, auch das ein einmaliger Rekord in Europa.

Eingriffe der Abbondanza wurden unumgänglich, wenn das heimische Getreide nicht ausreichte. Dann hatte sie Importe aus dem Ausland zu organisieren, die diese Versorgungslücken schlossen, und zwar unter Aufbietung aller finanziellen Ressourcen des Papsttums und seines Staates. Da Missernten im 17. Jahrhundert häufig nicht regional begrenzt blieben, sondern über Staatsgrenzen hinweg weite Kreise zogen, war das kein leichtes Krisenmanagement – im Extremfall ging es um Leben und Tod von Zehntausenden. Doch auch in solchen Notlagen rückten die Römerinnen und Römer um kein Jota von ihrer Basisforderung ab: Egal, wie teuer die Annona das rettende Getreide eingekauft hatte, sie musste es so günstig an die Bäcker verteilen, dass die Gewichtsgrenze von acht Unzen pro *baiocco* nicht unterschritten wurde. Akzeptierten die Päpste den Normenkatalog der römischen Unterschicht, so drohte eine schier uferlose Staatsverschuldung. Doch so weit kam es im 17. Jahrhundert (noch) nicht. Für dieses schlagen etwas mehr als 1,6 Millionen *scudi* Defizit der Getreidebehörde zu Buche – verglichen mit den regelmäßigen Aufwendungen für die Nepoten nach jedem Pontifikatswechsel war das geradezu eine *quantité négligeable*. Die Annona drückte kräftig auf den Getreidepreis, die grundbesitzenden Eliten spielten nolens volens mit, in guten Jahren ließ sich manches Verlustgeschäft durch höhere Abgabesätze wieder wettmachen – so kam das System Rom sozialpolitisch über die Runden.

Die Regulierungs-Hoheit der Annona erstreckte sich nicht nur auf die Getreide erzeugenden, sondern auch auf alle verarbeitenden Gewerbe. Dabei galten für die Tiber-Mühlen, die aus Korn Mehl mahlten, durchgehend feste Tarife. Wie überall wurden deren Betreiber des Betrugs verdächtigt, doch spielten sie davon abgesehen im römischen Versorgungssystem eine untergeordnete Rolle. Im Rampenlicht der Aufmerksamkeit von Staat und Volk standen hingegen die römischen Bäcker. Ihnen gegenüber war das Misstrauen so groß, dass sie zeitweise zu einem gläsernen Gewerbe wurden – in regelmäßigen Abständen organisierte die Annona regelrechte Schau-Backveranstaltungen, bei denen minutiös ermittelt werden sollte, wie hoch die Gewinne der Bäcker beim Brotverkauf ausfielen. Völlig beruhigt zeigte sich die römische Öffentlichkeit gleichwohl nicht; die kleinen Leute waren felsenfest davon überzeugt, dass die verschlagenen Herren der Backstuben ihre geheimen Methoden hatten, um auf Kosten und Gesundheit der Verbraucher mehr Profit in die eigene Tasche abzuzweigen, als die Detektive der Annona jemals aufspüren konnten.

Überall im vorindustriellen Europa trauten die unteren Schichten Bäckern und Müllern das Schlimmste zu. Dass die römischen Bäcker jedoch permanent des Betrugs verdächtigt wurden, hatte wahrscheinlich mit ihrer Herkunft zu tun – seit dem späten Mittelalter stammte ein erheblicher Teil von ihnen aus Deutschland. Die Anfänge dieser Tradition liegen im Dunkeln. Die Quote der überwiegend aus Bayern eingewanderten *tedeschi* hingegen lässt sich aus den Rechnungsbüchern der Annona ermitteln; so waren 1633 22 deutsche Bäcker in Rom tätig, 1648 noch 17. In der zweiten Hälfte des 17. Jahrhunderts stieg ihre Zahl aus unbekannten Gründen wieder an; Mitte der 1670er Jahre waren es 26 und damit ein Drittel der gesamten Zunft.

Wie das Brot, so seine Produzenten; dementsprechend zerfiel das Gewerbe in die beiden Sparten der *fornari baioccanti* und der *fornari decinanti* – die Ersteren buken Brot fürs Volk, verkauften also en détail, die Letzteren schlossen langfristige Verträge mit den großen römischen Familien. Dabei verpflichteten sich diese „Luxusbäcker" meist für ein Jahr, das für Herren und Dienerschaft benötigte Brot zu einem festen Abonnements-Preis zu liefern; Kutscher und Kardinäle verzehrten also dasselbe makellos weiße Brot – es zahlte sich aus, Domestik zu werden. Das Gewerbe der *fornari decinanti* war deshalb ziemlich krisensicher; selbst in den schlimmsten Versorgungsengpässen sparten Kirchenfürsten und Aristokraten nicht an der Brotversorgung. Zudem mischte sich die Annona in den Berufsalltag der *decinanti* mangels sozialer Brisanz kaum ein, ganz im Gegensatz zu den *fornari baioccanti*, die mit Argusaugen beobachtet wurden und sich in Krisenzeiten als Sündenböcke anboten. Dann liefen selbst gestandene Bäckermeister Gefahr, wegen angeblicher oder tatsächlich begangener Verstöße gegen die rigorosen Preis- und Qualitätsrichtlinien öffentlich ausgepeitscht zu werden oder noch ärgere Unbill zu erdulden. Dabei konnten sie oft gar nicht anders – in Teuerungszeiten setzte die Annona das Brotgewicht so hoch an, dass eine korrekte Broterstellung nicht nur keine Gewinne mehr abwarf, sondern Verluste einbrachte.

Harte Zeiten wie diese konnten nur Betriebe mit solider Finanzierungsgrundlage überstehen. So sank die Zahl der römischen Broterstellungsbetriebe umgekehrt zur Bevölkerungsentwicklung kontinuierlich ab. In den 1570er Jahren gab es in Rom noch fast 200 Bäcker beider Kategorien, bis 1611 sank die Gesamtzahl auf 152 ab; danach wurde der Gesamtbestand an *fornari baioccanti* auf 100 und die Zahl der *decinanti* auf 28 (bis 1619), danach auf 24 festgelegt. Als Urban VIII. gegen Ende seines Pontifikats eine verhasste Mahlsteuer einführte, die auf das Brotgewicht drückte, war im römischen Bäckergewerbe ein weiterer Rationalisierungsschub fällig. Von jetzt an gab es bis zur Revolution von 1798 im Durchschnitt nur

noch gut 60 Unterschichten- und anderthalb Dutzend Luxusbäcker, und
zwar mit einem eindeutigen Trend zum Großbetrieb in beiden Sparten.
Von jetzt an verfügte die durchschnittliche Backstube über acht bis zehn
Backöfen, an denen ein Dutzend Angestellte arbeiteten. Diese stetige Reduzierung bekam den Bilanzen der Annona gut. Wurden am Beginn des
17. Jahrhunderts noch mindestens zehn Prozent der Bäcker jährlich mit
dem Vermerk „geflohen" oder „bankrott" gestrichen, so tendierte diese
Zahlungsunfähigkeits-Quote ab der Mitte des 17. Jahrhunderts gegen null.
Das hatte mit der Entwicklung der durchschnittlichen Betriebsgewinne zu
tun. Diese schwankten im Laufe des 17. Jahrhunderts stark, und zwar nicht
nur von Jahr zu Jahr, sondern auch von Jahrzehnt zu Jahrzehnt. Am niedrigsten lagen sie im goldenen Verbraucher-Dezennium von 1610 bis 1619,
als die durchschnittliche Quote gut 100 *scudi* pro Jahr betrug. Das war
zwar immer noch deutlich mehr als ein durchschnittliches Handwerker-
Einkommen, doch verteilte sich dieser Wert sehr ungleich auf häufig
defizitäre Klein- und lukrativere Großbetriebe. Die zweitniedrigste Gewinnspanne verzeichnete das Gewerbe zwischen 1680 und 1689, als Innozenz XI., der große Sanierer, die in seinen Augen unangemessenen Profite
der Bäcker gezielt absenken ließ. In dieser Zeit galt zudem der strenge
Grundsatz „Hohe Gewinne – hohe Risiken": In nahezu jedem zweiten Jahr
schrieben die römischen Bäcker rote Zahlen.

Ihre Listen zeigen zugleich an, wie sich die Brotverkaufsstellen auf die
13 römischen Stadtteile (*rioni*) sowie den eine unabhängige Verwaltungs-
einheit bildenden Borgo beim Vatikan verteilten (Abb. 25). Da die Annona
Bäckerläden dort einrichten ließ, wo die Kundschaft wohnte, lassen sich daraus weitreichende Rückschlüsse zur Siedlungsdichte und Siedlungsentwick-
lung der Ewigen Stadt ziehen. Die wichtigste Umzugs-Bewegung verlief vom
Fluss auf die Hügel – Monti, „Berge", hieß der nach offizieller Zählung erste
der römischen *rioni*, der sich über Esquilin und Viminal bis zur peripher gelegenen Lateransbasilika erstreckte und bis tief ins 19. Jahrhundert hinein
ausgedehnte Weinberge, Obstgärten und weitere landwirtschaftlich genutzte
Grundstücke umfasste. Allerdings begannen diese Grünflächen seit der Mitte
des 16. Jahrhunderts zu schrumpfen; war um 1560 gerade einmal jeder vier-
zehnte römische Haushalt dort ansässig, so war es kurz nach 1600 schon jeder
zehnte und ein halbes Jahrhundert später jeder achte. Damit vollzog sich die
urbanistische Entwicklung umgekehrt zum Trend des Mittelalters; zwischen
1000 und 1400 hatte sich die Bevölkerung beim Tiberknie, vor allem in den
rioni Ponte und Regola, und auf der gegenüberliegenden Seite im Borgo und
in Trastevere und damit in Vierteln konzentriert, die von Überschwemmun-

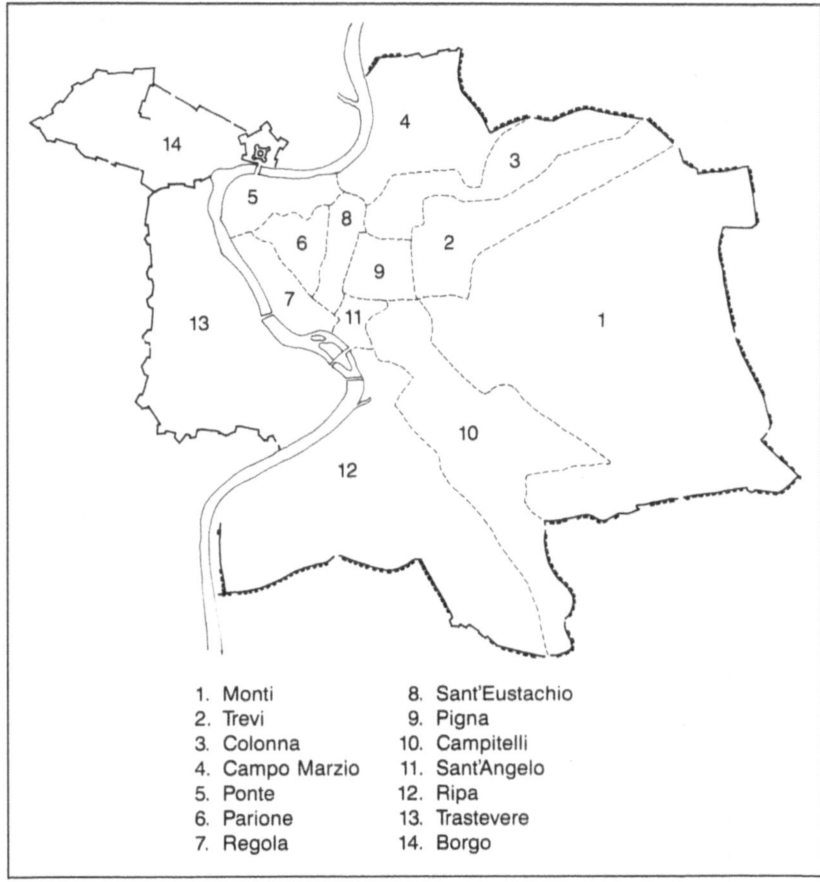

Abb. 25: Die Karte zeigt Umfang und Grenzen der 13 römischen *rioni* und des Borgo beim Vatikan. Im 17. Jahrhundert war der erste dieser Stadtteile namens Monti auch demographisch die Nummer eins.

gen und von Malaria besonders häufig heimgesucht wurden. Der Wegzug auf die Hügel spiegelt also ein städtebauliches Erneuerungs- und Sanierungsprogramm wider, das seinen Höhepunkt im kurzen, aber folgenreichen Pontifikat Sixtus' V. (1585–1590) fand. Dieser tatkräftige Pontifex maximus baute zwar keine neue Brücke, dafür aber zahlreiche neue Straßen, die um die Basilika Santa Maria Maggiore sternförmig zusammenliefen und auf diese Weise abgelegene Gebiete wie das Lateranquartier ans Zentrum anbanden.

Für die Erschließung dieser „ländlichen" Zonen innerhalb der antiken

Stadtmauern noch wichtiger war die Wasserversorgung. Diese war in der antiken Millionenmetropole durch einen Kranz von Großaquädukten garantiert, deren Reste man bis heute raupengleich in das römische Umland ausgreifen sieht. Dieses kunstvolle Netz aus Wasserleitungen war im Lauf der Zeit mangels Wartung lückenhaft geworden und schließlich bei der normannischen Eroberung Roms 1084 endgültig zerstört worden, woraufhin der Tiber als Kloake und Trinkwasser-Reservoir zugleich diente. Mit der Anlage der neuen Aquädukte unter Sixtus V. konnte sich Rom wieder in flussfernere Regionen ausdehnen. Dass sich dieser Papst im monumentalen Mosesbrunnen bei der Kirche Santa Susanna als Wasserversorger des Gottesvolkes verherrlichen ließ, zeigt an, welche Bedeutung und welchen Propagandawert er selbst dieser zivilisatorischen Großtat beimaß.

Im Zuge dieser Entwicklung verlor das getrennt ummauerte Borgo-Quartier beim Vatikan während des 17. Jahrhunderts ein Drittel seiner Einwohner. In diesem Schwund spiegelt sich allerdings auch die größte römische Baumaßnahme der Zeit, die Anlage des Petersplatzes, wider. Zu diesem Zweck wurde ein dicht bewohntes Quartier regelrecht entkernt. Immerhin blieb der Abschnitt von der Piazza bis zum Tiber eng bebaut, sodass Besucher plötzlich aus dem Gassengewirr heraustraten und unvermutet Michelangelos Kuppel vor Augen hatten. Dieser stadtszenographische Überraschungseffekt ohnegleichen wurde zerstört, als Mussolini in den 1930er Jahren die Via della Conciliazione anlegen ließ, um mit dieser „Straße der Versöhnung" den Abschluss der Lateranverträge zwischen dem Königreich Italien und dem Vatikanstaat zu feiern. Im Gegensatz zum Borgo konnte der dreizehnte *rione* Trastevere seine Einwohnerquote im 17. Jahrhundert bewahren. Dass im Durchschnitt jeder achte römische Haushalt hier angesiedelt blieb, war ebenfalls darauf zurückzuführen, dass Trinkwasser nicht mehr aus dem trüben Fluss geschöpft werden musste. Paul V. Borghese ließ ab 1605 den Kranz der neuen Aquädukte durch eine Leitung komplettieren, die das Wasser aus der gut 50 Kilometer nördlich gelegenen Gegend um den Lago di Bracciano in die Ewige Stadt führte; da diese Mengen den Bedarf von Trastevere überschritten, wurden die überschüssigen Ströme in Bleirohren über den Ponte Sisto in die auf der anderen Tiberseite gelegenen *rioni* geleitet.

Abbondanza di grano, Überfluss an Getreide, ließ sich nur begrenzt feiern. Auch hier taten die Päpste, was sie konnten: Auf dem Campo de' Fiori wurde ein Schaumarkt eingerichtet, wo misstrauische Hausfrauen Musterbrote mit Argusaugen prüfen und in begrenzter Menge auch kaufen konnten; sein Hauptzweck bestand darin, die rasend schnell aufkommenden Ängste vor eventuellen Versorgungsengpässen im Keim zu ersticken. Mehr sichtbare Werbung ließ sich mit Korn und Brot kaum machen, ganz im Gegensatz zum Wasser, das zu einem Hauptthema römischer Prunk- und Propagandabauten im 17. Jahrhundert wurde. Welch grandiose Verherrlichungs-Schauspiele begabte Baumeister mit dem stäubenden Nass zu inszenieren vermochten, hatte sich ein halbes Jahrhundert zuvor bereits in der Villa d'Este in Tivoli mit ihren zahllosen Fontänen gezeigt. Dort strömte das Wasser zum Ruhme der ferraresischen Herzogsfamilie und ihrer Kardinäle – Prestige-Quellen, die die Päpste zum Ruhme ihrer Herrschaft und ihres Hauses anzuzapfen versuchten. Nach Sixtus V. nutzte Paul V. diese schäumenden Triumph-Effekte am geschicktesten.

Kaum waren die (teilweise unterirdisch verlaufenden) Leitungen von Bracciano auf den Gianicolo oberhalb von Trastevere gelegt, als auch schon eine Schauwand von einzigartiger Monumentalität errichtet wurde; seinen Namen „Wasserkastell" verdient dieser majestätische Abschluss der Acqua Paola (wie das Aquädukt nach dem Bauherrn Paul V. genannt wurde) voll und ganz (Abb. 26). Wasser und Schrift taten das Ihre zur Verherrlichung des Borghese-Papstes und seiner Nepoten: Während der Text dessen Verdienste als umsichtiger Regent rühmt, zeigen Adler und Drachen, die Wappentiere der Familie, die Fürsorge der Familie als Ganzes an. Welchen Stellenwert das Ruhmeszeichen seiner Auftraggeber hatte, zeigt sich an der Wiederverwendung von Säulen, die aus der alten, nach 1506 abgerissenen Peterskirche stammen. Die Verklärung der Borghese setzte sich sogar in den Becken fort, in die die Acqua Paola so eindrucksvoll hinabstürzt. Um die funkelnden Ströme aufzufangen, waren drei getrennte Bassins angelegt worden, in denen die Wappen-Drachen der Borghese – zu Anpassungen an vielfältige Biotope begabte Tiere – zu regelrechten Wasserschlangen mutierten, die das kühle Nass nochmals effektvoll in die Luft wirbelten. Als Alexander VIII. 1690 die ganze Anlage umgestaltete – was ebenfalls inschriftlich verewigt wurde –, entfernte er die wasserspeienden Drachen und ließ ein ödes Einheitsbecken anlegen.

Brunnen wurden also aus gutem Grund zu einem Hauptsymbol fürsorglicher Papstherrschaft – der Verklärungs-Phantasie römischer Bildhauer waren dabei kaum Grenzen gesetzt. Besonders originell fiel die Brunnen-Erfindung auf der Piazza di Spagna aus: Hier feuert ein mit den Bienen Urbans VIII. geschmücktes Kriegsschiff Wasser aus allen Rohren. Die Aussage war ebenso eindeutig wie bald nach der Entstehung der *barcaccia* kontraproduktiv: Ein guter Vater seiner Untertanen wie der Barberini-Papst verpulvert sein Geld nicht in Kriegen, sondern sorgt für deren leibliches Wohl. Als dann kurz vor Pontifikatsende der Castro-Krieg ausbrach und die Einfüh-

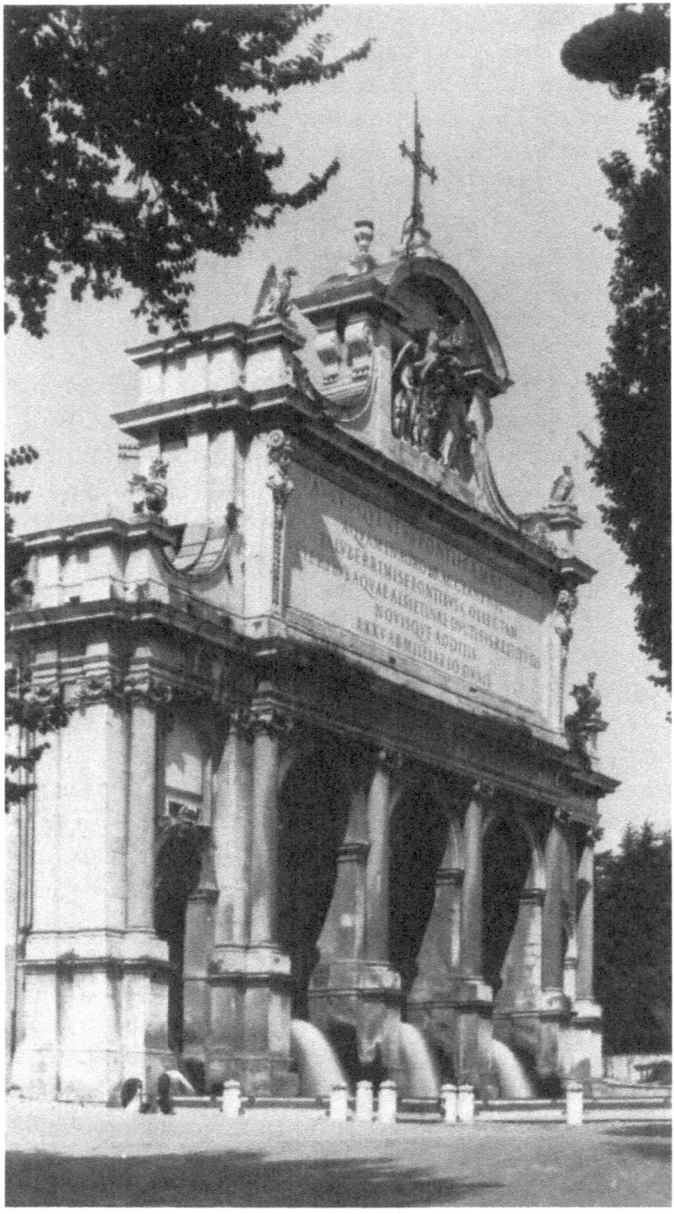

Abb. 26: Wenn alle Brünnlein fließen, sprudelt der Ruhm Pauls V. und seiner Nepoten – prächtiger als im „Wasserkastell" der Acqua Paola auf dem Gianicolo kann man eine prosaische Wasserleitung kaum inszenieren.

rung der verhassten Mahlsteuer nach sich zog, klebten am Kanonenbrunnen bittere Spottverse. Natürlich waren alle diese Fontänen auch zum praktischen Gebrauch gedacht; nur die wohlhabenderen Römer waren in der Lage, eigene Wasserrechte zu erwerben und in die Innenhöfe ihrer Paläste umzuleiten. Die übrigen Einwohner der Ewigen Stadt schöpften aus den öffentlichen Brunnen, von denen sich neben den spektakulären Prunkanlagen auch solche reinen Versorgungsbecken erhalten haben, zum Beispiel in der Via della Vite, wenige Schritte von der Einmündung zur Via del Corso entfernt, oder an der Via della Conciliazione kurz vor dem Petersplatz; selbst diese „Armenbrunnen" waren mit den Wappen der „Wohltäter", in beiden Fällen Paul V., geschmückt. In Rom, der erinnerungstrunkenen Stadt, blieb kein Regierungsakt unregistriert, und war er noch so klein.

9.

Rebellieren:
Formen und Riten des Protests

Das römische Versorgungssystem sollte die Ansprüche einer „moralischen Ökonomie" befriedigen. Dieser vom römischen Volk eingeforderte Kodex trat in den Regeln der römischen Abbondanza hervor: Nur ein Papst, der uns vor Teuerung und Hunger schützt, ist ein guter, das heißt legitimer Papst – so lautete Artikel eins. Den Armen Überlebensgarantien zu bieten, hieß zugleich, den unersättlichen Reichen Zügel anzulegen. Überall in Alteuropa beobachteten die kleinen Leute die großen Händler und ihre Geschäftspraktiken mit tiefem Misstrauen. In ihren Augen hatten alle Dinge des Lebens ihren gerechten Preis. Dieser bot jedem das Seine: dem Verkäufer eine angemessene Gewinnspanne, dem Käufer ungefährdete Versorgung. Doch dieses Gleichgewicht bedurfte der herrscherlichen Eingriffe, sonst unterdrückten die Großen die Kleinen. Ohne spezielle Schutzmaßnahmen der Regierenden diktierten die Händler den Verbrauchern die Preise; die Habgier der Menschen, speziell derjenigen, die Kommerz betrieben, war unbegrenzt. Deshalb mussten ihr permanent Grenzen gesetzt werden. Europäische Unterschichten forderten daher nicht nur andauernde Brotpreiskontrollen, sondern ein ganzes Bündel weiterer Maßnahmen. Besonders suspekt war ihnen jegliche Form von Getreideausfuhr. Gott hatte jeder Stadt ihren Versorgungsgürtel geschenkt, von dem sie leben sollte. Wer das Korn exportierte, das den römischen Armen zugedacht war, versündigte sich an deren Wohlergehen. Wenn es bei reichen Ernten im Überfluss vorhanden war, dann mussten eben entsprechende Vorräte angelegt werden; auf keinen Fall durften die preisdämpfenden Wirkungen dieses Gottessegens künstlich abgeschwächt werden.

Für die römischen Wirtschaftsbehörden ergab sich daraus ein Problem. Wenn man die Überschüsse nicht verrotten lassen wollte, musste man Mittel und Wege finden, das vom Volk diktierte Ausfuhrverbot so schonend wie möglich zu umgehen. Die Lösung bestand darin, dass der Papst allein das Recht hatte, solche Ausfuhrkontingente zu genehmigen, und zwar gegen beträchtliche Gebühren, die wiederum der römischen „Sozialpolitik" zugute kommen sollten. Der Verdacht, dass durch solche *tratte* die Getreidepreise künstlich, das heißt gegen den erklärten Willen Gottes nach oben getrieben werden sollten, ließ sich dennoch nie völlig zerstreuen. Nicht selten wurden daher Weizentransporte zum römischen Hafen Civitavecchia von aufgebrachten Einwohnern der Ewigen Stadt gestoppt, obwohl diese Kontingente nach menschlichem Ermessen auf absehbare Zeit nicht benötigt werden würden. Mit diesen Ängsten, die sich durch Gerüchte oder „verdächtige Zwischenfälle" wie etwa das Auftauchen auswärtiger Schiffe schnell zur Massenpanik ausweiten konnten, waren tief verwurzelte Feindbilder unauflöslich verknüpft: Für die kleinen Leute waren die großen Händler und Bankiers die Verkörperungen des Bösen schlechthin. Von teuflischer Profitgier getrieben, scheuten sich diese Teufel in Menschengestalt nicht, den Armen ihr tägliches Brot zu rauben, sich also am Elend des Gottesvolks zu mästen. Wenn die Versorgungslage tatsächlich schwierig wurde, spitzte sich dieser Verdacht weiter zu und konkretisierte sich zugleich: Die Reichen horteten ungeheure Getreidevorräte in ihren verborgenen Magazinen, um die Kosten nach oben zu treiben und sich der Armen als lästige Kostgänger zu entledigen! Um Plünderungen zu vermeiden, ordnete der Präfekt der Annona in solchen Notfällen öffentliche Inspektionen privater Getreidevorräte an – mit dem Ergebnis, dass es die geheimen Schätze der perfiden Hamsterer nicht gab. Doch die Überzeugung, dass im Falle von Getreideknappheit und Preisauftrieb dunkle Mächte am Werke waren, ließen sich die einfachen Römerinnen und Römer trotz der enttäuschenden Resultate dieser Suchaktionen nicht nehmen.

Die moralische Ökonomie der kleinen Leute zielte auf Prävention ab. Vorbeugung hieß, zu den „richtigen" Heiligen zu beten; speziell die Madonna war mit ihrer überfließenden Güte die richtige Fürbitterin, um das Schrumpfen der Brote zu verhindern. Zugleich weinten – so der Volksglaube – ihre zahlreichen Bilder an Straßenecken und Plätzen, wenn Katastrophen bevorstanden; dann vergoss die Gottesmutter Tränen über die unverschuldete Not der Armen. Mochten die Geistlichen in ihren Predigten noch so eindringlich Hungersnöte als Gottesstrafen deuten – die Gewissheit, dass nicht das Volk, sondern eine Handvoll gieriger Frevler das Unheil heraufbeschworen hatte, ließ sich durch solche Mahnungen und Warnungen nicht erschüttern. Daher verließen sich die kleinen Leute nicht allein auf den Beistand des Himmels. Sobald auch nur ein Wölkchen den Versorgungshimmel über Rom kurzfristig einzutrüben drohte, rotteten sich die Brot-Demonstranten in Sicht- und Hörweite des Papstes zusammen. Ihre Parole war immer dieselbe: *Pagnotte grosse, santo padre* – schweres Brot, heiliger Vater! Das hieß im Klartext: Untersteh dich, das momentan gültige Brotgewicht anzutasten, auch wenn Getreide in nächster Zeit teurer werden sollte! Die Tagebücher kurialer Zeremonienmeister bezeugen, dass sich vor allem gegen Ende des 17. Jahrhunderts so mancher Papst durch diese einstudierten Chöre von so mancher Spazierfahrt an lauschigen Sommerabenden abschrecken ließ. Unternehmen konnte man gegen diese Dauer-Demonstrationen nichts.

Denn im Gegensatz zum reformierten Europa war Armut in Rom nach wie vor heilig. In Genf prüften die Angestellten des Generalspitals akribisch nach, ob Bedürftigkeit selbst, durch Faulheit oder Aufsässigkeit, verschuldet war oder nicht; nur im letzteren Fall wurde Unterstützung gewährt, und zwar primär so, dass Selbstständigkeit und Selbstversorgung wiederhergestellt werden konnten. Ebenso funktionierte auch das Kornhaus im „reformierten Rom": Es milderte in Krisenzeiten die schlimmste Not, doch gewöhnte es auch die ärmeren Bevölkerungsschichten an kräftig schwankende Brotpreise. Fördern und fordern: Mit diesem Programm machte die Genfer Getreidebehörde durchgehend Gewinn. In Rom waren Mentalitäten und Institutionen diametral entgegengesetzt. Hier war nicht Armut, sondern Reichtum suspekt, vor allem wenn er sich aus kommerziellen Aktivitäten nährte. Nach diesen Wertmaßstäben suchte und fand das Volk am Tiber seine Helden: Banditen, die sich gegen die Gesetze der Reichen wehrten, um ihre Ehre zu verteidigen, und Arme, die mit souveräner Verachtung des Reichtums in den Tag hinein lebten, ohne sich um ihr Auskommen zu sorgen. In dieser Geringschätzung irdischer Güter waren sich Volk und Papst einig – den kleinen Leuten gehörte so gut wie nichts, dem Stellvertreter Christi auf Erden so gut wie alles, doch da er sich dieser Ressourcen treuhänderisch, zum Wohle der ihm anvertrauten Untertanen zu bedienen hatte, lief das nahezu auf dasselbe hinaus.

Die zutiefst antikapitalistische Wirtschaftsethik, zu der sich die katholische Kirche bis heute bekennt, hat tiefere Wurzeln als das 17. Jahrhundert, doch wurde sie in dieser Zeit als Verpflichtung für alle Zeit in praktische Politik umgesetzt. Im 18. Jahrhundert spitzte sich diese Absage an jegliche Form einer vorrangig profitorientierten Wirtschaft zu einer regelrechten Gegnerschaft und Gegenläufigkeit zu den ökonomischen Theorien der Aufklärung zu. Kein Papst hat jemals an die Segnungen der unsichtbaren Hand geglaubt, die laut Adam Smith aus der freien Verteilung von Gütern in einem auf strikt eingehaltener Gesetzesgrundlage beruhenden Freihandelssystem für alle Schichten und Klassen hervorgehen sollte; zu tief war die Skepsis gegenüber dem menschlichen Eigennutz als Triebfeder allen sozialen und wirtschaftlichen Handelns. Damit sprachen die Päpste den kleinen

Leuten aus dem Herzen, diese Allianz wurde nach den Sturmjahren um die Mitte des 17. Jahrhunderts dauerhaft geschmiedet. So sticht ein weiterer typisch römischer Widerspruch ins Auge: Wenn es um die materielle Ausstattung ihrer Nepoten ging, befleißigten sich die Päpste der ausgeklügeltsten Investment-Techniken; wenn es hingegen um die gerechte Wirtschaftsordnung im Allgemeinen ging, sangen sie das Loblied einer auf die Überlebensbedürfnisse der Masse abgestimmten Versorgungsordnung. Nur ein einziger Papst der Neuzeit hat – wie unten zu zeigen ist – seine souveräne Insiderkenntnis der damaligen Geschäftswelt nicht dazu genutzt, um seine Nepoten reich zu machen, sondern das marode System Rom zu sanieren – mit bemerkenswerten Teilerfolgen.

Vor dem Hintergrund dieser Ideologie und der einzigartigen Versorgungsstabilität, die die römische Unterschicht so lange genoss, fallen die Phasen, in denen diese ehernen Regeln durchbrochen wurden, umso mehr ins Gewicht. Wie kam es dazu, welche Prioritäten verschoben sich, um den ansonsten so geschlossenen Schutzschild gegen Not durchlässig werden zu lassen? Abweichungen von überwiegend unverbrüchlichen Regeln lassen tief blicken – das gilt auch für Rom in der schwersten Krise des 17. Jahrhunderts. Wie nahezu alle gravierenden Versorgungsengpässe des vorindustriellen Zeitalters kündigte sich auch die große Hungersnot des Jahres 1648 schon geraume Zeit vorher an. Eines dieser Vorzeichen war die mehrfach erwähnte Mahlsteuer, die Urban VIII. kurz vor seinem Tod zur Finanzierung des Kriegs um Castro eingeführt hatte – als kurzfristige Notmaßnahme, die jedoch wie alle Kunstgriffe dieser Art auf Dauer in Kraft blieb. Widrige Klimabedingungen taten ein Übriges. Frühjahr und Frühsommer 1646 waren kühl und regnerisch, 1647 kalt und sehr nass, die Folgen für die Getreideernte in den annonarischen Provinzen waren daher vorhersehbar. 1646 lag der Fehlbestand im Verhältnis zum Jahresverbrauch bei gut 7 Prozent, was sich problemlos mit den ansehnlichen Reserven der Getreidebehörde ausgleichen ließ. Im Juni 1647 stand das Getreide so kümmerlich wie seit Jahrzehnten nicht mehr auf dem Halm. Als Ende des Monats die Erntearbeiten begannen, zeichnete sich ab, dass diesmal nur zwei Drittel des Jahresbedarfs aus der näheren Umgebung Roms gedeckt werden konnten.

Aufgrund dieser Kalkulation setzte die Annona-Leitung das Brotgewicht von acht auf siebeneinhalb Unzen herab. In den Augen von drei Vierteln der Römerinnen und Römer war das eine Provokation: Diese Brotpreiserhöhung um sechs Prozent gefährdete nicht ihr Überleben, wurde aber als Kampfansage empfunden – und als Menetekel. Wenn die Standardgröße der *pagnotta* schon bei leichten Krisensymptomen wie in diesem Jahr unterschritten wurde, konnte man sich unschwer ausrechnen, was bei dramatischen Engpässen geschehen würde. Der Nadelstich der Siebeneinhalb-Unzen-Brote war umso schmerzhafter, als sich die Versorgungslücken leicht füllen ließen. Denn die Ertragslage in den nördlichen Provinzen des Kirchenstaats war deutlich günstiger; ein Siebtel des Gesamtverbrauchs wurde aus den Marche bezogen, womit die Annona auch diesmal über die Runden kam – allerdings knapp: Am 30. Juni 1648 war in der Ewigen Stadt noch Weizen für etwa zehn Tage vorhanden.

Schon seit Jahresbeginn schnellte die kollektive Fieberkurve am Tiber empor – und alle Augen richteten sich auf das dünn besiedelte römische Umland: Wie groß waren die Anbauflächen, wie war das Wetter, wie wuchs der Weizen? Die Antworten auf alle diese Fragen waren niederschmetternd: So schlecht waren die Aussichten seit Menschengedenken nicht mehr gewesen; doch selbst die niedrigsten Erwartungen wurden unterschritten, als die ersten Kontingente Anfang Juli an den römischen Stadttoren eintrafen oder besser: eintröpfelten. Nicht einmal die Hälfte des normalen Jahresverbrauchs stand diesmal aus den annonarischen Provinzen plus dem übrigen Staatsgebiet zur Verfügung.

So war leicht zu überschlagen, dass ab Mitte Dezember der Hunger und bald darauf ein wahres Massensterben einsetzen musste – es sei denn, die Papstfinanz ließ ihre Muskeln spielen und aus den europäischen Ländern, die nicht Mangel litten, Importe im großen Stil organisieren. Dabei war höchste Eile vonnöten, denn die Missernte des Jahres 1648 zog ihre Kreise durch den gesamten Mittelmeerraum. Schon 1647 war dort der eiserne Vorhang der Ausfuhrsperren heruntergerasselt. Wer 1648 Weizen importieren wollte, musste seine Fühler weit ausstrecken; größere Bestände ließen sich in diesem südeuropäischen Katastrophenjahr fast nur noch in Amsterdam ordern. Die holländische Metropole war der Hauptumschlagplatz für Getreide aus dem Baltikum. Dieses war auch jetzt in ausreichenden Mengen verfügbar. Doch diese privilegierte Situation nutzten die geschäftstüchtigen Großhändler an der Amstel weidlich aus. Ihre Vermittlerdienste ließen sie sich mit Preisen bezahlen, die Europa noch nie gesehen hatte: Für die 150 000 Hektoliter Weizen, die Rom in höchster Not und Eile aus Amsterdam bezog, hatte die Annona ein Vermögen zu zahlen. Lag der „Normalpreis" pro *rubbio* (2,94 Hektoliter) Weizen, der die Einhaltung des Brotgewichts von acht Unzen gewährleistete, bei 7,50 *scudi*, so kostete dieselbe Menge 1648 fast 19 *scudi*; für die 75 000 Hektoliter aus Nordfrankreich, die das römische Importkontingent vervollständigten, war mit 18,69 *scudi* fast derselbe Preis zu entrichten. Für sämtliche Einfuhren zusammen hatte die päpstliche Finanzkammer an die eineinhalb Millionen *scudi* zu zahlen; das war eine Summe, die sie nicht hatte, aber aufgrund ihrer Kreditwürdigkeit – nach heutigen Kriterien eine uneingeschränkte AAA-Einstufung – problemlos flüssigmachen konnte.

Unter Anspannung aller Kräfte und Einschaltung des päpstlichen Nuntius in Brüssel gelang es, dieses Bankgeschäft in Rekordzeit abzuwickeln; und auch die logistisch noch schwierigere Operation, die in Amsterdam bestellten Weizenbestände rechtzeitig nach Rom zu transportieren, gelang, wenn auch um Haaresbreite. Die Getreideschiffe aus Amsterdam legten in Civitavecchia an; dort wurde ihre Ware auf tibergängige Barken umgeladen. Gefährlich war vor allem die Einfahrt in die Flussmündung bei Fiumicino, wo heute der größere der beiden römischen Flughäfen liegt. Hier waren die Strömungsverhältnisse unberechenbar, mit Verlusten an Ladung und manchmal auch an Menschenleben musste gerechnet werden. Waren die Barken glücklich in die ruhigeren Tibergewässer gelotst worden, wurden sie gegen den Strom bis zum römischen Ripa-Hafen getreidelt. Hier, in der Nähe des heutigen Flohmarkts, wurde der Weizen aus- und in Wagen umgeladen, die ihn in die weit entfernten Speicher bei den Diokletiansthermen verfrachteten. Im Herbst und Winter 1648/49 lagerten in den Speichern der Ewigen Stadt zeitweise nur noch minimale Reserven für zwei oder drei Tage, doch völlig zur Neige ging das Brot am Tiber nicht.

Im Gegenteil: Als Ende Juni 1649 das erste Korn der ergiebigen neuen Ernte eintraf, verfügte die Getreidebehörde über beruhigende Restbestände von 30 000 Hektolitern. So hätte sich alles zum Guten wenden, ja, in der reinen Idylle erfüllter Herrscherpflicht und dankbarer Untertanen enden können. Dass der dramatische Wettlauf mit der Zeit zwar gewonnen, doch der Kampf gegen den Hunger verloren wurde, hatte nichts mit Klimaschwankungen oder Getreidekrankheiten zu tun. Dass im Winter 1648/49 und im Frühjahr 1649 der Tod am Tiber reiche Ernte hielt, war kein unabwendbares Schicksal, sondern (finanz-)politisch herbeigeführt. Für die Römer war der Tatbestand eindeutig: Innozenz X. nahm den Tod von Tausenden zumindest billigend in Kauf. Gewollt und angeordnet aber hatte das Massensterben ihrer Ansicht nach die „Päpstin" Olimpia Maidalchini. Sie hatte das Hungerkomplott angezettelt, und zwar wie folgt: Da Weizen vorhanden war, hing Sein oder Nichtsein vom Brotgewicht ab. Dieses festzulegen, lag im freien Ermessen des Papstes. Bei einem Brotgewicht von acht oder in Gottes Namen siebeneinhalb Unzen hätte die Annona ihr teuer importiertes Korn zu einem Preis abgeben müssen, der über 60 Prozent unter den Einkaufskosten lag. Doch diese selbstverständliche Pflicht eines guten

Herrschers erfüllte der Pamphili-Papst nicht. Wie der römische Notar und Tagebuchschreiber Giacinto Gigli notierte, der aufgrund seiner komfortablen Vermögensverhältnisse außer Lebensgefahr war, aber Sympathien für die kleinen Leute hegte und ihre Feindbilder teilte: Innozenz X. wollte verhindern, dass die Annona schwere Verluste einstecken musste, und befahl daher, das Brotgewicht den gestiegenen Getreidekosten anzupassen. Eingeflüstert aber hatte ihm diesen gottlosen Verrat an den Armen seine böse Schwägerin Olimpia, deren Habgier erst gestillt sein würde, wenn auch der letzte römische Arme verhungert war.

Was hatte es mit dieser Verschwörungs-Theorie auf sich? In nackten Zahlen ausgedrückt, hätte ein erschwingliches Brotgewicht in Rom eine dreiviertel Million *scudi* zusätzlich gekostet. Doch diese roten Zahlen zu schreiben, war der regierende Pontifex maximus nicht bereit. Wofür er sein Geld ausgab, war um dieselbe Zeit im Herzen Roms unübersehbar: Auf der Piazza Navona liefen die Arbeiten am Triumph-Ensemble der Pamphili, an der Kirche Sant'Agnese und vor allem am Vier-Ströme-Brunnen Berninis auf Hochtouren (Abb. 27). Nepotismus kam vor Paternalismus, die Ausstattung der Nepoten vor der Versorgung der Armen. Mit dieser Einschätzung lagen die kleinen Leute am Tiber also durchaus richtig. Auch ihre Vermutung, dass Olimpia Maidalchini den Papst zu diesem überharten Kurs angestiftet hatte, hat vieles für sich.

Die Armen am Tiber hatten jetzt harte Zeiten vor sich. Bis zum 12. August 1648 blieb das Brotgewicht bei den erträglichen siebeneinhalb Unzen. Danach ging es für zwei Monate und vier Tage auf sechs Unzen. Vom 17. September 1648 bis zum 31. Juli 1649 aber fiel es auf den historischen Tiefststand von nur noch vier Unzen; das *pane a baiocco* hatte damit das Mindestgewicht um die Hälfte unterschritten. Römische Handwerker, Tagelöhner und Bettler mussten 318 Tage lang von ihrem schmalen Budget doppelt so viel für das Grundnahrungsmittel Brot ausgeben wie in normalen Jahren. Das hatte den Stillstand des römischen Kleingewerbes zur Folge: Schuster, Metzger und Schneider sahen ihren Absatz rapide schrumpfen und mussten ihrerseits Gesellen und Lehrlinge entlassen, was die Krise weiter zuspitzte.

Mindestens ebenso unerträglich wie der Hunger war die Angst. Warum diese plötzliche Wende in der päpstlichen Sozialpolitik? Gewiss, die Nepoten wollten sich bereichern, doch um diesen Preis? Bei näherem Hinsehen passten die Puzzle-Stücke zusammen: Die „Päpstin" war die Tochter eines Annona-Lieferanten, also eines verfluchten Getreidewucherers. Vom raffgierigen Vater hatte sie die hinterhältigen Methoden, künstliche Teuerung

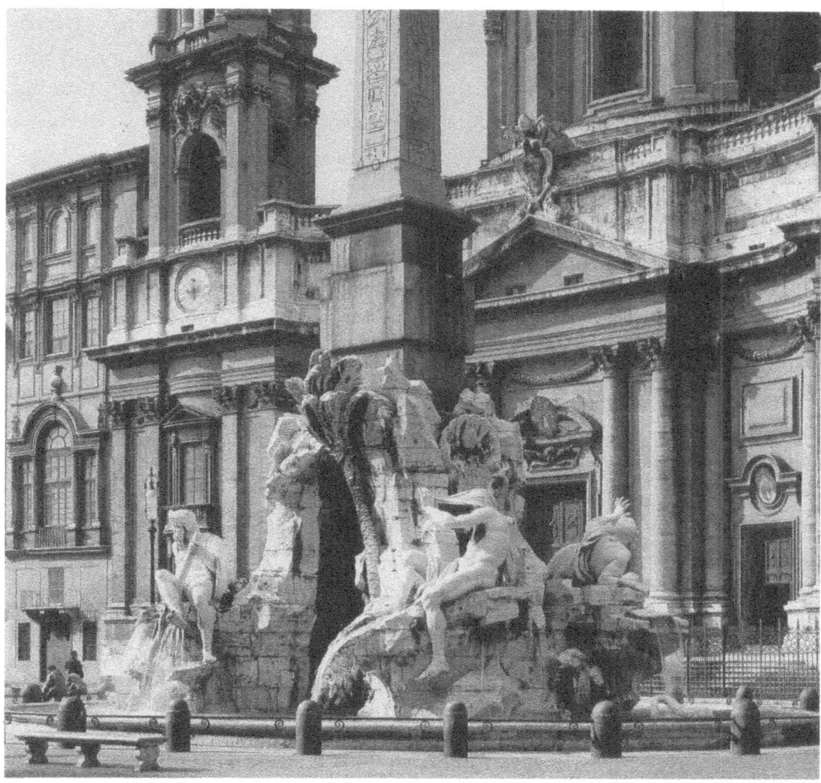

Abb. 27: Berninis Vier-Ströme-Brunnen vor Borrominis Fassade von Sant'Agnese
und dem Palazzo Pamphili zieht bis heute Touristen magnetisch an.
Für die Römer war das Prunkensemble der Nepoten im Hungerjahr 1648/49
ein schweres Ärgernis.

herbeizuführen, gelernt. Und das Volk erregte ihren Hass, weil es mit seinem Druck auf den Papst ihrem ungehemmten Profitstreben entgegenstand.
Olimpias Ziel war es daher, die Armen am Tiber auszurotten. Musste man
keine hungrigen Mäuler mehr stopfen, ließ es sich mit einem gefügigen
Papst herrlich leben – mit solchen Angstvorstellungen gewann das Hungerkomplott in den Augen der Betroffenen immer festere Umrisse. Postwendend machten angebliche Aussprüche der „Päpstin" die Runde: Wenn die
Leute Hunger hätten, sollten sie doch Steine essen. Andere wollten noch
Schlimmeres aus ihrem Munde vernommen haben: Brot aus Schlamm sei
für die römische Plebs gut genug! Ob so gesagt oder nicht, diese Worte zirkulierten in Windeseile und fachten die Empörung der Masse weiter an: Sie

will uns Dreck zu fressen geben, weil sie uns für Dreck hält. Echte Aristokraten vom alten Schrot und Korn hatten Verständnis für das Volk, seine Nöte und Ängste. Nicht so die Parvenüs: Wer sich auf Kosten des Volkes über das Volk emporgehoben hatte, verletzte die göttliche Sozial- und Wertordnung – und strafte seine ehemaligen Schicksalsgenossen mit Verachtung.

In solchen Fällen war Gegenwehr nicht nur erlaubt, sondern geradezu geboten. Wenn ein pflichtvergessener Herrscher den göttlichen Auftrag, die Armen zu schützen, missachtete, waren ihm diese keinen Gehorsam mehr schuldig. Mehr noch: Es war jetzt nicht nur ihr gutes Recht, sondern ihre heilige Aufgabe, die Verhältnisse wieder ins gottgewollte Gleichgewicht zu bringen. Widerstand war Christenpflicht. Denn mit der Halbierung des Brotgewichts hatte das Böse Einzug in die Ewige Stadt gehalten – davon war Gigli, der Tagebuchschreiber, umso tiefer überzeugt, je schlimmer die Hungersnot wütete. Chronik einer teuflischen Infiltration: Die ersten Anzeichen bleiben fast unbemerkt. Eine Frau, die 18 Jahre lang ununterbrochen dasselbe Heiligenbild angebetet hatte, stirbt – in den Augen des Volks ist sie selbst eine Heilige. Wenig später folgt ihr im Kloster Santi Quattro Coronati eine Nonne in den Tod, die ebenfalls im Ruf der Heiligkeit steht. Im Sommer 1648 schließt auch Giuseppe Calasanzio, der 95-jährige Gründer der römischen Armenschulen, für immer die Augen. Gegen sein Erbe verschwören sich die Neider und Verleumder. Noch schlimmer ergeht es dem Krankenpflegerorden des heiligen Camillo de Lellis; diese wohltätige Organisation wird vom Papst selbst aufgehoben. Damit tritt für Gigli ein Symptom der Krise klar hervor: Die Guten verlassen die immer schlechtere Welt. Und die Bösen rücken unaufhaltsam nach. Als Innozenz X. eine Spazierfahrt unternimmt, rennt ihm eine Horde Jugendlicher mit ihrem Ruf „Schwere Brote, heiliger Vater" hinterher und wirft Steine gegen die Kutsche. Als die Leibwache daraufhin den Degen zieht, bleibt einer der Protestierer tot auf der Straße zurück. Im Kloster San Silvestro in Campo Marzo stechen die Nonnen mit Messern aufeinander ein; ein Todesopfer wird im Brunnen versenkt. Der Henker kommt bei Nacht und Nebel und erwürgt die Schuldigen.

Das Böse, das in Rom wütet, hat für Gigli seinen Sitz im Vatikan. Dort herrscht die „Päpstin", wie es ihr gefällt: willkürlich, eigennützig und gewaltsam. In der Familie Pamphili geht es deshalb drunter und drüber. Der Kardinalnepot Camillo Pamphili heiratet die schöne Olimpia Aldobrandini und wird dafür auf Drängen der Päpstin aus Rom verbannt. Diese lässt an seiner Stelle einen 15-jährigen Neffen zum Kardinal erheben und hält ihn in ihrem Palast als lebendes Faustpfand. Die Macht ist an einen Teufel in Frauengestalt übergegangen. Die Herrschaft der Finsternis ruft die Mächte des Lichts auf den Plan. Ein bereits abgeerntetes Feld, so Gigli, hat am Tag nach der Mahd erneut Frucht getragen. Für die Ärmsten der Armen ist der Tod der letzte Ausweg. Ein Obdachloser erschlägt seinen Kumpan. Dieser hat ihn um diesen letzten Gefallen gebeten; der Heilige Geist habe es so gewollt, wie ein Brief beweise. Die Gerichte sprechen den überlebenden Vagabunden wegen Unzurechnungsfähigkeit frei; in den Augen der kleinen Leute hat er Gottes Willen vollzogen.

Kurz darauf verlangt der Papst vom römischen Gemeinderat 800 000 *scudi*, eine Summe, die zur Subventionierung des Brotpreises ausgereicht hätte. Doch Innozenz X. braucht den Betrag für seine gigantische Baustelle an der Piazza Navona. Um das Geld einzutreiben, müssen die kapitolinischen Behörden die Fleisch- und Salzsteuern erhöhen: ein fatales Signal. Die einen darben, die anderen protzen. Als wollte sie ihre ganze Verachtung für den zerlumpten Pöbel so provozierend wie möglich zur Schau stellen, treibt die Familie Pamphili den Bau ihres Palastes, ihrer Grabkirche und ihres Brunnens mit Hochdruck und das heißt: gesteigertem finanziellen Aufwand voran. Kein Wunder, dass eines Morgens am Obelisken der Fontäne ein Zettel mit einer klaren Forderung haftet: Wir wollen keine Brunnen und Stelen, wir wollen Brot, Brot und nochmals Brot! Doch der Hungerbrunnen, wie er von jetzt an im Volksmund heißt, wird weiter gebaut, als sei nichts gewesen. Dabei tut sich auf den römischen Straßen, wie Gigli verstört berichtet, so manches: Kein Tag, an dem nicht Tausende gegen die Teuerung demonstrieren und entsprechende Parolen skandieren, so weiter Giglis Chronik. Ungefährlich ist das nicht, denn Olimpia Maidalchini hat ihre Spione überall – das ist kein Gerücht, sondern harte Realität. Am 5. September 1648 lässt sie den Agenten des Herzogs von Modena einkerkern; dieser hatte behauptet, dass das Brotgewicht demnächst auf die Hälfte sinken werde, und zwar auf Befehl der „Päpstin".

Als am 17. September 1648 dieser schlimmste aller Fälle wirklich eintritt, bricht nach der Wut Verzweiflung aus. Gigli notiert, dass sich eine arme Witwe, der man das letzte Getreide wegnehmen wollte, mit ihren Kindern in einen Brunnen gestürzt hat. Ob sich das Drama so oder überhaupt abgespielt hat, ist ungewiss – gesichert ist der kollektive Gemütszustand, den diese Erzählung belegt: Die Werte der christlichen Barmherzigkeit haben sich ins Gegenteil verkehrt, wohl denen, die der Herrschaft der Hölle entfliehen! Wer nicht freiwillig das Feld räumt, verschafft sich Brot, wo es noch vorhanden ist. Überfälle und Einbrüche stehen auf der Tagesordnung, nachts wagt sich niemand aus den höheren Kreisen mehr ohne bewaffneten Schutz auf die Straßen. Wenn der Teufel jetzt das Sagen hat, dann muss man ihm huldigen wie einst Gott und den Heiligen – diese Schlussfolgerung ist von bezwingender Logik. Als ein Hungernder den Fürsten der Finsternis anruft, erscheint ihm – so Gigli – ein prächtig gekleideter Herr und nimmt ihn in seine Dienste; nur die entschlossene Intervention des heiligen Antonius kann den Verlust des Seelenheils in letzter Minute verhindern. Die Geschichte lässt tief blicken: Der andauernde Hunger hat Halluzinationen zur Folge, Einbildung und Wirklichkeit fließen in eins. Und der Teufel ist einer von den Reichen, deren Herz der Hunger nicht erweichen kann.

In den Marche, selbst in Viterbo zwei Tagesreisen nördlich von Rom sind längst Hungeraufstände ausgebrochen, päpstliche Gouverneure erschlagen und die letzten Getreidebestände von der wütenden Menge beschlagnahmt worden. In Neapel hat die Masse noch viel gewaltsamer revoltiert. Hier haben die kleinen Leute unter der Führung eines Fischers namens Masaniello sogar den Vizekönig der spanischen Weltmacht gezwungen, klein beizugeben und sich ihren Forderungen nach besserer Versorgung zu beugen. Ihre Herrschaft erwies sich zwar bald als ebenso brüchig wie kurzlebig, doch war den Mächtigen am Vesuv der Schrecken tief in die Glieder gefahren – im Gegensatz zu Innozenz X. und seinen Nepoten, die von allen Unmutsbezeugungen unberührt regierten, als gäbe es keine Hungersnot. Als diese im Frühsommer 1649 ihren Höhepunkt erreichte, verfielen die kleinen Leute zunehmend in Apathie. Gigli notiert, dass die Darbenden vor Verzweiflung wie wilde Tiere brüllen, bevor sie sich zum Sterben auf offener Straße niederlegen. Den Augenblick für gezielte Gegenwehr aber haben die Römerinnen und Römer verpasst. Warum? Praktische Gründe sind schnell bei der Hand. Zum einen verhinderten karitative Organisationen das Schlimmste; Kapuziner und Jesuiten legten Listen der Bedürftigsten an und linderten in vielen Fällen die ärgste Not. Zum anderen fand das wütende Volk am Tiber keinen charismatischen Anführer wie in Neapel. Doch der Hauptgrund dafür, dass zwar permanent demonstriert und rebelliert, doch nicht revoltiert wird, liegt in den römischen Mentalitäten. Der Papst war der legitime, vom Heiligen Geist bestimmte Herrscher; er konnte von schlechten Ratgebern dazu verleitet werden, seine Pflichten zu verletzen. Doch konnte er selbst von Grund auf böse sein? Ein „Ja" hätte den Protestanten recht gegeben, die im Pontifex maximus den Antichrist persönlich sahen. Die „Päpstin" Donna Olimpia hatte in dieser Hinsicht Blitzableiter- und Sündenbock-Funktion. Dadurch, dass man ihr alle Schuld zuschieben konnte, wurde Innozenz X. entlastet – er war lenkbar, beeinflussbar, also schwach, doch nicht abgrundtief schlecht wie seine Schwägerin. Ihm über sie die Augen zu öffnen, war das Ziel der Rebellion. Als es nicht gelang, diese unheilige Union aufzubre-

chen, machte sich am Tiber allgemeine Ratlosigkeit breit – dieser Fall war in
der Vorstellungswelt Roms im 17. Jahrhundert nicht vorgesehen.

Obwohl die Ernte 1649 reichlich ausfiel, hielt der Alptraum des halbier-
ten Brotgewichts bis zum 31. Juli dieses Jahres an – so lange, bis das letzte
teuer eingekaufte Korn teuer verkauft worden war. Diesen letzten Monat der
Teuerung konnten die Römerinnen und Römer am allerwenigsten verzei-
hen: Not im Zeichen voller Speicher, das war in ihren Augen ein Abgrund an
Verworfenheit. Genaue Zahlen zu den Opfern der Brotteuerung lassen sich
nicht berechnen, da bald darauf die Pilger des Heiligen Jahres 1650 in die
Ewige Stadt strömten, doch forderten Hunger und Mangelkrankheiten nach
zeitgenössischen Zeugnissen Tausende von Menschenleben. Diese Schätzungen lassen sich durch die Verbrauchsziffern der Folgezeit bestätigen. So
wurde zwischen dem 1. Juli 1651 und dem 30. Juni 1652 ein Siebtel weniger
Weizen benötigt als in den Jahren, die der Katastrophe unmittelbar voraus-
gingen; umgerechnet würde das einen Verlust von etwa 15 000 Einwohnern
bedeuten. Mit Sicherheit sind nicht alle der politisch angeordneten Brotteuerung und ihren unmittelbaren Folgen zum Opfer gefallen; wie immer in
solchen Engpässen ist eine beträchtliche Fluktuation durch Abwanderung
in Rechnung zu stellen. Einen beträchtlichen demographischen Aderlass
hatte das „schwarze" Jahr 1648/49 gleichwohl zur Folge. Es blieb nicht der
einzige.

Der Ruf Innozenz' X. und der Pamphili war dadurch restlos ruiniert;
dass die Interessen der Nepoten vor den Überlebensbedürfnissen der Armen
rangierten, fügte darüber hinaus dem Papsttum als Institution schwersten
Imageschaden zu. Trotzdem – oder gerade weil die regierende Familie nichts
mehr zu verlieren hatte – war die Krisenzeit nicht vorbei, sondern nur ausgesetzt. Am 31. Juli 1653 fiel das Brotgewicht für 361 Tage auf sechseinhalb
Unzen, am 18. August 1655 für elf Monate und einen Tag auf sechs Unzen
und vom 15. Januar 1658 bis zum 28. Juni dieses Jahres auf sieben Unzen.
Die Gründe für die Teuerung waren dieselben: schlechte Ernten in den
annonarischen Provinzen, Importe, die ohne Verluste abgesetzt werden
sollten. Dabei waren die Einfuhren in diesen Jahren sehr viel erschwing-
licher; die Preise für den „fremden" Weizen erreichten im Durchschnitt
kaum die Hälfte der Kosten, die 1648 angefallen waren. Dass die Lasten
gleichwohl auf die Schwächsten umgewälzt wurden, zeigt nochmals den
Vorrang des Nepotismus, doch auch das Experimentieren mit neuen ökonomischen Modellen und letztlich den Versuch, die römische Unterschicht zu
einem anderen Wirtschaftsverhalten zu erziehen: weniger Staat, mehr
Eigenverantwortung. Die Krise von 1653 konnten die erzürnten Einwohner

der Ewigen Stadt noch dem verhassten Innozenz X. anlasten. Die beiden letzten Reduzierungen des Brotgewichts fielen bereits in die Regierungszeit seines Nachfolgers, Alexanders VII. Dieser liebäugelte zu Beginn seiner Regierungszeit mit einer partiellen „Liberalisierung" der Brotpreispolitik und mit einer Abschaffung des Nepotismus. Beides zusammen machte Sinn: Nur ein Papst, der nicht vorrangig um Rang und Ansehen seiner Familie besorgt war, durfte es wagen, die Forderungen nach *pagnotte grosse* zu überhören und die Brotkosten zumindest in gewissen Grenzen oszillieren zu lassen. Dass kurz darauf die Verwandtenförderung des Chigi-Papstes mit höchster Intensität einsetzte und zugleich das Standardgewicht von acht Unzen für das *pane a baiocco* wieder in Kraft trat, hat denselben Grund – die Interessen der Chigi und der kleinen Leute fielen ausnahmsweise zusammen.

Die dauerhafte Schädigung ihres Rufes mussten Alexander VII. und seine Nepoten trotzdem in Kauf nehmen. Das Schrumpfen der *pagnotta* um ein Viertel zwischen August 1655 und Juli 1656 wurde, wie zu erwarten, äußerst ungnädig aufgenommen. Die Reaktionen waren umso heftiger, als Alexander VII. aus den Fehlern seines Vorgängers keine Lehren gezogen hatte. Auch er ließ in den Zeiten der Teuerung aufwendige Bauprojekte mit Hochdruck vorantreiben und die falschen Propaganda-Botschaften verbreiten. So wurde die Kirche Santa Maria della Pace – sinnfälligerweise nur wenige Schritte von der Prunkbaustelle der Pamphili an der Piazza Navona entfernt – aufwendig neu errichtet und mit Reliefs bzw. Inschriften versehen, die den Anbruch eines goldenen Zeitalters im Zeichen von Frieden und Überfluss verkündeten. Nach der Teuerung kam 1656 die Pest nach Rom. Auch das war in den Augen der kleinen Leute alles andere als ein Zufall. Unter Urban VIII. hatte die Seuche noch einen Bogen um die Ewige Stadt gemacht; dass diese diesmal nicht verschont wurde, zeigte den göttlichen Zorn über einen pflichtvergessenen Herrscher mit schlechten Ratgebern. Aus heutiger Sicht stellt sich der Zusammenhang anders, doch nicht weniger fatal dar: Der Pestbazillus traf auf eine Bevölkerung, die durch das teure Brot schlecht ernährt und dadurch geschwächt war – ideale Bedingungen für eine rasche Ausbreitung. Beides zusammen dezimierte die Einwohner so stark wie seit dem *Sacco di Roma* von 1527 nicht mehr. Im „Normaljahr" 1652 lag der Weizenverbrauch in Rom bei 133 400 *rubbia*; 1658, nach dem Abflauen der Epidemie, wurden nur noch 114 900 *rubbia* benötigt. Aus der Differenz lässt sich ziemlich genau die Zahl von 15 000 Pesttoten ermitteln. Dass unter den Opfern der Epidemie auch die „Päpstin" Olimpia Maidalchini war, dürfte manchen getröstet haben.

10.
Heilige Jahre feiern:
Inszenierungen und Störfaktoren

Dass die Ernten von 1649 und 1650 gut ausfielen, war ein Glücksfall. Wäre der Engpass zwei Jahre später aufgetreten, hätte Rom vor einem unlösbaren Problem gestanden: Wie sollte man auswärtige Pilgerscharen versorgen, wenn man die eigenen Armen nicht ernähren konnte? Das erste Heilige Jahr hatte Bonifaz VIII. 1300 ausgeschrieben. Dieser ebenso nepotistische wie machtbewusste und streitbare Papst war in Rom und ganz Europa in schwere Konflikte verwickelt. Zudem wurde seine Wahl von den Franziskaner-Spiritualen und anderen Gruppierungen innerhalb der Kirche, die deren Macht und Reichtum kritisierten, angefochten. Die Ausrufung eines Jubiläums, bei dessen Feier man in Rom einen vollständigen Ablass aller bis zu diesem Zeitpunkt angehäuften Sündenstrafen erwerben konnte, war vor diesem Hintergrund ein kluger Schachzug, der auch von der römischen Geschäftswelt wärmstens begrüßt wurde. Alle diese frommen oder auch nur auf die römischen Sehenswürdigkeiten neugierigen Fremden mussten transportiert, untergebracht und verpflegt werden. Zudem brachten die Zahlungskräftigeren unter ihnen das eine oder andere Erinnerungsstück vom Tiber nach Hause zurück; der Handel mit echten oder auf echt getrimmten Antiken gewann in Heiligen Jahren regelmäßig starken Auftrieb.

Für die römischen Behörden waren die bald alle 25 Jahre begangenen Jubiläen eine mehrfache Herausforderung. Zum einen mussten logistische Probleme gelöst werden, an erster Stelle Versorgung, Einquartierung und Aufrechterhaltung der öffentlichen Ordnung. Speziell zu Stoßzeiten wie Ostern verlangte das den römischen Karriereprälaten einiges ab. Mindestens so wichtig war der Eindruck, den die Fremden aus Rom nach Hause zurückbrachten. In den Propagandakampagnen des Reformationszeitalters waren zwischen 1520 und 1540 Hunderttausende von Pamphleten verbreitet worden, die in Spottversen und Holzschnitten das Bild der verworfenen Stadt Rom verbreitet hatten. Rom gleich Babylon, Papst gleich Antichrist – diese zugkräftigen Parolen hatten in den Ländern, die sich vom Katholizismus losgesagt hatten, das Bild der Ewigen Stadt dauerhaft geprägt. Auch im katholischen Europa war deren Ruf nicht mehr ungetrübt. Lange Zeit hatten

Päpste und Kardinäle mit diesem zweifelhaften Leumund leben können. Kritik am allzu weltlichen und hedonistischen Lebensstil der Kirchenfürsten war zu einem Gemeinplatz geronnen, dem die Kritisierten mit den immergleichen Argumenten entgegentraten: Im Unterschied zur apostolischen Zeit könne man heutzutage auf nächtlichen Versammlungen in unterirdischen Gewölben keine Seelen mehr gewinnen. In einer Gegenwart, die dem Grundsatz „Du bist, was du hast und was du zeigst" fröne, müsse man die spirituelle Größe der Kirche in prachtvollen Basiliken und in einem entsprechenden Lebensstil der Kleriker vor Augen führen.

An dieser Methode, unsichtbare Wahrheit in anschauliche Augensprache zu übersetzen, hielt das Papsttum auch im 17. Jahrhundert fest, doch war eine neue Kernaussage dazugekommen: strengste sittliche Disziplin. Dieses neue, nach dem Konzil von Trient obligatorische Image war von der Konkurrenz erzwungen. Die Polemik der drei großen Konfessionen konzentrierte sich ganz überwiegend auf eine einzige Anklage, die der jeweiligen Gegenseite mit beispielloser Vehemenz entgegengeschleudert wurde; sie lautete in tausendfacher Variation: entfesselte Sittenlosigkeit. An der Ausschweifung, Käuflichkeit, Liederlichkeit und Heuchelei ihrer Diener sollten die Gläubigen den teuflischen Charakter der falschen Religionen erkennen – und am vorbildlichen Verhalten der eigenen Geistlichkeit die Reinheit und Wahrheit der eigenen Lehre. Selbst Theologen vom Rang eines Luther und Calvin waren sich nicht zu schade, ein düsteres Bild von der Verworfenheit der katholischen Gegenwelt zu zeichnen, nach dem Motto: An seiner zügellosen Lüsternheit sollte man den Antichrist am Tiber erkennen. Die schwierige theologische Wahrheitssuche wurde dadurch mit einem Schlag kinderleicht – ein Blick auf das Sexualverhalten der Geistlichkeit genügte. Die römischen Prostituierten hatten in diesem Zeitklima naturgemäß einen schweren Stand. Dass die Zahl der „Kurtisanen" am Tiber um 1500 im europäischen Vergleich hoch lag, ist sicher; für nicht wenige Kirchenfürsten der Renaissance war die Verletzung des Zölibats eine lässliche Sünde, siehe Kardinal Rodrigo Borgia, den späteren Papst Alexander VI. (1492–1503), der ein Dutzend Kinder zeugte und seine Lieblinge auch noch notariell anerkannte.

Solche Erinnerungen mussten ein Jahrhundert später um jeden Preis getilgt werden, sollte sich ein neues, positives Bild der Ewigen Stadt in den Köpfen der Pilger verankern lassen. Im Zuge dieser „Stadtreinigung" zu Imagezwecken ließ Clemens VIII. 1594 das Grabmal zerstörten, das Vannozza Cattanei, der bekanntesten „Lebensabschnittspartnerin" Alexanders VI. und Mutter seiner prominentesten Kinder Cesare und Lucrezia

Borgia, in der Kirche Sant'Agostino errichtet worden war. Diese Tilgung unerwünschter Memoria geschah bereits mit Blick auf das Heilige Jahr 1600, von dem sich das nach dem Konzil von Trient wiedererstarkte Papsttum nachhaltigen Auftrieb erhoffte. In Frankreich waren die „Religionskriege" mit einem durchwachsenen Resultat zu Ende gegangen: Die Hugenotten hatten die zivilrechtliche Gleichstellung, Festungsplätze und Kultfreiheit in ihren traditionellen Hochburgen erkämpft – dieser Triumph der „Ketzer" wurde in Rom als schwere Niederlage verbucht. Andererseits war durch die Konversion König Heinrichs IV. ein neuer Aufschwung des Katholizismus am Hof und unter der Elite zu erwarten. In Deutschland war die Ausbreitung der Reformation aus römischer Sicht ebenfalls an ihre Grenzen gestoßen und der Moment für eine tatkräftige Rekatholisierung gekommen. Unter all diesen Vorzeichen kam dem Heiligen Jahr 1600 hohe Bedeutung zu. Wie die Stadt, so die Religion und ihr Haupt – wie nie zuvor wollte sich das Papsttum in Menschen, Straßen und Bauten am Tiber widergespiegelt sehen.

Der Bedeutung des Ereignisses entsprach die von langer Hand vorgenommene Vorbereitung. Im März 1599 wurden zwei Spezial-Kongregationen eingerichtet, der jeweils zwölf Kardinäle angehörten; die eine unter dem Vorsitz des Inquisitionschefs Santori war für die geistliche Abwicklung des Jubiläums, die andere für die Logistik zuständig, mittels derer die zu erwartenden Pilgerströme nach Rom geleitet und dort aufgenommen werden sollten. Beides war aufs Engste aufeinander abgestimmt: Im Idealfall sollten die mittellosen Fremden nicht länger als drei Tage am Tiber verweilen. Zur Erlangung des Plenarablasses mussten sie 15 Hauptkirchen besuchen und dort die vorgeschriebenen Andachtsübungen verrichten – ein Programm, das sich in 72 Stunden mühelos absolvieren ließ. Während dieser Zeit wurden die Gäste ohne Geld in einem der Nationalhospize gratis einquartiert und verpflegt. Die wichtigste dieser Herbergen gehörte der von Filippo Neri gegründeten Bruderschaft der Trinità dei Pellegrini. Hier, in der Nähe des Campo de' Fiori, konnten bis zu 8000 Pilger gleichzeitig untergebracht und verköstigt werden; finanziert wurde diese Laien-Organisation von Spenden. Darüber hinaus wurden Massenunterkünfte in der Nähe des Vatikans bereitgestellt. Für die Römer selbst wurde das *Anno Santo* 1600 nicht nur durch die vielen Fremden in ihren Straßen zu einem Ausnahmejahr. Um den erwünschten Eindruck der heiligen, das heißt sittenstrengen, innerweltlich asketischen und disziplinierten Stadt zu erzeugen, wurde ihnen ihr Lieblingsvergnügen, der Karneval, kurzerhand gestrichen – die Feier des Heiligen Jahres trat an die Stelle profaner Lustbarkeiten. Die Fremden sollten

die Ewige Stadt nicht im jährlichen Ausnahmezustand überschäumender
Lebensfreude, sondern den Ausnahmezustand der rigoros geregelten Frömmigkeit als Normalzustand erleben.

Zu dieser groß angelegten Inszenierung gehörten jedoch nicht nur Ver-
bote, sondern auch zahlreiche sorgfältig geplante Darbietungen. Hauptdar-
steller war naturgemäß der Papst selbst, der mehr als alle anderen den von
Päpsten wie Alexander VI. lädierten Ruf seines Amtes aufzupolieren hatte.
Zu diesem Zweck erklomm der fromme, von der Gicht geplagte Clemens VIII.
unter Schmerzen die heilige Treppe beim Lateran, besuchte 60 Kirchen und
damit doppelt so viele, wie für die Römerinnen und Römer zur Erlangung
des Ablasses vorgeschrieben waren, wusch armen Pilgern die Füße und
hörte während der Karwoche in Sankt Peter selbst die Beichte. Auch für die
Kardinäle galten 1600 verbindliche Verhaltensregeln. Zu viel sichtbarer Aufwand war unerwünscht, die Prunkgewänder sollten im Schrank bleiben.
Umso willkommener waren strikt reglementierte Massenprozessionen. Das
Rom der katholischen Reform setzte auf geordnete Bewegungsabläufe. Alle
großen Feiern waren auf prominente Ziele ausgerichtet; so wie die Seelen
der frommen Katholiken unter der segensreichen Führung des Papsttums
ins Paradies einziehen würden, marschierten die Gläubigen in disziplinierten Kolonnen zu den wichtigsten Verehrungsstätten der Heiligen. Jeder dieser Umzüge war somit ein Sinnbild der Erlösung. Das galt auch für die von
Sixtus V. angelegten Straßen, durch die die Pilgerströme zu den Hauptkirchen zogen: kompromisslos direkt, übersichtlich und geradlinig wie die
Wege, die die katholische Kirche ihren Gläubigen zum Heil bahnte. Um diesen Sinnbildcharakter der Prozessionen gebührend zum Ausdruck zu bringen, wurden diese von Ordensgeistlichen angeführt und mit Standarten
und Kreuzen ausgestattet.

Ihren Höhepunkt erreichten die Umzüge des Heiligen Jahres am 9. Mai,
als sich zwei besonders festliche Umzüge im goldenen Abendlicht aufeinander zu bewegten. Dabei trugen Jünglinge im Engelsgewand die Leidens-
werkzeuge Christi, während auf einem Schauwagen die Passion des Erlösers
als heiliges Schauspiel aufgeführt wurde. Doch die Prozessionen kamen
nicht nur den Selbstdarstellungsbedürfnissen des Papsttums und der Orden
entgegen. 20 Jahre vor dem großen Jubiläum beobachtete der französische
Rom-Tourist Michel de Montaigne ähnliche Umzüge und notierte eine tief-
sinnige Beobachtung: Die kleinen Leute marschierten zwar von Klerikern
eskortiert, doch aus freiem Antrieb. Diese tief empfundene Frömmigkeit,
speziell die Verehrung von Heiligen, in zielgerichteten Umzügen auszu-
drücken, entsprach den Interessen und der Mentalität des Volkes. Denn in

solchen Märschen ließ sich nicht nur Andacht, sondern auch Selbstbewusstsein ausdrücken. Die geschlossene Formation, in der sich Prozessionen bewegten, versinnbildlichte Gemeinschaftssinn, Solidarität und den Anspruch, von den Obrigkeiten ernst genommen zu werden. Individuelle Religiosität drängte nach sichtbarem Ausdruck, und zwar in Gemeinschaft mit anderen. So wie der Einzelne in die Familie, das Maß aller sozialen Dinge, und in nützliche Netzwerke eingebunden war, so bezeugte er Gott seine Verehrung zusammen mit Freunden und Verwandten. Das ideale Medium dafür war die geregelte Bewegung auf ein Ziel hin, doch war der Weg selbst in hohem Maße das Ziel. Für protestantische Rom-Besucher war diese ostentativ ausgelebte Frömmigkeit ein Symptom des religiösen und moralischen Niedergangs: oberflächlich, kurzlebig, veräußerlicht, unpersönlich. Damit waren Grenzen der Kulturen und der Kommunikation gezogen, die bis heute in vieler Hinsicht unüberschreitbar geblieben sind.

Im Rom des 16. und 17. Jahrhunderts florierten demgemäß Bruderschaften (*confraternite*) aller Gewerbe und Schichten – keine Zunft ohne *confraternità*, ihr religiöses Gegenstück, in dem Handwerker und Ladenbesitzer neben der beruflichen Selbstverwaltung auch religiöse Verantwortung übernehmen und Prestige gewinnen konnten. In der Via Giulia, auf der die Pilgerströme den Tiber entlang von der Innenstadt zum Vatikan geleitet wurden, und ihren Seitenstraßen haben sich eindrucksvolle Kirchen solcher Bruderschaften bis heute erhalten, zum Beispiel Sant'Eligio degli Orefici, die den Goldschmieden gehörte, und das Oratorio del Gonfalone, dessen offizielle Aufgabe der Freikauf christlicher Sklaven im islamischen Mittelmeerraum war.

Rom, die Heilige Stadt: Zu dieser Inszenierung gehörte selbstverständlich katholische Prominenz. Schon 1599 hatte Clemens VIII. die Mitglieder europäischer Herrscherhäuser mit speziellen Ankündigungsschreiben in die Ewige Stadt eingeladen, und nicht wenige Mitglieder fürstlicher Familien waren diesem Ruf gefolgt. Ihre Präsenz war unverzichtbar, um den Wiederaufstieg des Katholizismus sichtbar zu dokumentieren. Einige dieser hochgestellten Persönlichkeiten wie der Kardinal Dietrichstein und der Herzog von Bayern kamen in betont schlichtem Aufzug, gleichsam als einfache Pilger – vor Gott und im Anblick der Ewigkeit waren alle Menschen gleich, so die prestigeträchtige Botschaft dieses frommen Understatements. Die venezianische Adelige Caterina Zeno hatte die Reise von der Lagune an den Tiber sogar zu Fuß unternommen. Seinen propagandistischen Höhepunkt im Kampf um die Seelen erreichte das Heilige Jahr 1600 jedoch durch öffentliche Bekehrungen. Diese Übertritte zum Katholizismus sollten das

Wunschresultat des großen Jubiläums gewissermaßen im Kleinen vorwegnehmen – den 122 „Ketzern", die 1600 vor dem andächtigen römischen Publikum ihrer „Irrlehre" abschworen und sich zum wahren Glauben bekannten, sollte das protestantische Europa insgesamt nachfolgen. Mit 73 reuigen Häretikern stellten die Deutschen den Löwenanteil der Bußfertigen, in weitem Abstand gefolgt von 23 Franzosen und Genfern. Besondere Aufmerksamkeit schenkte Clemens VIII. der Konversion eines deutschen Pastorensohns namens Justus Calvinus. *Nomen est omen* – bei seiner katholischen Taufe durfte dieser reuige Häretiker seinen in Rom verhassten Namen ablegen und den des Kardinals Baronius annehmen.

Nach römischen Berechnungen sollen 1600 1,2 Millionen fremde Pilger nach Rom geströmt sein. Jeglicher Schönfärbung unverdächtiges Zahlenmaterial liefern erneut die Rechnungsbücher der Annona. Sie weisen für 1600 einen um ein Viertel erhöhten Brotverbrauch aus; rechnet man diesen Mehr-Konsum mit einer durchschnittlichen Aufenthaltsdauer von einer Woche hoch – was einem vernünftigen Mittelwert zwischen den finanziellen Möglichkeiten der verschiedenen sozialen Schichten entsprechen dürfte –, so kommt man tatsächlich auf deutlich über eine Million Rom-Besucher. Das bedeutete einen Rekord, der sich bis zur Französischen Revolution nicht mehr einstellen ließ. Das nächste *Anno Santo* 1625 fiel in eine der kriegerischsten Phasen des Dreißigjährigen Krieges und wurde, wie der römische Brotverbrauch belegt, rein zahlenmäßig zu einem Misserfolg. Ein weiteres Vierteljahrhundert später war der große Krieg soeben zu Ende gegangen; seine Ergebnisse erregten das Missfallen des Heiligen Stuhls, der die Friedensschlüsse von Münster und Osnabrück bis heute nicht anerkannt hat. Da fortan gleich beide „Häresien" Luthertum und Calvinismus im Heiligen Römischen Reich Deutscher Nation offizielle Anerkennung fanden, wertete Innozenz X. den Westfälischen Frieden als eine Niederlage des wahren Glaubens und als eine Demütigung des Papsttums.

Umso mehr kam es darauf an, das Jubiläum von 1650 glanzvoll zu begehen. Zu diesem Zweck erhielt Berninis größter Konkurrent, der aus dem Tessin stammende Architekt Francesco Borromini, den Auftrag, die baufällige Lateranskirche, die Kathedrale des Papstes als Bischof von Rom, zu restaurieren. Borromini hingegen schwebte eine völlige Neukonstruktion von seltener Kühnheit vor, doch ein Massaker an der alten Bausubstanz wie 1506 in Alt-Sankt Peter konnte und wollte sich das Papsttum anderthalb Jahrhunderte später nicht mehr erlauben. Die Zerstörung eines durch Alter und historische Erinnerungen so ehrwürdigen Gotteshauses wie der Lateransbasilika hätte dem päpstlichen Image irreparablen Schaden zugefügt – wer

Traditionen mit Füßen trat, übte Verrat an der Geschichte und war als Veruntreuer urkirchlicher Werte bloßgestellt. So blieben Mauern, Stützen und Ausmaße erhalten, doch im Inneren wurde aus dem spätantiken Kirchenraum eine barocke Festhalle zur Verherrlichung der Pamphili und ihres Papstes.

Nach Schätzungen, die im Brotverbrauch Bestätigung finden, kam 1650 eine Dreiviertelmillion Fremde nach Rom – gemessen an der reinen Besucherzahl war dieses Heilige Jahr somit mehr als ein Achtungserfolg. Doch die Eindrücke, die diese Pilger mit nach Hause nahmen, dürften anders als ein halbes Jahrhundert zuvor und insgesamt eher gemischt ausgefallen sein. An fehlendem Eifer Innozenz' X. lag es nicht. Der 76-jährige Papst ging bis an die Grenzen seiner physischen Belastbarkeit. Nicht weniger als 16 Mal absolvierte er das zur Erlangung des Generalablasses vorgeschriebene Pflichtprogramm von vier Hauptkirchen-Besuchen und wusch wie weiland Clemens VIII. armen Pilgern mehrfach die Füße. Auch Olimpia Maidalchini, die „Päpstin", fühlte sich zu ostentativen Wohltätigkeits-Aktionen veranlasst. Selbst Spenden zu sammeln, fand sie jedoch unter ihrer Würde. Dafür erbaten 42 handverlesene Damen der guten Gesellschaft in ihrem Namen Almosen für die bedürftigen Pilger; für die 16 582 *scudi*, die auf diese Weise zusammenkamen, konnten drei Tage lang mehr als 300 000 arme Ablass-Sucher beherbergt und verpflegt werden, wie umgehend bekannt gemacht wurde – womit der Propagandazweck des Unternehmens erreicht war.

Auch an Pracht und Aufwand wurde nicht gespart. So wurde das Pantheon alias Santa Maria ad Martyres mit Tausenden von Lampen illuminiert. Doch wurde diese spektakuläre Lichterschau von der Prozession der spanischen Auferstehungs-Bruderschaft am Ostermorgen in den Schatten gestellt. Der für solche Anlässe zuständige Architekt Carlo Rainaldi hatte die ganze Piazza Navona mit laubumwundenen Säulen in einen intimen Hof verwandelt, in dem prächtig gewandete Chöre musizierten, nur von Feuerwerken unterbrochen; an den beiden Enden des Platzes waren Pavillons platziert, in denen Statuen der Gottesmutter und des auferstandenen Erlösers zu bewundern waren – ein Fest für den Glauben und die Sinne, das stolze 12 000 *scudi* gekostet hatte, aber jeden einzelnen *scudo* wert war, ja, allein schon die Reise von Madrid nach Rom lohnte, wie ein vornehmer Spanier treffend kommentierte (Abb. 28).

Nie zuvor war ein Heiliges Jahr so mondän gefeiert worden. Den Höhepunkt von Vornehmheit und Eleganz bildete am 14. Mai der Einzug adeliger Bruderschaften aus Florenz und Orvieto. Vor allem die Letztere stellte an Chic und Stil alles in den Schatten, was die schaulustigen Römer bis dato zu

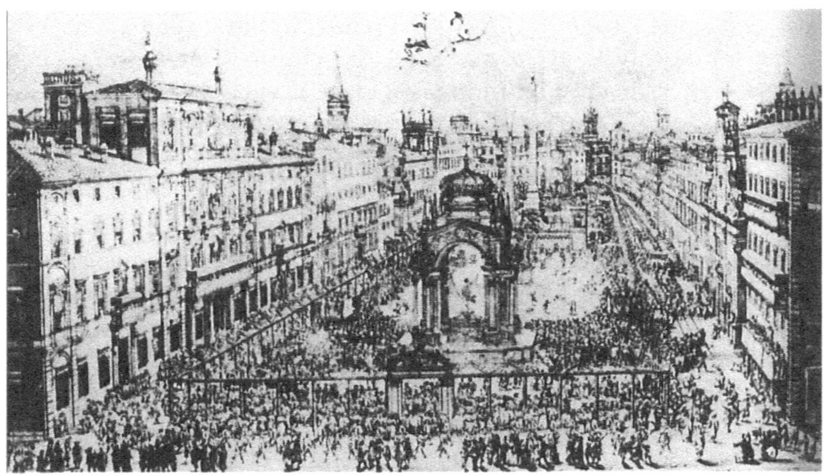

Abb. 28: Zur dauerhaften Pracht kam die vergängliche: Während des Heiligen Jahres 1650 wurde die Piazza Navona zur Bühne aufwendiger Inszenierungen.

sehen bekommen hatten. Die Frauen, die ebenso zahlreich vertreten waren wie die Männer, trugen weiße Gewänder und wurden jeweils zu zwölft von einer „Korporalin" mit weißen Handschuhen und Fahne befehligt – der Eindruck der Sittenstrenge, der 1600 vorgeherrscht hatte, war einem Augenschmaus ohnegleichen gewichen. Der Rest war Beiwerk: Wie 50 Jahre zuvor wurden auch diesmal Pilger zu Tausenden in geordneten Formationen nach Sankt Peter geleitet, mehr oder weniger prominente „Ketzer" bekehrt und auswärtige Staatsgäste, darunter Verwandte des Großherzogs der Toskana, begrüßt. Doch trotz aller bewährten Rezepte ließ sich der Geist von 1600 nicht mehr heraufbeschwören. Das anonyme Tagebuch eines kurialen Insiders verzeichnet die Ärgernisse im römischen Festkalender ebenso präzise wie bekümmert. Neben den üblichen Streitigkeiten darüber, welcher Aristokrat oder Botschafter bei welchen Empfängen und Prozessionen wo stehen oder gehen bzw. wann und wie das Wort ergreifen durfte, und außer der Schmollhaltung der erst kürzlich aus dem Pariser Exil zurückgekehrten Barberini und den chronischen Eifersüchteleien zwischen den feiernden Bruderschaften traten drei weitere Störfaktoren besonders penetrant hervor: der Streit zwischen Jansenisten und Jesuiten, der Krieg zwischen Spanien und Frankreich – und Donna Olimpia, die Schwägerin des Papstes. Ungetrübte Jubiläumsfreude wollte so trotz aller Feiern nicht aufkommen. Doch der Reihe nach!

Am 22. März 1650 veranstaltete das „römische Volk", das heißt die Gemeinde Rom ein feierliches Bankett zu Ehren der von Paul V. heiliggesprochenen Francesca Romana; Ehrengast war Donna Olimpia. Was diese mit der römischen Wohltäterin zu tun hatte, war nicht recht ersichtlich; zwar waren die Heilige und die „Päpstin" beide Witwen, doch in den Augen der Römerinnen und Römer waren die Gemeinsamkeiten damit auch schon erschöpft. Kurz zuvor hatte Innozenz X. seine Ehrenstatue auf dem Kapitol enthüllen lassen, obwohl der römische Senat Jahrzehnte zuvor beschlossen hatte, dass solche Huldigungen lebender Päpste künftig unterlassen bleiben sollten. Schon Urban VIII. war – so der Tagebuchschreiber süffisant – der Meinung gewesen, dass diese kleinliche Verbotsregel auf einen so großen Papst wie ihn keine Anwendung finden könne; und was Urban recht war, war Innozenz billig.

Anfang April begab sich Innozenz X. in vornehmer Begleitung zur Kirche Santa Maria sopra Minerva, wo er aus Mitteln der Annuntiata-Bruderschaft an nicht weniger als 462 *zitelle povere*, mittellose Bräute, eine Mitgift überreichte – ein Rekordwert, wie die Konkurrenz neidisch kommentierte: Wenn das so weiterging, würde die kirchliche Szene in Rom bald von dieser einen *confraternità* beherrscht werden wie die Republik Genua vom Monte San Giorgio; diese fungierte zugleich als Sparkasse und Staatsbank. Kurz darauf kamen die Brüder des Großherzogs von Florenz nach Rom. Sie machten am Abend zuvor öffentlich bekannt, in welcher Kirche sie am nächsten Morgen die Messe hören würden; wer eine Audienz wollte, konnte sie gleich nach dem Gottesdienst bekommen. Der Verpflichtung, die Besucher mit einem Gegenbesuch zu beehren, waren die vornehmen Gäste damit enthoben; in ihren Augen war das in Anbetracht des zwischen ihnen und den römischen Adeligen bestehenden Rangunterschieds unerlässlich: Zwänge des barocken Protokolls. Doch ließen sich kirchliche Feiern auch zu Versöhnungszwecken nutzen, wie die Exequien des kurz vor Ostern gestorbenen Kardinals Mattei zeigten. Bei der pompösen Totenfeier war der Kardinal Verospi anwesend, um den Zwist zwischen seinem Haus und der Familie Mattei zu schlichten, der bis in die Zeiten seines Onkels zurückging. Im Angesicht des Todes und in einem Heiligen Jahr durfte diese Chance nicht ungenutzt gelassen werden. Und in der Tat konnten die Vertreter beider Geschlechter den alten Streit begraben, und zwar mit einem gelungenen Scherz auf Kosten des Verstorbenen: Der Polizeichef von Rom sei an seiner Fresssucht, ein französischer Monsignore am übermäßigen Fasten, der Kardinal Mattei aber an seiner Armut gestorben.

Zumindest im Tod ließ sich der „arme" Kardinal nicht lumpen – allein sein Katafalk kostete Tausende von *scudi*. Bei der Aussegnung hoher Kirchenfürsten wurde ein regelrechtes „Lager des Schmerzes" (*castrum doloris*) errichtet, der Vergänglichkeit des Lebens entsprechend aus flüchtigem Material wie Pappmaché oder Gips. Dabei wurden ganze Kathedralen mit Totengerippen, Statuen des Verstorbenen, seiner Tugenden und seiner Lieblings-Heiligen errichtet und nachts von wahren Kerzenwäldern beleuchtet – ebenso erhabene wie makabre Inszenierungen, die die Phantasie der Zeitgenossen wie späterer Schriftsteller mächtig anregten. Sie ließ der große französische Romancier Stendhal (1783–1842) in einer Novelle seiner *Chroniques italiennes* einem leichtfertigen jungen französischen Diplomaten der 1720er Jahre zum Verhängnis werden. Dieser hatte das Herz der schönen Herzogin Orsini, einer Nepotin Benedikts XIII., erst gewonnen und dann gebrochen. Als er auf einem seiner nächtlichen Streifzüge die einsam gelegene Kirche San Francesco a Ripa (so auch der Titel der Geschichte) festlich beleuchtet sieht, betritt er das menschenleer Gotteshaus, sieht einen festlichen Katafalk, erkennt darauf sein eigenes Wappen – und wird von gedungenen Mördern getötet, die ihn in diesem *castrum doloris* aufbahren.

Die eigentliche Skandalchronik des Heiligen Jahres 1650 eröffnete Olimpia Maidalchini kurz vor Halbzeit. Am 4. Juni war Maria von Savoyen, die Schwester des 1638 verstorbenen Herzogs Vittorio Amedeo I., mit allen einem Staatsoberhaupt zustehenden Ehren empfangen worden. Der vornehme Jubiläumsgast hatte die Pilgerfahrt im Gewand einer Kapuzinerin, mit dem Strohhut auf dem Kopf, unternommen, von acht gleich gekleideten Hofdamen begleitet. Mit Staunen vermerkt wurde in Rom nicht nur diese eindrucksvoll zelebrierte Demut, sondern auch das silberne Hörrohr, das die Taubheit der Prinzessin jedoch kaum zu mildern vermochte. Nach ihrer Ankunft ließ sich die „Infantin" im vornehmen Nonnenkloster Tor de' Specchi nieder, wo sie sich Andachtsübungen widmete und die Nonnen zu selbigen anhielt. Doch aus dieser beschaulichen Ruhe wurde die vornehme Dame von der Schwägerin des Papstes gerissen. Olimpia Maidalchini ließ dem vornehmen Gast nämlich ausrichten, dass sie diesen zu besuchen wünsche. Maria von Savoyen entschuldigte sich damit, dass sie selbst zu Gast sei und zudem in einem Kloster weile. Doch die „Päpstin" ließ nicht locker und bestand auf einer Visite. Die Antwort: Wenn die Dame unbedingt kommen wolle, werde sie diese eben im Stile einer Kapuzinerin empfangen. Und so geschah es tatsächlich. Olimpia, die Allmächtige, musste mit ihrer Begleitung auf niedrigen Strohstühlen Platz nehmen. Entsprechend frostig und kurz war die Konversation, geradezu beleidigend die Verabschiedung: Als Kapuzinerin, so die „Infantin", könne sie ihrem Gast nicht über das Treppenhaus hinaus die Ehre erweisen – ein offener Affront! Diesen konnte die Nepotin, die sich als mindestens ebenbürtig gewürdigt sehen wollte, nicht auf sich beruhen lassen. Da die Prinzessin zu einer Gegenvisite im Palazzo Pamphili kaum zu bewegen sein würde, erhielt sie eine Einladung, die sie aufgrund ihrer Frömmigkeit nicht ablehnen konnte, nämlich in eine von Olimpia Maidalchini neu errichtete Kapelle. Maria kam, doch die Kapelle bekam sie nicht zu Gesicht, wohl aber einen Hofstaat aus Prälaten, Nepoten und Aristokraten. Mit dieser List hatte die „Päpstin" ihr Ziel, als Standesperson von höchstem Rang gewürdigt zu werden, erreicht, doch zugleich ihren Ruf restlos verspielt.

Auch ihre Machtstellung in Rom musste sie dauernd neu erkämpfen. Im September 1650 ernannte Innozenz X. einen neuen Kardinalnepoten aus der verschwägerten Familie der Astalli – für diese Aufgabe war der neue Kirchenfürst namens Camillo durch nichts als einen Hauch von Verwandtschaft qualifiziert. Musste man diese Erhebung ausgerechnet vor dem internationalen Publikum eines Heiligen Jahres zelebrieren? Olimpia Maidalchini jedenfalls schäumte vor Wut, denn sie hatte einen eigenen Kandidaten aus ihrer eigenen Sippe favorisiert. Auch dieser – nach kirchlichen Kriterien mindestens ebenso ungeeignete – Nepot kam bald zum Zuge. Bis es so weit war, tat die „Päpstin" alles, um Astalli zu diskreditieren, was ihr in Anbetracht von dessen Unerfahrenheit und Ungeschick nicht schwerfiel. Die Nepoten zerfleischten sich, und ganz Europa sah ihnen 1650 dabei zu. Dass angesichts dieser Zustände mit dem ehemaligen Oratorianer Honoré Hersent in der französischen Nationalkirche San Luigi dei Francesi ein Jansenist das Wort ergriff, um die seelsorgerischen Aufgaben der Kirche, die Würde des einfachen Priesters, die göttliche Prädestination und eine strenge Moral innerweltlicher Askese zu verkünden, verwundert nicht. Obwohl sich Hersent offener Kritik an Innozenz X. und den Seinen enthielt, wusste jeder, wer mit dieser Mahnung gemeint war; der mutige Prediger sah sich postwendend per Haftbefehl gesucht und seine Schriften auf den Index der verbotenen Bücher gesetzt. Dass diese Philippika aus französischem Munde erschall, war kein Zufall; an der Pyrenäenfront tobte der Dreißigjährige Krieg bis 1659 weiter. Der Pamphili-Papst stand im Gegensatz zu seinem Vorgänger auf der Seite Spaniens, und diese Parteinahme bekam die Ewige Stadt während des Heiligen Jahres kräftig zu spüren, nicht nur in Form von Chören und Feuerwerken auf der Piazza Navona. Am 26. November 1650 kam es zu einem Dreifachmord vor der französischen Botschaft, unter den Toten war ein Diener des Gesandten. Der daraufhin herbeigerufene Polizeichef zeigte sich jedoch uninteressiert und begab sich nach Hause – auf ausdrückliche Anordnung des Papstes, wie er den erzürnten Ambassadeur wissen ließ. Dieser ließ daraufhin in den römischen Straßen die Parole ausstreuen: Masaniello kommt nach Rom!

Ein Fischer als Revolutionsführer kam zwar nicht, doch das war aus französischer Sicht auch schon bald nicht mehr nötig, wie die „Korsenaffäre" zwölf Jahre später belegt. Hinter allen Rangstreitigkeiten und allem Klatsch des Heiligen Jahres treten Formen des Wandels hervor: Durch den Nepotismus war die Kurie zu einer höfischen Gesellschaft unter anderen geworden, die ihre Andersartigkeit als religiös begründetes System zwar weiterhin einforderte, doch selbst im katholischen Europa nicht mehr durchsetzen konnte. Darüber hinaus war die alles beherrschende Stellung der Papstverwandten zu einem diplomatischen Mehrfach-Ärgernis geworden. In einem sich weiter „aristokratisierenden" Europa, das Vornehmheit durch Abstammung zum entscheidenden Kriterium der Elitenzugehörigkeit erhob, konnten die römischen Parvenüs nicht mehr mithalten; speziell der Rangunterschied zwischen den Herrscherdynastien und den Nepoten wurde, siehe die missglückte Visite der „Päpstin", als unüberbrückbar empfunden. Hinzu kam, dass gerade in Frankreich seit den Tagen des Kardinalministers Richelieu die Hoheit des Staates, verstanden als abstraktes Gebilde zu Herrschaftsdurchsetzung und Menschenerziehung, nebst der dazugehörigen Staatsräson, dem Vorrang der öffentlichen Gewalt vor allen Privatinteressen, entdeckt worden war. Daran gemessen war Rom nicht nur rückständig, sondern mit der Gleichsetzung von Staats- und Nepoteninteressen geradezu eine für überwunden gehaltene Gegenwelt.

Mit der gestörten Inszenierung des Jahres 1650 war die große Zeit der Heiligen Jahre erst einmal vorbei. Während des Jubiläums von 1675 verzeichnete die Bruderschaft der Trinità dei Pellegrini einen Rückgang der Pilger um zwei Drittel. Immerhin wurde in diesem Jahr das Kolosseum für Stierkämpfe gesperrt – Toreros sollten die Martyriumsstätte so vieler früher Christen künftig nicht mehr mit ihrem blutigen Handwerk entweihen. 1700 nahm die Zahl der auswärtigen Besucher wieder etwas zu, doch die alte Ausstrahlung kam nicht zurück. Im 18. Jahrhundert schließlich geriet die Wallfahrt zunehmend ins Visier aufgeklärter Obrigkeiten, die darin eine abergläubische Verschwendung von Arbeitszeit und Geld sahen. Ihre Untertanen sahen das jedoch anders. Während die Heiligen Jahre in der Folgezeit für die Eliten an Bedeutung und Attraktivität als Medium der Selbstdarstellung weiter einbüßten, waren die kleinen Leute von der Heilswirksamkeit dieser Ablass-Reisen tiefer denn je überzeugt.

11.

Repräsentieren:
Diener, Livreen, Kutschen

Domestiken und Pagen lebten in Rom sicher und gefährlich zugleich. Geschützt waren sie durch ihr tägliches Brot vor den Risiken der Teuerung, exponiert durch die zahllosen Rangstreitigkeiten und Machtkämpfe ihrer Herrschaften. Und dies gleich doppelt: In den regelmäßig zwischen den großen Familien untereinander bzw. mit Botschaftern oder auswärtigen Fürsten ausgetragenen Straßenschlachten mussten sie die Ehre ihres Herrn mit dem blanken Degen verteidigen; gingen sie dabei jedoch zu forsch vor, liefen sie Gefahr, als Sündenböcke geopfert zu werden. Und noch ein Risiko war nicht von der Hand zu weisen: Das 17. Jahrhundert war von der Angst vor Giftmorden regelrecht besessen. Ludwig XIV. lebte in dauernder Furcht vor Giftmischerinnen und ihren Machenschaften; Olimpia Mancini, die Nichte des Kardinals Mazarin und zudem seine ehemalige Mätresse, musste nach Brüssel fliehen, um sich einer solchen Anklage zu entziehen. Beim unerwarteten Tod eines Mächtigen kam daher der Verdacht, dass beim Sterben nachgeholfen worden sei, quasi von selbst auf. Verdächtig waren in solchen Fällen in erster Linie die Hausangestellten. Wer sollte es auch sonst gewesen sein? Paläste waren Festungen, die sich nur mit einer Privatarmee stürmen ließen; viel einfacher war es, einen Haushofmeister oder Koch zu bestechen und den Hausherrn im Innersten seines Refugiums auszuschalten. Auch aus diesem Grund waren längere Aufenthalte außerhalb der eigenen vier Wände gefürchtet. Als Urban VIII. unmittelbar nach seiner Wahl schwer erkrankte, tippte er auf das Gift eines enttäuschten Konkurrenten – Enge und Chaos des Konklaves boten ideale Voraussetzungen für einen solchen Anschlag.

Auf der anderen Seite bot die Beschäftigung in einem (kirchen-)fürstlichen Haushalt beachtliche Vorteile und Chancen. Unter günstigen Voraussetzungen ließ sie sich zu einer Lebensstellung ausbauen. Starb der Herr vor dem Diener, durfte dieser bei ausreichend langer Dienstzeit damit rechnen, im Testament bedacht und im Haushalt der Erben weiterbeschäftigt zu werden, falls es Alter und Gesundheit erlaubten. In besonderen Fällen war das Legat des verstorbenen Patrons sogar so hoch, dass man von den Zinsen dieses Kapitals als „Privatier" leben konnte. So hinterließ der schwerreiche

Ex-Kardinalnepot Scipione Borghese, als er 1633 als Mittfünfziger das Zeitliche segnete, einem einzigen seiner Kammerdiener die stolze Summe von 2000 *scudi* und damit das Fünf- bzw. Zehnfache des Betrags, mit dem dessen Kollegen bedacht wurden. Borghese war in den letzten Lebensjahren aufgrund seiner Körperfülle leidend, am Ende sogar bewegungsunfähig, was ihn von aufopferungsvoller Pflege abhängig machte. Doch auch die Domestiken konnten im Krankheits- und Invaliditätsfall auf Unterstützung zählen – in einer Zeit fehlender Sozialversicherungen kein geringes Privileg. Zu jeder größeren *familia* gehörten mindestens zwei Ärzte: einer für die Herrschaft und einer für die Dienstboten, ein Rangunterschied, der sich selbstverständlich im Gehalt niederschlug; auch Medikamente und, bei negativem Krankheitsverlauf, Bestattung waren gratis.

Bindungen an den Patron konnten sich – wie das Beispiel Giulio Mazzarinis zeigte – für die nächste(n) Generation(en) auszahlen. Auf nichts legte die Herrschaft mehr Wert als auf Zuverlässigkeit. Diese aber musste proportional zur Dauer des Dienstverhältnisses steigen, wie die ehernen Gesetze der Klientel seit Jahrhunderten belegten – nichts ging über gewachsene Langzeit-Loyalitäten. Die Bezeichnung *familia* für die Dienerschaft als Ganze spiegelt die Erwartungshaltungen beider Seiten trefflich wider: Die Hausangestellten wünschten sich einen *padrone* von väterlicher Fürsorge und Gerechtigkeit, die Herrschaften ihrerseits setzten auf kindliche Ergebenheit und Folgsamkeit unter ihren Domestiken.

In welchem Maße solche Hoffnungen erfüllt oder enttäuscht wurden, entzieht sich der Kenntnis der Nachwelt, und zwar aus Gründen, die viel mit der vorgeschriebenen Ethik und der praktischen Psychologie der Haushaltsführung zu tun haben: Gegenüber der neugierigen Außenwelt galt ein absolutes Schweigegebot; wer gegen diese *omertà* verstieß und Internes oder sogar Intimes ausplauderte, wurde – siehe das Verhalten Christinas von Schweden – als Verräter gebrandmarkt. Trotzdem drang in einer Gesellschaft mit so intensiver Sozialkontrolle manches nach außen: Wer als geizig galt (wie Kardinal Francesco Barberini) und bei Gehalt und Verpflegung knauserte, wer seine Domestiken großmütig behandelte (wie Olimpia Aldobrandini-Pamphili) oder wer die Zügel schleifen ließ (wie der Kardinal Ferdinando Gonzaga) – das alles war dem römischen Stadtklatsch in mündlicher oder schriftlicher Form (wie in den sogenannten *avvisi*, die auswärtige Machthaber, aber auch das breite Publikum mit den neuesten Nachrichten über die Vorkommnisse am Tiber versorgten) wohlbekannt. Die *familia* Gonzagas zeigt exemplarisch an, wie man es nicht machen durfte – was der geplagte *padrone* selbst zu spät erkannte. Dieser junge Kirchenfürst aus der Familie der Herzöge von Mantua sah sich nicht als Herrn, sondern als Spielball seiner Domestiken: Sein Sekretär spreche schlecht über ihn, verkehre mit seinen erklärten Feinden und sei zudem nicht in der Lage, seine Korrespondenzpflichten angemessen zu erfüllen. So rede er hochgestellte Persönlichkeiten mit falschen Titeln an – in aristokratischen Gesellschaften ein unverzeihlicher Fehler; zudem sei sein Latein fehlerhaft, was kaum weniger peinlich sei. Denn die Außenwelt schließe vom Verhalten der Domestiken auf die Eigenschaften der Herrschaft. Mindestens ebenso abträglich für den Ruf des leidgeprüften Kardinals und im Alltag noch unerträglicher war dessen Haushofmeister: Übel beleumdet, wie er war, vertrieb er alle anständigen Dienstboten aus dem Palast und stellte neues Personal ein, das seinen Herrn ausspionieren sollte; diese Spitzel wieder loszuwerden, koste ihn Unsummen – so Gonzaga in einer bewegten brieflichen Klage. Darüber hinaus buhlten die *gentiluomini di casa*, die „Haus-Edelleute“, permanent um Vorzugsbehandlung und Vorrang, was ihn andauernd in Atem halte.

Was hatte Gonzaga falsch gemacht? Seine eigene Fehleranalyse hob zwei Punkte hervor, die geradezu als modellhaft für eine dysfunktionale *familia* gelten können: Seine wichtigsten Angestellten waren ihm von anderen Kardinälen empfohlen worden, die er offenbar irrtümlicherweise für seine Freunde gehalten hatte; diese eigennützigen Ratgeber waren wiederum mit noch höhergestellten Persönlichkeiten an der Kurie eng vernetzt, sodass Gonzagas Domestiken fremden Herren mehr als ihm selbst verpflichtet waren. Dieser Verlust der Patronagehoheit war für jeden *padrone* fatal; hinzu kam, dass sowohl Sekretär als auch Haushofmeister selbst über gewachsenen Einfluss verfügten, den sie zum Schaden ihres Herrn einsetzten. Auf diese Weise konnten sie ihn regelrecht erpressen. Für den jungen Kardinal wurde sein Alltag auf diese Weise zum Alptraum hinter prächtiger Fassade. Umgekehrt lassen sich aus seinem persönlichen Desaster die Erfolgsregeln für den Aufbau einer nützlichen *familia* ableiten. Das Rezept: Man nehme im richtigen Mischungsverhältnis junge aufstrebende sowie gesetzte erfahrene Männer aus ehrbarem, doch nicht zu prominentem Hause von erprobter Gesinnung und Loyalität, die ihren Platz auf Dauer gefunden haben – ohne übertriebenen Ehrgeiz und Aufstiegsgelüste, doch auch ohne die gegenteiligen Laster Trägheit, Nachlässigkeit und Faulheit, kompetent genug, um ihre Aufgaben zur Zufriedenheit ihres Herrn zu erfüllen, doch auch nicht so überqualifiziert, dass sie von Headhuntern anderer Familien abgeworben wurden oder Traumlöhne verlangen konnten. Den einen oder anderen Vorzeige-Künstler oder Modell-Gelehrten konnten sich besonders gut dotierte *padroni* als lebendes Prestigesymbol leisten; in solchen Fällen wurde wachsendes Renommee mit steigenden Gehältern honoriert. Insgesamt aber blieben Karrieresprünge wie in der bewegten Lebensgeschichte Giulio Mazzarinis eine seltene Ausnahme. Fazit: Die Kunst der richtigen Haushaltsführung setzte Fingerspitzengefühl voraus; kein Wunder, dass Handbücher hier mancherlei Rat spendeten, und zwar je nach Rangstufe des Herrn.

Das wichtigste Kriterium, nach dem die Verfasser dieser Ratgeberliteratur – meist erprobte Domestiken-Veteranen mit eindrucksvollen Dienstzeiten in allererersten Häusern – Antworten auf alle Fragen erteilten, hat der erfolglose *padrone* Gonzaga selbst genannt: Die *familia* sollte die Größe ihres Dienstherrn widerspiegeln. Das hieß, sie durfte ihn auf keinen Fall kleiner machen, als er war; doch auch nach oben waren Grenzen des Anstands gesetzt, wollte man nicht an höchster Stelle anecken. Zu wenig galt als ärmlich – siehe den Spott über den „armen" Kardinal Mattei –, zu viel als protzig wie die „Päpstin", die mehr sein wollte, als ihr gegeben war. Wo aber lag die goldene Mitte? Wie überall im Rom des 17. Jahrhunderts musste auch diese Norm stets neu ausgehandelt und bestimmt werden. Ein Kardinalnepot wie Scipione Borghese begann „bescheiden" mit etwa 50 Domestiken, deren Zahl er bis zum Tode des Familienpapstes Paul V. im Januar 1621 mit 114 Angestellten mehr als verdoppelte. Als Oberhaupt der Familie steigerte er den Personalbestand seiner *familia* danach nochmals auf etwa 180 Personen; da er im Familienpalast nahe dem Tiber, der unter Paul V. in riesenhaften Dimensionen erweitert worden war, zusammen mit dem weltlichen Nepoten, dem Fürsten Marcantonio, unter einem Dach zusammenlebte, ließen sich zwischen den Haushalten Synergien bilden – die *familia* des Stammhalters betrug bis zu dessen Heirat im Oktober 1619 51, danach 92 und nach dem Tode Pauls V. 121 Personen. So zählte die gesamte Dienerschaft von Kardinal und Fürst zusammen 300 Personen (Abb. 29).

Diese Grenze wurde nur noch von den Barberini überschritten. Ihre drei Kardinäle plus der fürstliche Haushalt Taddeos und Anna Colonnas brachten es zusammen auf 400 *familia*-Mitglieder. Doch das war in den Augen der Öffentlichkeit bereits des Guten zu viel. Spätere Kardinalnepoten wie Flavio Chigi mussten sich mit einer Dienerschaft von 120 Personen begnügen, Tendenz weiter fallend. Nur Pietro Ottoboni, der Kardinalnepot Alexanders VIII., übertraf dieses Niveau zu Beginn des 18. Jahrhunderts mit 130 Familiaren; dabei ist zu berücksichtigen, dass er als leidenschaftlicher Liebhaber der Musik ein eigenes Orchester unterhielt – und bei seinem Tod im Jahre 1740 erdrückende Schulden hinterließ.

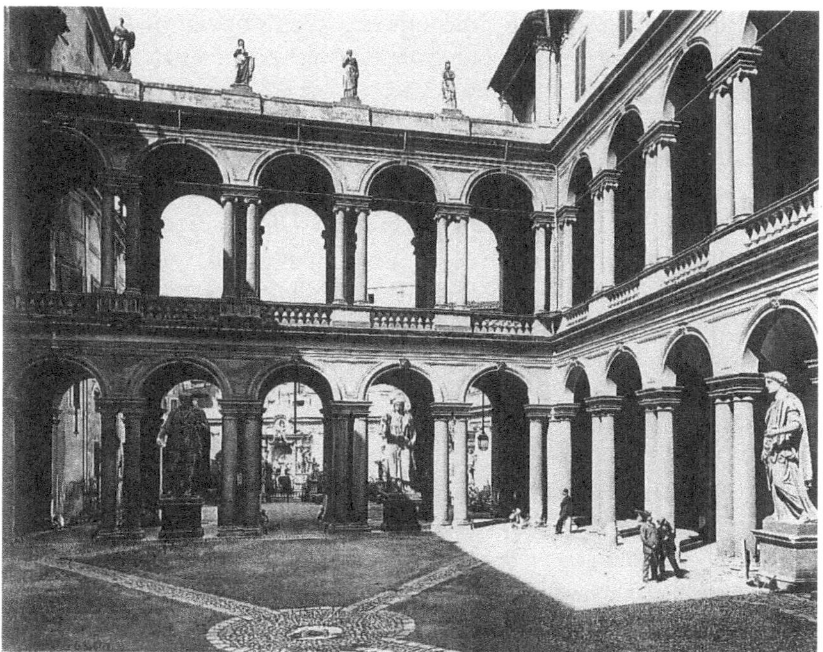

Abb. 29: Ein Palast wie ein Fürstenschloss (hier der elegante Innenhof) und doch zu klein, um die Familie Borghese und ihre Diener gemeinsam zu beherbergen. Neben ihrer majestätischen Stadtresidenz ließen die Borghese daher ein Muster-Wohnhaus für ihre Domestiken errichten.

Selbst wenn man für den durchschnittlichen Kurienkardinal des 17. Jahrhunderts „nur" eine *familia* von 40 bis 50 Personen zugrunde legt, zeichnet sich damit ein für die römische Sozialstruktur prägender Sachverhalt ab. Rechnet man diese Haushaltsgrößen für die in Rom residierenden Kardinäle, den um ein Mehrfaches größeren päpstlichen Hofstaat und die Dienerschaft der führenden Adelsfamilien hoch, so kommt man auf einen Personalbestand von mindestens 6000 bis 8000 Personen. Bedenkt man überdies, dass viele Domestiken verheiratet waren und Kinder hatten, so erweitert sich der entsprechende Personenkreis nochmals beträchtlich. Fazit: Der Großteil der römischen Mittelschicht stand in fremden Diensten, verzehrte das Brot vornehmer Herren und war diesen zu unbedingter Gefolgschaft verpflichtet. Stellt man ferner in Rechnung, dass die übrigen Angehörigen des Mittelstands als Handwerker und Ladenbesitzer durch Aufträge und Lieferverträge kaum weniger eng an die großen Familien angebunden

waren, so erklärt sich dadurch die unbestrittene Dominanz des römischen
Adels und seiner Werte bis weit über die Umbrüche der Französischen Revolution hinaus. Speziell die Nepoten machten vor, wie man in kürzesten Zeit-
räumen vom Bürger zum Edelmann mit entsprechender Repräsentation
durch eine vielköpfige *familia* wurde. Warum sollten es ihnen ihre Diener
nicht nachmachen? Vom Kammerdiener zum Multimillionär: Giovanni
Torlonia machte es in der zweiten Hälfte des 18. Jahrhunderts vor. Vom Pas-
tetenbäcker zum erfolgreichen Maler-Unternehmer – das waren die Lauf-
bahnstationen Claude Lorrains. Sein Glück wollte es, dass er nach der Backstube in den Umkreis des Malers Agostino Tassi überwechselte, eines bei
hochgestellten Auftraggebern wie den Borghese geschätzten Künstlers mit
abenteuerlichem Lebensstil, der seinen Kumpanen Lorrain zur Erholung
von seinen nächtlichen Eskapaden in die Geheimnisse der Malerei einführte.

180 Personen auf der Gehaltsliste eines einzigen Kardinals: Das war
mehr als ein Haushalt, das war ein Hofstaat. Ein Jahrhundert zuvor waren
Kardinäle von Königen noch als *mon cousin* angeredet worden; die Zeiten
dieser Ebenbürtigkeit waren zwar vorbei, seit sich die Zahl der Purpurträger
im Laufe des 16. Jahrhunderts inflationär vermehrt hatte, doch als Hof verstanden diese ihre *familia* weiterhin. Die Aufgaben des Höflings, wie sie der
tonangebende Spezialist feiner Lebensart, Baldassare Castiglione, 1528 festgeschrieben hatte, aber bestanden darin, den Ruhm seines Herrn durch un-
wandelbare Treue, elegante Lebensart, umfassende Bildung und vornehmes
Auftreten unablässig zu mehren. Der Hof war eine Bühne, auf der ein
Dauerschauspiel der Würde, Pflichterfüllung und Exklusivität vor Augen
geführt werden sollte. Diese allgemeinen Regeln mussten an den Hof eines
Kirchenfürsten angepasst werden. Tabu waren für ihn nach dem Konzil von
Trient Frauen (mit Ausnahme von Verwandten, Fürstinnen auf Besuch und
Wäscherinnen) und alle „weltlichen" Personen mit üblem Leumund; dringend angeraten waren stattdessen Bildung, Kunstsinn, Frömmigkeit und
Diensteifer. Nach der goldenen Regel Machiavellis (dessen „Buch vom Fürsten" zwar auf dem Index der verbotenen Bücher stand, mittels Spezialerlaub-
nis jedoch von Nepoten und anderen Günstlingen gelesen werden durfte)
musste man alle diese löblichen Interessen und Eigenschaften vortäuschen,
wenn man sie nicht hatte. Konkret hieß das: Nicht nur gut bestückte Bibliotheken, sondern auch Bibliothekare von anerkannter Gelehrsamkeit waren
für einen einflussreichen Kardinal ein absolutes Muss; dasselbe galt für
Kunstsammlungen und Künstler, Musik und Musiker. Allerdings konnte
jeder Kirchenfürst diese Normen nach eigenem Gutdünken auslegen: Vom

unverzichtbaren Minimum bis zur exzessiven Übererfüllung wie im Falle
Pietro Ottobonis, der sich Arcangelo Corelli als hoch bezahlten Starkomponisten und -dirigenten leistete, war so gut wie alles möglich. Ohne eine solche Besessenheit lief es in der Regel darauf hinaus, dass man ein oder zwei
Violinvirtuosen auf die Gehaltsliste setzte, die bei festlichen Anlässen gepflegte Tafelmusik bieten konnten, und einen vielversprechenden Maler am
Anfang seiner Karriere entlohnte, bis dieser bekannt genug wurde, um auf
eigenen Füßen zu stehen. Im Falle Scipione Borgheses war das der junge
Guido Reni, der für seinen Auftraggeber eine Kapelle bei dessen Kommendatarabtei San Gregorio gegenüber dem Palatin ausmalte. Dass sich aus dieser „Hausgenossenschaft" dauerhafte Bindungen entwickelten, war von beiden Seiten erwünscht. Eine lebenslange Symbiose von Künstler und *padrone*
bezeugen Leben und Tod des erfolgreichen Malers Pietro da Cortona (1596–
1669), der wie kein anderer die Palastwände und -decken der Nepoten mit
prestigeträchtigen Prunkmalereien dekorierte; Cortona malte nicht nur bevorzugt für die Familie Urbans VIII., sondern bekundete seine lebenslange
Bindung an Kardinal Francesco Barberini sogar in seinem Grabmal in der
Kirche Santi Luca e Martina beim Forum Romanum.

Künstler waren am Hof eines Kardinals unverzichtbar, um das Prestige
des Hof-Herrn eindrucksvoll zu repräsentieren, doch auf der obersten Rangstufe dieser strikt hierarchischen Hofordnung rangierten sie nicht. An erster
Stelle nach dem *padrone* kam der Maggiordomo als dessen Stellvertreter. Im
Haushalt eines Kardinalnepoten stammte ein solcher „Vize-Herr" häufig
aus angesehenen römischen Stadtadels- oder auswärtigen Bankiersfamilien
und konnte es nach erfolgreicher Dienstzeit selbst zum Kardinalat bringen.
Auch die Position des Auditors, eines studierten Juristen zur „Anhörung"
und Behandlung von Rechtsfällen, rangierte weit oben. Auf der Ebene unmittelbar darunter waren Hausmeister, Sekretär und weitere „Hausedelleute" platziert, deren Metier schon durch diese Bezeichnung aufgewertet
wurde. Ihnen oblag es, Ehre und Rang des Herrn nach außen darzustellen;
praktisch lief ihre Tätigkeit innerhalb des Haushalts auf Koordinierungs-
und Leitungsfunktionen hinaus, und zwar vor allem in den „Abteilungen"
Pferde und Karossen, Schriftführung und Sekretariat, Pagendienst, Tafel
und Weinkeller. Um die praktischen Belange dieser Sparten kümmerten
sich, eine Hierarchieschicht tiefer, Mundschenk, Tafelmeister, Leibkoch,
Groß- und Kleineinkäufer – sie alle jeweils im Rang gestaffelt. Im „Stallbereich" entsprach dieser Hierarchiestufe der „Dekan" der Steigbügelhalter,
im Privatbereich der Erste Kammerdiener; die „Hauskünstler" waren in der
Regel gleichgestellt. Auf der vierten und untersten Plattform figurierte die

sogenannte „niedrige Dienerschaft" des Hausreinigungspersonals, der Last-
und Sänftenträger, Barbiere, Gärtner, Krankenpfleger und Maultierführer,
auch sie nach Titel, Funktion und Gehalt deutlich voneinander abgesetzt,
sodass sich unter dem Strich bis zu 15 Rangstufen von ganz oben bis ganz
unten unterscheiden lassen.

Alle Angestellten aller Würdigkeitsgrade bezogen ihr Salär in Naturalien
und Geld, wobei die Ersteren nicht nur aus Brot und anderen Lebensmit-
teln, sondern auch aus Kleidung bestehen konnten; da zudem ein beträcht-
licher Teil der Dienerschaft mietfrei wohnte, ist die Summe der Bezüge oft
schwer zu ermitteln. Klare Spitzenreiter nach dem Maggiordomo waren die
Leibärzte, deren Einkommen regelmäßig dem Sechs- oder Siebenfachen gut
gestellter Handwerker entsprach. Hierarchisch gestaffelt waren selbstverständlich auch die Wohnverhältnisse. Während Hausedelleute oder höhergestellte Hausgeistliche behagliche Suiten belegten, mussten Angestellte
mittlerer Kategorien mit beengten Miniapartments vorliebnehmen. Die
Stallknechte schließlich waren in Mehrbett-Schlafsälen untergebracht, die
einer Kaserne ähnelten. Das hatte den Vorteil, dass man sie bei Straßen-
kämpfen schnell alarmieren und mobilisieren konnte. Für große *familie*
reichten selbst die riesigen Stadtpaläste nicht aus, die Nepotenfamilien wie
die Borghese und die Barberini errichteten. Die Borghese lösten das Problem dadurch, dass sie in unmittelbarer Nachbarschaft ihrer Residenz noch
während des Familienpontifikats ein eigenes Großwohnhaus für ihre Dienerschaft erbauen ließen. Natürlich trat dieser „Diener-Palast", was Ausmaße, Vornehmheit und Prachtentfaltung betraf, klar hinter der Residenz
des *padrone* zurück – Rangunterschiede zwischen den Bewohnern mussten
in der Architektur mit allen Mitteln verdeutlicht werden. Auf der anderen
Seite wurde in den Baubeschreibungen der Pioniercharakter dieses Bauwerks hervorgehoben: Durch seine lichten, großzügig geschnittenen Apart-
ments spiegele es die Fürsorge und Liebe des Herrn zu seiner *familia* voll
und ganz wider. Das war natürlich reine Verherrlichung des Dienstherrn,
zeigte jedoch eine hochaktuelle Problematik an. Die Wohnverhältnisse der
Domestiken waren im Rom des 17. Jahrhunderts sprichwörtlich beengt, was
gelegentlich zu wortreichen Klagen und umfassenden Reformvorschlägen
führte: Der Papst möge sich doch bitte als Hausbesetzer betätigen und
ungenutzte Immobilien wie etwa den Lateranpalast in Wohneinheiten für
verdiente Familiaren umwandeln, die anderenfalls an Klaustrophobie zugrunde gingen oder durch Lichtlosigkeit verkümmerten. Der Vorschlag für
ein umfassendes Programm des sozialen Wohnungsbaus, der die vorherrschende Luxus- und Imponierarchitektur ersetzen sollte, verhallte 1667

noch ungehört, doch wurden solche Pläne schon neun Jahre später mit ganz anderen Augen betrachtet.

Auf der anderen Seite waren gerade die Nepoten darum bemüht, ihre Dienerschaft als Teil des päpstlichen Hofstaats auszuweisen und damit funktional zu rechtfertigen. Dafür boten vor allem die Sommeraufenthalte der Päpste in Frascati beste Gelegenheiten. Solche Villeggiaturen wurden im 17. Jahrhundert zur Regel. In den heißen Monaten Juli und August vertauschte der Pontifex maximus seine Sommerresidenz auf dem Quirinal mit einer Villa in den Albaner Bergen, die seinen Verwandten gehörte. Die Borghese besaßen zeitweise sogar drei solcher luxuriösen Landhäuser, darunter die schon zum Zeitpunkt des Kaufs imposante Villa Mondragone, die danach zu einem gigantischen Landschloss erweitert wurde. Diese päpstlichen Sommerferien wurden so inszeniert, dass der Kardinalnepot die Rolle des Gastgebers spielte, der seinen Onkel als illustren Staatsgast mit dem gebotenen Prachtaufwand, das heißt mit einem der Würde des Pontifex maximus angemessenen Domestikenheer willkommen hieß – und daher selbstverständlich das Recht hatte, sich die dabei anfallenden Kosten aus der päpstlichen Palastkasse als Spesen ersetzen zu lassen. Diese Fiktion zeigt einen Rollentausch und damit ein Kernstück der Nepotismusideologie an. Der Nepot selbst tritt in die *familia* des Papstes ein, seine eigene Domestikenschar soll damit als Appendix des vatikanischen Haushalts vor Augen geführt und legitimiert werden. So wie der Papst zu diesem Zweck in der Villa seines Verwandten sommerliche Erholung genoss, so bezogen nicht wenige Nepoten eine „Dienstwohnung" im Vatikan und wurden selbst wie herausragende Diener ausgestattet. Diese funktionale Verschleierung wurde von Alexander VII. auf die Spitze getrieben. Als er im August 1656 nach einem Jahr Nepotismusverweigerung in die Bahnen seiner Vorgänger einschwenkte, wurden die engsten Verwandten des Chigi-Papstes mit einer regelrechten „Nepoten-Aussteuer" beglückt. Diese bestand aus 15 prunkvollen Kutschen, 37 Pferden aller Güteklassen, über 300 Kilogramm Silbergeschirr, Luxusstoffen für acht Zimmerfluchten, 182 Sesseln, 240 Matratzen, zahlreichen weiteren Möbel- und Ausstattungsstücken, Gobelins, diversen Schrankladungen Prunkkleidung und, Siegel unter dem ganzen Einrichtungspaket, einer Livree: Amtskleidung für die künftigen Kardinäle und Fürsten.

Kleider machten Diener, auch auf diesem allerhöchsten Niveau. Die Nepoten dienten dem Papst und erwarben dadurch unsterbliche Verdienste; der Papst selbst signierte seine Schriftstücke als *servus servorum Dei*, als Diener der Diener Gottes; wer dem Kardinalnepoten, seinem treuesten Diener, diente, diente somit nicht nur dem Stellvertreter Christi auf Erden, sondern Gott. Diese Rechtfertigungslehre der päpstlichen Verwandtenförderung wurde nicht nur in Bullen und Bauten, sondern auch in Gewandung zelebriert. Darüber hinaus war die Livree das sichtbare Bindeglied zwischen Domestiken und Herren; ohne diese jederzeit identifizierbare Verklammerung erfüllte die *familia* nicht ihren Hauptzweck, den Ruhm des *padrone* zu versinnbildlichen und zu erhöhen. Ein Diener ohne Livree war ein verlorener Diener; erst seine „Familienuniform" machte ihn zum Prestigeträger und -mehrer. Entsprechend sorgfältig und komplett wurde sie geschneidert. Die Grundausstattung bestand aus Hut, Mantel, Wams, Leibrock, Hosen, Strümpfen und Schuhen, und zwar in dreifacher Ausfertigung je nach Jahreszeit, dazu nach der Rangstufe innerhalb der *familia* gestaffelt – natürlich war der Maggiordomo sehr viel vornehmer gewandet als ein einfacher Kammerdiener. Welchen Stellenwert die Livree für das Renommee des *padrone* hatte, zeigt sich am Rhythmus ihrer Auswechslung. Sparsame Ratgeber gingen in ihren Handbüchern von einer fünfjährigen Haltbarkeit aus, doch prestigebewusste Herren kleideten ihre Domestiken alle zwei Jahre neu ein. Am sorgfältigsten ausstaffiert wurden – den alles beherrschenden Repräsentationszwecken entsprechend – die Familiaren, die in der Öffentlichkeit am sichtbarsten waren; bis heute tragen die Kutscher und Türsteher blaublütiger Dynastien Livreen des 17. oder 18. Jahrhunderts, speziell bei medialen Großereignissen wie königlichen Geburtstagen oder Hochzeiten. Köche und andere „interne" Dienstboten sowie Reinigungspersonal waren diesen Zwängen daher weit weniger unterworfen.

Ein ganz spezieller Livree-Zwang bestand dagegen bei großen Festen. Als Kardinal Antonio Barberini der Jüngere 1634 auf der Piazza Navona ein Turnier zum Thema „Antikes Rom und ritterliche Tugenden" ausrichten ließ, schillerten die Mannschaften, die an diesem rituellen Wettkampf teilnahmen, in allen Farben des Regenbogens, eine jegliche nach der Rolle, die ihr in diesem Prunkschauspiel zufiel, doch zugleich ihrem *padrone* sichtbar zugeordnet. Besondere Prunklivreen waren auch bei der feierlichen Einsetzung Taddeo Barberinis als Präfekt von Rom ein Muss. Die bei solchen Zeremonien gültigen Kleiderregeln wurden von Spezialisten verfasst, die in keinem vornehmen Haushalt fehlen durften: von dem „Schleppenträger", dem Garderoben-Chef und dem Dekan der Stallknechte, die zusammen die anspruchsvolle Aufgabe der Protokollchefs und Platzanweiser wahrnahmen. Wehe, es unterlief ihnen dabei auch nur der kleinste Fehler, dann waren Handgreiflichkeiten an der Tagesordnung (Abb. 30/31). Speziell das päpstliche Zeremonienwesen war eine Wissenschaft für sich. Hier konnten die Amtsträger des 17. Jahrhunderts auf die Erfahrungsschätze ihrer Vorgänger zurückgreifen: Unerreichte Experten wie Johannes Burchard und Paris de Grassis, ihres Zeichens päpstliche Zeremonienmeister, hatten kurz nach 1500 in voluminösen Handbüchern niedergelegt, welche Kleidungsstücke Päpste und Kardinäle bei welchen liturgischen Verrichtungen zu tragen bzw. im passenden Moment abzulegen hatten. Diese Vorschriften waren so kompliziert, dass sie selbst für altgediente Veteranen des kurialen Apparats kaum noch überschaubar waren und nur unter den wachsamen Augen ausgewiesener Fachleute eingehalten werden konnten – sonst bestand selbst für Päpste akute Gefahr, durch die Wahl eines falschen, der Zeremonie unangemessenen Kleidungsstücks symbolisch aus der Rolle zu fallen. Aus diesem Grund mussten Amtsträger umso öfter die Amtskleidung wechseln, je höher sie auf der Karriereleiter nach oben kletterten – dieses Gesetz des häufigen und hastigen Sich-Umziehens für repräsentative Zwecke galt für alle Eliten Alteuropas, doch am intensivsten dort, wo die Ämterhäufung am ausgeprägtesten und die Riten am vielfältigsten waren. Ersteres war in der Republik Venedig der Fall, wo der Besucher des Dogenpalasts bis heute auf zahlreiche „Umkleidekabinen“ stößt, Letzteres in Rom, wo der Papst als geistlicher und weltlicher Herrscher eine für Außenstehende verwirrende, für Insider hingegen äußerst aussagekräftige Fülle von Ausdrucksmöglichkeiten durch gezielte Gewandung besaß.

Was ein Papst des 17. Jahrhunderts dadurch an fein abgestimmten Botschaften aussenden konnte, zeigen die Marmorbüsten, die Gianlorenzo Bernini von seinem *padrone* Urban VIII. während dessen 21-jährigem Pontifikat in Marmor gemeißelt hat. Am Anfang dieser Porträt-Metamorphosen steht der sogenannte „Humilitas-Typus“, der sich seit dem Konzil von Trient als amtskonformer Standard entwickelt hatte. Humilitas heißt Demut, wie sie der Titel eines „Dieners der Diener Gottes“ anzeigt. Dieser Erhöhung durch Bescheidenheit gemäß trägt Urban VIII. in seinem frühesten Porträt von der Hand des Starbildhauers keine Tiara oder andere Triumph-Zeichen (Abb. 32). Barhäuptig richtet der jugendlich wirkende Pontifex maximus seinen Blick auf den Betrachter, nachdenklich nach innen gekehrt und voller Tatendrang zugleich. Der Aussage, dass hier ein rastlos um das gute irdische Leben und das Seelenheil seiner Untertanen bemühter Treuhänder von Gott verliehener Macht am Werke ist, wird durch die Kleidung weiter betont. Der Barberini-Papst trägt ein Pluviale, das von einer Fibel zusammengehalten wird und die Apostel Petrus und Paulus zeigt. Beide weisen mit Schlüssel bzw. Buch und Schwert nicht nur die angestammten Insignien ihrer Würde als Apostelfürst bzw. Lehrer der Völker vor, sondern

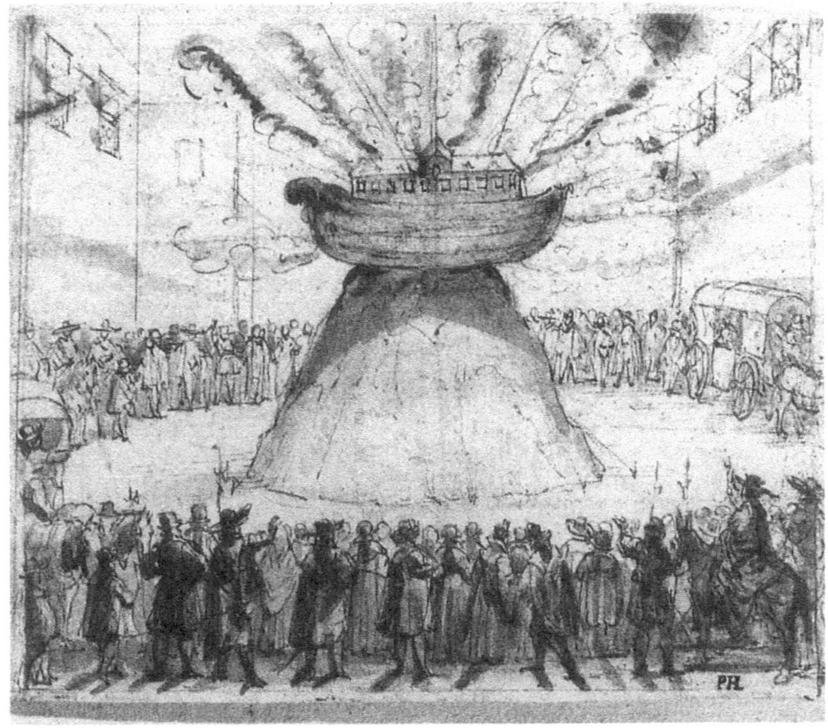

Abb. 30/31: Papst Innozenz X. feiert 1644 seinen *possesso*, das heißt: Er nimmt
rituell Besitz von seinem Amt und seiner Hauptstadt. Aus diesem Anlass werden
Feste auf der Piazza Navona (links mit der Arche Noah, rechts mit den vier
Kontinenten) als Spektakel inszeniert, bei denen die römische Oberschicht für ihre
familia strikten Kostümzwang verhängte.

sind darüber hinaus in höchster Erfüllung ihrer höchsten Amtspflichten
dargestellt. Aufopferung im Dienst für die Seelen: So lautet also die Botschaft von Gesichtsausdruck und Gewandung der Marmorbüste. Diese Aussage wird durch ein zweites, sehr viel unauffälligeres Kleidungsstück, den
Amikt, unterstrichen; Urban VIII. trägt dieses Schultertuch wie einen Schal
um den Hals, unterhalb des Kinns in die Albe, das Hemd mit der Schleife,
gesteckt. Der Amikt war für den Papst bei allen liturgischen Verrichtungen
obligatorisch. Diesen geweihten Stoff bei der Messe nicht zu tragen, war eine
schwere Sünde; er versinnbildlichte nämlich theologische Bildung und
Weisheit. Der Papst tritt in Berninis früher Büste den Römern somit als gü-
tiger Landesherr entgegen, der als uneigennütziger Sachwalter der Christen-

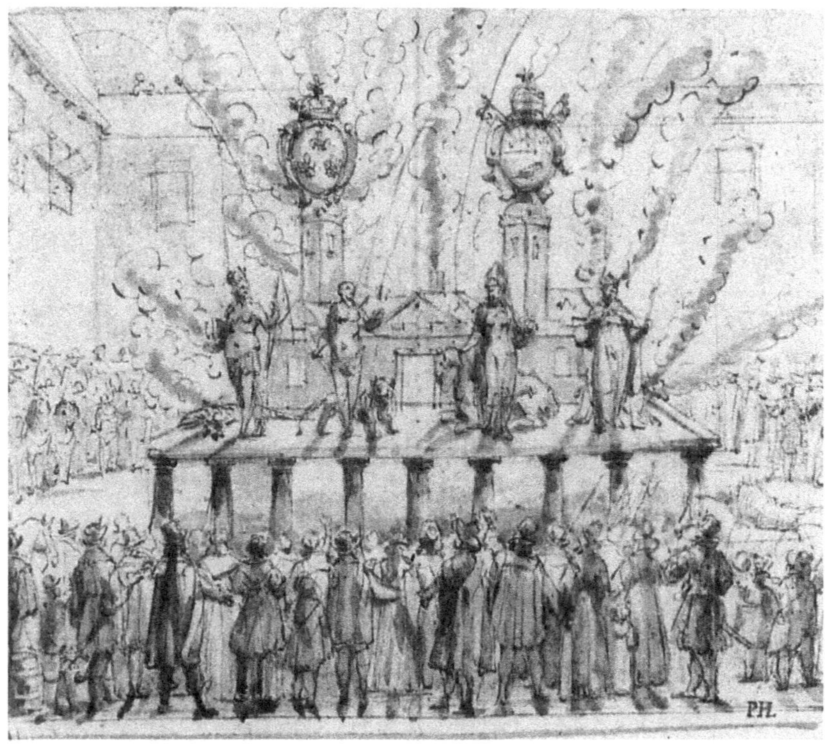

heit die Bürde der Herrschaft über die Kirche und den Kirchenstaat auf sich genommen hat – im Vertrauen auf die Hilfe des Herrn, die dieser seinem demütigen und rastlos bewährten Werkzeug nicht versagen wird.

Knapp zehn Jahre später ist derselbe Papst unter der Last dieser Treuhänderschaft sichtbar gealtert und zugleich vergeistigt (Abb. 33). Für diesen introvertierten Greis ist die Außenwelt nur noch ein Gleichnis ewiger Gesetzmäßigkeiten von Gut und Böse und dadurch weitgehend wesenlos geworden; bei allem Auf und Ab der historischen Entwicklung hat sich sein Vertrauen auf göttlichen Beistand sichtbar bestätigt. Urban sieht nicht, sondern schaut – und erkennt im scheinbar Sinnwidrigen den göttlichen Willen. Kurz bevor Bernini Hand an den Meißel legte, hatte der reale Barberini-Papst seine tiefste Demütigung erlebt: Der spanische Kardinal Borja hatte ihm im Konsistorium wegen seiner frankreichfreundlichen Politik mit Konzil und Absetzung gedroht; in den sich daran anschließenden Tumulten musste die päpstliche Leibgarde eingreifen, in der Folgezeit fühlten sich

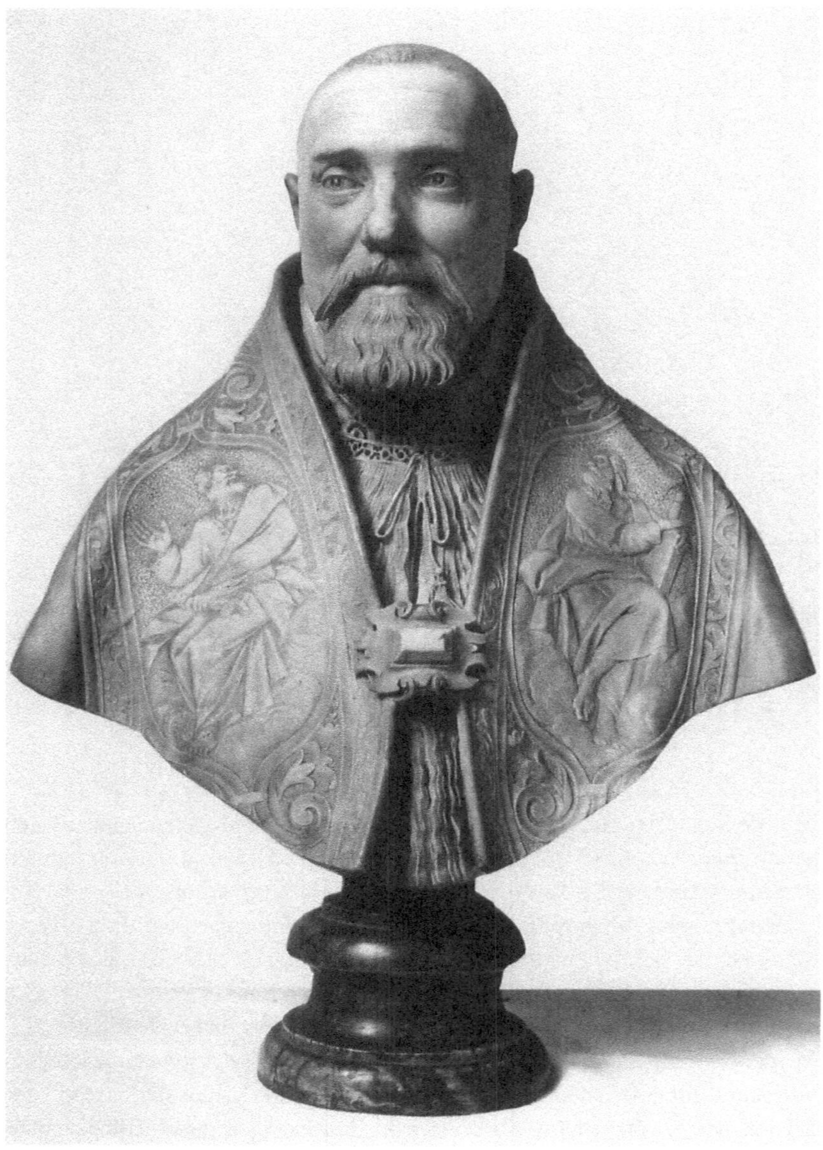

Abb. 32/33: Wie hat er sich verändert! Zweimal Urban VIII., wie ihn Bernini porträtierte: als dynamischer Mittfünfziger und als spirituell geadelter Greis. In den neun Jahren zwischen den Büsten liegt eine lange Reihe von Niederlagen und

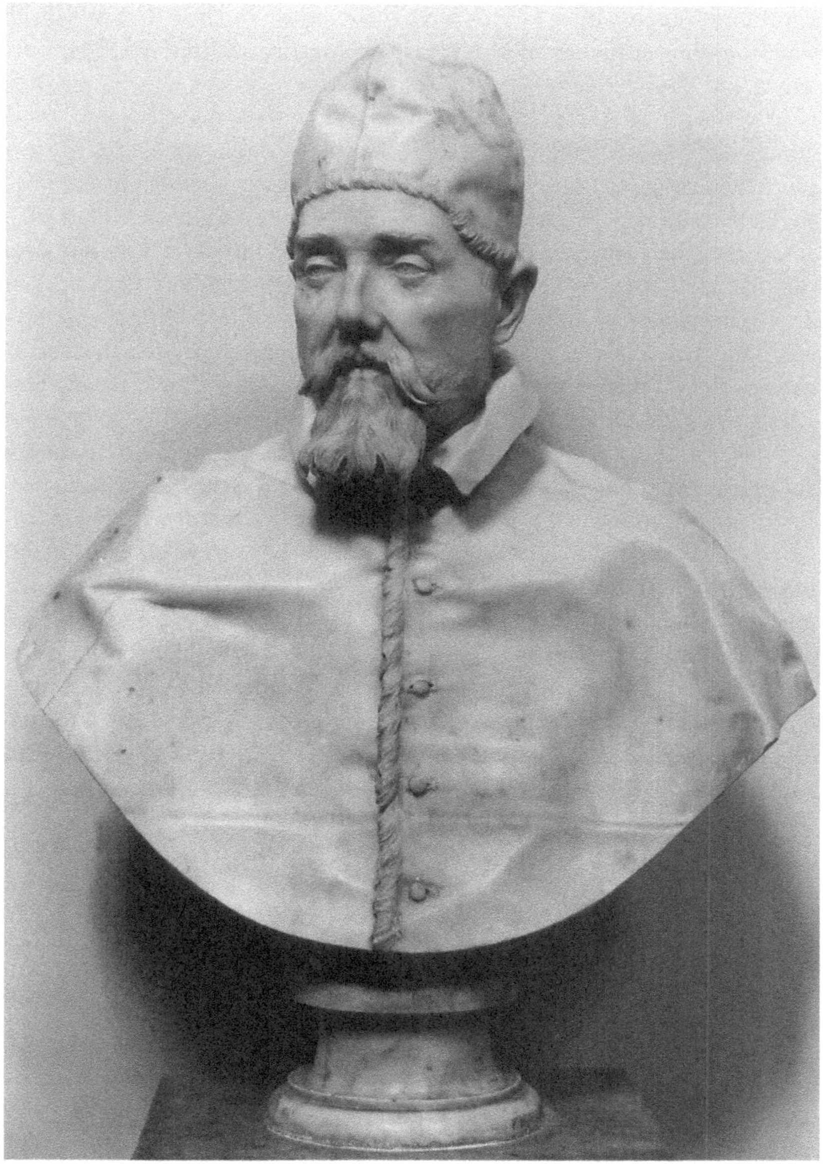

Demütigungen, die in Vergeistigung umgewertet werden (Rom, San Lorenzo in Fonte – Palazzo Barberini).

Papst und Nepoten ihres Lebens nicht mehr sicher. Doch in Berninis Büste sind alle diese irdischen Widrigkeiten als Machenschaften des Bösen erkannt und überwunden: Wer für Christus streitet, macht sich dessen Gegnern verhasst; diese Einsicht verleiht dem marmornen Papst seine unerschütterliche Souveränität. Das alles drückt wiederum nicht nur das Antlitz, sondern auch die Gewandung aus. Diese hat sich gegenüber der ersten Büste ebenfalls grundlegend verwandelt. Anstelle des Pluviale trägt Urban VIII. eine neben den Knöpfen mit Hermelin besetzte Mozzetta und auf dem Haupt einen Camauro. Beide gehören zu seiner Amtskleidung als Herrscher des Kirchenstaats; sie heben seine Vollgewalt als weltlicher Machthaber hervor. Der dadurch erzeugte Kontrast von uneingeschränkter Rechtsprechungs-Hoheit und christusgleich abgeklärter Milde löst sich in der Botschaft auf, dass dieser Papst allem Irdischen entwachsen und damit zur reinsten Erfüllung seines Amts im Geiste der Fürsorge und Nächstenliebe aufgestiegen ist. Hier trat ein „absoluter" Monarch vor seine Untertanen, der alles besaß, doch nichts für sich wollte, sondern alles für seine Schutzbefohlenen tat. Fülle der Herrschergewalt und Verzicht auf jedes eigennützige Machtstreben machen diesen Pontifex maximus zum wahren Vater der Armen und der Christenheit zugleich. Beide Büsten Berninis werben somit um die freiwillige Unterwerfung der Römer wie der Katholiken in ihrer Gesamtheit – ein sanfteres Joch als diese Herrschaft ließ sich auf Erden nimmermehr finden. Vergleicht man diesen Herrschaftsgestus mit Papstdarstellungen der Renaissance, so spiegelt der Kontrast eine neue, spiritualisierte Amtsauffassung, aber auch einen beträchtlichen Machtverlust in der Realität wider.

12.

Konkurrieren:
Bauten, Bilder, Statuen und der Wettkampf um Vorrang

Durch die christusgleiche Attitüde des Schmerzens-Herrschers fand Urban VIII. ein neues Image, das ihn von den Selbstdarstellungen seiner Vorgänger abhob. Wollte er seinen Pontifikat in der kollektiven Erinnerung bewahren, waren solche Merkmale unverzichtbar. Auf diese Weise konkurrierte jeder neue Papst mit den Memoria-Zeichen seiner Vorgänger. Dieser Wettbewerb war an strenge Regeln gebunden. Die erste und wichtigste lautete: Kein Pontifex maximus durfte einen anderen offen verunglimpfen. Nicht herabsetzen, sondern übertreffen – so lautete die Basisformel der römischen Propaganda-Konkurrenzkämpfe, und zwar nicht nur für die Päpste selbst, sondern auch für ihre Nepoten. Die Stadt Rom wurde dadurch zu einem heiß umkämpften Verherrlichungsraum, der mit jeder neuen Papstfamilie enger wurde. Könige konnten die Schlösser ihrer Ahnen abreißen oder zumindest grundlegend umbauen lassen, ohne sich dem Vorwurf der Pietätlosigkeit auszusetzen; im Gegenteil, sie mehrten dadurch den Ruhm ihrer Dynastie. Julius II. hatte sich durch den Abriss der alten Peterskirche den dauerhaften Vorwurf vandalischer Traditions-Zerstörung eingehandelt – Borrominis Restaurierung der Lateransbasilika zeigte, dass die Päpste des 17. Jahrhunderts diese Lektion gelernt hatten. Auch antike Ruinen konnte man jetzt nicht mehr einfach abtragen. Die Überreste der antiken Weltstadt bildeten das bevorzugte Studienobjekt der europäischen Gelehrtenwelt weit über die Landesgrenzen hinaus. Renovieren statt demolieren, nicht abtragen, sondern einer neuen, höheren Verwendung zuführen wie im Falle der Diokletiansthermen, die der greise Michelangelo im Auftrag Pius' IV. (1559–1565) zu einem Kirchenraum von erhabener Herbheit umgestaltete: Das waren legitime Prestigeprojekte im Zeichen der Katholischen Reform. Doch auch solche „veredelbaren" Objekte wurden im Laufe des 17. Jahrhunderts immer rarer. Wie sollten die neuen Aristokraten aus den Familien der neu gewählten Päpste so noch ihre Markenzeichen setzen?

Eine Möglichkeit bestand darin, den Schauplatz der Inszenierung zu wechseln, das heißt aus der Metropole in die Dörfer zu ziehen. Dort gab es billiges Land und viel zu tun, doch der Bühneneffekt war nicht der gleiche – lohnte sich ein permanentes Prunkschauspiel vor ein paar Hundert Bauern? Es kam auf das Verherrlichungsstück an. Im Laufe des Pamphili-Pontifikats war selbst Olimpia Maidalchini zur Überzeugung gelangt, dass sie etwas für ihr Image tun musste. Nach so hemmungs- und rücksichtsloser Bereicherung war es an der Zeit, sich ein soziales Mäntelchen umzuhängen, das heißt: mütterliche Fürsorge für die Bedürftigen unter Beweis zu stellen, die in der hausgemachten Hungersnot von 1648/49 am Tiber darben mussten. Um sich diesen karitativen Anstrich zu geben, ließ die „Päpstin" in ihrem Herzogtum San Martino al Cimino im gleichnamigen Vulkangebirge nördlich von Rom eine Arbeiter-Mustersiedlung errichten: kleine, aber schmucke und funktional gestaltete Häuser, die sich um die aufwendig restaurierte Abteikirche scharten wie Küken um die Glucke. Doch für die meisten Teilnehmer am großen römischen Konkurrenzkampf um Einfluss und Prestige war die Verlegung ihrer Schauobjekte allenfalls die zweitbeste Lösung. Für Päpste und Nepoten, für die großen Baronalfamilien der Colonna und Orsini und selbst für weniger prominente Akteure wie den römischen Stadtadel hieß es ganz überwiegend: Flagge zeigen und Farbe bekennen in der Ewigen Stadt. Dabei gaben die Papstverwandten unbestritten den Ton an; sie haben Rom zur barocken Spiegelstadt gemacht. Grob geschätzt, gehen mehr als zwei Drittel aller größeren Bau- und Bauausstattungsprojekte des 17. Jahrhunderts auf ihre unverwechselbaren Prestigebedürfnisse zurück. Ein System, das mit sich im Reinen ist, bedarf keiner Selbstverklärung durch den schönen Schein, es genügt sich selbst in der nüchternen Realität. So war es nur konsequent, dass die Bau- und Ausschmückungstätigkeit zu Repräsentationszwecken ab dem Herbst 1676 zum Stillstand kam; ein Papsttum ohne Nepoten, ohne Verstöße gegen das selbst geschaffene Regelwerk, brauchte keine solche Propaganda mehr.

Kunst im Rom des 17. Jahrhunderts ist also im höchsten Maße Verherrlichung für Aufsteiger, und zwar für Neuankömmlinge, deren Aufstieg ebenso schnell vollzogen wie zum Ende gelangt war. Mit Ausnahme des zögerlichen Alexander VII. gehören die Ernennung eines Kardinalnepoten und der Erwerb eines Fürstentitels nebst Übertragung lukrativer Pfründen bzw. substantieller Vermögenswerte zu den ersten und eiligsten Regierungshandlungen neu gewählter Päpste. Nach wenigen Monaten, manchmal sogar schon nach einigen Wochen war alles unter Dach und Fach, zumindest juristisch und vermögenstechnisch. Dann musste der neu gewonnene Rang vorgezeigt werden: durch Domestiken, Kutschen und Bauten. Doch aller Aufwand, mit dem dieser aristokratische Status zelebriert wurde, konnte nicht verdecken, dass es jetzt nur noch darum ging, die Anerkennung der neuen Standesgenossen zu erlangen, und selbst diese war keineswegs sicher. Damit hatte der rasante Aufstieg der Nepoten eine Endgültigkeit, die lähmend wirken konnte; nicht nur der Kardinalnepot Flavio Chigi fragte sich zunehmend frustriert, wozu er eigentlich da war. Mit dem Familienpontifikat war ein Gipfel erklommen, nach dem es nur noch abwärtsgehen konnte; abgehalfterte Papstfamilien durften im weiteren Verlauf ihrer Geschichte noch auf das eine oder andere Kardinalat hoffen, notfalls durch einen „zurückgegebenen" roten Hut des Nachfolgers, doch zeigte die Tendenz fast immer nach unten. Adelige Wirtschaftsethik war unerbittlich, was die Aufrechterhaltung eines einmal gewonnenen Status betraf. Die ehemaligen Nepoten mussten das hohe Niveau der Selbstdarstellung auch nach der Glanzzeit des Pontifikats aufrechterhalten, auch wenn es ihnen wirtschaftlich und sozial nicht mehr glänzend ging.

Als Aufsteiger ohne weitere Aufstiegsperspektive brauchten die Nepoten im Rom des 17. Jahrhunderts eine Kunst, die den vergänglichen Augenblick als Ewigkeit feierte und ihre „Stammbaumlosigkeit" in ehrwürdigste Ursprünge von unauslotbarer Tiefe umwandelte. Anstelle einer illustren Ahnengalerie hatten Nepoten nur einen einzigen, unwiederholbaren Ruhmestitel: ihren Papst. Sein Pontifikat war und blieb als einzige Prestigequelle Ausgangs- und Angelpunkt aller Konkurrenz, wie schon die Papstgrabmäler zeigten; da es keine Zukunft gab, die über diesen Höhepunkt hinausführen konnte, musste die Regierungszeit des Familienpapstes im Rückblick als vorbildliche Geschichte stets aufs Neue erfunden und in Erinnerung gerufen werden. Wirtschaftlich und sozial war der ebenso regelmäßige wie schnelle Elitenaustausch in Rom daher steril; von den Papstverwandten gingen insgesamt keine Anstöße zur Veränderung aus. Sie lebten und starben als Lehensherren und Großgrundbesitzer, zehrten von ihrer Grundrente, heirateten in Baronal- oder andere Nepotenfamilien ein und gebärdeten sich im Übrigen als Gralshüter des Systems, das sie zu dem gemacht hatte, was sie waren. Das, was sie wurden, wurden sie auf Kosten dieses Systems; zehnmal konnten sich Rom und das Papsttum diesen Aufstieg zwischen 1572 und 1676 leisten, dann waren die Ressourcen erst einmal erschöpft. In ihrem Sozial- und Wirtschaftsverhalten durch und durch defensiv, wurden die auf höchstem Niveau blockierten Parvenüs aus ureigensten Interessen zu Antreibern einer künstlerischen Entwicklung ohnegleichen.

Am Beginn des 17. Jahrhunderts hatten sich die Prestigebedürfnisse der Nepoten zu einem geschlossenen Programm zusammengefügt. Dessen Kernstücke waren repräsentative Residenzen für die Lebenden und die

Toten: Stadtpalast und Grabkapelle. Zu diesem unverzichtbaren Minimum kamen weitere Pflichtpunkte: eine Kunstsammlung, die mit antiken Statuen und Werken bekannter neuerer Künstler eindrucksvoll bestückt sein musste; eine Villa in oder bei Frascati, wo Papst und Nepoten stilvolle Sommerferien verbringen konnten; dazu mindestens ein Baronalpalast auf dem Lande, der mit seinen wehrhaften Mauern die feudale Herrlichkeit der Familie widerspiegeln sollte. Dieses Pensum war Pflicht, was war die Kür? Bloße Pflichterfüllung wurde achselzuckend abgehakt, reine Normenerfüller gruben sich nicht ins kollektive Gedächtnis ein, Konkurrenz setzte auf Differenz. Jede neue Nepotenfamilie war deshalb dazu verdammt, ihre Vorgänger mit zumindest einem eindrucksvollen Prestigeobjekt zu übertreffen. Doch wie? Das System der geistlichen Wahlmonarchie selbst gab die Antwort. Kaum eine Papstfamilie blieb lange genug an den Schalthebeln der Macht, um alle Programmpunkte gleichermaßen eindrucksvoll zu erfüllen; selbst für Kurzzeit-Nepoten blieb so der eine oder andere Nischenplatz zur Profilierung erhalten. Für alle diese Aufträge brauchte man Künstler mit hohem Innovationspotenzial, die mit neu gestellten Aufgaben wuchsen und dabei Maßstäbe der Schönheit und Eleganz für das ganze aristokratische Europa setzten. So wurde Rom im 17. Jahrhundert zum magnetischen Anziehungspunkt der experimentierfreudigsten Architekten, Bildhauer und Maler. Nur hier entfaltete der ansonsten so monotone Aufstieg der Nepoten eine bezwingende kreative Kraft.

Die im 13-jährigen Pontifikat Clemens' VIII. Aldobrandini (1592–1605) gesetzten Standards nahmen Paul V. Borghese und seine Nepoten bzw. deren Image- und Strategieberater auf, um sie dem römischen Prinzip von Nachahmen und Übertreffen gemäß auszuweiten und zu steigern. Der Glanzpunkt der Aldobrandini, mit dem sie ihre Vorgänger, die Boncompagni und Peretti, weit hinter sich gelassen hatten, war ihre monumentale Villa in Frascati; diese auszustechen, mussten sich die Rivalen schwertun. Umso bessere Profilierungschancen boten sich in der Ewigen Stadt selbst, vor allem in Sachen Stadtpalast hatte noch keine Papstfamilie das Maximum auch nur annähernd ausgeschöpft. Hier ließ sich aus Sicht der Borghese etwas machen. Camillo Borghese hatte als – relativ „armer" – Kardinal den ansehnlichen, doch in seinen Dimensionen eher bescheidenen Palast der Della Genga (die im 19. Jahrhundert mit Leo XII. selbst einen Papst stellen sollten) aus der zweiten Hälfte des 16. Jahrhunderts erworben und ließ diesen nach seiner Wahl zum Papst durch Flaminio Ponzio, den Hausarchitekten seiner Familie, in wahrhaft monumentalen Formen ausbauen (vgl. Abb. 29). Damit war eine Vorgabe geschaffen, die sich von den reinen Größenverhältnissen nur noch schwer steigern ließ. Gleiches galt, wie erwähnt, für die Grabkapelle in Santa Maria Maggiore; auch hier waren Ausmaße und Materialien kaum zu übertreffen, im Gegensatz zu Eleganz und Bildbotschaften.

Mit seinen nahezu unbegrenzten finanziellen Mitteln konnte der Kardinalnepot Scipione Borghese dem bestehenden Pflichtprogramm eine ebenso originelle wie glanzvolle Note hinzufügen: die suburbane, am Rand der Stadt gelegene und daher leicht erreichbare Villa. Solche Landhäuser im Weichbild der Metropole hatte es schon in der Renaissance gegeben, doch waren sie nach der Katastrophe des *Sacco di Roma* als zu unsicher wieder aus der Mode gekommen. Zu Beginn des 17. Jahrhunderts gab es in der ländlichen Umgebung Roms zwar weiterhin Vagabunden und Banditen, doch um diese fernzuhalten reichten hohe Mauern und ein paar mit Musketen bewaffnete Verwalter allemal aus. So konnte der Kardinalnepot ab 1608 außerhalb des Pincio-Stadttores – heute über die Via Vittorio Veneto wenige Schritte vom mondänen Zentrum der Innenstadt entfernt – seinen Villentraum verwirklichen (vgl. Abb. 7). Um das mächtige Casino mit Palastdimensionen fügte sich eine arkadische Ideallandschaft, die alles bot, was nach den aristokratischen Maßstäben der Zeit teuer und prestigeträchtig war: ein schmiedeeisernes Vogelhaus, das sich im Gegensatz zum Park der Tiger und Leoparden erhalten hat, die halb in der Erde gelegene Banketthalle zur Bewirtung illustrer Besucher, Dutzende von Grotten mit Wasserspielen, Tempelchen, mehr oder weniger restaurierte bzw. bruchstückhafte antike Statuen – und sogar einen hydraulischen (Wappen-)Drachen, der die Zunge herausstrecken und bedrohliche Geräusche von sich geben konnte, das Meisterwerk eines Bastelkünstlers aus dem eidgenössischen Appenzell. Bei all diesem Augenschmaus kam die ökonomische Nutzung nicht zu kurz. Ein Teil des riesigen Areals wurden zur Anpflanzung von Gemüse genutzt, die Jagd auf Kaninchen verpachtet. Doch das eigentliche Prestigeobjekt, an dem sich die Konkurrenz die Zähne ausbeißen sollte, war das zentrale Villengebäude. Das Casino diente keinerlei Wohnzwecken, sondern nur einer einzigen Aufgabe: die Kunstsammlung des Kardinals eindrucksvoll zur Schau zu stellen und dadurch gebührend zur Geltung zu bringen. Dafür investierte der Bauherr zwischen 1608 und 1621 insgesamt 233 548,51 *scudi*: deutlich mehr als alle Ausgaben für Almosen in 28 Jahren und fast doppelt so viel wie für alle von ihm finanzierten Kirchenbauten. Dabei war die Kollektion, die in der Villa ausgestellt werden sollte, noch nicht einmal mit einberechnet.

Sie wurde auf eine für Nepoten sehr kennzeichnende Art und Weise zu-

sammengebracht. Kurz nach seiner Ernennung zum Kardinalnepoten ließ
Scipione Borghese aus Nachlass-Aufkäufen einen Grundstock von Antiken
und modernen Gemälden anlegen. Das war die Pflicht. Die Kür bestand darin, Glanzlichter aufzusetzen, die Sammlung und Sammler das unverwech-
selbare Profil des Kenners verschaffen sollten. Zu diesem Zweck warf der
Kardinal sein begehrliches Auge auf ein Frühwerk Raffaels, die Grablegung
Christi. Dieses Gemälde befand sich allerdings in Perugia, wurde dort als
Votivbild hoch verehrt – und gehörte einer Kirche. Doch für einen Papstverwandten war das alles kein Hindernis. Gegen den erbitterten Widerstand
der einheimischen Bevölkerung wurde das kostbare Kunstwerk aus Perugia
entfernt und ging in den Besitz Borgheses über, offiziell als Geschenk des
Papstes. Unter den modernen Meisterwerken in der Villa Borghese ragten
die Statuen des jungen Bernini hervor. Mit einer von diesen, die Aeneas mit
seinem greisen Vater auf den Schultern bei der Flucht aus dem brennenden
Troja darstellt, setzte sich der Bauherr der Villa selbst ein überaus schmei-
chelhaftes Denkmal: Der fromme und tugendhafte Prinz, der den Vorfahren wie den Göttern gleichermaßen die schuldige Ehrfurcht erwies, war er
selbst, wie er sich im Dienst am Papst, seinem Herrn, verzehrte (Abb. 34).

Im Bestreben, den aristokratischen Status der Borghese untilgbar in das
römische Stadtbild einzutragen, schossen die Nepoten zeitweise übers Ziel
hinaus, und zwar sogar nach ihrer eigenen Einschätzung. Gleich zu Beginn
hatte der Kardinalnepot viel Geld für einen Gartenpalast auf dem Quirinal,
gegenüber der von seinem Onkel ausgebauten päpstlichen Sommerresidenz,
errichten lassen, und zwar mit allen Finessen; dazu gehörte der verschwen-
derisch ausgestattete Innenhof mit Brunnen und exotischen Pflanzen sowie
das grandiose Fresko der Aurora mit dem Sonnenwagen von der Hand
Guido Renis. Obwohl die Baubeauftragten der Familie Borghese nicht müde
wurden zu betonen, wie vollendet gerade dieser Palast den fürstlichen Rang
seines Bauherrn widerspiegelte, wurde er kurz nach der Fertigstellung an
einen späten Sprössling der Familie Altemps, der Nepoten Pius' IV., verkauft. Sein weiteres Schicksal ist ein Stück römische Elitengeschichte im
Kleinen. Später ging das Prestigeobjekt auf dem Quirinal an Giulio Mazzarini über, der zwar in Paris lebte und von dort aus die europäische Politik
einschließlich der römischen nachhaltig mitbestimmte, in der Ewigen Stadt
jedoch symbolisch weiterhin präsent zu sein wünschte, und zwar nicht zufälligerweise im zweiten päpstlichen Herrschaftszentrum auf dem Quirinal.
Am Fuße dieses durch die päpstliche Sommerresidenz prestigeträchtigen
(im Volksmund der monumentalen antiken Rossebändiger-Statuengruppe
wegen Monte Cavallo, Pferdeberg, genannten) Hügels ließ der Kardinal-

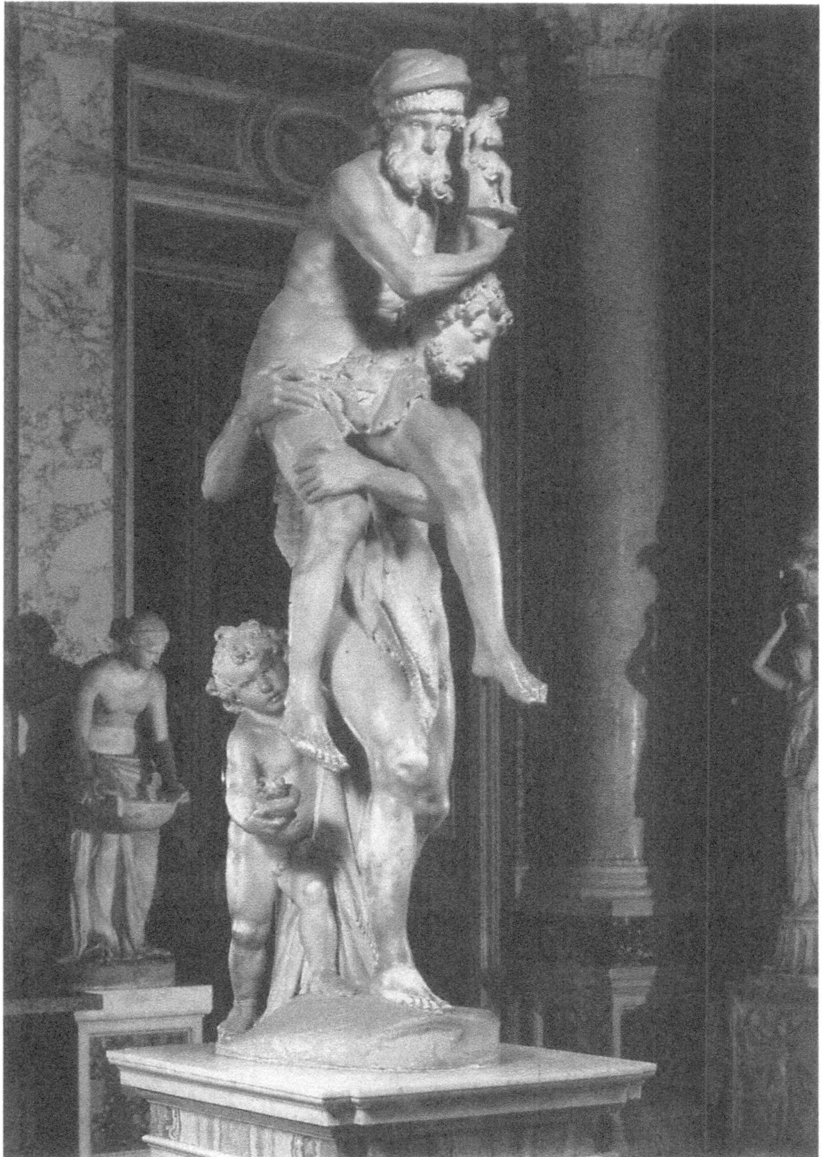

Abb. 34: So wie Aeneas in Berninis früher Statuengruppe wollten die Kardinalnepoten des 17. Jahrhunderts gesehen werden: tatkräftig und ihrem Herrn, dem
Papst, bedingungslos ergeben (Rom, Galleria Borghese).

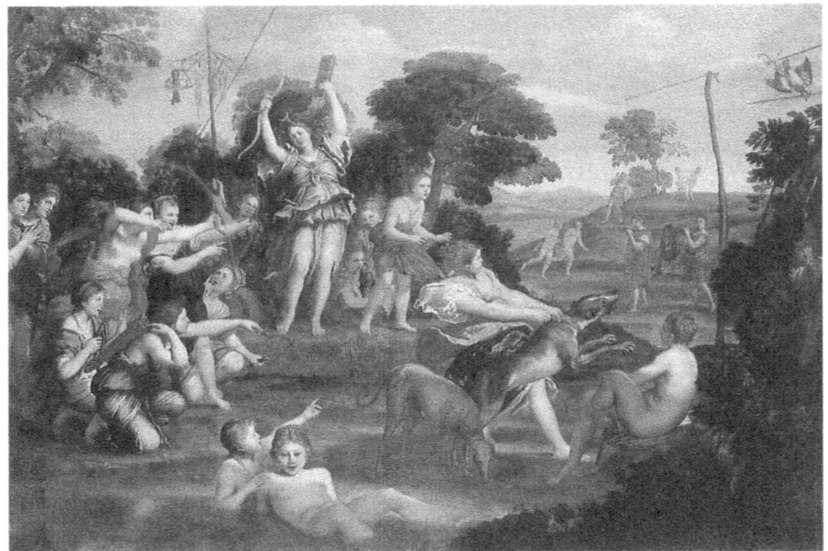

Abb. 35: Domenichinos „Jagd der Diana" war ein gewagtes Motiv für die Sammlung eines Kirchenfürsten. Dass Scipione Borghese das Bild in seiner Villa aufhängen durfte, zeigt, wie sich die strengen Normen der Katholischen Reform am Anfang des 17. Jahrhunderts gelockert hatten (Rom, Galleria Borghese).

Minister die Kirche Santi Vincenzo e Anastasio aufwendig restaurieren und mit seinem Wappen nebst Inschrift schmücken. Nach seinem Tod gelangte der Gartenpalast an die vornehme, an der Kurie regelmäßig durch Kardinäle vertretene genuesische Familie Pallavicini. Als Maria Camilla Pallavicini 1670 Giovanni Battista Rospigliosi aus der Familie des im Jahr zuvor verstorbenen Papstes Clemens' IX. heiratete, fielen der Palast und die dort untergebrachte Gemäldesammlung an den Nepoten, dessen Nachkommen sie bis heute gehören.

War die prachtvolle Anlage mit den lauschigen Gärten zu mondän für einen Kardinalnepoten zu Beginn des 17. Jahrhunderts? Am Geld kann es jedenfalls nicht gelegen haben, davon hatte Scipione Borghese genug. Eher dürfte sich die Zweckbestimmung, fürstliche Eleganz und Kunstverstand widerzuspiegeln, mit der Villa vor dem Pincio-Tor überschnitten haben. Zwei solcher Objekte aber dürften des Guten für einen Kirchenfürsten tatsächlich zu viel gewesen sein. Was sich ein Kardinal ein knappes halbes Jahrhundert nach der Reformstrenge eines Pius V. in Sachen „Nuditäten" erlauben konnte, zeigen die am meisten bewunderten Vorzeigeobjekte der

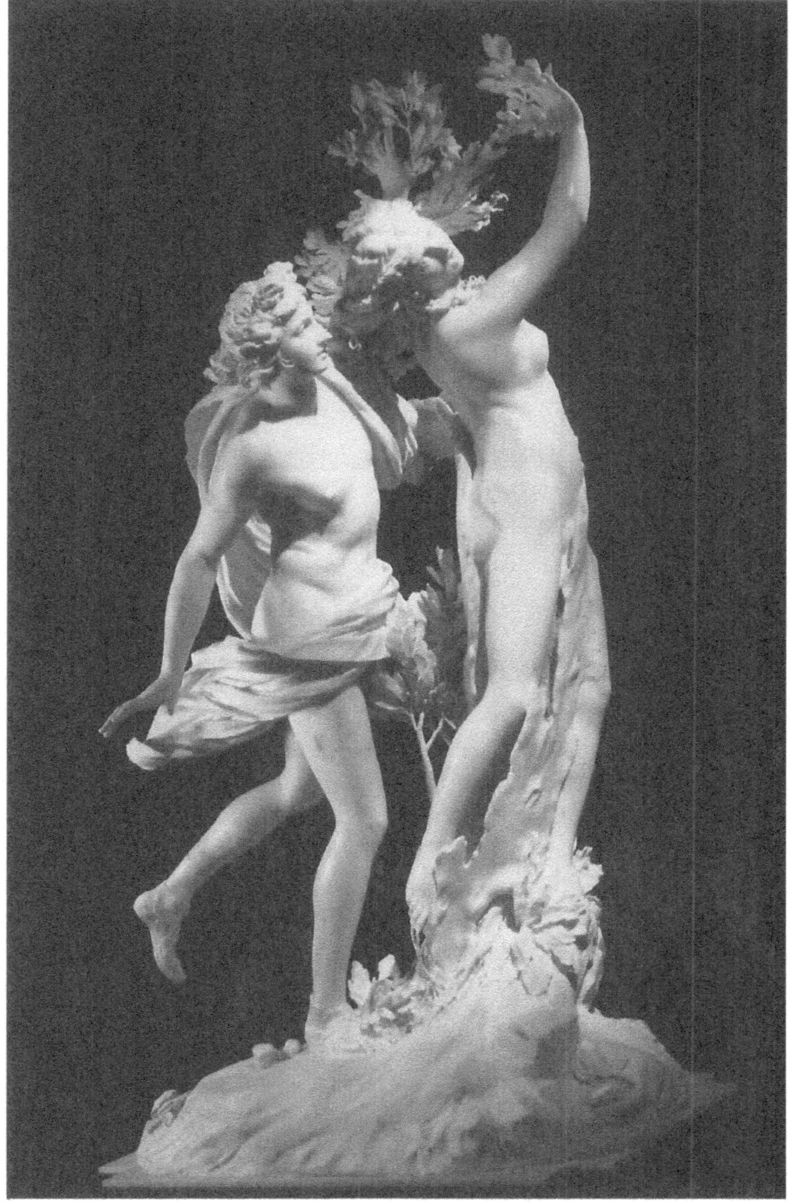

Abb. 36: Apoll greift zu, Daphne verwandelt sich in einen Lorbeerbaum. Die Moral der Marmor-Fabel predigt Verzicht, die Figuren selbst zeigen das Gegenteil (Rom, Galleria Borghese).

Villa Borghese: In Domenichinos „Jagd der Diana" tummeln sich die nackten Gespielinnen der heidnischen Göttin beim munteren Wettschießen (Abb. 35). Und Berninis Marmor-Apoll hascht in rasender Brünstigkeit nach der reizvollen Nymphe Daphne (Abb. 36). Gewiss, als er ihren schwellenden Leib umfasst, verwandelt sie sich in einen Lorbeerbaum. Zudem ziehen die am Sockel angebrachten Verse Urbans VIII. die Moral aus der missglückten Liebesgeschichte: Wer den flüchtigen Genüssen der Welt nachjagt, erntet am Ende bittere Beeren. Auch der leichtsinnige Hirte, der das Gefolge Dianas wie ein Voyeur hinter dem Busch beobachtet, wird seiner Augenlust nicht froh – kurz darauf wird er auf Befehl der erzürnten Göttin von seinen eigenen Hunden zerrissen, doch das muss sich der Betrachter dazudenken. Villa, Gartenpalast, Bild und Statue haben dieselbe Kernaussage: Kirchenfürsten des 17. Jahrhunderts wissen von den Verlockungen dieser Welt; sie wenden sich nicht asketisch von ihr ab, sondern nehmen ihre Reize zur Kenntnis, im Wissen, dass sie diesen flüchtigen und vergänglichen Verlockungen widerstehen können.

Trotz dieser hoch moralischen Deutung von Bauten, Statuen und Bildern, die ein weniger gebildeter Betrachter schlicht für pikanten Augenschmaus hielt, mussten die Nepoten ihre Selbstdarstellung im Laufe des Familienpontifikats allmählich auf dessen voraussichtliches Ende hin ausrichten, und zwar nach der Basisformel: Je länger ein Papst regierte, desto geistlicher, frömmer, dem Dienst an Kirche und Religion ergebener mussten sich dessen Verwandte präsentieren. Zu Beginn des Pontifikats, gewissermaßen als Einführung, bot sich eine ähnliche Akzentsetzung an. So investierte Scipione Borghese früh in „seine" Kirchen San Sebastiano an der Via Appia, die wegen der dortigen Katakomben bei Pilgern immer beliebter wurde, und San Gregorio auf dem Celio-Hügel. Der späten Imagepflege im Hinblick auf den demnächst zu erwartenden Machtwechsel hingegen diente die „Neubau-Restaurierung" von San Grisogono in Trastevere, der Kardinalstitelkirche des Bauherrn wie vorher seines Onkels (Abb. 37). Die Zwei-Generationen-Vereinnahmung des sakralen Bauwerks durch die Borghese bringt das Drachen-Adler-Wappen bis heute sinnfällig zum Ausdruck; außen wie innen ist es schier allgegenwärtig. Im Geiste eines pietätvolleren Umgangs mit ehrwürdigen Zeugnissen der Frühzeit wurde der Bau des 12. Jahrhunderts genauso wenig abgerissen wie die darunterliegende spätantike Basilika, sondern zeitgemäß, das heißt mit riesigen Mengen von Blattgold und weiteren kostbaren Materialien, wie sie die Borghese bei ihren Sakralbauten liebten, ausgeschmückt. Doch bei all diesem Aufwand behielt die Geschäftsführung des Hauses Borghese die Kosten stets im Auge; alle „geistlichen"

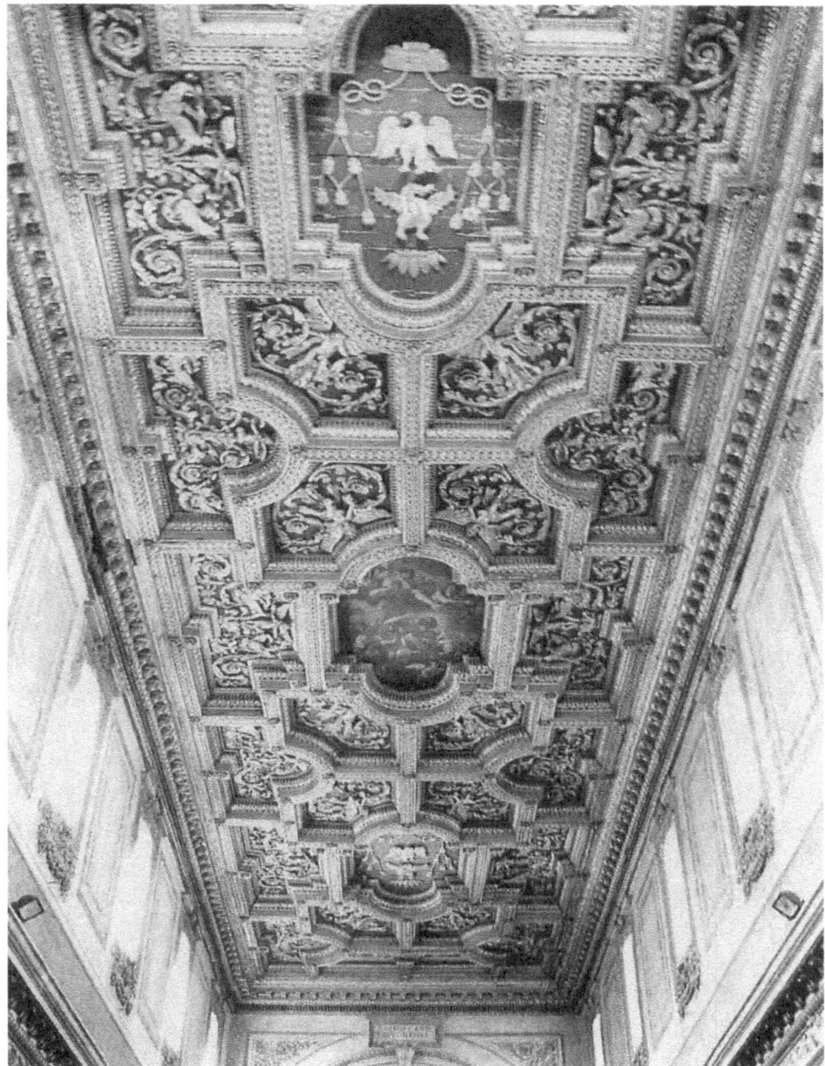

Abb. 37: Tue Gutes und zeige es! Nach dieser Devise ließ Kardinal Scipione Borghese seine Titelkirche San Grisogono aufwendig umbauen und danach sein Wappen mit Adler und Drachen in der neu gestalteten Decke anbringen.

Bauprojekte zusammen summierten sich auf wenig mehr als die Hälfte der für die Villa Borghese auf dem Pincio ausgegebenen Beträge und machten im Budget des Kardinals unter dem Strich etwas weniger als zwei Prozent aus.

Dass sich der Papst selbst am großen Spiel der Konkurrenz an vorderster Stelle mit zu beteiligen hatte, und zwar zum eigenen Ruhm ebenso wie zur Erhöhung seiner Familie, gehörte zu dessen unverbrüchlichen Regeln. Auch in dieser Prestige-Union schienen die Borghese so gut wie unschlagbar. Paul V. nutzte die Gunst der Stunde und vollendete den Außenbau der Peterskirche mit Langhaus und Fassade, an der er, wie erwähnt, eine Widmung mit seinem Namen anbrachte. Auch seine Verdienste um die Errichtung des päpstlichen Sommerpalastes auf dem Quirinal wurden durch entsprechende Inschriften gewürdigt.

Nach 15 Jahren, 8 Monaten und 12 Tagen Familienpontifikat hatte die erste Papstfamilie des 17. Jahrhunderts das Programm der Status-Repräsentation und Gedächtnis-Einschreibung mit einer Vollständigkeit und Intensität erfüllt und zugleich erweitert, die ihre Nachfolger vor ernste Probleme stellen musste – die Konkurrenz war eröffnet und schien zugleich bereits gewonnen. Das galt für Rom ebenso wie für die *castelli*, die Baronalorte des ländlichen Umlands. Denn auch dort, zum Beispiel in Montecompatri und Montefortino (heute Artena), hatten die Borghese Feudalpaläste mit den dazugehörigen Kirchen errichten lassen. Wer nichts von ihrer Vergangenheit wusste, hielt sie für eine der großen alten Familien Italiens. Damit hatte die so sorgfältig konzipierte und realisierte Propaganda ihren Zweck erreicht: mehr Schein als Sein, um das Sein Schritt für Schritt dem Schein anzugleichen.

Dem klugen und tatkräftigen Ludovico Ludovisi war von vornherein klar, dass er die Konkurrenz mit seinem Vorgänger in der Rolle des Kardinalnepoten nur gewinnen konnte, wenn er eigene Akzente setzte. Um diesen in Sachen Aufwand und Prachtentfaltung zu übertreffen, fehlte ihm nach menschlichem Ermessen die Zeit; dazu war sein Onkel Gregor XV. zu alt und zu krank. Um sich im unvermeidbaren Wettbewerb mit den Borghese dennoch zu profilieren, ging Ludovisi bis an die äußersten Grenzen des Systems, haarscharf an Tabubrüchen vorbei. Wie er Scipione Borghese bei allen sich bietenden – und zu diesem Zweck bewusst herbeigeführten – Gelegenheiten brüskierte, blamierte und damit delegitimierte, verschlug den zeitgenössischen Beobachtern den Atem. War das eine erlaubte Strategie: den vom Schicksal qua Lebensdauer ihres Papstverwandten begünstigten Nepoten das nicht durch Leistung und Verdienst, sondern durch puren Zufall gewonnene soziale Kapital durch Hohn und Spott wieder abspenstig zu machen? Wie auch immer man diese heikle Frage beantwortete, um Rang und Ansehen der eigenen Familie zu sichern, konnte diese „negative" Vorgehensweise nie und nimmer ausreichen. Die Alternative des klugen Nepoten lautete: Klasse und Masse, beides mit Augenmaß kombiniert. Masse und Klasse war die Maxime für die materielle Ausstattung der Ludovisi, denen der junge Kardinal in einer finanziellen Großoperation mit dem Herzogtum Zagarolo und den *castelli* Gallicano, Passerano und Colonna feudale Glanzstücke der römischen Campagna erwarb. Dasselbe Motto galt für die Villa Ludovisi in Frascati, die vorher den absinkenden Ex-Nepoten aus der Familie Altemps gehört hatte und jetzt in offener Konkurrenz zu den Borghese erweitert und umgestaltet wurde: in vergleichbaren Dimensionen wie Scipione Borgheses Villa Mondragone und die Villa Aldobrandini, aber nach dem Urteil der Zeitgenossen diskreter, stil- und geschmackvoller als die protzigen Vorgängerbauten.

Klasse statt Masse: Diesen Eindruck sollte die Villa Ludovisi, unweit der heutigen Via Vittorio Veneto und damit der Villa Borghese gelegen, erwecken. Auch sie wurde „im Grünen", doch innerhalb der Stadtmauern, errichtet; auch sie bestand aus Casino und Park, doch fiel die gesamte Anlage kleiner und zugleich feiner, mit einem Wort: urbaner aus. Auch Ludovico Ludovisi ließ eine antike Ideallandschaft anlegen, allerdings ohne die als allzu parvenühaft ins Auge stechenden Ausstattungsstücke seines Vorgängers wie Tierpark, Bankettgrotte oder Vogelhaus. Wie diese Konkurrenz gemeint war, zeigte das Fresko der Aurora, der Morgendämmerung, das Guercino für den Kardinalnepoten an der Decke des Casinos malte. Scipione Borghese hatte Guido Renis viel bewundertes Meisterwerk in seinem Gartenpalast wie ein Banause weiterverkauft; in der Villa Ludovisi erstand das Bild des Sonnenwagens neu und damit der strahlende Morgen der Ludovisi, der nach der Dämmerung der Borghese angebrochen war (Abb. 38). Diese Botschaft wird von den prachtvollen Allegorien der Fama, des ewig nachhallenden ruhmvollen Rufs, der Tugend und der Ehre für alle Ewigkeit verkündet: Eure Zeit ist abgelaufen, unsere soeben erst gekommen (Abb. 39). Vornehm, zurückhaltend und zivilisiert wie wir als wahre Aristokraten sind, können wir uns mit unserem stilvollen Lustort innerhalb der Stadtgrenzen präsentieren – im Gegensatz zu eurem protzigen, pseudoaristokratischen Prunkanwesen draußen auf der grünen Wiese.

Einen weiteren Gegenakzent zu den Borghese setzte der weitblickende Image-Stratege Ludovico Ludovisi durch die – im Zusammenhang mit den Heiligsprechungen des Jahres 1622 und dem Grabmal Gregors XV. erörterte

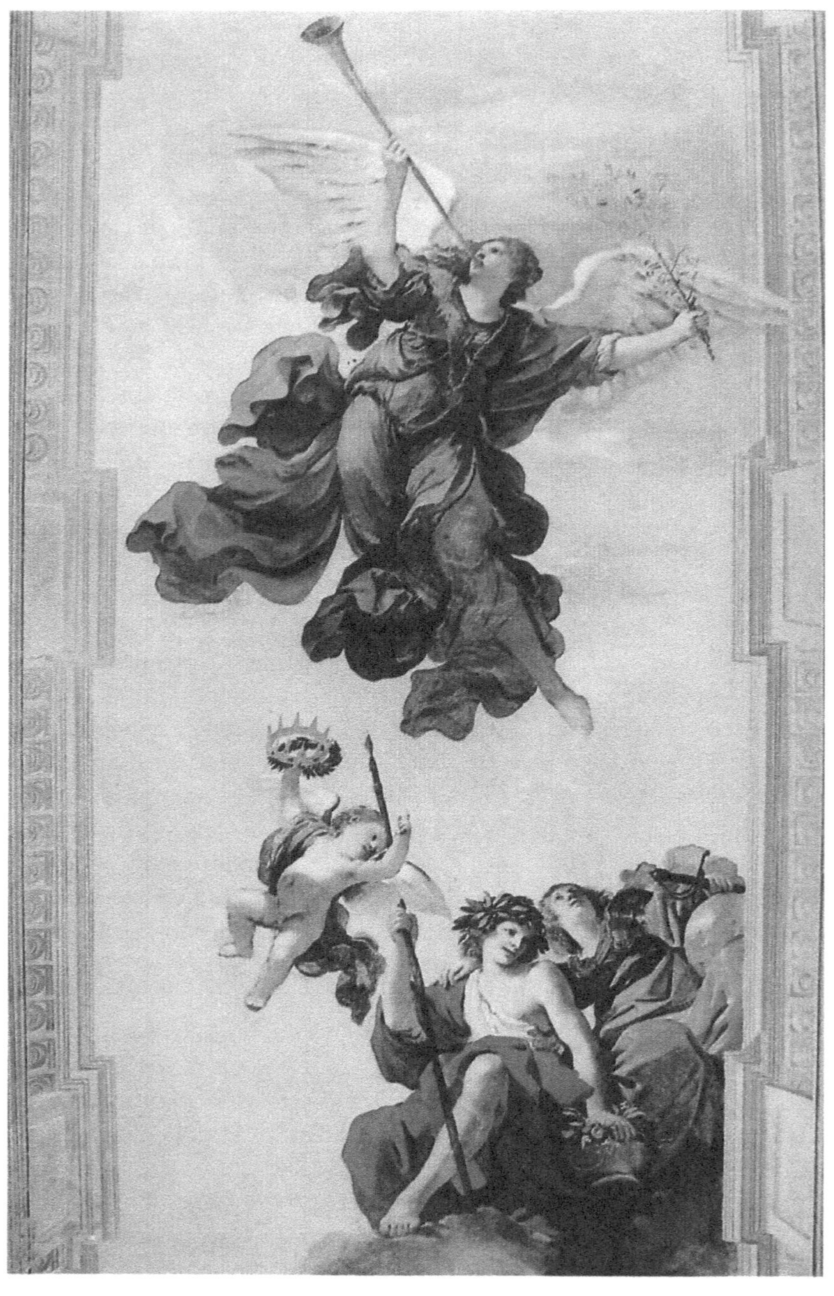

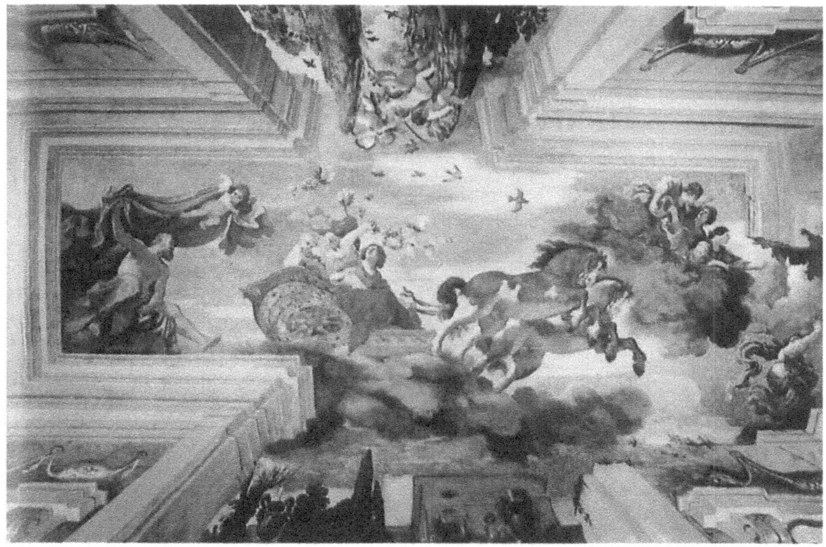

Abb. 38/39: Der Ruhm des Kardinals Ludovisi wird ewig dauern – diese Botschaft trompetet Guercinos Fama in die Welt hinaus. In Wirklichkeit hielt sich der Bauherr gerade einmal zweieinhalb Jahre an der Macht und starb mit 37. Anstelle des strahlenden Morgens, den die Aurora desselben Malers feiert, brach frühe Nacht über die Ludovisi herein (Rom, Casino Ludovisi).

– Macht- und Prestigesymbiose mit den Jesuiten. Für den Bau der dem kanonisierten Ordensgründer Sant'Ignazio gewidmeten Kirche machte er drei Jahre nach dem Tod seines Onkels die stolze Summe von 200 000 *scudi* flüssig. Das war weit mehr, als Scipione Borghese in 28 Kardinalatsjahren für vergleichbare Projekte ausgegeben hatte. Darüber hinaus stellte der 1632 im Alter von 37 Jahren verstorbene Ex-Nepot testamentarisch große Summen für die Weiterführung des überaus kostspieligen Baus zur Verfügung. Urteilt man allein nach dem Image, das durch Bauten und Bilder erzeugt wurde, so konnten die Ludovisi die Konkurrenz mit den Borghese trotz vielfältiger Startnachteile durch überlegene Nutzung beschränkter Ressourcen für sich entscheiden. Die Nachwelt hingegen entschied anders, zumindest was das Nachleben durch Nachruhm betrifft. Die Ludovisi starben nicht nur schon früh in der Hauptlinie aus, auch ihrem wichtigsten „weltlichen" Prestigeobjekt, der Villa innerhalb der Stadtmauern, wurde zu Beginn des 20. Jahrhunderts übel mitgespielt. Im Zuge grassierender Bauspekulation ging ein Teil des Geländes an den aus Lugano stammenden Zuckerindustriellen Emilio Maraini über, der dort von seinem Bruder Otto zwischen 1903 und 1905 ein neues Villengebäude im historistischen Prunkstil der italienischen „Gründerzeit" errichtete, die Ausstattungsstücke des Parks wie Grotten und Statuen jedoch intakt ließ; 1946 ging die Villa Maraini auf dem Gelände der alten Villa Ludovisi an die Schweizerische Eidgenossenschaft über, die sie als Kulturinstitut nutzt.

Nach dem zweieinhalbjährigen Intermezzo der Ludovisi hatten die Barberini 21 Jahre Zeit, um ihre Erinnerungszeichen im Konkurrenzkampf der Päpste und Papstfamilien zu platzieren. Wie ihr Papst Urban VIII. dabei vorging, verdeutlicht bis heute Berninis Bronzebaldachin in der Peterskirche, auf dem sich die Ruhmeszeichen der Papstfamilie in überquellender Fülle dicht an dicht drängten. An anderer Stelle des Riesenbaus war der Barberini-Papst als Bauherr weniger glücklich. Kaum hatte Bernini 1641 in seinem Auftrag den südlichen Glockenturm errichtet, da traten auch schon Risse im Mittelschiff der Basilika auf. Gefährdete der Campanile die Statik von Michelangelos Zentralbau und damit der Kuppel, dem Wahrzeichen der erneuerten katholischen Kirche schlechthin? Bernini schwor Stein und Bein, dass solche Gerüchte nichts als heimtückische Erfindungen seiner vielen Neider seien und von diesen gezielt in Umlauf gesetzt würden, um ihn und den Papst herabzusetzen. Doch so einfach war der Sachverhalt offenbar nicht; weiterbauen oder abreißen, an dieser Frage schieden sich die Geister von Fachleuten und interessiertem Publikum, das in diesem Streit zu Recht ein Politikum ersten Ranges sah. Urban VIII. begnügte sich mit einem Baustopp; während dieser Pause sollte die Statik neu berechnet werden. Sein Tod im Juli 1644 aber wurde dem Campanile zum Verhängnis. Zum ersten und einzigen Male konnte ein neuer Papst ein Prestigeprojekt seines verhassten Vorgängers abreißen lassen, ohne sich dem Vorwurf der Pietät- und Respektlosigkeit auszusetzen (Abb. 40). Die Stabilität von Michelangelos Wunderkuppel rechtfertigte dieses Vorgehen, das anderenfalls einen Tabubruch ohnegleichen bedeutet hätte. Diese unverhoffte Gelegenheit ließ sich Innozenz X. nicht entgehen – das Schicksal des Turmes war besiegelt, obwohl es Bernini durch die Bestechung von Pamphili-Nepoten im letzten Moment noch abzuwenden versuchte. Seitdem ist der optische Eindruck der Peterskirche durch die Überbreite der Fassade irreparabel gestört.

Das galt, wie gezeigt, auch für das Image der Barberini nach dem Ende des überlangen Familienpontifikats. Diesmal waren die Nepoten zu weit gegangen, so der allgemeine Eindruck im Sommer 1644. Die politischen Auflösungserscheinungen, die durch die Konkurrenz der Nepoten untereinander hervorgerufen wurden, spiegelten sich darin wider, dass es ihnen nicht

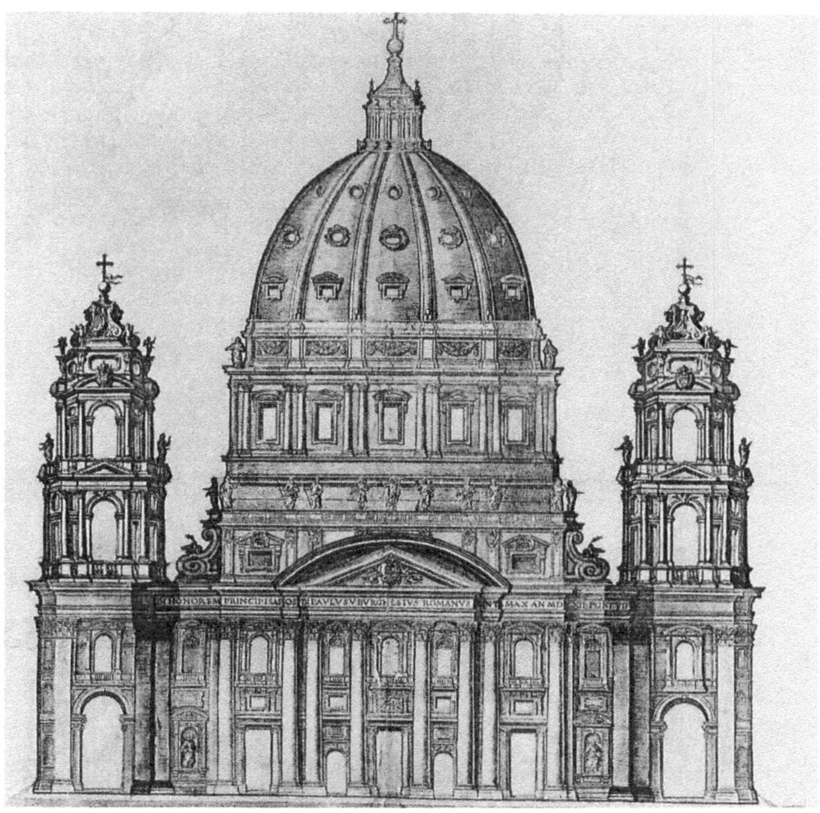

Abb. 40: So wie hier geplant sieht die Fassade der Peterskirche bis heute nicht aus:
Den linken Glockenturm ließ Innozenz X. abreißen, den rechten gar nicht erst
bauen.

gelang, in der Propaganda-Konkurrenz mit den Borghese und den Ludovisi
zu bestehen – und das, obwohl sie diesen Prestigewettkampf durch ein Mehr
an Zeit und Ressourcen eigentlich hätten gewinnen müssen. So zeigte sich
auch hier, dass weniger mehr und mehr weniger sein konnte. Beide Vorgän-
ger-Familien hatten den systematischen Aufbau von Rang und Ansehen auf
zwei Säulen, Papst und Kardinalnepoten, gegründet; der Fürst als Stammhalter war Nutznießer, doch kein selbstständiger Akteur im Kampf um Status und Renommee gewesen. Diese weise Beschränkung erlegten sich die
Barberini nicht mehr auf. Finanziell wie propagandistisch herrschte das
Gießkannenprinzip vor: Verteilung auf zu viele Personen bzw. Projekte. Zu

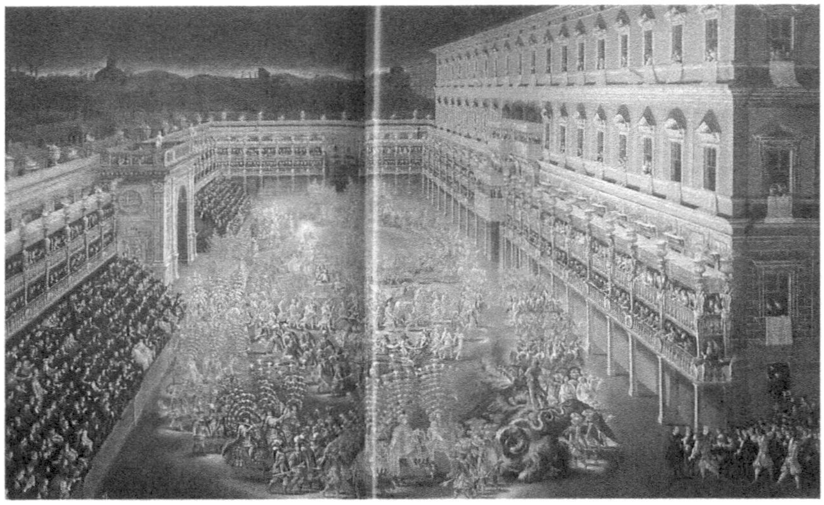

Abb. 41: Ein Galaabend im Stadion der Barberini: „Ganz Rom" sitzt auf der
Tribüne und schaut dem mythologischen Spektakel zu Ehren der Ex-Königin
Christina von Schweden zu.

wahrhaft konzertierter Aktion raffte sich die zerstrittene Sippe nur bei drei
Großunternehmen auf: dem Bronzebaldachin, dem Papstgrabmal in Sankt
Peter und dem monumentalen Familienpalast an der Via delle Quattro Fon-
tane. Ansonsten stechen bemerkenswerte Leerstellen ins Auge. Vor seiner
Wahl zum Papst hatte Maffeo Barberini die Grabkapelle seiner Eltern in der
Kirche Sant'Andrea della Valle ausschmücken lassen: dezent, auf der Höhe
des Zeitgeschmacks und mit einem diskreten Verherrlichungsprogramm,
wie es einem ehrgeizigen Karriereprälaten vor dem großen Sprung wohl an-
stand. Doch eine letzte Ruhestätte für die Familie als Ganzes errichteten die
Barberini in Rom nicht; hier blieb die Cappella Borghese auch noch zwei
Pontifikate später unerreicht. Insgesamt war der dauerhafte Prestigeertrag
für die Barberini nach 21 Pontifikats- bzw. Privilegienjahren dünn: keine
städtische oder stadtnahe Villa vom Format der Borghese oder Ludovisi,
keine „Sommerferienresidenz" in Frascati, kein grandioser Ruhmestempel
der Toten wie in Santa Maria Maggiore oder Sant'Ignazio.

Dafür ein Stadtpalast mit „Anbauten", der als Ensemble mit seinen
wahrhaft königlichen Dimensionen und Ausstattungsstücken alle älteren
Konkurrenzbauten übertraf. Zu dieser Residenz gehörten ein Theater, auf
dessen Bühne Berninis Wundermaschinen ihre Verzauberungseffekte er-

zielten, sowie ein Open-Air-Stadion, wo in mondscheinübergossenen Sommernächten die römische Jeunesse dorée ihre Geschicklichkeitswettbewerbe mit einem Lederball austrug (Abb. 41). *Calcio fiorentino*, florentinischen Fußball hatten die Barberini aus ihrer Heimatstadt an den Tiber mitgebracht. In Florenz war mit der Zeit aus dem ziemlich roh ausgetragenen Spiel – außer der Verwendung von Stich- und Schusswaffen war ursprünglich so ziemlich alles erlaubt – eine höfische Repräsentationsveranstaltung geworden, in der sich der Hof als hierarchisch geordnete Formation präsentierte. Vor ihrem Aufstieg zur Macht in der Ewigen Stadt im Jahr 1623 hatten die Barberini beleibe nicht zum inneren Kreis der florentinischen Elite gezählt; dass sie danach ihre eigene Wettkampfstätte mit selbst organisierten Spielen in Betrieb nahmen, entbehrte also nicht der Propaganda-Logik. Der gewaltige Palast selbst, der mit seinen zwei Flügeln völlig aus der römischen Bautradition herausfällt, war als gemeinsames Heim aller Nepoten konzipiert, sollte also die Einheit und Harmonie der zur Führung der Kirche erwählten Sippe in Stein demonstrieren.

In Wirklichkeit zeigte er genau das Gegenteil, wie die hektische Umzugs- und vor allem Wegzugsgeschichte der verschiedenen Familienmitglieder belegt. Von diesen weigerte sich Kardinal Antonio Barberini senior ohnehin standhaft, sein angestammtes Kapuzinerkloster zu verlassen. Der erste Kardinalnepot Francesco verließ „seinen" Südflügel 1632, als er zum Vizekanzler ernannt wurde, und siedelte in seinen Amtspalast, die riesenhafte Cancelleria, über. Nicht einmal den Fürsten Taddeo Barberini, dem das Prunkschloss an der „Vierbrunnenstraße" doch eigentlich die besten Repräsentationsdienste hätte leisten müssen, hielt es dort; seine dominante Gemahlin Anna Colonna drängte auf die Übersiedlung in den älteren, weniger vornehmen, dafür jedoch überschaubareren und intimeren Wohnsitz der Familie in der Via dei Giubbonari nahe dem Campo de' Fiori. So blieb schließlich Kardinal Antonio der Jüngere allein zu Haus.

Er konnte sich damit trösten, dass der Chef der Familie zumindest symbolisch überaus präsent war. Im Deckenfresko der *sala grande*, des repräsentativen Hauptsaales, hat Pietro da Cortona nicht nur den Barberini, sondern dem päpstlichen Nepotismus an und für sich ein einzigartiges Denkmal gesetzt – diese Hymne auf die Papstfamilie als kollektive Inkarnation aller nur denkbaren Tugenden ließ sich auch künftig nicht mehr übertreffen. Das offizielle Thema war, wie erwähnt, die Göttliche Vorsehung, die Urban VIII. und die Seinen zur Führung der Kirche bestimmt hat. In ihrem Auftrag halten die drei paulinischen Haupttugenden Glaube, Liebe und Hoffnung einen Lorbeerkranz über das Bienenwappen, das in geordneter Propagandaformation zum Ruhm aller Barberini, des Pontifex maximus wie der Nepoten, durch einen lichten Himmel fliegt, in dem es vor Allegorien löblicher Eigenschaften nur so wimmelt (vgl. Abb. 1). An vorderster Stelle paradieren Klugheit, Gerechtigkeit, Mäßigung, Fürsorge, Tapferkeit, Würde und Eintracht; sie alle stehen für die Barberini und ihre segensreiche Herrschaft. Eine herausgehobene Stelle auf diesem Catwalk der moralischen Vorbilder nimmt die Immortalitas, die Unsterblichkeit, ein, die ganz unmittelbar die erstrebte Wirkung von Palast und Fresko vorwegnimmt: Die Größe der Barberini wird und muss ewig währen. Solange diese Familie herrschte, war Rom vor allen Übeln geschützt. Auch diese Botschaft wird in vielen Figuren und Geschichten variiert, am eindrucksvollsten durch den stets kampfbereiten Halbgott Herkules mit der Keule, der das Laster erschlägt, wo es sein hässliches Haupt zu erheben wagt. Die Steigerung der Verherrlichung ist im Verhältnis zu den gleichfalls recht vollmundigen Selbstdarstellungen der Borghese und Ludovisi unübersehbar, ja geradezu erdrückend. Das apologetische Programm in Cortonas Meisterwerk lässt nichts aus und wirkt gerade dadurch parvenühaft. Imagebildung durch Kunstwerke beruhte seit der Renaissance darauf, dass sich jede herrschende Familie ihre spezifischen Symbole auswählte, die in einer nachvollziehbaren Übereinstimmung zu ihrer Geschichte und damit zur „Wirklichkeit" standen; nur so konnte Propaganda überzeugend wirken. Die Barberini aber setzten keine Ruhmes-Akzente, sondern räumten den heidnischen wie den christlichen Tugendhimmel regelrecht leer. Damit weckten sie ungewollte, ja, peinliche Assoziationen: So wie sie im Bild alles für sich beanspruchten, was nur halbwegs prestigeträchtig erschien, so rafften sie in 21 Pontifikatsjahren zusammen, was die Papstfinanz hergab.

Ihre Nachfolger, die Pamphili, waren also gewarnt und gefordert zugleich. Dass ihre Herrschaft zu einem Desaster ohnegleichen wurde, hatte viel mit Nepotismus, genauer mit dem permanenten Familienkrieg der Papstverwandten und noch viel mehr mit der Weigerung zu tun, der römischen Unterschicht einen erschwinglichen Brotpreis zu subventionieren. Den Image-Managern der Familie, allen voran dem kunstsinnigen Prälaten Virgilio Spada, ließen sich keine Vorwürfe machen. Es war nicht ihre Schuld, dass ihre klug konzipierten Projekte in schreiendem Gegensatz zur Politik ihrer Auftraggeber standen und die angestrebten Propagandawirkungen dadurch ins Gegenteil umschlugen. Im Gegensatz zu den Barberini zeichnet sich die Selbstdarstellung der Pamphili nämlich durch eine bemerkenswerte räumliche und thematische Konzentration aus. Um aus der Not eine Tugend zu machen, griffen sie auf das Ludovisi-Rezept „Qualität statt reine Masse"

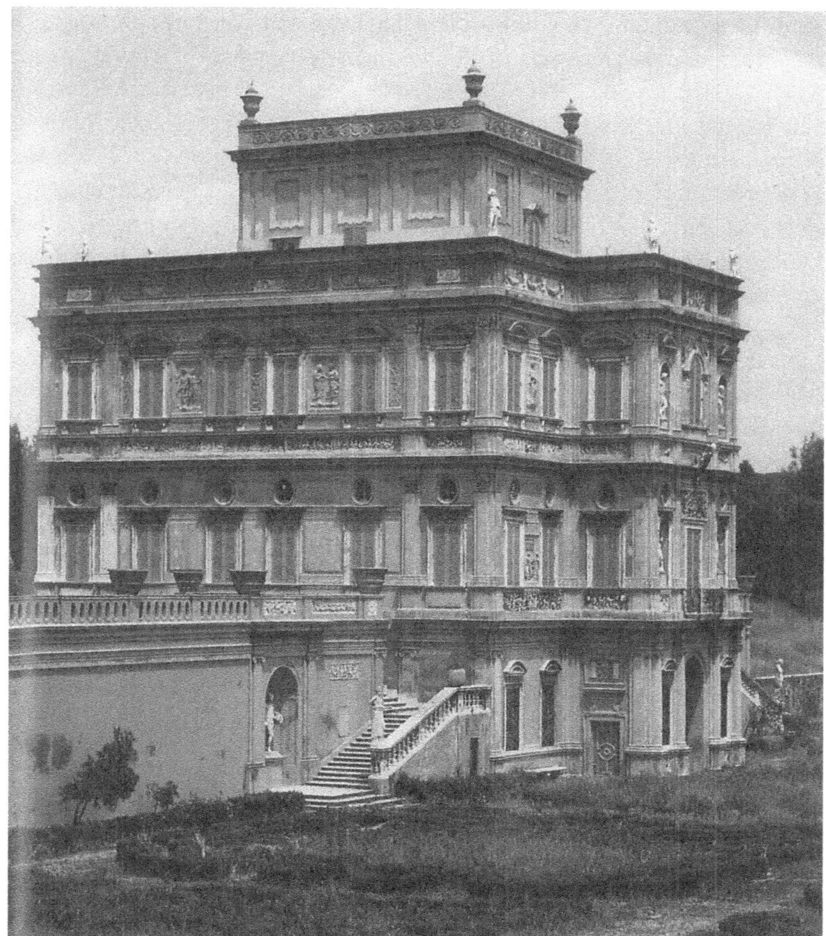

Abb. 42: Das Casino der Villa Pamphili an der Via Aurelia besticht durch diskrete Eleganz und hebt sich damit von der sehr viel klobigeren Anlage der Borghese auf dem Pincio ab.

zurück – Innozenz X. war bei seiner Wahl schließlich schon 70 Jahre alt. Im Norden der Ewigen Stadt, an der antiken Ausfallstraße der Via Aurelia, wurde eine Villenanlage geschaffen, die den Konkurrenzkampf mit den Borghese und Ludovisi aufnahm und nach dem Urteil der Zeitgenossen zumindest unentschieden hielt. Eigene Akzente setzte der Bauherr, der erste Kardinalnepot Camillo Pamphili, vor allem im Casino, das nach den Plänen des Bildhauers Alessandro Algardi im Verhältnis zu Scipione Borgheses

Prunkpalast hinter dem Pincio-Tor zurückhaltender, eleganter und zugleich einem erlesenen „ländlichen" Refugium angemessener gestaltet wurde (Abb. 42). Im Inneren verherrlichen Fresken mit den üblichen Ruhmesmotiven Tugend und Tatkraft des Auftraggebers. Auch hier verrichtet Herkules seine zivilisatorischen Großtaten. Unter anderem hilft er Atlas bei seiner Schwerarbeit, das Himmelsgewölbe zu stützen: Der Papst herrscht über den Erdkreis, sein Nepot steht ihm dabei mit starker Schulter in unerschütterlicher Loyalität zur Seite – um diese Botschaft zu entschlüsseln, bedurfte es keiner großen Interpretationskünste.

Mit sicherem Gespür für szenische Wirkungen und politische Symbolik besetzten die Pamphili innerhalb der Stadtmauern die Piazza Navona (vgl. Abb. 27) als Baugrund für ihr eigentliches Verherrlichungszentrum: gegenüber der Kirche San Giacomo, die Spanien, der Schutzmacht des Pontifikats, gehörte. Die Piazza Navona war in der Antike das Stadion des Domitian, eines besonders tyrannischen Heidenkaisers, gewesen. Wie beim Obelisken vor der Peterskirche war daher ein sichtbarer Exorzismus erforderlich. Diese Vertreibung der bösen Geister wurde gleich mehrfach vorgenommen. Zum einen markierte Berninis grandioser Vierströmebrunnen die Herrschaft des Papsttums über alle damals bekannten vier Weltteile, also den Sieg des Christentums über das Böse. Dass die Familie Pamphili dabei nicht zu kurz kam, versteht sich von selbst: Ihr Papst und ihr Wappen mit Taube und Lilie triumphieren über den ganzen Weltkreis, ihre segensreiche Herrschaft bringt der Welt Frieden und Eintracht. Diese Botschaften sind nicht nur in Stein gemeißelt, sondern darüber auch in ruhmredigen lateinischen Inschriften nachlesbar.

Zum anderen beherrscht die Kirche der Märtyrerin Agnes die Arena des wütenden Tyrannen – die Schwache siegt sichtbar über den Starken. Im Zuge der Platz-Neugestaltung „entdeckten" die Pamphili ihre besondere Verehrung für die frühchristliche Blutzeugin, der ein baufälliges Kirchlein am Platz gewidmet war. Als künftiger „Familienpatronin" wurde ihr jetzt ein Neubau errichtet, bei dem die ganze Raumgestaltungskunst des erfindungsreichen Architekten Francesco Borromini gefordert war. Denn der Platz für Neu-Sant'Agnese blieb beschränkt; umso mehr kam es darauf an, räumliche Tiefe vorzutäuschen und sichtbare Monumentalität zu erzeugen. Borrominis prachtvoll geschwungene Fassade löst dieses Problem meisterhaft. Allerdings gebärdete sich der alternde Baumeister auf der Baustelle so perfektionistisch und detailbesessen, dass ihn die auf schnelle Vollendung drängenden Auftraggeber vor Fertigstellung der Kirche entließen und an seiner Stelle den sehr viel entgegenkommenderen Carlo Rainaldi in Dienst stellten. San-t'Agnese war von Anfang an als Grablege der Pamphili geplant. Das Grabmonument Innozenz' X. selbst über dem Eingang entstand jedoch erst ein Dreivierteljahrhundert nach dessen Tod; unmittelbar nach seinem Abscheiden hatten sich die Nepoten, wie erwähnt, geweigert, für die Kosten aufzukommen. „Leiblich" ruhte der Papst wie die übrigen Mitglieder der Familie in der Krypta und damit Wand an Wand mit den lebenden Pamphili in deren an die Kirche angrenzendem Palast; die Union der Lebenden und der Toten als Ehr- und Prestigegemeinschaft kommt durch diese räumliche Nähe adäquat zum Ausdruck.

Den Palazzo Pamphili neben der Kirche zog der geschmeidige Carlo Rainaldi in nur sechs Jahren, von 1644 bis 1650, hoch. Heute gehört er der Republik Brasilien, die ihn als Botschaftssitz nutzt. Pietro da Cortonas Deckenfresko im Salon, das die Konkurrenz zu den Barberini am unmittelbarsten austrägt, ist daher für Besucher normalerweise nicht zugänglich. Gerade der Vergleich mit dem zehn Jahre älteren Fresko des Palazzo Barberini aber zeigt, was die Pamphili bei ihrer Imagebildung besser zu machen versuchten. In ihrer Residenz ist kein „Alle-Tugenden-Sammelsurium" wie an der Via delle Quattro Fontane, sondern ein planvoll auf den älteren Prestigefundus der Familie abgestimmtes Propagandawerk entstanden. Als erste Papstfamilie seit Urban VII., der im September 1590 gerade einmal 12 Tage amtierte, hatten die Pamphili ihre genealogischen Wurzeln in Rom. In diesem Punkt schlugen sie auch die Borghese mühelos, deren *romanità* ja erst seit Kurzem erworben war. So ist es kein Wunder, dass der virtuose Dekorationskünstler Pietro da Cortona angehalten war, mit diesem Rom-Pfund kräftig zu wuchern. Er malte zwischen 1651 und 1654 das römischste aller Ruhmesthemen, nämlich Szenen aus dem Leben des Trojaners Aeneas, der nach verlorenem Krieg gegen die Griechen aus seiner zerstörten Heimatstadt fliehen muss, zum Ahnherrn der Römer wird und im Palazzo Pamphili dementsprechend als illustrer Vorfahr der Hausherren auftritt. Dazu musste sogar die phantasievolle Etymologie des Familiennamens herhalten. Vom reinen Klangbild her hörte sich „Pamphili" ähnlich wie „Pompilius" an; so hieß einer der gut beleumdeten römischen Könige und damit Nachfolger des Aeneas. Natürlich fand sich ein beflissener Gelehrter, der mit zielgerichtet eingesetztem Forschergeist die Abstammung der Pamphili von diesem Friedensfürsten der Frühzeit „beweisen" konnte. In weiteren Räumen haben weniger prominente Maler zusätzliche Szenen aus der römischen Geschichte und Mythologie gemalt. Nur echte Römer wie die Pamphili können die römische Kirche führen und Rom zum Segen gereichen, so lautete die gemeinsame Botschaft. Damit sie nicht zu heidnisch ausfiel, wurde das

Ruhmesensemble mit Episoden aus dem Leben des Moses garniert, den die Theologen als Vorläufer Christi wie des Papsttums deuteten.

Mit welcher Flexibilität die Pamphili in ihrer Propaganda auf die Katastrophen des Pontifikats reagierten, also Imageschäden durch neue Kunstwerke wettzumachen versuchten, zeigt der Bau der Kirche Sant'Andrea al Quirinale. Ihr Bauherr war niemand anders als der ehemalige Kardinal Camillo Pamphili, der den Ruf des Pontifikats durch seine lukrative Ehe mit Olimpia Aldobrandini Borghese verdunkelt hatte. Wie konnte man diesen *faux pas* in Vergessenheit geraten lassen? Beim Kampf um die Wiederherstellung seines ruinierten Renommees griff der vom Kirchenfürsten zum fürstlichen Stammhalter mutierte Don Camillo auf die Rezepte seines großen Vor-Vorgängers Ludovico Ludovisi zurück: ein „Enkel-Phänomen", wie es in der Nepotenchronik des 17. Jahrhunderts vielfach verzeichnet ist. Ludovisi hatte sich eine ehrenvolle Erinnerung als einer der begabtesten Organisatoren kirchlicher Erneuerung und Expansion geschaffen; damit konnte Camillo Pamphili nicht konkurrieren. Doch Ludovisi hatte darüber hinaus eine Ruhmes-Allianz mit den Jesuiten geschlossen, und diese standen für ein solches Bündnis weiterhin zur Verfügung. Zudem eilte der Societas Jesu der Ruf voraus, hochgeborenen Sündern bei der Wiederversöhnung mit Gott und Kirche besonders weit entgegenzukommen und dabei überdies praktischen Beistand zu leisten. Zudem war der Nepot bei den Ordensbrüdern zur Schule gegangen. Ein Projekt, das den Zwecken beider Seiten diente, war somit schnell gefunden.

Erst kürzlich hatten die Ordensoberen Innozenz X. darum gebeten, sich ihrer Noviziatskirche Sant'Andrea anzunehmen. Doch damit waren sie an die falsche Adresse geraten; der cholerische Pamphili-Papst ließ ihnen rüde ausrichten, er wünsche die Aussicht von seinem Palast auf dem Quirinal nicht verbaut zu sehen. Diese Antwort war unbedacht, denn damit wurden wahre Propagandaschätze verschenkt: Der *Mons Quirinalis* war einer der Sieben Hügel, auf denen sich die Römer als Erben der Trojaner am Beginn ihrer großen Geschichte niederließen – und damit die ideale Bühne, um nach dem Familienpalast an der Piazza Navona das Familienschauspiel mit dem Titel „Wir, die Pamphili, sind als Nachfahren der ersten Römer die Gralshüter der Ewigen Stadt" erneut zur Aufführung zu bringen. In die konkrete Planungsphase konnte das Vorhaben jedoch erst treten, nachdem Innozenz X. für immer die Augen geschlossen hatte. Der neue Papst Alexander VII. setzte seine dynastischen Verherrlichungszeichen in weit entfernten Stadtteilen; zudem war der „gefallene" Ex-Nepot seines Vorgängers kein gefährlicher Konkurrent im Kampf um Prestige. So

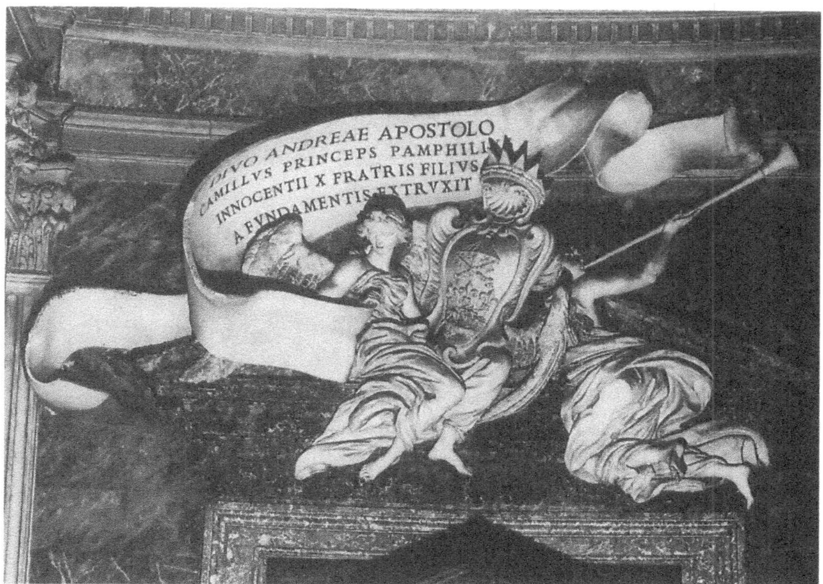

Abb. 43: Hier war der Sohn des Bruders Innozenz' X. am Werk: Die Inschrift in Sant'Andrea al Quirinale soll zeigen, wie nützlich die Nepoten für Papst und Kirche waren – im Falle des Bauherrn Camillo Pamphili kam jede Ehrenrettung zu spät.

stand einer einvernehmlichen Baugeschichte von der reinen Interessenlage her nichts im Wege. Uneinig waren sich die drei Hauptbeteiligten hingegen über den Grundriss: Der Architekt Gianlorenzo Bernini votierte für ein innovatives Fünfeck. Dies wiederum war dem Auftraggeber viel zu „modern", er wollte einen sichtbaren Rückbezug auf die Antike und daher einen Rundbau. Dieser wiederum missfiel den Jesuiten, die seit der Errichtung ihrer bahnbrechenden Modellkirche Il Gesù einen Predigtraum mit Langhaus favorisierten. Am Ende stand mit einem ovalen Grundriss ein Kompromiss, der alle Seiten befriedigte, speziell Camillo Pamphili. Denn Bernini sorgte dafür, dass der Innenraum mit mancherlei Anspielungen an das Pantheon ausgestattet wurde. In der Weihinschrift wird der Bauherr ausdrücklich als Neffe Innozenz' X. bezeichnet (Abb. 43). Ein Nepot, der sein Vermögen für diese Kirche und damit für die Kirche insgesamt ausgibt – mit dieser sichtbaren und lesbaren Botschaft sollte der Flurschaden des Pamphili-Pontifikats nachträglich wieder wettgemacht werden. Doch die Erinnerung an das Desaster der Jahre 1648/49 ließ sich damit nicht tilgen; dieses Gedächtnis sprudelte weiterhin aus Berninis herrlichem „Hungerbrunnen" auf der Piazza Navona.

Mit der Entscheidung Alexanders VII., nach längerem Zögern seine Nepoten nach Rom zu rufen und, wie gesehen, standesgemäß auszustatten,
war die Konkurrenz der Chigi mit allen ihren Vorgängern unweigerlich eröffnet; wer mit der Übertragung von Adels- und Vermögenstiteln wie in
Ariccia A gesagt hatte, musste mit dem obligaten Verherrlichungsprogramm
B wie Bauten und Bilder sagen. Immerhin spielte der Chigi-Papst dabei
selbst die Vorreiterrolle; kein Nepotenprojekt reichte auch nur ansatzweise
an Aufwand und Bedeutung der von ihm in Angriff genommenen Petersplatz-Gestaltung heran. Andererseits waren Berninis monumentale Kolonnaden ebenso wie die neu gestaltete Kirche Santa Maria del Popolo mit dem
Familienwappen reichlich behängt. Dass sich die propagandistischen Unternehmungen der Nepoten demgegenüber in Grenzen hielten, war also
leicht zu verkraften. Zudem waren diese Grenzen keineswegs eng gezogen,
wie dem aufmerksamen Fernsehpublikum des 21. Jahrhunderts durchaus
bekannt ist. Schließlich residiert der Ministerpräsident der Republik Italien
im Palazzo Chigi gegenüber der Triumphsäule des antiken Philosophenkaisers Marc Aurel. Diesen repräsentativen Stadtpalast hatten die Nepoten
Alexanders VII. nicht selbst erbaut, sondern 1659 von den Aldobrandini
erworben – auch stilvolles Wohneigentum wurde vorzugsweise von Papstfamilie zu Papstfamilie weitergereicht.

Das galt auch für das zweite Hauptdomizil der Chigi in der Ewigen Stadt,
den Palast bei Santi Apostoli, der heute den Namen Odescalchi, der Familie
Innozenz' XI., trägt, die ihn 1745 kaufte. Das Quartier um die „Apostelkirche" war seit Jahrhunderten Terrain der Colonna, deren Wohnsitz sich unmittelbar an die Fassade des Gotteshauses anschloss; eine vornehmere
Wohngegend war mithin schwer auszumachen. Anfangs wohnten die 1656
nach Rom gerufenen Chigi-Nepoten in einem Palast der Colonna gegenüber
der Kirche zur Miete, doch das konnte natürlich nur ein vorübergehender
Zustand sein; einem fremden Hausbesitzer „Abgaben" zu zahlen, war (und
ist) in Rom ein Zeichen von Abhängigkeit. So wurde das Anwesen schon
1662 vom Kardinalnepoten Flavio Chigi erworben, die Grundstücksfläche
durch Zukäufe beträchtlich erweitert und das Bauwerk selbst von Bernini
weitgehend neu errichtet, und zwar mit einem Aufwand ohnegleichen –
kein Vorgänger in der Rolle des Oberaufsehers des Kirchenstaats konnte sich
einer so prunkvollen und kostspieligen Residenz rühmen, hier waren die
Chigi also Sieger in einer langen, die Finanzen des Systems Rom zunehmend
erschöpfenden Konkurrenz. Weit vorne lag der „Umbau-Herr" auch bei der

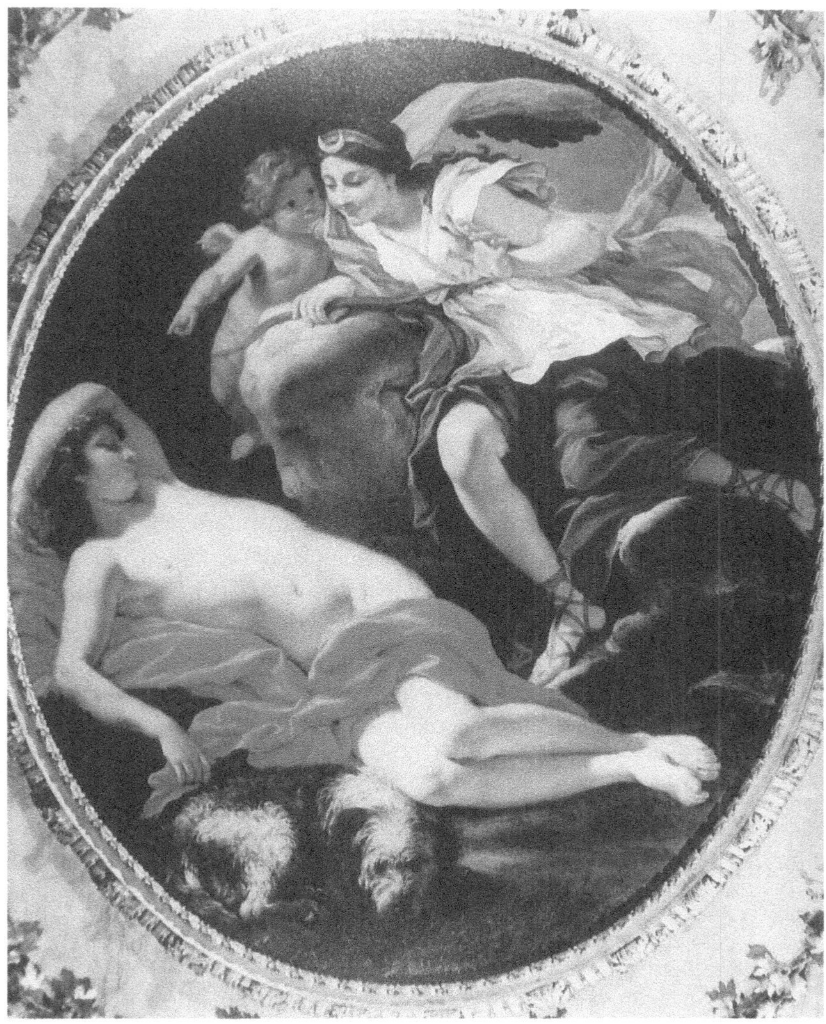

Abb. 44: Wie man sich bettet, so sieht man: Kardinal Flavio Chigi hatte in seinem Himmelbett Giovanni Battista Gaullis hoch erotisches Bild des Endymion und der Diana vor Augen (Rom, Palazzo Chigi).

Ausstattung seines noblen Domizils. Ein Inventar aus den 1670er Jahren führt allein 839 Gemälde auf. Doch die eigentliche Attraktion war sein Prunkbett. Solche Möbelstücke dienten in der Adelsgesellschaft des 17. Jahrhunderts nicht nur dem Schlaf oder verschwiegeneren Aktivitäten, sondern auch der Repräsentation; war der Hausherr indisponiert, empfing er hochgestellte Gäste liegend. Krankheit war im 17. Jahrhundert ein Teil des Alltags; Päpste und ihre engsten Mitarbeiter waren moralisch zum Siechtum verpflichtet, wenn es ihren Untertanen schlechtging; und das war, wie gesagt, in den 1650er Jahren häufig der Fall. Zeigten sie sich in solchen Zeiten im Vollbesitz von Gesundheit und Lebensfreude, wurde ihre Fähigkeit zum Mitleiden und damit ihre Legitimität infrage gestellt. Unwohlsein musste also bei Bedarf öffentlich zur Schau gestellt werden. Keiner konnte das so elegant wie Flavio Chigi.

Diesem Repräsentationszweck entsprechend war sein Ruhegemach mit kostbaren Spiegeln und allerlei Prunkmobiliar geschmückt; das Bett selbst bestand aus weißem Atlas, vergoldeten Säulen und einem „Himmelbild" des Endymion (Abb. 44). Dieser liebliche Hirte erbat sich vom Göttervater Zeus die Gnade, in ewigen Schlaf versetzt zu werden, um seine Schönheit in alle Ewigkeit zu bewahren. Gesagt, getan, geschlafen. Komplikationen traten jedoch auf, als sich die Jagdgöttin Diana in den Schlummernden verliebte. Diese melancholisch-amouröse Episode gestaltete der Maler Giovanni Battista Gaulli so erotisch wie nur möglich; der schöne Jüngling ist so gut wie nackt, die Göttin von seiner Wohlgestalt schier hingerissen. Scipione Borghese ließ Domenichinos leichtgeschürztes Wettschießen des Diana-Gefolges in seiner Gemäldegalerie aufhängen, vier Nepoten-Generationen später prangte die Szene aus dem Liebesleben der heidnischen Göttin an der Bettstatt des geistlichen Papstverwandten. Gewiss, der Verführungsversuch der lüsternen Jägerin misslingt, da das Objekt ihrer Begierde selbst keine mehr zu empfinden vermag, doch von einer Lektion mit moralischem Erbauungswert konnte im Palazzo Chigi definitiv keine Rolle mehr sein. Im Gegenteil: Chigi galt nicht nur als der eleganteste, sondern auch als der schönste aller Kardinäle. Meinte er sich mit Endymion am Ende selbst? Sollte das bedeuten, dass seine sinnlichen Triebe durch die Erhebung in den geistlichen Stand zur Ruhe gekommen seien? Und wer bitte war dann Diana? Dem alten asketischen Thema des „Der-Welt-abgestorben-Seins" wurde mit diesem Bild jedenfalls eine unerwartete Note abgewonnen. Welche, das machte die „Galerie der schönen Frauen" im Palast von Ariccia unübersehbar deutlich. Der Kardinalnepot war in einem halben Jahrhundert definitiv zu einem Höfling unter Höflingen und damit zu einem Stein des Anstoßes geworden. Wenn der blutsverwandte Stellvertreter des Papstes in seinem eigenen Staat sich so präsentieren durfte, war die überlebenswichtige Andersartigkeit des Systems Rom unerkennbar geworden. Mit anderen Worten: Das Interieur des Chigi-Palastes am Platz der

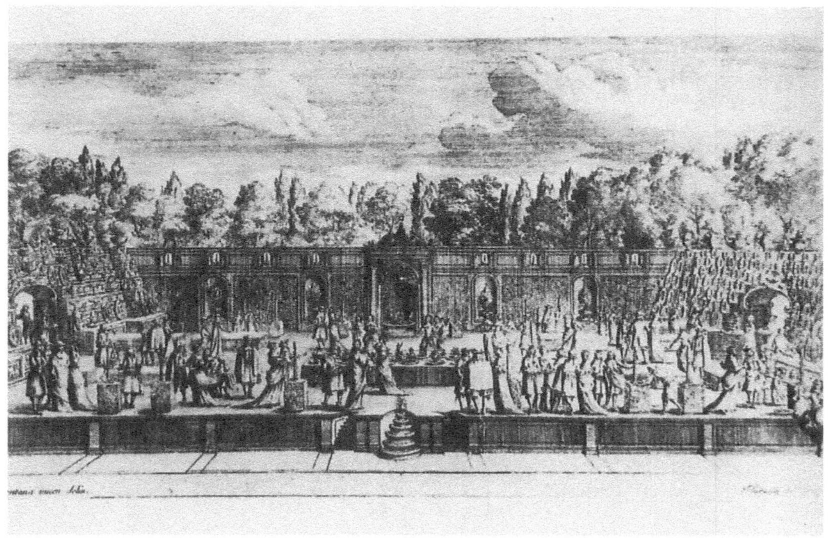

Abb. 45: Feste feiern wie die neuen Römer – im Gartenpalast des Kardinals Flavio Chigi ging es mit viel Lichterglanz, Musik und dem Duft exotischer Pflanzen ungemein stilvoll zu (Teresa del Po nach Carlo Fontana, Rom, Vatikanische Bibliothek).

Apostel markierte einen Pyrrhussieg in der römischen Konkurrenz um Rang und Prestige.

Zwei Stadtpaläste, eine kostbare Kunstsammlung, die „Chigisierung" der altehrwürdigen Kirche Santa Maria del Popolo durch eine wahre Wappenflut – in bzw. bei Rom fehlte jetzt nur noch eine Villa, um das städtische Vollprogramm der Nepotenkonkurrenz abzurunden, und natürlich wurde auch sie gebaut. Hier kam wenigstens einmal das Prinzip „Kleiner, aber feiner" zur Geltung. Die Anlage – die gut 200 Jahre später der Via Nazionale, der Prachtavenue des Königreichs Italien in seiner neuen Hauptstadt, weichen musste – umfasste nur etwa acht Hektar, war also im Vergleich zur Villa Borghese oder Villa Ludovisi ein Schrebergärtchen. Doch was für eines! Zwischen hohen Mauern war ein *locus amoenus*, ein lieblicher Ort, aus mehr als 30 plätschernden Brunnen, zierlichen Terrassen und stilvollen Vasen gestaltet worden; doch den eigentlichen Zauber dieses verwunschenen Biotops machte die erlesene Bepflanzung aus, Obstbäume aller Sorten, Glyzinien, Lorbeer und exotische Raritäten erzeugten ein Duftgemisch, das den Geruchssinn betörte, so wie das stilvolle Casino die Augen und die dazugehö-

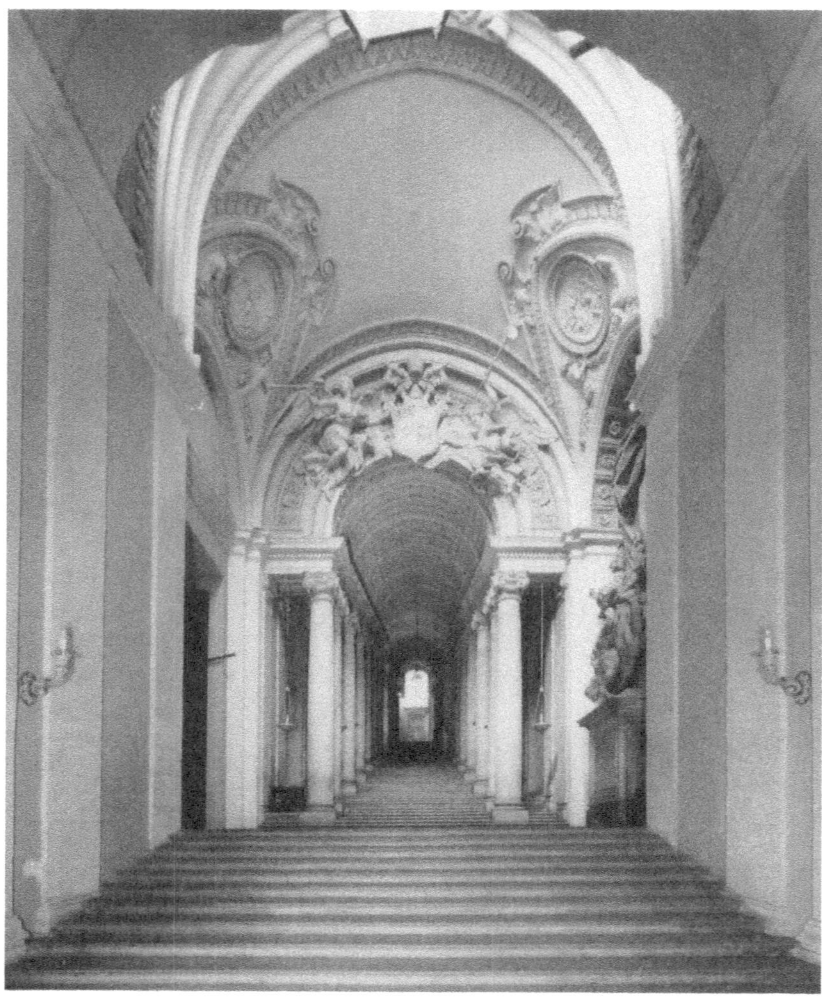

Abb. 46: Das riesenhafte Wappen Alexanders VII. über Berninis Scala regia zeigt
an, welcher Papst aus welcher Familie sich unsterbliche Verdienste als Bauherr der
majestätischen Treppe erwarb.

rige Theaterbühne bei abendlichen Aufführungen Augen und Ohren hand-
verlesener Gäste (Abb. 45).

Die feudale und mondäne Selbstdarstellung der Nepoten hob sich scharf
vom geistlichen Charakter der päpstlichen Bauunternehmungen ab. Hier
stachen neben der Anlage des Petersplatzes mit seinen gewaltigen Kolon-

naden die Errichtung der Scala regia an der Seite der Basilika und die sogenannte Cathedra Petri in deren Chor hervor. Die „königliche Treppe" (Abb. 46), ein Meisterwerk der Raumillusionskunst ohnegleichen, verband die Vorhalle der Kirche mit einem der zentralen Herrschaftsrepräsentationsräume des vatikanischen Palastes, der Sala regia. In diesem „Königssaal" hielt (und hält) der Papst Hof und erteilte Audienzen; dabei saß er auf einem Thron, den Vasaris 1573 gemalte Fresken der Bartholomäusnacht flankieren. Dieses Massaker an den französischen Hugenotten feierte der Auftraggeber der Bilder, Gregor XIII., als Triumph des wahren Glaubens mithilfe göttlicher Unterstützung; mehr noch: Er übernahm mit diesen Bildern und einer zur weiteren Verherrlichung des blutigen Ereignisses geschlagenen Medaille ausdrücklich die Verantwortung für den Massenmord vom August 1572 – zum höheren Ruhme des Papsttums, doch den historischen Tatsachen zuwider. Ein knappes Jahrhundert später hatten sich nicht nur die Machtverhältnisse zwischen Rom und Paris gründlich umgekehrt, auch der Prozess der Zivilisation war vorangeschritten und hatte das Gespür für Geschmack und stilvolle Bildthemen geschärft. So verband der päpstliche Hofkünstler Bernini die grandiose Bühne der ovalen Platzanlage und den herben Audienzsaal mit einer Treppe von wahrhaft königlicher Raffinesse und Eleganz. Damit war ein thematischer Dreiklang von seltener Vielschichtigkeit komponiert: Die Piazza mit den weit ausschwingenden Kolonnaden versinnbildlichte die universale Kirche als Mutter aller Gläubigen mit dem Papst als gemeinsamem Vater an der Spitze; die Treppe mit dem vom Glauben ergriffenen „Mustermonarchen" Konstantin, zu dem sich später Karl der Große gesellte, zeigte eine harmonische Welt, in der sich die weltlichen Herrscher der Führung des Stellvertreters Christi aus eigenem Antrieb unterstellten; der päpstliche Thronsaal wiederum zeigte die *Ecclesia militans*, die streitende Kirche, und führte damit vor Augen, was Ketzer, Ungläubige und ungehorsame Fürsten im Konfliktfall zu vergegenwärtigen hatten: Niederlage, Demütigung und Ausrottung, so wie es der Herr im Himmel beschlossen hatte.

Diese Macht wiederum beruhte auf dem Mandat Christi, der dem Apostelfürsten Petrus die Schlüsselgewalt und damit die Lehrhoheit in Sachen des Glaubens und der Moral übertragen hatte. Sie wird von dem goldverzierten Bronzeprachtstuhl im Chor der Peterskirche symbolisiert, den vier Kirchenväter – zwei lateinische (Augustinus und Ambrosius) sowie zwei griechische (Athanasius und Chrysostomus) – verehrend umgeben. Stützen müssen sie ihn nicht, denn dieser „Lehrstuhl" schwebt auf Wolken; die päpstliche Lehrautorität, die 1870 offiziell zur Unfehlbarkeit erhoben wurde, ist nicht von dieser Welt und kann von ihr auch nicht bestritten werden.

Drei Jahrzehnte nach dem Bronzebaldachin ist die kaum weniger monumentale *Cathedra Petri* und mit ihr ein weiteres Hauptstück der Amts-Apologie zur wappenarmen Zone geworden; die Rückwand des Prunkstuhls zeigt Christus, der Petrus den Auftrag erteilt, seine Lämmer zu weiden, und zwar ohne allzu auffälligen Bezug auf den aktuellen Amtsinhaber; der Gegensatz zur Selbstverherrlichung der Barberini unter Michelangelos Kuppel sticht ins Auge (Abb. 47).

Und damit ein Widerspruch: Der fromme Alexander VII., den das Grabmal Berninis in der Peterskirche kniend und mit abgesetzter Tiara zeigt, wollte ursprünglich keinen Nepotismus und betrieb ihn dann doch, am Ende von furchtbaren Gewissensqualen gepeinigt – zusammen mit einem Kardinalnepoten, der sich mangels öffentlicher Aufgaben fast zu Tode langweilte und sich in einem Prunkbett verewigte. Das große Spiel der römischen Konkurrenz zog auch diejenigen in ihren Bann, die es eigentlich nicht liebten bzw. darin gar keinen Platz mehr fanden. Die Bedenken gegen seine Fortsetzung waren nach dem Tod des Chigi-Papstes stärker denn je. Im Konklave des Jahres 1667 machte mit Kardinal Giulio Rospigliosi ein toskanischer Kirchenfürst das Rennen, der sich wie Urban VIII. durch Esprit und kulturelle Interessen profiliert hatte. Im Gegensatz zu diesem erkannte er die Zeichen der Zeit und passte seinen Nepotismus deren Erfordernissen an. Mit Clemens IX., wie sich der Dichter auf dem Papstthron nannte, zeigte sich erstmals, dass weniger mehr sein konnte, dass sich durch Verzicht auf exzessive Verwandtenförderung mehr Prestige gewinnen ließ als durch weiter gesteigerten Aufwand. Diese Einschränkung betraf in erster Linie den Papst selbst. Unter Clemens IX. gewann der päpstliche Haushalt durch gesteigerte Mildtätigkeit die geistliche Note und damit den Charakter der Andersartigkeit, die in den Augen frommer Katholiken seine alleinige Existenzberechtigung ausmachte, zumindest teilweise zurück. Im Gegensatz dazu standen weiterhin die Theater- und Opernaufführungen, die die bevorzugte Unterhaltung des Rospigliosi-Papstes ausmachten, auch wenn deren Sujets überwiegend religiös und in jedem Fall streng sittlich ausfielen, sowie der Nepotismus. Allerdings fiel die Verwandtenförderung Clemens' IX. moderat, im Verhältnis zu seinen Vorgängern sogar radikal zurechtgestutzt aus. Zwar wurde ein Neffe Kardinal und auch der „weltliche" Teil der Familie mit den üblichen Ämtern und Titeln bedacht, doch hielt sich nicht nur der finanzielle, sondern auch der propagandistische Aufwand der Rospigliosi in Grenzen: Als erste Nepotenfamilie scherten sie bewusst aus dem Spiel der Konkurrenz, so wie es bisher gespielt worden war, aus. Dieser Verzicht hatte fraglos mit der schwachen Gesundheit des Familien-

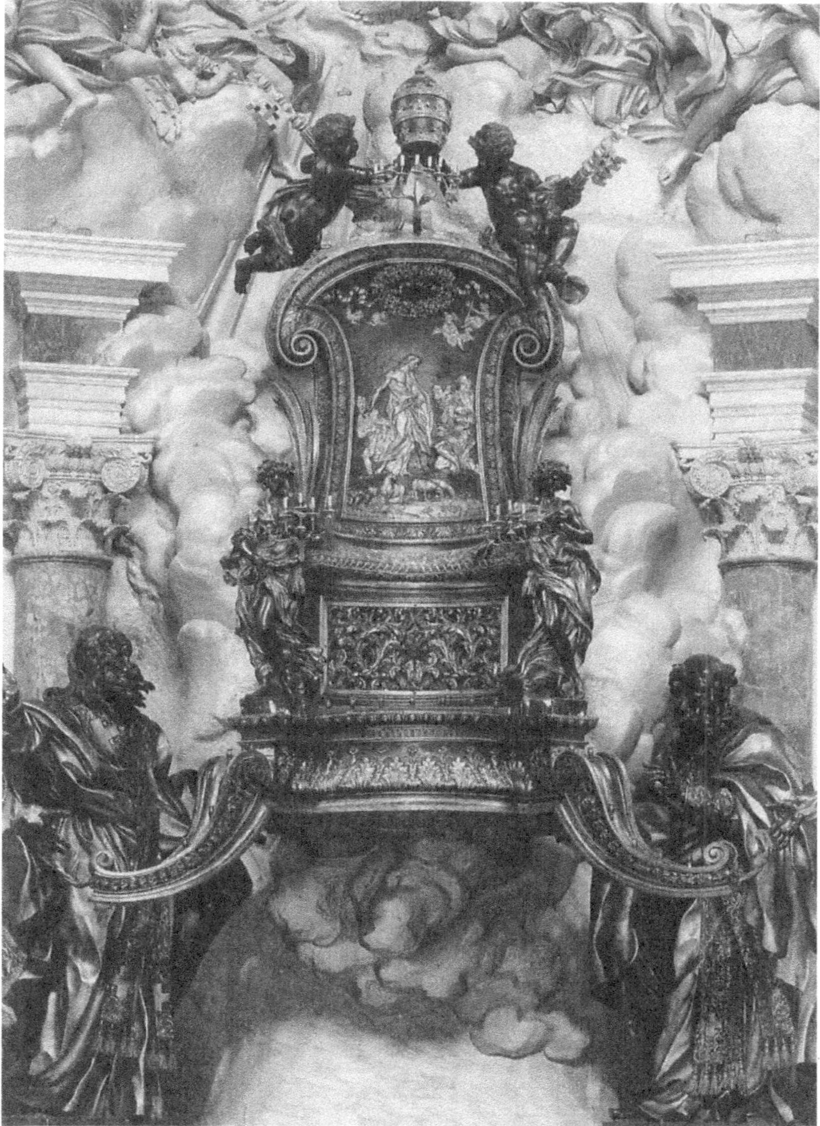

Abb. 47: Berninis schwebende Cathedra Petri im Chor der Peterskirche soll zeigen,
dass die Lehrautorität Bildes Papstes von himmlischen Kräften getragen wird. 1870
wurde sie in derselben Basilika mit dem Unfehlbarkeits-Dogma besiegelt.

papstes zu tun, doch hatte dieselbe Hinfälligkeit einen Ludovico Ludovisi nicht daran gehindert, seine Erinnerung ins römische Stadtbild förmlich einzubrennen. Solche Memoriabildung blieb in den Jahren 1667 bis 1669 dem Papst vorbehalten. Clemens IX. verewigte sich und seinen Pontifikat vor allem dadurch, dass er die Engelsbrücke, die ihren Namen von der bronzenen Engelsstatue auf dem Hadriansmausoleum der Engelsburg gegenüber erhalten hatte, von Bernini mit Statuen geflügelter Himmelsboten schmücken ließ, die die Werkzeuge der Passion Christi tragen; zwei von diesen insgesamt zehn Bildwerken schuf der 70-jährige Meister selbst (die Originale wurden später zum Schutz vor Wind und Wetter in der Kirche Sant'Andrea delle Fratte aufgestellt), die übrigen acht wurden nach seinen Entwürfen von Schülern gemeißelt. Die Abstinenz in Sachen Propaganda-Konkurrenz hat den Rospigliosi im Übrigen nicht geschadet, sondern vielleicht sogar genützt – mit dem Image ihres „guten" Papstes und dem Ruf einer „bescheidenen" Familie schlossen sie mühelos günstige Heiratsallianzen und sicherten sich aristokratischen Status, auch ohne den Makel exzessiver Bereicherung auf Kosten der Papstfinanz. Paradigmenwechsel vollziehen sich selten brüsk, sondern am Anfang meistens gleitend, tastend und suchend – der Rospigliosi-Pontifikat stellte einen typischen Übergang zu neuen Herrschafts- und Selbstdarstellungsformen dar.

Trotz aller Zurückhaltung Clemens' IX. war es um das päpstliche Budget Ende 1669 schlecht bestellt. Millionenschulden häuften sich, Überschüsse aus laufenden Einnahmen waren kaum noch verfügbar. Dessen ungeachtet stellte der anschließende Pontifikat Clemens' X. in den Augen der strengen Reformpartei nochmals einen Rückschritt dar. Der neue Papst stammte aus der römischen Stadtadelsfamilie Altieri, deren Mitglieder seit Langem die Überfremdung „ihrer" Stadt durch Ausländer und Nepoten anprangerten und beklagten. Jetzt fanden sie sich mit einem 80-jährigen Papst an der Spitze des römischen Herrschaftssystems wieder; diese einmalige Gelegenheit zur Erhöhung von Rang und Ansehen war nach Ansicht des gesamten römischen Stadtadels längst verdient und durfte daher nicht ungenutzt bleiben. Unter der Führung des „adoptierten" Kardinalnepoten Paluzzi degli Albertoni trat die Sippe daher mit großer Entschlossenheit und ebensolchem finanziellen Aufwand in die Fußstapfen ihrer Vorgänger. *Romanità*, Verwurzelung in der Ewigen Stadt, so lautete logischerweise auch ihr Motto, das schon die Propaganda der Pamphili beherrscht hatte. Doch die Inszenierung der Altieri und ihrer Verwandten fiel anders aus. Ihre Botschaft: Wir sind Papst und bleiben uns trotzdem treu, denn wir waren schon immer groß, auch wenn dieser Rang erst jetzt gebührenden Niederschlag findet.

Diese sichtbare Aufwertung der Vergangenheit zeigte sich in der Seligsprechung der frommen Tertiarin Ludovica Albertoni auf Berninis grandioser Kapellenbühne. Zum selben Zweck wurde die alte Grablege der Altieri in der Kirche Santa Maria Maggiore aufwendig umgestaltet. Im Gegensatz zu Neuankömmlingen und Parvenüs wie den Borghese hatten es die Altieri nicht nötig, neue Grablegen in Kirchen zu errichten, wo diese Toten nach Herkunft und Tradition nichts zu suchen hatten. Ihre Vorfahren blieben an ihrem angestammten Platz; neu war nur die −12 000 *scudi* teure! − Pracht, mit der ihre Ruhestätte unter dem Familienpapst ausgestattet wurde: Ehre, wem immer schon Ehre gebührte, diese Dekoration war ein Akt geschichtlicher Gerechtigkeit. Der Wohnsitz der Lebenden wurde diesem Prinzip entsprechend ebenso prunkvoll gestaltet; der Palazzo Altieri gegenüber der Kirche Il Gesù hielt, was Ausmaße und Massivität betraf, die Konkurrenz mit den Borghese und den Barberini aus. Eine Villa bei Santa Maria Maggiore vervollständigte das Programm. Den Palast seiner Familie soll der greise Clemens X. nie betreten haben − zum Zeichen seines ohnmächtigen Protests gegen einen Nepotismus, der gleichwohl auf Hochtouren weiterlief. Rom, die gespaltene Stadt.

13.

Zensieren und kontrollieren:
Die Inquisition und ihre Fälle

In Rom wurden die Massen – so sah es der hellsichtige Menschenkundler Montaigne – nicht durch Worte oder Folterinstrumente, sondern durch Bilder und Prozessionen zum Glauben erzogen – wenn sie sich überhaupt erziehen ließen und nicht selbst ihre Erzieher erzogen. An Institutionen, die Glaubenstreue prüfen, einschärfen und erzwingen sollten, fehlte es in der Hauptstadt der Päpste trotzdem nicht. Wie die Konkurrenz-Konfessionen Luthertum und Calvinismus bekam auch der Katholizismus seine geistliche Gerichtsbarkeit, die Gesinnung und Verhalten der Gläubigen kontrollieren, anmahnen und notfalls durch Strafen korrigieren sollte. Zu diesem Zweck rief Paul III. am 5. Juli 1542 die römische Zentralinquisition ins Leben, die alle derartigen Anstrengungen koordinieren und konzentrieren wollte. Mit dieser *Sant'Uffizio* („Heiliges Amt") genannten Institution wurde zugleich ein schwarzer Mythos geschaffen: Unterdrückung von Gewissensfreiheit und freiem Forschergeist, Erzwingung von Unmündigkeit und Rückständigkeit, dieser Ruf eilt der heute „Glaubenskongregation" genannten Einrichtung bis in die Gegenwart voraus. Sie hat den Historikern 1998 ihre Archive geöffnet, doch sind diese leider nicht mehr so reich bestückt wie noch am Ende des 18. Jahrhunderts; in den anschließenden Wirren der napoleonischen Zeit sind die meisten Prozessakten zuerst in alle Winde zerstreut worden und dann verloren gegangen. Neuere Forschungen, die sich auf die erhaltenen Bestände stützen, haben das Bild der römischen Inquisition gleichwohl in wesentlichen Punkten modifiziert, und zwar jeder parteiischen Schönfärbung unverdächtig.

Wie jede Glaubensüberwachungsbehörde der Zeit sah das *Sant'Uffizio* seine Aufgabe darin, die „Ansteckung" der Gläubigen mit den „Irrlehren" der Andersgläubigen zu verhindern. Diese Kontaminierung ließ sich dadurch einschränken, dass die Lektüre „vergifteter" Bücher verboten wurde; für den Index, der diese dem Seelenheil frommer Katholiken abträglichen Publikationen auflistete, wurde sogar eine eigene Kongregation geschaffen. Darüber hinaus musste die mündliche Verbreitung ketzerischer Doktrinen und zu diesem Zweck jeder Kontakt mit erwiesenen oder potenziellen Häretikern so weit wie möglich unterbunden werden. Die Agenten der Inquisition widmeten sich daher der Observierung verdächtiger Personenkreise mit Hingabe; ja, sie „beschatteten" Händler und Reisende aus „infizierten" Ländern nicht nur mit wahrer Leidenschaft, sondern verfassten darüber auch ausführliche Berichte. Dabei ließ sich die auf dem Papier garantierte Oberhoheit der römischen Institution nicht einmal in Italien wirklich durchsetzen. Selbst kleinste Staaten wie die Mini-Republik Lucca konnten sich lange Zeit gegen alle Einmischungs- und sogar Putschversuche des *Sant'Uffizio* behaupten; am Ende stand hier wie überall außerhalb des Kirchenstaats ein Kompromiss mit den lokalen Machthabern: Kontrolle und gegebenenfalls Verfolgung ja, aber nur mit Wissen und unter Hinzuziehung der örtlichen Organe. Diese Aufsicht erstreckte sich auf genau markierte Felder: unautorisierte Heiligsprechungen, Verkündung von abweichenden Lehren in Wort und Schrift, Bestreitung der päpstlichen Vollgewalt; das waren in den Augen der Inquisitoren des 17. Jahrhunderts die Vergehen, die ihr Einschreiten erforderlich machten. Das war nicht immer so gewesen.

Unter Papst Paul IV. Carafa (1555–1559) sollte die römische Inquisition das Sozialverhalten aller Schichten kontrollieren und dadurch nach spanischem Vorbild im Alltag allgegenwärtig werden. Doch damit war die Bevölkerung der Ewigen Stadt nicht einverstanden. Nach dem Tod des Carafa-Papstes ging das Gebäude der Glaubenswächter in Flammen auf. Die Ehrenstatue des strengen Pontifex maximus auf dem Kapitol wurde rituell geschändet, geköpft und in den Tiber geworfen; kurz darauf wurden zwei seiner Nepoten hingerichtet. Dieser Protest erwies sich als wirksame Warnung: Bis hierhin und nicht weiter! Mit der Intervention der Inquisitoren rechnen mussten somit im 17. Jahrhundert nur enge Personenkreise: Künstler, die religiöse Themen (wie der große venezianische Freskenmaler Paolo Veronese) allzu weltlich auffassten, kamen in der Regel mit einer relativ milden Abmahnung davon. Selbsternannte Heilsverkünder oder Heiligen-Macher aus dem Volk gerieten ins Visier des *Sant'Uffizio*, wenn sie öffentlich um Anhänger warben. Schriftsteller, die von führenden katholischen Theologen missbilligte oder sogar von der offiziellen Lehre abweichende Meinungen vertraten, waren naturgemäß am stärksten gefährdet. Wer jedoch wie Michel de Montaigne auf adeligen Rang pochen und auf gute Vernetzung mit einflussreichen Kreisen zählen konnte, musste in der Regel nicht mit schwereren Sanktionen rechnen, auch wenn seine Ideen wie im Falle von Montaignes „Essais" aus heutiger Sicht alles andere als kirchenfromm waren. Doch Montaigne, der sein Buch bei seinem Rombesuch 1581 mit geringfügigen Korrekturvorschriften zurückerhielt, beherzigte die entscheidende Vorsichtsmaßregel: Er gab sich durch zahlreiche – nicht selten ironisch verklausulierte – Lippenbekenntnisse als guter Katholik aus; ob er das im tiefsten Grunde seines Herzens tatsächlich war, interessierte in Rom niemanden. Der Schein der Konformität war aufrechterhalten, das genügte.

All das, was der kluge Südfranzose hatte, nämlich Protektion und Fingerspitzengefühl, ging Giordano Bruno völlig ab. Sein düsteres Bronzedenkmal auf dem Campo de' Fiori von Ettore Ferrari aus dem Jahre 1887 ist eines der wenigen antiklerikalen Monumente, die die „Säuberungen" der langen *Democrazia Cristiana*-Vorherrschaft nach dem Zweiten Weltkrieg unbeschadet überstanden haben (Abb. 48). Statue und Bronzereliefs am Sockel verherrlichen den süditalienischen Naturphilosophen, der am 17. Februar 1600 an dieser Stelle als Ketzer verbrannt wurde, als „weltlichen" Märtyrer von Wissenschaft und Gewissensfreiheit. Als solcher triumphiert er über seine Kerkermeister, Peiniger und Henker, die als ignorantes Pfaffengeschmeiß und brutale Schergen dargestellt sind. Für den „linken" Stadtrat, der das Monument in Auftrag gab, war der Nolaner (wie sich Bruno nach seiner Heimatstadt bei Neapel nannte) ein zu früh Gekommener, der den Ränken des reaktionären Papsttums zum Opfer fiel. Was war aus der Sicht der heutigen Forschung geschehen?

Bruno war 1565, im Alter von 17 Jahren, in den Dominikanerorden eingetreten und sieben Jahre danach zum Priester geweiht worden. An seiner Glaubensfestigkeit kamen – nach den nicht ganz unverdächtigen Aussagen späterer Prozesszeugen – früh Zweifel auf. Um einem kirchlichen Verfahren zu entgehen, verließ Bruno den Orden und begann ein rastloses Wanderleben, das ihn in die kirchlichen und intellektuellen Zentren Europas führte.

Nach einigen Monaten in Norditalien zog Bruno 1579 auf der Suche nach Gedanken-, Rede- und Publikationsfreiheit nach Genf, wo er mit seinem Pochen auf das Recht zur Kritik schnell vom Regen in die Traufe geriet. Nach einem demütigenden Abschwörungsverfahren verließ er das „calvinistische Rom" fluchtartig und erhielt an der ultrakatholischen Universität Toulouse eine ordentliche Philosophieprofessur, die er nach Tumulten gegen seine Vorlesungen 1581 wieder aufgeben musste. Nach ähnlichen Reaktionen auf seine Lehreveranstaltungen in Paris (1581–1583) erlebte der Nolaner in den zweieinhalb Jahren bis zum Herbst 1585 in England als Gast des dortigen französischen Botschafters und aristokratischer Intellektuellen-Zirkel seine kreativste Zeit. Mit der Rückkehr auf den Kontinent begann ein langsamer Abstieg, der nur von einer knapp zweijährigen Dozententätigkeit an der lutherischen Universität Wittenberg unterbrochen wurde und über Prag, Helmstedt, Zürich und Padua nach Venedig führte, wo sich Bruno vor kirch-

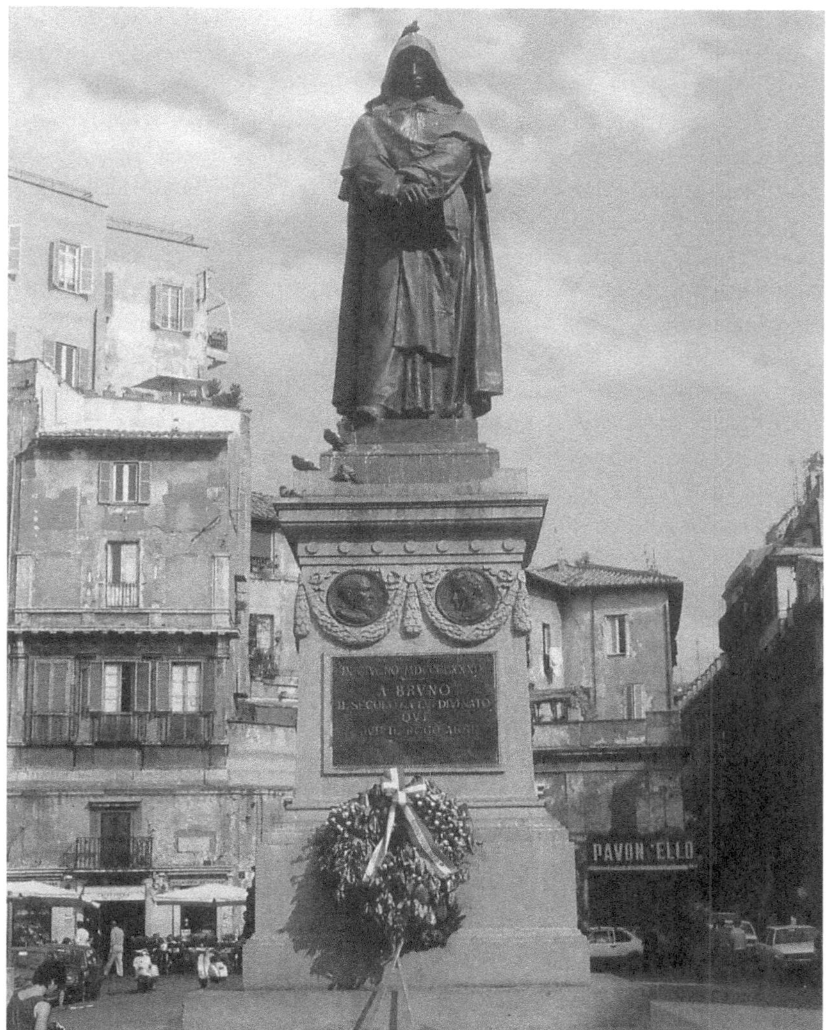

Abb. 48: Hier steht kein Ketzer, sondern ein Wahrheitszeuge: Wo 1600 der
Scheiterhaufen brannte, triumphiert heute Giordano Bruno in Bronze
über die Inquisitoren (Rom, Campo de' Fiori).

licher Verfolgung sicher fühlte. Ein fataler Irrtum, wie sich schnell zeigte:
Vom Patrizier Giovanni Mocenigo, dem er Privatunterricht erteilt hatte, im
Mai 1592 angezeigt, wurde er von der venezianischen Inquisitionsbehörde,
die aus einem Mitglied der politischen Führungsschicht, dem Patriarchen

und dem römischen Nuntius bestand, verhaftet und eingehenden Verhören unterzogen, deren Protokolle sich erhalten haben. Das damit eingeleitete Verfahren hätte höchstwahrscheinlich zu einem glimpflichen Abschluss geführt, da den Untersuchungsorganen keine der zahlreichen Schriften Brunos, sondern nur anfechtbare Aussagen zweifelhafter Zeugen vorlagen. Der Prozess nahm eine dramatische Wendung, als die römische Inquisition mit der falschen Behauptung, Bruno sei bereits ein vorverurteilter Ketzer, im Januar 1593 die Auslieferung an den Tiber erzwang. Der Anfang 1592 neu gewählte Papst Clemens VIII. plante, dem Votum Spaniens und der spanischen Kardinäle entgegen den „rückfälligen Ketzer" Heinrich IV. von Frankreich wieder in den Schoß der katholischen Kirche aufzunehmen, sah sich dadurch dem Vorwurf der Aufweichung unverzichtbarer Glaubensprinzipien und gefährlicher Annäherung an Glaubensfeinde ausgesetzt und wollte deshalb im Fall Bruno ein Exempel rigoroser Glaubensstrenge statuieren.

Am Ende seiner zunehmend von finanziellen Engpässen und Verfolgung gezeichneten europäischen Wanderschaft war der Nolaner von allen vier europäischen Großkirchen, der katholischen, calvinistischen, anglikanischen und lutherischen, verurteilt und ausgeschlossen worden. Diese Unisono-Verdammung erklärt sich aus den Kernaussagen seiner Lehre, die er selbst als Philosophia Nolana zusammenfasste: Der Kosmos ist unendlich, ewig und ungeschaffen wie die Zeit; alles in ihm – Himmelskörper, Lebewesen, Pflanzen, selbst scheinbar tote Materie – hat abgestuften Anteil an einer Weltseele, die alles mit dem Prinzip der Liebe und Anziehung durchdringt und auch die Seelenwanderung ermöglicht. Im grenzenlosen All gibt es eine Vielzahl von bewohnten Welten, darunter auch dem Planeten Erde in jeder Hinsicht überlegene und lebenswertere. Die irdischen Zustände sind durch die konzertierte Unterdrückung korrupter weltlicher und kirchlicher Machthaber unerträglich und verlangen kategorisch nach einer Besserung, die bei der Religion ansetzen und weitgehende Toleranz garantieren muss. Das Christentum ist eine besonders verabscheuungswürdige Religion, weil ihr betrügerischer Erfinder mit seiner Lehre Mensch und Natur herabwürdigt – die letztere ist nicht durch den Sündenfall beschädigt, und der Mensch kann sich selbst von allen Übeln erlösen, wenn er nur der Kosmosschau des visionären Sehers und All-Durchwanderers Bruno zu folgen bereit ist.

Die römische Inquisition, vor der Bruno sich ab Februar 1593 zu verantworten hatte, war gemessen am Rechtsstaatlichkeitsverständnis des 21. Jahrhunderts der weltlichen Justiz in drei Punkten weit voraus: Angeklagte hatten Anspruch auf einen Rechtsbeistand, wurden über belastende Aussagen von Zeugen informiert, deren Glaubwürdigkeit einer strengen Prüfung unterzogen wurde. Dass sich der römische Prozess fast sieben Jahre lang hinzog, ist darauf zurückzuführen, dass sich die zwei vorrangig involvierten Kongregationen (Ministerien) des Index der verbotenen Bücher und der Inquisition durch Rangstreitigkeiten und Kompetenzgerangel gegenseitig lähmten, mit der Folge, dass keiner der Haupttexte Brunos in Rom vorlag – weder das literarisch brillante „Aschermittwochsmahl", das in hymnischer Sprache die Kosmologie des Nolaners präsentiert, noch die „Vertreibung der triumphierenden Bestie" mit ihrer beißenden Satire auf Papsttum und Kurie noch „Die Kabbala des pegaseischen Pferdes" mit ihrer Verspottung der christlichen Frömmigkeit als hirnlose Eselei. In seiner – leider aus Sekundärquellen nur umrisshaft erschließbaren – Verteidigung hielt Bruno an seiner Kosmologie einschließlich Seelenwanderung als rein philosophischer Spekulation fest, stufte diese damit also zu einem eher lässlichen Vergehen quasi literarischer Art herab, unterwarf alle seine theologischen Aussagen der Entscheidungshoheit der Kirche, von der er sich nie entfernt habe, und leugnete jede Fundamentalkritik an deren Lehre und Autorität. Da ihm eine solche Häresie bis zum Schluss nach den von der Inquisition selbst aufgestellten und für diese verbindlichen Kriterien nicht nachgewiesen werden konnte und seine Aussagen zur Vielzahl der Welten bislang nicht in verbindlicher Weise lehramtlich verworfen worden waren, war seine Verurteilung zum Feuertod, den er mit stoischer Gelassenheit entgegennahm, schon nach den damaligen Maßstäben ein Justizmord. Ausschlaggebend dafür war, dass Rom den zahlreichen Pilgern des Heiligen Jahres ein für Zweifler und Abweichler abschreckendes, für Fromme aber erbauliches Schauspiel bieten wollte.

In seinem Todesjahr war der Physiker und Mathematiker, der den entscheidenden Schritt über die teils spekulative, teils empirische Naturphilosophie des Nolaners hinaus vollzog und eine neue Methode der wissenschaftlichen Naturerforschung begründete, 36 Jahre alt: Galileo Galilei aus Pisa, Sohn eines begabten Musikers und Musiktheoretikers. Im Gegensatz zu Bruno war Galilei nicht an philosophischen oder theologischen Systembildungen, sondern an der unanfechtbaren Ableitung von Naturgesetzen interessiert. Dazu aber waren seiner Ansicht nach nur Gelehrte eines neuen Typs in der Lage, die die Sprache der Natur, die aus mathematischen Zeichen besteht, zu entziffern vermochten. Um der Natur ihre – laut Galilei ewigen und unabänderlichen – Gesetze abzuringen, entwickelte er eine neue Methode, die sich als folgenreich erwies: Versuch, Hypothesenbildung, Gegenprobe und Formelbildung sind ihre Hauptschritte. Was in solchen Formeln Ausdruck fand, war für Galilei, den Naturwissenschaftler, definitiv ermittelte Wahrheit der Natur. Mit anderen

Worten: So und nicht anders war die Natur beschaffen, also hatte Gott sie so geschaffen.

Die führenden katholischen Theologen der Zeit waren bei solchen Aussagen sehr viel zurückhaltender. Alles, was der forschende Menschengeist zu den „Gesetzen" der Natur ergründet zu haben meinte, blieb ihrer Einschätzung nach letztendlich Hypothese; die Ratschlüsse Gottes waren so unerforschlich wie die Prinzipien seiner Schöpfung. Wenn sich die Mathematiker und Astronomen dieser Sprachregelung anpassten, durften sie sich vor Anfeindung und Verfolgung weitgehend sicher fühlen. Einer Umsetzung ihrer Schlussfolgerungen in die Praxis stand ohnehin nichts im Wege. Auf diese Weise war das 1543 erschienene Werk des Kopernikus, der das Weltbild des antiken Astronomen Ptolemäus umkehrte und die Erde in einer zweifachen Bewegung um die Sonne kreisen ließ, unbehelligt geblieben – für die zuständigen römischen Experten der Indexkongregation und der Inquisition waren das unbeweisbare Vermutungen; wenn deren Ableitungen sich für die Navigation als nützlich erwiesen, umso besser. Akuten Handlungsbedarf sah vorerst niemand.

Das (schon in der Antike von den Gelehrten kontrovers diskutierte) heliozentrische Weltbild mit der Sonne im Zentrum war im ersten Drittel des 17. Jahrhunderts auch unter Fachgelehrten umstritten. Der große dänische Astronom Tycho Brahe, auf dessen Himmelsbeobachtungen die ganze Debatte in hohem Maße beruhte, hatte kurz zuvor ein vermittelndes Weltmodell vorgelegt, das zeitweise den größten Anklang fand, auch unter den astronomisch äußerst interessierten und versierten Jesuiten. Demnach drehte sich die Sonne weiterhin um die Erde, wurde aber ihrerseits von den Planeten umkreist – ein Modell, das sich mit den Himmelsbeobachtungen noch in Übereinstimmung bringen ließ, doch immer kompliziertere Berechnungen und Erklärungen nötig machte. Das heliozentrische Weltbild seinerseits hatte den Vorteil, diese Himmelsphänomene sehr viel leichter zu deuten, ließ jedoch ebenfalls große Fragen offen: Warum spürten die Menschen nichts von der doppelten, täglichen wie jährlichen, Erdbewegung? Und wie stand dieses Modell zur Bibel, genauer: zu einigen Stellen des Alten Testaments, die wie zum Beispiel Josua 10 bei wortwörtlicher Textauslegung eindeutig von der Bewegung der Sonne um die Erde sprachen?

Durch diese Passagen war der Reibungspunkt zwischen Galileis Naturwissenschaft und der Theologie der nachtridentinischen katholischen Kirche bezeichnet. Galilei war schon 1597 zum „Heliozentriker" geworden. Auf der Suche nach unumstößlichen Belegen für dieses Weltbild hatte er 1610 das kurz zuvor erfundene Fernrohr verbessert und auf die Himmelskörper gerichtet; das Ergebnis dieses neugierigen Blicks auf den Mond zeigt Cigolis Fresko in der Cappella Borghese von Santa Maria Maggiore (vgl. Abb. 23). Doch Galilei entdeckte mehr als Mondkrater, nämlich weitere Monde, die den Planeten Jupiter umkreisen. Diese himmlischen Fundstücke benannte er als kluger Höfling nach der Familie Medici, deren Chef Florenz und die Toskana als Großherzog regierte; mit dieser Widmung war sein Aufstieg vom Professor in Padua zum Hofphilosophen in Florenz nur noch eine Formsache. Galilei wusste nicht nur die Regeln der höfischen Gesellschaft zu seinem Vorteil zu nutzen, er war auch – untypisch für heutige Naturwissenschaftler – ein begnadeter Literat. Wehe denjenigen, die sich auf wissenschaftliche Fehden mit ihm einließen! Seine Gegner kamen bei solchen Kontroversen nie ohne schwere Imageschäden davon, die ihnen der wortmächtige Polemiker mit seiner spitzen Feder zufügte. Dabei waren nicht alle Belege, die Galilei für das heliozentrische Weltbild anführte, zutreffend; das galt zum Beispiel für seine Erklärung von Ebbe und Flut. So kam, was im Klima der Zeit kommen musste: Der florentinische Hofgelehrte wurde in Rom denunziert.

Die Indexkongregation, die sich mit dem Fall befasste, wusste, was sie dem Ruf des berühmten Gelehrten Galilei und seinem Protektor, dem Großherzog, schuldig war. Die Familie des regierenden Papstes Paul V. Borghese stammte aus dessen Herrschaftsgebiet; beide Seiten waren zudem an guten Beziehungen lebhaft interessiert. Zudem lag noch keine verbindliche Lehramtsentscheidung zur Weltbilderfrage vor, gegen die Galilei mit seinem Votum für Kopernikus hätte verstoßen können. So hatte er Anfang 1616 nichts zu befürchten, als ihn Roms angesehenster Theologe, der Jesuiten-Kardinal Roberto Bellarmin, in seinen römischen Palast vorladen ließ. Bellarmins Meinung zu diesem Thema stand seit Langem fest: Die Grenze zur angemaßten Gottesgelehrsamkeit ist dann überschritten, wenn die Anhänger des Kopernikus dessen Modell als gesicherte Wahrheit verkünden. Gottes Handeln entzieht sich der menschlichen Vernunft, die Schöpfung kann also in Wahrheit ganz anders, als die unzulängliche Ratio meint, geschehen sein. Die Wahrheit der Natur kennt Gott allein. Gott aber hat im Alten Testament zugunsten des ptolemäischen Weltbilds gesprochen, zumindest dem unmittelbaren Wortsinn nach. Wäre definitiv bewiesen, dass die Erde um die Sonne kreist, müsste diese Interpretation dementsprechend geändert werden – dann müsste der Befehl an die Sonne, still zu stehen, übertragen gedeutet werden. Doch dieser Beweis würde nach Ansicht Bellarmins nie zu erbringen sein.

Diese Entscheidung wurde Galilei bei seiner Begegnung mit Bellarmin

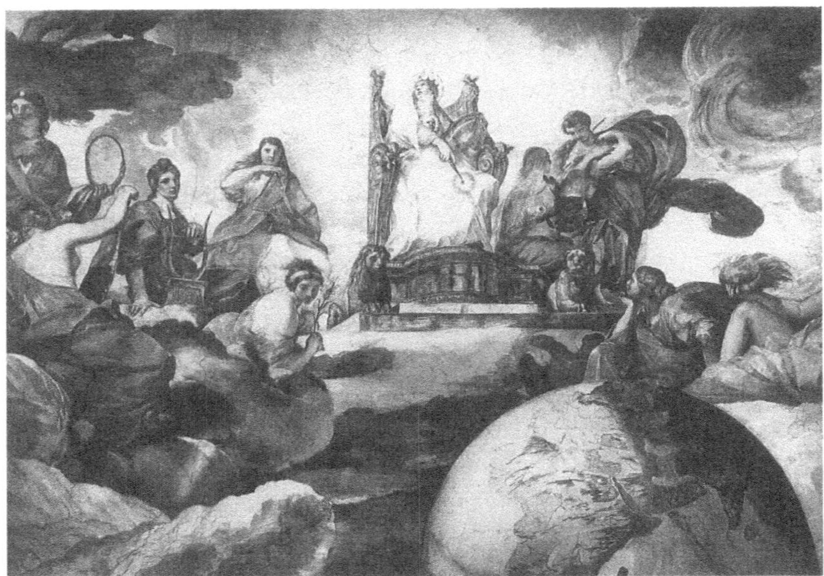

Abb. 49: Der Papst als heimlicher Anhänger des kopernikanischen Weltbildes?
Andrea Sacchis Fresko im Palazzo Barberini zeigt die Sonne in der Mitte und die
Erde am Rand, doch mehr als höfisches Spiel ist diese „Kosmologie" sicher nicht
(Rom, Palazzo Barberini).

am 26. Februar 1616 mitgeteilt. Das von ihm vertretene heliozentrische
Weltbild sei irrig, Galilei solle deshalb Abstand davon nehmen. Wie das gemeint war, machten die nachfolgenden Anweisungen unmissverständlich
deutlich: In Gegenwart des Generalkommissars der römischen Inquisition
wurde dem Gelehrten eingeschärft, dass er die falsche Lehre, dass sich die
Erde um die Sonne drehe und diese unbeweglich im Mittelpunkt stehe, völlig fallen lassen müsse, das heißt: sie in keiner Weise (*quovis modo*) mehr
vortragen, lehren oder auch nur verteidigen dürfe. So steht es zumindest in
einer Aktennotiz vom selben Tag, nach deren Wortlaut Galilei sich diesem
Befehl unterworfen und Gehorsam versprochen habe. Dieses Urteil stützte
sich auf die Autorität des Kardinals, wurde vom *Sant'Uffizio* übernommen
und höchstwahrscheinlich vom Papst selbst bestätigt. Verkündet aber wurde
es acht Tage später nicht von der Inquisition, sondern von der Indexkongregation, und zwar etwas abgemildert: Das heliozentrische Weltsystem steht
im Widerspruch zur Heiligen Schrift; Bücher, die dieses rechtfertigen, werden zwecks Korrektur eingezogen, so jetzt auch das Hauptwerk des Koper-

nikus selbst. Bellarmin meldete Paul V. am 3. März 1616 Vollzug – der Gelehrte habe Einsicht gezeigt. Das Problem schien gelöst – volle 16 Jahre lang.

Nach dieser „liebevollen Ermahnung", wie es Paul V. ausdrückte, durfte Galilei als freier Mann nach Florenz zurückkehren; auch seine Ehre war nicht beschädigt, im Gegenteil: Sein Ruhm als größter Naturforscher Europas und Zierde Italiens wuchs ständig weiter. Einflussreiche Prälaten wetteiferten darum, ihn zu protegieren. Am 6. August 1623 wurde mit Kardinal Maffeo Barberini einer seiner erklärten Förderer Papst. Als Urban VIII. ließ er im Familienpalast an der Via delle Quattro Fontane von Andrea Sacchi ein Fresko malen, das Kopernikus und damit auch Galilei recht zu geben scheint (Abb. 49). Dem Titel nach zeigt es die Göttliche Weisheit, doch das Auge des Betrachters sieht nicht nur die in solchen Familienverherrlichungen üblichen Verkörperungen diverser Tugenden, sondern auch eine Anordnung der Himmelskörper, die Ptolemäus widerspricht: in der Mitte die Sonne, am Rande die Erde. Natürlich war ein Propagandakunstwerk dieser Art keine Lehramtsentscheidung in Farben, sondern eine elegante Spielerei, doch als solche nicht ohne Gewicht. So schienen Naturwissenschaft und Theologie versöhnt und alle Gefahren einer erneuten Konfrontation, geschweige denn eines Konflikts, gebannt. Galilei machte, was die Frage der Weltbilder betraf, weiterhin aus seinem Herzen keine Mördergrube, ohne dass die Inquisition von sich hören ließ.

Bis 1632 die Bombe platzte. In diesem Jahr veröffentlichte der große Physiker seinen Dialog über die wichtigsten Weltsysteme, für den er zwei Jahre zuvor die kirchliche Druckerlaubnis beantragt und auch bekommen hatte, allerdings nach mancherlei Hin und Her. Der als Meister des apostolischen Palastes zuständige Kontrolleur Niccolò Riccardi sah sich vor einem Dilemma: Galilei drängte darauf, sein Werk endlich publiziert zu sehen, der großherzogliche Hof zu Florenz stand hinter ihm, der florentinische Gesandte in Rom machte Druck, zudem fühlte er sich selbst dem Gelehrten freundschaftlich verbunden. Kein Wunder also, dass der Zensor diese undankbare Aufgabe an einen anderen Dominikaner delegierte, der nur Kleinigkeiten auszusetzen fand. Doch dann meldete sich Riccardis schlechtes Gewissen, er las selbst, doch offenbar nur oberflächlich oder die falschen Kapitel, forderte jedoch seinerseits gewisse Änderungen, nach deren Vornahme das Buch gedruckt werden dürfe, zur Beschleunigung des Prozederes sogar in Florenz. Allerdings verlangte er vor dieser definitiven Freigabe eine Vorlage der „Verbesserungen", doch konnte Galilei auch diese Forderung bald darauf herunterhandeln: Wegen der Pest sei ein geordneter Schriftverkehr zwischen Florenz und Rom nicht möglich, so der ungeduldige Physi-

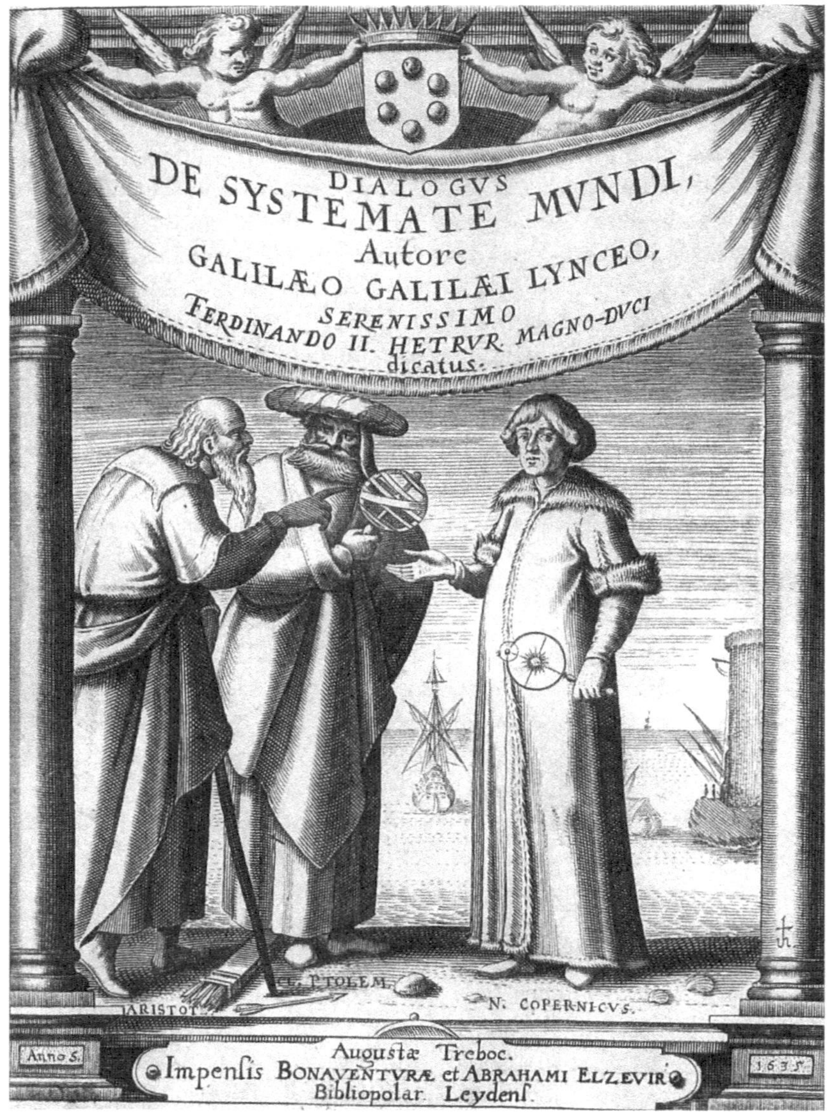

Abb. 50: Aristoteles, Ptolemäus und Kopernikus im Gespräch über das Weltsystem:
Nur der letzte der drei Herren brachte Galilei, dem Verfasser des „Dialogs",
Probleme mit der Inquisition ein (Titelbild von Jacob van der Heyden, 1635).

ker; Riccardi möge sich damit begnügen, Anfang und Schluss des Werks zu überprüfen und die Lektüre der übrigen Abschnitte einem Kollegen in Florenz zu überlassen. Riccardi beauftragte daraufhin auf Wunsch Galileis den diesem verbundenen Dominikaner Stefani mit der Durchsicht des Hauptteils und stellte zugleich Bedingungen für das endgültige Imprimatur. Dieses „Es werde gedruckt!" dürfe nur erteilt werden, wenn das heliozentrische Weltsystem lediglich als Hypothese vorgestellt und damit das Verbot, dieses als bewiesene Wahrheit zu lehren, eingehalten werde.

Durch das Verschieben von Zuständigkeiten und Kompetenzen wurde der ganze Vorgang zu einem Musterbeispiel bürokratischen Leerlaufs, hart an der Grenze zur unfreiwilligen Komik. Riccardi wiegte sich im Glauben, dass Stefani den Text nochmals auf Herz und Nieren prüfte, Stefani ging davon aus, dass die Veröffentlichung des Buches in Rom bereits beschlossene Sache sei, und ließ sich überdies von den Versicherungen Galileis regelrecht einlullen: Sein Ziel sei es, alle Argumente, die der kirchlichen Lehrmeinung widersprächen, als null und nichtig zu widerlegen. Daraufhin erteilte der zu Tränen gerührte Stefani das Imprimatur. Und auch Riccardi gab schließlich nach hartnäckigem Drängen Galileis die Einleitung des Werks frei – und fand nach dessen Druck seinen Namen unter der Druckerlaubnis vor. Nach der Lektüre aber machte die Rührung nacktem Entsetzen Platz (Abb. 50).

Denn der große Naturwissenschaftler Galilei zeigte sich im Dialog über die vorrangigen Weltsysteme als begnadeter Satiriker; dieser Eindruck drängt sich dem eingeweihten Leser bis heute auf. Denn nach der Einleitung, in der der Verfasser wortreiche Bekenntnisse zur Entscheidung der Indexkongregation ablegt und behauptet, die eigentlich erledigte Streitfrage nur aufzunehmen, um den Vorwurf der Rückständigkeit Italiens in Sachen Wissenschaft zu widerlegen, entfaltet sich ein Gespräch, in dem die Vertreter des heliozentrischen Weltbilds eindeutig die besseren Argumente für sich haben. Schlimmer noch: Die Verteidigung des Ptolemäus wird einer Gestalt mit dem vielsagenden Namen Simplicius, Einfaltspinsel, in den Mund gelegt. Dessen Einwürfe in die Unterredung unterschreiten nicht nur das Niveau der übrigen Teilnehmer, sondern ähneln überdies fatal den Stellungnahmen, mit denen Urban VIII. selbst sich in dieser Debatte zu Wort gemeldet hatte. Diese liefen auf Bellarmins Position hinaus, dass der Mensch den göttlichen Willen nicht ursächlich nachvollziehen und die Geheimnisse der Schöpfung der Natur daher nie definitiv ergründen könne; nur werden sie im „Dialog" sprachlich sehr viel liebloser eingekleidet, ja der Lächerlichkeit preisgegeben.

Das war der schwerste Verstoß gegen die Regeln der Patronage überhaupt: Seinen Protektor zu blamieren, war nicht nur an der Kurie nackter Verrat. Zudem war der bloßgestellte Papst just zu diesem Zeitpunkt verwundbarer denn je. Am 8. März 1632 hatte ihm der spanische Kardinal Borja wegen seiner Unterstützung Frankreichs, das den protestantischen Schweden Hilfsgelder zahlte, mit Konzil und Absetzung gedroht. Schon geraume Zeit zuvor hatten sich konservative Kreise kritisch über den allzu weltlichen Stil des päpstlichen Hofes, das entsprechende Gebaren der Nepoten und die viel zu lässliche Kulturpolitik der Barberini geäußert; gerade hier müsse man endlich Flagge zeigen und die Autorität der Kirche stärken, das heißt: den Vorrang der Religion vor allen Wissenschaften einschärfen. Galilei drängte sich damit als „Gelehrten-Opfer" geradezu auf. In der Sicht Urbans VIII. hatte er durch den Affront gegenüber seinem Patron jeglichen Anspruch auf Schutz oder auch nur Schonung verwirkt. So wurde der „Dialog", soweit man seiner Exemplare habhaft werden konnte, sofort eingezogen. Die Kommission, die sich zuerst mit dem Fall zu beschäftigen hatte, stellte acht Punkte zusammen, nach deren Verbesserung das Buch möglicherweise wieder erscheinen könnte. Doch fügte sie neuntens das Schriftstück vom 26. Februar 1616 hinzu, nach dessen Wortlaut Galilei jede Auseinandersetzung mit dem heliozentrischen Weltbild, und sei es nur als Hypothese, untersagt worden war.

Damit war die Inquisition zuständig, die den 68-jährigen Physiker am 23. September 1632 nach Rom vorlud. Vor dieser Reise ins Zugriffsgebiet des *Sant'Uffizio* konnte ihn selbst die Protektion des Großherzogs nicht schützen, doch hatte ihm dieser Empfehlungsschreiben an sämtliche Kardinäle mitgegeben. Während des Verfahrens wohnte Galilei überwiegend in Palästen der Medici; in der Nähe der Villa Medici auf dem Pincio wurde mehr als zweieinhalb Jahrhunderte später – analog zum Bruno-Denkmal auf dem Campo de' Fiori – eine Stele aufgestellt, die an den Aufenthalt des Physikers erinnert: schuldig, die Drehung der Erde um die Sonne erkannt zu haben, so die sarkastische Inschrift. In den Verhören, die sich von März bis Juni 1633 hinzogen, verfolgte Galilei die einzig mögliche Strategie: Er habe sich im Eifer, die Lehre der Kirche zu verteidigen, missverständlich ausgedrückt und so den Eindruck erweckt, den Standpunkt zu vertreten, den er widerlegen wollte. Nach Lektüre seines eigenen Buchs im Abstand von zwei Jahren müsse er eingestehen, dass er beim Leser tatsächlich den fatalen Eindruck erwecke, Kopernikus unterstützen zu wollen, was jedoch nie seine Absicht gewesen sei – ganz im Gegenteil. Bei einem Sprachvirtuosen wie Galilei musste die Verteidigung, die falschen Worte für die richtige Sache benutzt zu haben, äußerst unglaubwürdig wirken. Mit anderen Worten: Die Inquisitoren waren nicht überzeugt.

An einer anderen Front hingegen mussten sie zurückweichen. Als sie Galilei mit der Aktennotiz vom 26. Februar 1616 konfrontierten, wonach schon die bloße Erörterung der Weltbilder-Problematik untersagt sei, konterte der Angeklagte mit der Bescheinigung Bellarmins, dass er 1616 nicht hatte abschwören müssen. Alles Weitere habe er nur mündlich erfahren. Die Inquisitoren mussten diesen Anklagepunkt daraufhin zurückziehen; ob das Verbot, das heliozentrische Modell *quovis modo*, also auch nur hypothetisch, zu diskutieren, später in das Dokument eingefügt wurde, bleibt eine offene Frage. Doch das war aus der Sicht des Physikers nur ein bescheidener Teilerfolg. In der Hauptsache sah es für ihn weiterhin kritisch aus. Seiner Behauptung, Kopernikus nie beigepflichtet zu haben, konnten die Ankläger auch in der Folgezeit keinen Glauben schenken. Damit nährte der Gelehrte den Verdacht, an einer Meinung festzuhalten, die von den zuständigen kirchlichen Autoritäten als gegen die Bibel gerichtet beurteilt worden war, und damit die Irrtumslosigkeit der Heiligen Schrift in Zweifel zu ziehen. Das aber war Ketzerei, was die Androhung der Folter zur Folge hatte; zur Anwendung gelangte die Tortur bei einem Angeklagten von Galileis Alter in der Regel jedoch nicht mehr, was dieser wusste. So beharrte er bei seiner Aussage und wurde als der Häresie vehement verdächtig dazu verurteilt, der heliozentrischen Lehre abzuschwören; dazu kamen das Verbot des „Dialogs" und eine Gefängnisstrafe. Nachdem der Physiker am 22. Juni 1633 im Konvent der Dominikaner bei Santa Maria sopra Minerva vor den Kardinälen der Inquisitions-Kongregation die Abschwörungsformel verlesen hatte, wurde dieser Akt auch öffentlich bekannt gemacht. Danach kam erneut die Protektion zum Tragen, die Galilei in Florenz weiterhin genoss – die Ehre des Hofphilosophen war auch die des Hofes.

Wie tief Urban VIII. seinerseits seine Ehre verletzt sah, zeigt seine Salamitaktik in Sachen Begnadigung, auf die der Gesandte des Großherzogs sofort drängte. Obwohl dem Papst, der außer Frankreich nicht mehr viele nützliche Freunde in Europa hatte, gute Beziehungen zu Florenz wichtig waren, wurde die Milderung des Strafmaßes nur zögerlich und schrittweise zugestanden – bis es schließlich darauf reduziert wurde, dass Galilei zurückgezogen in seinem Landsitz Arcetri bei Florenz leben solle. Zum Glück für ihn spielten zwei Briefe, der eine an den Astronomen Castelli, der andere an die Großherzogin Cristina, vor Gericht keine Rolle. Denn darin hatte Galilei seine wahre Meinung über das Verhältnis von Naturwissenschaft und Theologie mit rückhaltloser Offenheit dargelegt. Seiner Ansicht nach drückt sich Gott in der Bibel über das Wesen der Natur so aus, dass ihn seine Adressaten verstehen können: einfach, den ungefilterten Sinneseindrücken einfacher Menschen entsprechend; für diese aber drehte sich die Sonne selbstverständlich um die Erde. Den wahren Sinn solcher Schriftpassagen konnten nicht bornierte Theologen, sondern nur Naturwissenschaftler wie Galilei selbst ermitteln; ihre mit unanfechtbaren Methoden gewonnenen Erkenntnisse mussten die Gottesgelehrten dann zur Erklärung des Gotteswortes heranziehen. Damit kehrten sich die Machtverhältnisse zwischen den Disziplinen um: Das Deutungsmonopol der sichtbaren Welt ging an die Naturwissenschaftler über. Dadurch geriet die Theologie in die Defensive. Wie sollte es noch Wunder geben, wenn die Gesetze der Welt von Gott unabänderlich geschaffen worden waren und nur noch der vollständigen Dechiffrierung durch Mathematiker und Physiker harrten?

Wie weit die Schockwellen des Galilei-Prozesses reichten, ist bis heute umstritten. Dass seine Verurteilung zur Abschwörung als Warnung verstanden wurde, steht außer Frage. Den Fortschritt der Naturwissenschaften nachhaltig gehemmt hat die Causa Galilei jedoch nicht. Langfristig hat sie dem Papsttum selbst den schwersten Schaden, nämlich an Reputation und Image, zugefügt – trotz der formellen Rehabilitierung Galileis durch Papst Johannes Paul II. (1978–2005) bis heute. Darüber hinaus vermittelt die – von mancherlei okkasionellen, mehr oder weniger zufälligen Faktoren zugespitzte – Konfrontation ein korrekturbedürftiges Bild von Gelehrten und Gelehrsamkeit im Rom des 17. Jahrhunderts. Gewiss, außer der Himmelsphysik gab es weitere gefährliche Terrains, auf denen Forscher mit Vorsicht agieren mussten. Das galt – wie die knapp gescheiterte Papstwahl des Kardinals Baronius 1605 belegt – vor allem für die Geschichte. Da jede Konfession das Erbe der Urkirche als Legitimitätsausweis beanspruchte, war die historische Disziplin zum Kampfinstrument par excellence geworden – mit weitreichenden Folgen für Methode und Vorgehensweise. Da jeder Autor, der über die Geschichte von Glauben und Kirche schrieb, von den Vertretern der Gegenseite mit Argusaugen gegengelesen wurde, die jeden Fehler, und sei er noch so geringfügig, genüsslich als Beleg für seine religiösen Irrtümer und seine moralische Verwerflichkeit ausschlachteten, musste die Beweisführung entsprechend abgesichert werden, nicht zuletzt durch umfangreiche Quellenbelege.

Doch alle diese Apparate aus Zitaten und Fußnoten konnten nicht darüber hinwegtäuschen, dass Geschichte nicht wertfreie Wissenschaft, sondern Mittel zum politischen Zweck war. Das bekam das Papsttum zu spüren, als 1619 in London eine nicht autorisierte Geschichte des Konzils von Trient aus der Feder des venezianischen Servitenmönchs Paolo Sarpi erschien und überall ungeheures Aufsehen erregte: Begeisterungsstürme in der protestantischen Welt, Empörung in katholischen Ländern. Sarpi, der in Kontakt zu Galilei stand, übertrug dessen Methode auf Politik und Geschichte: Machtverhältnisse und Interessenlagen wurden analysiert und demaskiert, um die wahren Antriebe der Mächtigen freizulegen. Im Konflikt Pauls V. mit Venedig über dessen staatskirchliche Gesetze hatte Sarpi seiner Heimatstadt als offizieller Staatstheologe, das heißt: als ideologisch-strategischer Ratgeber gedient. In dieser Rolle hatte er Manifeste verfasst, in denen eine uneingeschränkte Hoheit des Staates über die Kirche gefordert und die von Machiavelli und seinen florentinischen Zeitgenossen entwickelte Theorie der Staatsräson weiter zugespitzt wurde. In seiner Geschichte des Konzils von Trient versuchte Sarpi, die Kirchenversammlung als ein großes Täuschungsmanöver des Papsttums zu erweisen. Rom habe dadurch, dass es die Konzilsväter korrumpierte oder terrorisierte, die Stoßrichtung der Reformer – mehr Kompetenzen für die Bischöfe, Aussöhnung mit den Protestanten, Abschaffung des Nepotismus – ins schiere Gegenteil verkehrt. Konzilsgeschichte las sich so als Kriminalgeschichte der Kirche, ein bis heute beliebtes Genre.

Diese einseitige Sicht der Dinge konnte Rom nicht auf sich beruhen lassen. 1656 veröffentlichte der Jesuit Francesco Sforza Pallavicini im Auftrag des Papsttum den ersten Band eines Gegenwerks zum Konzil von Trient mit Gegenthesen: absolute Freiheit der Kirchenversammlung, uneingeschränkte päpstliche Unterstützung für die Konzilsväter, segensreiche Wirkungen der Reformen bis heute. Obwohl sehr viel mehr als Sarpis Darstellung auf nachweisbare Quellen gestützt, kam Sforza Pallavicinis Konzilsgeschichte gegen die literarische Meisterschaft des Venezianers und gegen dessen virtuos inszeniertes Verschwörungsmodell nicht an; immerhin brachte es seinem Verfasser den Kardinalshut ein. Wie man die Klippen dieser „gefährlichen" Wissenschaften umschiffen und im Rom des 17. Jahrhunderts als Gelehrter eine ansehnliche Karriere machen konnte, zeigt der Lebensweg von Lukas Holste aus Hamburg an, besser bekannt unter seinem Gelehrtennamen Lucas Holstenius (1596–1661). Dieser wurde als sechstes von zehn Kindern eines Färbers an der Elbe geboren und starb als Chef der Vatikanischen Bibliothek in Rom. In den dazwischenliegenden 65 Jahren zeigte sich, wie ein Gelehrter Netzwerke und machtkonforme Bildung für seinen persönlichen Aufstieg nutzbar machen konnte. Untypisch für seine Herkunft, erhielt Holstenius eine gute Schulbildung, besuchte danach angesehene Universitäten, verdiente seinen Lebensunterhalt wie damals üblich als Lehrer von

Adeligen und knüpfte auf weiten Reisen mit seinen Schützlingen nützliche Kontakte zu einflussreichen Kreisen. 1624 trat er in Paris zum Katholizismus über, was ihm in Frankreich und Italien neue Berufschancen eröffnete. Speziell in Rom waren gelehrte Konvertiten als lebende Trophäen im Streit der Konfessionen gern gesehen. So trat Holstenius 1627 in die *familia* des Kardinalnepoten Francesco Barberini ein, und zwar mit dem hohen Einstiegsgehalt von 15 *scudi* monatlich. Die Entlohnung spiegelt wider, dass sich Holstenius als Spezialist für alte Sprachen, als Jäger verschollener Manuskripte und speziell als Geograph bereits einen Namen gemacht hatte. Doch auch moderne Sprachen beherrschte Holstenius virtuos. Dadurch stieg er zum Sekretär seines Herrn auf, für den er elegante Briefe verfasste. In der Folgezeit erwies sich der begabte Hamburger als fast so vielseitig verwendbar wie der wendige Giulio Mazzarini. So amtierte er im unglückseligen Krieg um Castro, in dem Urban VIII. eine Demütigung nach der anderen hinnehmen musste, als Kriegskommissar korrekt und pflichtbewusst – eine absolute Ausnahme in der päpstlichen Armee, wo ansonsten die Prinzipien „Rette sich, wer kann!" und „Bereichert euch!" vorherrschten. Reichlich mit Pfründen ausgestattet, krönte Holstenius seine Laufbahn, wie vorweggenommen, als Bibliothekar der Vaticana, der prestigeträchtigsten Büchersammlung der damaligen Welt. Die großformatigen Landkartenfresken in deren Korridoren, die heutige Besucher auf dem Weg zu den Wundern der Sixtinischen Kapelle viel zu wenig würdigen, gehen auf seine Forschungen zurück – wer wie die Päpste den Raum in Form von Karten überblickt, gliedert und anschaulich macht, drückt seinen legitimen Anspruch auf Oberhoheit aus.

Wie lebte die einzige religiöse Minorität Roms, die jüdische Gemeinde, im Zeitalter von Glaubenskontrolle und Zensur? Ihre Existenzbedingungen waren von der strengen Reformzeit kurz nach der Mitte des 16. Jahrhunderts geprägt. Der „Inquisitions-Papst" Paul IV. (1555–1559) hatte sie mit einer Bulle von seltener Feindseligkeit in das enge Ghetto um den Bogen der Octavia, neben dem Marcellus-Theater, gesperrt, das nachts abgeschlossen werden sollte. Juden durften überdies nicht in christlichen Haushalten arbeiten, da der unerbittliche Pontifex maximus darin die Gefahr der „Ansteckung" sah; zudem mussten sie diskriminierende Abzeichen tragen und durften nur wenige Gewerbe, darunter Geldverleih, ausüben. Diese Kampfmaßnahmen wurden in der Folgezeit je nach Pontifikat gelockert und wieder verschärft. Als judenfreundlich ging vor allem der Pontifikat Sixtus' V. (1585–1590) in die leidvolle Geschichte der Gemeinde ein; sein Neffe, der Kardinal Montalto, setzte diese Tradition bis 1623 fort. Die Juden mussten im 17. Jahrhundert jedoch nicht nur rituelle Demütigungen, zum Beispiel während des Karnevals, ertragen, sondern auch unter stetem Bekehrungsdruck leben. Angehörige des mosaischen Glaubens zu taufen, gehörte zu den Triumphzeichen Roms im Konfessionellen Zeitalter. Für die jüdische Gemeinde endete diese Ära erst mit der Eroberung der Ewigen Stadt durch die Truppen des Königreichs Italien am 20. September 1870.

14.
Sanieren und reformieren:
Das Papsttum der „Zweiten Reform"

Das 17. Jahrhundert endete in Rom am 21. September 1676 – zumindest vorläufig. An diesem Tag wurde der 65-jährige Kardinal Benedetto Odescalchi und damit das Haupt der Reformpartei zum Papst gewählt. Odescalchi, der einer reichen Kaufmannsfamilie mit Wurzeln in Como entstammte, war von Innozenz X. zum Kardinal erhoben worden und nannte sich aus Pietät daher Innozenz XI. Doch mit dem Pontifikat des Pamphili-Papstes verband ihn ansonsten nichts, ganz im Gegenteil. In 31 Kardinalsjahren hatte Odescalchi den Mikrokosmos des römischen Nepotismus bis ins Letzte erlebt und durchleuchtet, um ihm nach seiner Wahl ein Ende zu bereiten. Dieser kritische Standpunkt war während des Konklaves bekannt; wer den Chef der *zelanti* wählte, musste mit einschneidenden Systemveränderungen rechnen – es sei denn, auch dieser Papst würde wie Alexander VII. nach einer kurzen Reformphase in die Gleise seiner Vorgänger überwechseln. Doch zeigte sich sehr schnell, dass Innozenz XI. aus anderem Holz geschnitzt war und es daher diesmal mit dem Umschwung ernst werden würde. Mehr noch: Es wurde ein Umsturz. Das zeigte sich daran, dass Innozenz XI. als erster Papst seit Jahrhunderten keinen Kardinalnepoten ernannte und damit seine Vorgänger in den Augen der Zeitgenossen in einem schlechten Licht erscheinen ließ. Ehemalige „Oberaufseher des Kirchenstaats" wie Flavio Chigi fühlten sich durch diese Nepotismus-Verweigerung persönlich gekränkt, ja delegitimiert. Ihre Argumentation: Dadurch, dass dieser Papst unterließ, was die anderen – selbst ein heiliger Papst wie Pius V. – getan hatten, setzte er sie vor aller Augen ins Unrecht und sich selbst moralisch über sie. Das aber war ein Akt der *superbia*, des Hochmuts, wie man ihn sich schlimmer nicht denken konnte. Niemand durfte sich so ostentativ für besser halten als diejenigen, ohne die er nicht geworden wäre, was er war.

Doch der neue Pontifex maximus hielt unbeirrbar an seiner stillen Revolution fest: kein Nepotismus, solange er regierte, und auch in Zukunft nur noch in streng normierten Dimensionen. Dieses restriktive Grundgesetz des Nepotismus wurde zwar erst 1692 unter Innozenz' zweitem Nachfolger erlassen, war aber Geist vom Geist seiner Reform. Die Bulle begann mit den programmatischen Worten *Romanum decet pontificem*, das heißt: Es ziemt sich, dass der Papst ... Was sich von jetzt an ziemen sollte, wurde bündig aufgelistet. Künftig sollte der regierende Papst einen Neffen nur nach eingehender Bewährungszeit zum Kardinal erheben, den Titel „Oberaufseher des Kirchenstaats" nicht mehr verleihen und die gesamten Einkünfte eines Familienkardinals auf maximal 12 000 *scudi* jährlich beschränken; das war ein Fünfzehntel der Erträge, die frühere Kardinalnepoten auf dem Höhepunkt ihrer Vermögensausstattung aus Pfründen und Ämtern bezogen hatten.

Wie sanierte man ein System wie das römische, das nicht nur an akuter Finanznot, sondern auch an rapidem Renommeeverlust innen und außen krankte? Außer der Abschaffung bzw. Zurechtstutzung des seit Jahrzehnten ausufernden Nepotismus setzte Innozenz XI. die Reform-Prioritäten wie folgt: Subventionen, Sozialverhalten, Selbstdarstellung. Das Bild, das die Stadt Rom bot, war zutiefst ambivalent eingefärbt worden. Bewunderung und Kritik standen auch im katholischen Europa unverbunden nebeneinander. Die einen rühmten die Pracht der Kirchen und Paläste als Abglanz des himmlischen Jerusalem, die anderen monierten die Selbstvergötterung von Päpsten und Nepoten. Speziell Stellung und Treiben der Letzteren war durch die weit verbreiteten Schriften des begabten Pamphletisten Gregorio Leti zum Stein des Anstoßes bzw. Anlass von Hohn und Spott geworden. Mit anderen Worten: Der Spiegel Rom zeigte in den Augen der Reformer ein verzerrtes Bild. Um es zurechtzurücken, war eine Medien-Revolution vonnöten.

Sie vollzog sich dadurch, dass Innozenz XI. als erster Papst seit zweieinhalb Jahrhunderten keine Prunkbauten errichten ließ. Geld dafür wäre aufgrund seiner rigorosen Einsparungen vorhanden gewesen, was fehlte, war der Wille. Von 1676 an sollte das System Rom deckungsgleich mit seiner Gründungsideologie und deren Werten Uneigennützigkeit, Seelsorge, Nächstenliebe werden. Diese Tugenden aber führte man nicht durch Pracht, sondern durch Schlichtheit und Verzicht auf reinen Repräsentationsaufwand vor Augen. Es gab keine Kluft zwischen Sein und Schein, Soll- und Ist-Zustand mehr zu überbauen oder zu übermalen. Kunst als Vorspiegelung einer schöneren Wirklichkeit hatte nicht nur ausgedient, sie war sogar hochgradig verdächtig geworden. Dem neuen Image zuträglich waren nur noch Bauten und Bilder, die die arme, bedürfnislose, fürsorgliche, aufopferungsvolle und leidende Kirche sichtbar machten: schmucklose Fassaden, strenge Räume, Szenen des Martyriums. Dieses Programm ähnelte nicht zufälligerweise den Vorgaben, die das Konzil von Trient 1563 gemacht hatte, doch ohne nachhaltige Wirkungen auf die Selbstdarstellung von Papst und Kurie. Unter dem Odescalchi-Papst aber wurde das „Trient-II-Paket" mit äußerster Konsequenz umgesetzt.

Geduldet wurde der Fortgang der Bauarbeiten auf Montecitorio, wo ein zentraler Gerichts- und Verwaltungspalast entstand (in dem heute die italienische Abgeordnetenkammer tagt). Der einzige neue Auftrag bestand darin, den auf die 80 zugehenden Stararchitekten Gianlorenzo Bernini den Lateranpalast in ein Armenspital und damit ein reines Repräsentationsobjekt in eine Einrichtung praktischer Sozialpolitik umwandeln zu lassen. Parallel dazu ließ einer der Papstverwandten beim Ripa-Hafen mit dem Hospiz von San Michele eine Versorgungsanstalt für Arme und Kranke erbauen. Das für solche frommen Stiftungen nötige Geld hatte der „Nicht-Nepot" Livio Odescalchi, der die Kirche Santa Galla außerhalb der Stadtmauern am Weg nach Ostia errichten ließ, nicht von seinem Onkel, sondern von zu Hause aus und durch günstige Eheschließungen. Durch diesen umgekehrten Geldfluss von den Nepoten in Wohltätigkeit und Frömmigkeitszwecke wurde der lautlose Umsturz in Rom auf die Spitze getrieben – umso mehr, als die vor 1676 begonnenen Prunkprojekte der ehemaligen Nepoten weiterliefen und damit den Papst und seine Familie in einem noch strahlenderen Licht erscheinen ließen. Ein weiterer Akt der Distanzierung bestand darin, dass Innozenz XI. das Amt des leitenden Architekten von Sankt Peter nicht wieder besetzen wollte. Das sollte heißen: Schluss mit einer Baupolitik, die mindestens ebenso sehr der Verherrlichung der Bauherren wie der Größe des Apostelfürsten gedient hatte. Diese Verweigerung ließ sich der ansonsten unbeugsame Papst ausreden, weil er einsah, dass der Neubau, was immer man von einzelnen Ausstattungsstücken halten mochte, vor Schäden und Verfall geschützt werden musste. Entsprechend wurden die Aufgaben des neuen Chefbaumeisters Carlo Fontana definiert: Er hatte in erster Linie die Statik der Michelangelo-Kuppel zu überprüfen – mit dem Ergebnis, dass von einer Gefährdung keine Rede sein konnte, ein später Triumph für Bernini, der 1680 kurz vor Vollendung des 82. Lebensjahres gestorben war.

Seine Zeit war abgelaufen, das hatte Bernini selbst so empfunden. Von dem einzigen Papst, der seine Dienste als Schöpfer kirchlicher oder weltlicher Prunkbauten verschmähte, hat der erzürnte Meister der Satire eine Karikatur geschaffen, die diesen als Skelett mit Hakennase, riesenhaften Augenhöhlen und mit einer überdimensionalen Tiara auf dem Kopf zeigt. Die Botschaft der Verhöhnung mit dem Zeichenstift war unmissverständlich: Dieser Papst übertrieb es entschieden mit der Heiligkeit. Doch unfreiwillig zollte Bernini dem Objekt seines Spotts auch wieder Tribut. Innozenz XI. sitzt zusammengekauert auf einem Ruhebett, auf dem er jedoch nicht der Muße frönt, sondern, wie Kopf und flatternde Hand anzeigen, mit zwei stützenden Kissen im Nacken unermüdlich arbeitet – Blick und Gestus nach am ehesten in Rechenaufgaben vertieft (vgl. Abb. 10). Auch das entsprach der Wirklichkeit.

Bei seinem Amtsantritt hatte der Odescalchi-Papst, glaubt man den gemeinhin gut unterrichteten venezianischen Botschaftern, eine Schuldenlast von 50 Millionen *scudi* vorgefunden. Demgegenüber stagnierten die regulären Jahreseinnahmen bei 2,4 Millionen *scudi*, und auch diese Summe war weniger denn je verfügbar. Im Gegenteil, sie wurde von den Fixkosten für Gehälter und sonstigen Verwaltungsaufwand sogar übertroffen; da die Datarie, die Kasse für ganz spezielle Gnaden, im letzten Viertel des 17. Jahrhunderts nur noch einen Bruchteil der Erträge abwarf, mit denen man zu dessen Beginn rechnen durfte, war das laufende Budget bestenfalls ausgeglichen oder ganz leicht im Plus. Doch auch eine solche Bilanz, wie sie den Päpsten vor 1676 häufig vorgelegt wurde, war letztlich Augenwischerei; die Ausgaben für Zinszahlungen waren zum Beispiel gar nicht mit inbegriffen. Und dieser Schuldendienst war teuer. Das Defizit von 50 Millionen war von genuesischen und florentinischen Bankenkonsortien vorgestreckt, die dafür Erträge von fünf oder sechs Prozent per annum einstrichen. Das bedeutete allein schon ein jährliches Minus von etwa 275 000 *scudi*, was wiederum neue Schulden unumgänglich machte. Wie konnte man diesem Teufelskreis entkommen und den Sturz in die Zahlungsunfähigkeit verhindern?

Benedetto Odescalchi war nicht umsonst der Spross einer Großhändler- und Bankiersfamilie. Er kannte die Spielregeln der globalisierten Finanzmärkte und war entschlossen, sie zugunsten Roms auszunutzen. Zu diesem Zweck zog er ein Technokratenteam heran, das sich aus den fähigsten Karriereprälaten der Kurie rekrutierte. Dass dort, wie ebenfalls von Innozenz XI. geplant und seinem zweiten Nachfolger 1692 verwirklicht, der Einstieg durch Kaufämter abgeschafft wurde, rundet das Bild der „innozentinischen" Reformen ab. Dieser Braintrust setzte auf eine gewagte Operation. Der Plan: im Zeichen sinkender Grundrente und rückläufiger Konjunktur den Zinsfuß der Anleihen radikal abzusenken. Dabei lief man Gefahr, dass die Anleger keine weiteren Investitionen mehr tätigen oder, schlimmer noch, ihre Gelder abziehen würden. Doch dieses Risiko glaubte der Odescalchi-Papst eingehen zu können. Schließlich hatten seine Vorgänger trotz schwindender Finanzkraft ihre Schulden eisern bedient, um neue

Gelder für neue Nepoten lockermachen zu können. So betrachtet, hatte der Nepotismus auch etwas Gutes gehabt: Er hatte Rom in Schulden gestürzt, doch den Ruf der Päpste als verlässliche Gläubiger gefestigt. So sprach alles dafür, dass die großen Geldhäuser zwar vehement Einspruch erheben, doch am Ende klein beigeben würden – besser als ein Staatsbankrott, wie ihn spanische Könige öfter anmelden mussten, war diese Lösung allemal. Und genauso kam es: Die Märkte protestierten zuerst und akzeptierten die neuen Konditionen danach. Die jährlichen Zinszahlungen sanken dadurch mit einem Schlag auf fast die Hälfte. Das war ein wichtiger Schritt in die richtige Richtung, doch das eigentliche Problem war die riesige Schuldenlast selbst; eine dauerhafte Sanierung des Systems Rom konnte nur gelingen, wenn man sie substanziell reduzierte und damit den nachfolgenden Päpsten ein Zeichen gab, auf diesem Wege fortzufahren.

Den Rotstift setzte Innozenz XI. zuerst bei sich selbst an. Die Ausgaben für den päpstlichen Haushalt wurden rigoros zusammengestrichen, überflüssige, das heißt rein repräsentative Posten eingespart, der Aufwand, zum Beispiel für die päpstliche Tafel, auf einen Bruchteil reduziert. Auch diese gewollte Ärmlichkeit einer Haushaltung, die keine Hofhaltung mehr sein wollte, spiegelt Berninis Karikatur adäquat wider. Der häufig kranke, doch von eisernem Durchhaltewillen beseelte Papst versammelte seine engsten Mitarbeiter in seinem ebenso karg möblierten wie überheizten Arbeitskabinett; diese Stickluft wiederum bereitete seinem Staatssekretär Alderano Cibo Atemprobleme, was nicht selten zu tragisch-skurrilen Szenen führte. Keine Nepoten, kein Hof, keine Bauten: Dieses Programm entlastete die römischen Finanzen enorm. Doch Innozenz XI. war der Ansicht, dass alle Schichten Opfer bringen mussten; das galt auch für die kleinen Leute, allerdings in zuträglichem Maße. Mit anderen Worten: Auch die Forderung der unteren Schichten nach *abbondanza* kam auf den Prüfstand.

Dabei hatte der päpstliche Radikalreformer in Sachen Brotpreispolitik das Glück der günstigen Konjunktur. Die Ernten der Jahre 1676 bis 1679 fielen in den annonarischen Provinzen mäßig bis leicht unterdurchschnittlich aus. Dann aber brach über die Stadt bis zum Ende des Pontifikats ein – nur 1686 unterbrochener – Getreidesegen herein, wie er seit den längst golden verklärten Tagen Pauls V. nicht mehr gesehen worden war. Auf dem Höhepunkt dieser Weizenschwemme im Jahr 1688/89 sank der mittlere römische Marktpreis auf 3,67 *scudi* pro *rubbio* – ein Jahrhundert-Tiefstwert, an dessen Zustandekommen die Annona beträchtlichen Anteil hatte. Sie hielt nämlich die Ausfuhren niedrig, garantierte auf diese Weise ein Überangebot und drückte dadurch die Preise noch tiefer in den Keller, zum Vorteil der Konsumenten und zum Nachteil der römischen Großgrundbesitzer, die dadurch zähneknirschend ihren Beitrag zur Sanierung leisteten. Doch als Nächste kamen die Verbraucher selbst an die Reihe.

Ein Papst mit Nepoten hätte die sagenhaft niedrigen Preise ungeschmälert an die kleinen Leute weitergegeben. Nicht so Innozenz XI., der auf den Nachruhm seiner Familie keine Rücksicht nehmen musste. In den 1680er Jahren lag das Durchschnittsgewicht des *pane a baiocco* bei 8,5 Unzen, also um eine halbe Unze über dem Mindestsatz. Angesichts der verfügbaren Mengen und der künstlich niedrig gehaltenen Preise aber wären *pagnotte grosse* von mehr als zehn Unzen machbar gewesen. Doch solch ein Überfluss entsprach nicht den Vorstellungen Innozenz' XI. von sozialer Gerechtigkeit: Die Armen hatten einen heiligen Anspruch auf Schutz vor Not, doch nicht auf ein zehnjähriges Schlaraffenland. So verkaufte die Annona ihre Weizenbestände weit über dem Marktpreis, reduzierte damit das Brotgewicht und sanierte ihre eigenen Finanzen; am Ende des Jahrzehnts schlug ein Betriebsgewinn aus Getreidekäufen von mehr als 700 000 *scudi* zu Buche. Beliebt machte sich der Odescalchi-Papst dadurch nicht; die Römerinnen und Römer hielten an ihrem Grundsatz fest, dass Himmelsgeschenke günstiger Ernteerträge ungeschmälert an sie weitergereicht werden mussten. Innozenz XI. hingegen war der Meinung, dass magere Jahre aus den Überschüssen der fetten finanziert werden mussten; mit einer bankrotten Annona war den Armen am allerwenigsten gedient. Bei seinem Tod am 12. August 1689 waren zehn Prozent der römischen Schuldenlast getilgt.

Mindestens ebenso am Herzen lag dem Odescalchi-Papst, was er als moralische Sanierung seiner Hauptstadt auffasste. Modern ausgedrückt: eine ebenso konservative wie restriktive Kulturpolitik. Auch sie dürfte dazu beigetragen haben, den Zorn Berninis, des Theater-Regisseurs, zu entfachen. Der päpstliche Hof hatte eine höfische Gesellschaft hervorgebracht, die nach der Regel „Konkurrenz durch Aufwand und Eleganz" lebte. Für einen asketischen Papst wie Innozenz XI. war dieses große Spiel ein Gräuel. Mondäne Zurschaustellung von Rang und Reichtum und speziell die Rolle der Frauen im aristokratischen Ambiente widersprachen seinen Vorstellungen von vorbildlichem Sozialverhalten diametral. Auch diesen Kampf gegen die „Unsittlichkeit" der Gegenwart nahm der unermüdliche Pontifex maximus auf, doch ihn verlor er. Sittenmandate im Stile des 16. Jahrhunderts passten nicht mehr in eine Zeit, in der die Strenge der Konfessionalisierung allenthalben nachließ. Das zeigte sich am Kampf gegen die weibliche Kleidermode. Hier hatte Mazarins Nichte Maria Mancini, die mit einem Fürsten aus der Familie Colonna verheiratet war, doch mancherlei außereheliche Wege einschlug, Mode-Zeichen gesetzt: Tiefe Dekolletees und nackte Arme waren jetzt angesagt, zum Entsetzen des Papstes, der ein Verbot nach dem anderen gegen diese „Freizügigkeiten" erließ. Selbst eine Verordnung, dass nur die römischen Prostituierten so leger gekleidet auftreten durften, verfehlte ihre Wirkung eklatant. Daraufhin verweigerte der Papst den „Missetäterinnen" sogar die Kommunion. Es blieb nicht der einzige Eingriff in den Alltag der römischen Bevölkerung, speziell in ihre lieb gewordenen Gewohnheiten und Vergnügungen. Opernaufführungen, eine der Hauptfreizeitbeschäftigungen der höheren Kreise, wurden jetzt nur noch im privaten Rahmen genehmigt, und auch das nicht immer; der Auftritt von Frauen auf der Bühne war vollends tabu. Überhaupt war Musik als erster Schritt zur Unmoral jetzt verpönt – Musiklehrer durften weibliche Eleven nicht mehr unterrichten. Sogar die Jesuiten bekamen Schwierigkeiten, ihre Schuldramen während des Karnevals genehmigt zu bekommen, obwohl diese Stücke moralisch und theologisch doch über jeden Zweifel erhaben waren.

Das einfache Volk erfreute sich im Karneval an sehr viel gröberen Darbietungen. An diesen Tagen der mehr oder weniger legalisierten Anarchie galoppierten nicht nur edle Araberhengste über die festlich illuminierte Via del Corso. Eine relativ harmlose Vergnügung war der Wettlauf der alten Männer. Schweren Demütigungen und Diskriminierungen hingegen sahen sich die römischen Juden bei ihren erzwungenen Wettkämpfen ausgesetzt. Für diese größte religiöse Minderheit Roms war das Verbot, das Innozenz XI. immerhin dreimal über sämtliche Karnevalsunterhaltungen verhängte, eine Erleichterung, für die große Mehrheit der Römer hingegen eine Provokation. Es blieb nicht die einzige dieser Art. Auch die am Tag des heiligen Rochus übliche Regatta auf dem Tiber wurde gestrichen und das dabei eingesparte Geld für ein Waisenhaus verwendet. Alle diese Versuche, in Analogie zu reformierten Städten wie Genf doch noch eine durchgreifende Sozialdisziplinierung durchzusetzen, waren jedoch zum Scheitern verurteilt; sie wurden teilweise unter dem übernächsten Pontifikat weitergeführt, doch danach stillschweigend eingestellt. Konfessionalisierung hatte in Rom darin bestanden, das Volk durch die Macht der Bilder und Prozessionen zum wahren Glauben zu führen. Einschneidende Umerziehungsmaßnahmen wie in calvinistischen Städten und Ländern hatten bislang nicht dazugehört; an einer Durchdringung oder Neuausrichtung, geschweige denn Gleichschaltung volkstümlicher Glaubenswelten hatte sich die katholische Kirche in ihrer Hauptstadt nach den fernen Tagen Pauls IV. desinteressiert gezeigt. Im letzten Viertel des 17. Jahrhunderts kam dieser Umschwung zu spät.

Eine Sanierung besonderer Art erfuhr das Papsttum unter Innozenz XI. auch auf internationaler Bühne. Hier hatte es mit den erfolglosen Interventionen Urbans VIII. in die diversen Teilkonflikte des Dreißigjährigen Kriegs und seine Ausläufer, zum Beispiel zwischen Frankreich und Habsburg im Graubündner Untertanengebiet Veltlin, und mit der Weigerung Innozenz' X., den Westfälischen Frieden von 1648 anzuerkennen, schwerste Schäden an Image und Einfluss hinnehmen müssen. Durch seine Rolle als Vermittler und Koordinator eines europäischen Bündnisses gegen das Osmanische Imperium, dessen Truppen 1683 Wien belagerten, gewann Innozenz XI. Ansehen zurück, auch bei den Protestanten. Diese wussten auch seine Haltung gegenüber dem „neuen Antichrist im Westen“ zu schätzen: Als König Ludwig XIV. von Frankreich im Oktober 1685 das von seinem Großvater Heinrich IV. 1598 erlassene Toleranzedikt von Nantes aufhob, das den Hugenotten die seit Jahrzehnten eingeschränkte zivilrechtliche Gleichstellung und Kultusfreiheit vollends entzog, zeigte sich der Papst zur Empörung des Monarchen mit den nachfolgenden Zwangsmaßnahmen keineswegs einverstanden. Das hatte zum einen mit dem zweifelhaften Wert einer gewaltsamen Rekatholisierung und zum anderen mit der „gallikanischen“, das heißt nationalkirchlichen Ausrichtung der französischen Bischöfe zu tun, die in Anknüpfung an alte Traditionen die Jurisdiktionsgewalt Roms über ihren Klerus so weit wie möglich zurückzudrängen versuchten. Die dauerhafte Feindschaft der *Grande Nation* blieb dem Odescalchi-Papst über das Grab hinaus erhalten; sein Kanonisationsprozess hat nicht zuletzt der Opposition aus Paris wegen bis heute nur die vorletzte Stufe der Seligsprechung erreicht.

Der Pontifikat Innozenz' XI. wurde an der Kurie als Verpflichtung und Normensetzung verstanden, wie aus den Verlautbarungen seiner Nachfolger hervorging – sie fassten ihre Wahl als Aufforderung zur Fortsetzung der 13-jährigen Reformzeit ab 1676 auf. Umso erstaunlicher war schon für die Zeitgenossen, dass der im Konklave von 1689 gewählte Alexander VIII. postwendend in die alten Gleise des Nepotismus zurücksteuerte. Sie erklärten diesen Rückfall mit Alter und Herkunft des neuen Papstes: Kardinal Pietro Ottoboni, wie der neue Pontifex maximus mit Familiennamen hieß, stand zum Zeitpunkt seiner Wahl im achtzigsten Lebensjahr und stammte überdies aus Venedig, der Stadt, der man seit jeher den ausgeprägtesten Familien- und Clansinn nachsagte. Mindestens ebenso wichtig für die Wiederbelebung des tot geglaubten 17. Jahrhunderts dürfte der Platz der Otto-

boni in der Gesellschaft der Lagunenrepublik gewesen sein. Sie entstammten der privilegierten Sekundärelite der *cittadini originari*, die sich vor allem
in der Bürokratie der Dogenkanzlei eingenistet hatte, hatten sich später für
teures Geld in den Adel eingekauft und sahen jetzt die einmalige Gelegenheit gekommen, diesen langwierigen Familienaufstieg auf Kosten Roms und
der Kirche zu krönen: eine Versuchung, die sich als unwiderstehlich erwies.
Dass Alexander VIII. ihr nachgab, wurde als Peinlichkeit ersten Ranges eingestuft – der Normenwandel zeigte Wirkungen. Schon der im Juli 1691 gewählte Innozenz XII. distanzierte sich so weit wie möglich von seinem Vorgänger: durch seine Namenswahl, durch den Verzicht auf Nepotismus und
die konsequente Fortsetzung des Odescalchi-Reformprogramms. 1692
schlug, wie erwähnt, die von den *zelanti* seit Jahrzehnten herbeigesehnte
Stunde der Nepotismus-Einschränkung und einer Neuordnung der kurialen Laufbahn, in die sich junge Prälaten nicht mehr durch den Erwerb teurer Ämter einkaufen konnten. Mittel- und langfristig hatte dieses Verbot
eine Verlängerung der Karriere und ihrer Stationen zur Folge. Hatten sich
Kleriker aus begüterten Verhältnissen zuvor durch die gezielte Investition in
Führungspositionen den frühzeitigen Aufstieg ins Kardinalskollegium eröffnet, so brach jetzt die Zeit der Langgedienten an.

Mit dem gestiegenen Alter änderten sich auch Einstellungen und Mentalitäten der kurialen Führungsschicht. Der Blick, den Rom auf eine sich
schneller als bisher wandelnde Welt warf, färbte sich zunehmend skepti-
scher und schließlich entschieden pessimistisch ein. Europa, so schien es
Päpsten und Kardinälen in der zweiten Hälfte des 18. Jahrhunderts, ver-
schrieb sich den falschen Idealen der Aufklärung, huldigte den Götzen von
Empirie und Rationalismus, leugnete die Erlösungsbedürftigkeit des Menschen nebst der Erbsünde und bekannte sich zum verderblichen Dogma der
zunehmenden menschlichen Vollkommenheit – mit fatalen Folgen: Egoismus in all seinen perversen Erscheinungsformen, sei es hemmungsloser Er-
werbstrieb oder Parteigeist, wurde jetzt nicht nur für statthaft, sondern sogar für nützlich erklärt, da er zu einer flächendeckenden und entsprechend
preisgünstigen Verteilung aller Güter führe. Während führende Theoretiker
der Aufklärung von einer emanzipierten Zivilgesellschaft träumten, die alle
kirchliche und staatliche Vormundschaft abschüttelte und sich durch das
Korrektiv der freien Öffentlichkeit selbst regulierte, bauten einflussreiche
katholische Machthaber wie Maria Theresia von Österreich, ihr noch sehr
viel radikalerer Sohn Joseph II. und König Vittorio Amedeo II. von Sardi-
nien-Piemont den bürokratischen Einheits- und Zentralstaat aus. Dieser
hatte vorher nur in der Vorstellungswelt origineller Politdenker existiert,

schränkte jetzt aber die traditionellen kirchlichen Freiheiten ein. Kleriker und Schulen wurden unter staatliche Aufsicht gestellt und mussten sich durch Leistungen für die Gesellschaft rechtfertigen. Den Gipfel der Perversion erreichte das Jahrhundert der Irrwege in römischen Augen mit der Französischen Revolution und ihrer Erklärung der Menschenrechte – absurdere Prinzipien ließen sich vom fehlgeleiteten menschlichen Verstand schwerlich erfinden, so die Reaktion Papst Pius' VI.

Rom entwickelte sich vor diesem Hintergrund zum Gegen-System, das der irregehenden Welt die Grundsätze der gottgewollten Ordnung vor Augen führen sollte, und zwar praktisch und symbolisch. Konsequenter denn je hielt die römische Annona an den Maximen fest, die sich nach den Turbulenzen der 1650er Jahre etabliert hatten: Brotpreisstabilität um jeden Preis, auch um den Preis einer stetig steigenden Verschuldung, die mit dem Beginn des Getreideanbaustreiks im römischen Umland ab 1763 astronomische Höhen erreichte. Spätestens zu diesem Zeitpunkt trennten sich die Wege des Papsttums und der römischen Eliten. Die grundbesitzende Oberschicht huldigte den aufgeklärten Idealen ökonomischer Nützlichkeit und Rentabilität, war nicht mehr bereit, das im 17. Jahrhundert eingeforderte „Weizenpreisopfer" zu erbringen, und nahm damit den Kollaps des Systems Rom in Kauf. Das tat auch das Papsttum, doch mit entgegengesetzten Werten und Vorstellungen. Politisch im Abseits und ökonomisch irreparabel geschwächt, verstand und präsentierte sich das päpstliche Herrschaftsgebilde am Ende des 18. Jahrhunderts als eine Art Märtyrer-Staat: wie die Blutzeugen des frühen Christentums der Wahrheit verpflichtet und daher dem Untergang geweiht, doch im Tod und über ihn hinaus siegreich, ja triumphal.

Den französischen Revolutionstruppen, die Anfang 1798 auf Rom zu marschierten, stellte sich kein Gegner zum Kampf; Pius VI. ließ sich widerstandslos ins französische Exil verschleppen, wo er 1799 starb. Doch das Papsttum war damit nicht, wie seine Gegner voreilig frohlockten, am Ende, sondern stand an einem neuen Anfang. Seine Opposition gegen alle Erscheinungsformen der Moderne – den starken, alle Lebensbereiche durchdringenden Staat, der die Kirche zu seiner Behörde herabdrückt, die Privatisierung der Religion, die Aufbrechung der Ständegesellschaft, das Dogma vom Aufstieg durch Leistung allein, die Apologie der Erwerbsgesellschaft und deren politischen Ausdruck im Liberalismus – fiel bei den kleinen Leuten auf fruchtbaren Boden. Sie rebellierten schon 1799 In Italien überall, wo sich für Gegenrevolutionen die Gelegenheit bot, mit der Waffe in der Hand für die Wiederherstellung der alten, gottgewollten Ordnung, die ihnen

Würde, Versorgungssicherheit und Freiräume bot, vor allem sicheren Schutz vor den Erziehungsversuchen eines liberalen Honoratiorenstaats mit seinen Begleiterscheinungen Steuerdruck, militärischer Zwangsaushebung und kapitalistischer Wirtschaftsordnung.

Diese Grundhaltung des Papsttums, die sich im 17. Jahrhundert herausgebildet hat, lebt als Erbe dieser Zeit, mit mancherlei Anverwandlungen und Variablen, bis ins 21. Jahrhundert fort. Doch war das „andere" 17. Jahrhundert, wie es sich in den „innozentinischen" Pontifikaten von 1676 bis 1689 und von 1691 bis 1700 als Gegenbild manifestierte, nicht von Dauer – die Zeit der „Kunstlosigkeit", des prestigeträchtigen Verzichts auf Verwandtenförderung und Repräsentationsbauten ging rasch vorbei. Stattdessen lebte das Dreivierteljahrhundert der Familienpontifikate mit Nepotismus als oberstem Staatszweck nach 1700 fort, allerdings mit modifizierten Regeln, Methoden und Dimensionen. Beide Seelen in der Brust des Papsttums aber verschmolzen auch jetzt nicht; im Gegenteil, die Normenkonflikte spitzten sich weiter zu. Dem Gesetz der Spaltung zwischen Sein und Schein entsprechend, blieb Rom weiterhin die Spiegel-Stadt – jeder Papst des 18. Jahrhunderts schrieb seinen Entwurf mit den Zeichen von Bauten und Bildern in diese steinerne Chronik ein.

Die Synthese gelang am ehesten Clemens XI. Albani (1700–1721), unter dem sich die Serie politischer und militärischer Demütigungen des Papsttums in ganz Europa bruchlos fortsetzte. In den ersten 20 Jahren des 18. Jahrhunderts setzte die päpstliche Propaganda konsequenterweise auf das Leitmotiv des Leidens und der Spiritualität; strenge Fassaden frühchristlicher Heiligtümer symbolisierten die Anknüpfung an die Zeit der Verfolgungen. Die Nepotismus-Bulle von 1692 hielt der Albani-Papst dadurch ein, dass er einen Kardinalnepoten erst nach längerer „Probezeit" ernannte; ob auch die goldene 12 000 *scudi*-Regel Beachtung fand, bleibt zu untersuchen. Die prachtvolle Villa Albani an der Via Nomentana lässt daran begründete Zweifel aufkommen. Mit ihren Antikensammlungen zeigt sie einen zweiten Schwerpunkt der Imagebildung an: Christliche Wissenschaft lautete das Motto. Damit war die Erforschung von Katakomben und Kunst gemeint; nach außen wurde sie wertfrei, doch von der Zweckrichtung her wie gehabt zum höheren Ruhm katholischer Wahrheit betrieben. Als zeitgemäßer Kompromiss zeigte die Regierung Clemens' XI. zugleich, wie man Normen formell einhalten und ohne offenen Verstoß zugleich aushöhlen konnte, zum Beispiel durch einen Pakt der Papstfamilien auf Gegenseitigkeit. Innozenz XII. hatte seinen Nachfolgern strengstens untersagt, einen zweiten Verwandten zum Kardinal zu erheben; dieses Verbot offen zu miss-

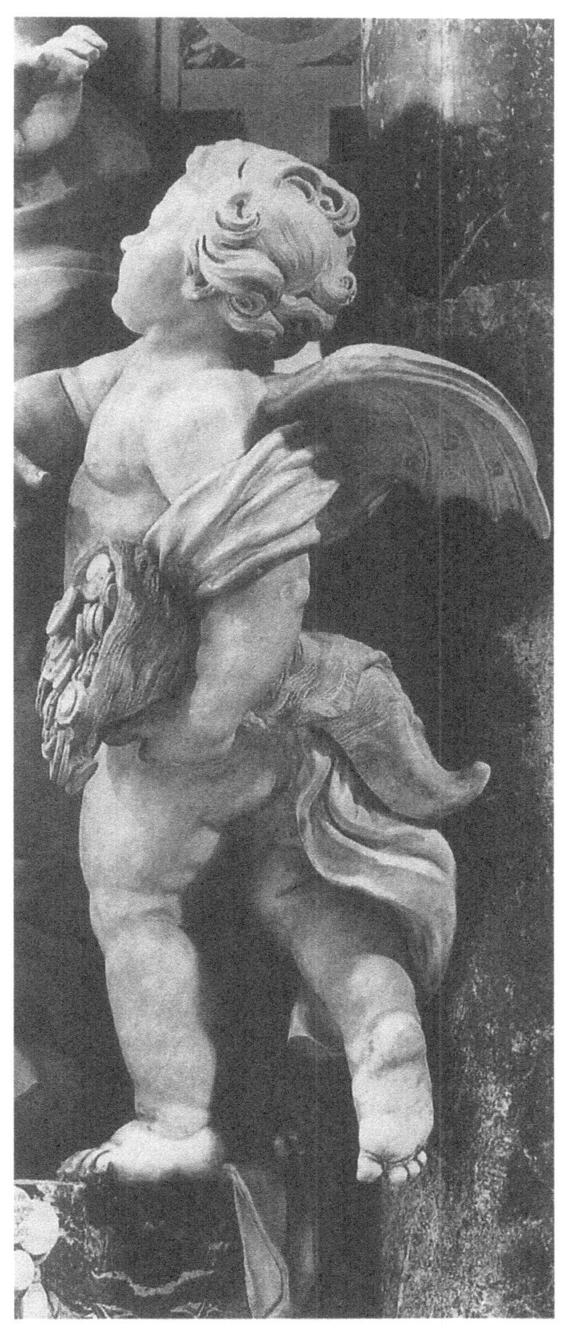

Abb. 51: Vorsicht, keine Geschenke annehmen – dieses possierliche Kerlchen vom Grabmal Benedikts XIV. kommt direkt aus der Hölle und warnt vor Nepotismus (Rom, Peterskirche).

achten, musste daher das Ansehen eines Papstes schädigen. Wenn jedoch der Nachfolger die Ernennung des zweiten Familienkardinals vollzog, war der Verdacht des exzessiven Nepotismus und damit der Bullen-Umgehung zerstreut, zumindest bei oberflächlicher Betrachtung. Das alte Gesetz, das zur Zurückgabe des roten Hutes verpflichtete, gewann auf diese Weise eine ganz neue Bedeutung.

Einen heftigen Pendelausschlag zum „ersten" 17. Jahrhundert bezeichnete der Pontifikat des greisen Clemens XII. Corsini von 1730 bis 1740. Obwohl diese florentinische Familie reich und auf die schrumpfenden Ressourcen des Systems Rom zur Erhöhung seines – durch die Heiligsprechung von 1629 auch spirituell geadelten – Hauses daher nicht angewiesen war, wiederholte sich ein letztes Mal das seltene Schauspiel eines regierenden Kardinalnepoten und damit des triumphierenden Nepotismus. Ihm setzten Onkel und Neffe in der Corsini-Kapelle der Lateransbasilika ein gewaltiges Monument. Die alten Karriere- und Rechtfertigungsmuster wiederholten sich darin nicht nur, sie wurden sogar auf die Spitze getrieben oder besser: geschrieben. So setzte der Corsini-Papst seinem Kardinals-Onkel in dieser prunkvollen Grablege, die sich selbst gegenüber der Cappella Borghese in Santa Maria Maggiore behauptet, ein dankbares Grabmal – wie gehabt präsentierten sich die Corsini dadurch als zur Führung der Kirche erwählte Sippe.

Benedikt XIV. Lambertini (1740–1758) wiederum steuerte entschiedenen Gegenkurs zu seinem Vorgänger; für seine Verwandten hatte er reichlich Spott, doch kein Geld übrig. Doch darüber waren nicht alle an der Kurie glücklich. Beim Tod des Lambertini-Papstes zeigte sie sich tiefer denn je gespalten. Das erwies sich bei der Errichtung seines Grabmals, die zum ersten Mal in Form einer regelrechten Subskription durchgeführt wurde. Wer zu Benedikt und seinen Prinzipien steht, der spendet für seine ewige Ruhestätte: Auf diese Weise kam nicht nur ein erkleckliches Sümmchen zusammen, sondern auch ein Monument von einzigartiger Polemik in der Gräberhalle von Sankt Peter zustande. Der aufrecht stehend segnende Papst wird nämlich am Sockel von einer geflügelten Gestalt flankiert, die der oberflächliche Betrachter visuell als einen von vielen in solchen allegorischen Kompositionen üblichen Putten abhakt. Dabei zeigt das kregle Marmorkerlchen durch seine Fledermausflügel und ein vor Gold und Geschmeide überfließendes Füllhorn, wes Geistes Kind es wirklich ist und wo es herkommt: geradewegs aus der Hölle, um seiner moralisch vorbildlichen Gegenallegorie der Uneigennützigkeit die Verlockungen der Selbst- und Verwandtenbereicherung zu offerieren (Abb. 51). Natürlich lehnt diese ethisch korrekte

Dame das Dämonengeschenk empört ab, so wie der hier verewigte Papst zu Lebzeiten die Förderung seiner Verwandten verweigerte. Mehr Kritik war unter Päpsten schlichtweg nicht denkbar. Sie richtete sich unmittelbar gegen den Pontifex maximus, unter dessen Regierung das Grabdenkmal mit dem erhobenen Zeigefinger entstand.

Denn unter Clemens XIII. Rezzonico (1758–1769) lebte der Nepotismus des „ersten" 17. Jahrhunderts und mit ihm das Pflichtprogramm der Nepotenruhm-Verewigung wieder auf; eindrucksvolle Zeichen dieser Neuauflage sind bis heute in der Malteser-Villa auf dem Aventin zu besichtigen. Wie umstritten, um nicht zu sagen anstößig diese Verherrlichungsmuster zwischenzeitlich geworden waren, zeigt sich daran, dass manche Pflichtpunkte dieses Konkurrenzpensums wie die Grablege der Familie in San Marco stark reduziert, fast möchte man sagen: mit schlechtem Gewissen in Angriff genommen wurden. Im Übrigen war Clemens XIII. Venezianer und entstammte wie Alexander VIII. einer durch späten Einkauf in den Adel aufgenommenen Familie – auch das ein seltsam fahles Déjà-vu. *Déjà vu*, doch alles andere als fahl fiel der bauliche Schlusspunkt unter das 18. Jahrhundert aus. In den Sturmjahren der Französischen Revolution baute der „weltliche" Nepot Pius' VI. an der Piazza Navona den riesenhaften Palazzo Braschi, der die Konkurrenz mit der Residenz der Pamphili nach anderthalb Jahrhunderten suchte und zumindest der schieren Größe nach auch für sich entschied.

Rom hatte im 17. Jahrhundert zu seiner angemessenen Daseinsform und Lebensordnung gefunden – und zugleich in dessen letztem Viertel einen zweiten, in vieler Hinsicht gegensätzlichen Entwurf dazu geliefert. Für die Mentalität und das Sozialverhalten der Römerinnen und Römer aber blieben die ersten drei Viertel des Säkulums prägend. Innozenz XI. wurde nicht geliebt, doch schon zu Lebzeiten als Heiliger verehrt, das war in Rom kein Widerspruch. Bei seinen Begräbnisfeierlichkeiten musste die Schweizer Garde den Toten gegen entfesselte Reliquiensammler schützen. Heilige gehörten in den Himmel, wo sie als nützliche Fürsprecher fungieren sollten, als lebende Herrscher waren sie ein Hindernis für Überfluss und Lebensgenuss. Welchen Verlauf die Geschichte der Kirche und nicht nur sie genommen hätte, wenn die Päpste der Neuzeit insgesamt den Kurs des Odescalchi-Papstes eingeschlagen hätten, darüber kann man nur spekulieren; dass die Entwicklung eine andere gewesen wäre, lässt sich daraus ermessen, welche Ressourcen ein nepotismusfreies Papsttum zu einem so späten und damit ungünstigen Zeitpunkt noch zu erschließen vermochte. Rom wäre – so viel lässt sich sicher sagen – eine andere Stadt geworden: mit sich im Reinen, dafür aber arm an Bildern, gesichtslos und selbstzufrieden, wie so viele, die im Einklang mit ihren eigenen Normen stehen.

Doch eine solche Stadt wäre nicht Rom; ihr könnte man nicht wie so viele „Nordländer" in Hassliebe lebenslang verfallen. Von diesem Standpunkt aus betrachtet, fällt der Rückblick somit am Ende harmonisch aus.

Auswahlbibliographie

Eine neuere Gesamtdarstellung zum Thema fehlt. Als umfangreiche Materialsammlung trotz apologetischer Tendenz und veralteter Deutungen weiterhin unverzichtbar: Ludwig von Pastor, *Geschichte der Päpste seit dem Ausgang des Mittelalters*, 8. Auflage Freiburg/Rom 1960, die Bände 11–14 für die Zeit von Clemens VIII. bis Innozenz XII. (1592–1700). Überwiegend „Auszug" aus Pastor und Auflistung von Kunstaufträgen bei Toril Magnuson, *Rome in the Age of Bernini*, 2 Bände, Uppsala 1982/86; Politik, Gesellschaft und Kunst bis 1650, in: Volker Reinhardt, *Rom. Kunst und Geschichte 1480–1650*, Freiburg/Würzburg 1992. Neuere Überblicksdarstellungen zur römischen Geschichte von den Anfängen bis heute: Volker Reinhardt/Michael Sommer, *Rom. Geschichte der Ewigen Stadt*, Darmstadt 2008; Volker Reinhardt, *Rom. Von der Antike bis zur Gegenwart*, München 2009. Neuere Forschungsdiskussionen unter weiterem Blickwinkel: Armand Jamme/Olivier Poncet (Hg.), *Offices et papauté (XIVe–XVIIe siècle). Charges, hommes, destins*, Roma 2005; Günther Wassilowsky/Hubert Wolf (Hg.), *Werte und Symbole im frühneuzeitlichen Rom*, Münster 2005. Ein ebenso pointierter wie knapper Deutungsversuch bei Wolfgang Reinhard, *Schwäche und schöner Schein. Das Rom der Päpste im Europa des Barock 1572–1676*, in: Historische Zeitschrift (283) 2006 S. 281–318. Aktuellster Forschungsbericht: Arne Karsten/Julia Zunckel, *Perspektiven der Romforschung*, in: Historische Zeitschrift 282 (2006) S. 681–715. Einstieg in die römische Geschichte in Form von Geschichten: Arne Karsten/Volker Reinhardt, *Kardinäle, Künstler, Kurtisanen. Wahre Geschichten aus dem päpstlichen Rom*, Darmstadt 2004. Die Ausführungen zu den „Gelehrten-Kardinälen" und zur inneren Konstitutionalisierung nach den innovativen Forschungen von Filip Malesevic, *Kardinal Cesare Baronio und das Kurienzeremoniell des posttridentinischen Papsttums. Ein Beitrag zur Geschichte der römischen Kurie während der zweiten Hälfte des Cinquecento*, Berlin/Boston 2022, und nach zahlreichen mündlichen Auskünften des Autors zu seinen laufenden Untersuchungen.
Zum Thema Konklave und Papstwahlen jetzt maßgeblich die glänzende Studie von Günther Wassilowsky, *Die Konklavereform Gregors XV. (1621/22)*, Stuttgart 2010; ergänzend, vor allem zur älteren Zeit: Reinhard Elze, *Zum Tod des Papstes im Mittelalter*, in: Deutsches Archiv für Erforschung des Mittelalters 34 (1978) S. 1–18; Agostino Paravicini Bagliani, *Der Leib des Papstes. Eine Theorie der Hinfälligkeit*, München 1997. Zur Sedisvakanz als „Herrschaftspause" und Herrschaftsproblem:

Martine Boiteux, *La vacance du siège pontifical. De la mort et des funérailles à l'investiture du pape: les rites de l'époque moderne*, in: José Pedro Paiva (Hg.), Religious Ceremonials and Images. Power and Social Meaning (1400–1750), Coimbra 2002, S. 103–141; Lorenzo Spinelli, *La vacanza della sede apostolica dalle origini al concilio tridentino*, Milano 1955. Anschaulich, doch in der Darstellung vielfach fehlerhaft der Ausstellungs-Katalog: Francesco Buranelli (Hg.), *Habemus Papam. Le elezioni pontificie da San Pietro a Benedetto XVI*, Roma 2006. Nicht minder problematisch der Überblick bei Giancarlo Zorla, *Il conclave. L'elezione papale da San Pietro a Giovanni Paolo II*, Roma 1993. Zum gescheiterten Kandidaten des Jahres 1592: Saverio Ricci, *Il sommo inquisitore. Giulio Antonio Santori tra autobiografia e storia (1532–1602)*, Roma 2002.

Zum Kirchenstaat am Beginn der Neuzeit die (teilweise veralteten) Pionierstudien von Peter Partner, *The Pope's Men. The Papal Civil Service in the Renaissance*, Oxford 1990; ders., *The Papal State: 1417–1600*, in: Mark Greengrass (Hg.), Conquest and Coalescence. The Shaping of the State in Early Modern Europe, London 1991, S. 25–47; heute überholte Thesen vom „Zentralismus" des frühneuzeitlichen Kirchenstaats bei Jean Delumeau, *Le progrès de la centralisation dans l'Etat pontifical au XVIe siècle*, in: Revue historique 226 (1961) S. 399–410. Faktenreich, aber oberflächlich: Mario Caravale/Alberto Caracciolo, *Lo stato pontificio da Martino V a Pio IX*, Torino 1978. Zur doppelten Herrschaftsstellung des Papstes allgemein: Paolo Prodi, *Il sovrano pontefice, un corpo e due anime: La monarchia papale nella prima età moderna*, Bologna 1982. Neuere Studien zu Herrschaftsgebiet und Herrschaftspraxis im 17. Jahrhundert: Birgit Emich, *Bürokratie und Nepotismus unter Paul V. (1605–1621). Studien zur frühneuzeitlichen Mikropolitik in Rom*, Stuttgart 2001; dies., *Territoriale Integration in der Frühen Neuzeit. Ferrara und der Kirchenstaat*, Köln 2005, jeweils zum Thema Staatsbildung durch Verflechtung mit prägnanten, stark pointierten Thesen. Skeptischere Einschätzungen in: Daniel Büchel/Volker Reinhardt (Hg.), *Modell Rom? Der Kirchenstaat und Italien in der Frühen Neuzeit*, Köln/Weimar/Wien 2003. Zum Verhältnis der römischen Führungsschicht zu Eliten inner- und außerhalb des Kirchenstaats eine Fülle von Studien aus der Zeit Pauls V.; die wichtigsten: Nicole Reinhardt, *Macht und Ohnmacht der Verflechtung. Rom und Bologna unter Paul V.*, Tübingen 2000; Tobias Mörschel, *Buona Amicitia? Die römisch-savoyischen Beziehungen unter Paul V. (1605–1621). Studien zur frühneuzeitlichen Mikropolitik in Italien*, Mainz 2002; Guido Metzler, *Französische Mikropolitik in Rom unter Papst Paul V. Borghese 1605–1621*, Heidelberg 2008; Christian Wieland, *Fürsten, Freunde, Diplomaten. Die römisch-florentinischen Beziehungen unter Paul V. (1605–1621)*. Die große Zahl der Einzeldarstellungen nochmals zusammengefasst und ausgewertet in: Wolfgang Reinhard (Hg.), *Römische Mikropolitik unter Papst Paul V. Borghese 1605–1621 zwischen Spanien, Neapel, Mailand und Genua*, Tübingen 2004. Zum päpstlichen Verwaltungspersonal umfangreiche prosopographische Listen bei Christoph Weber, *Legati e governatori dello Stato pontificio 1550–1809*, Roma

1994. Zu den führenden Familien der Kurie und ihren Behauptungsstrategien: ders., *Familienkanonikate und Patronatsbistümer. Ein Beitrag zur Geschichte von Adel und Klerus im neuzeitlichen Italien*, Berlin 1988. Umfangreiche, nicht immer exakte Stammtafeln: ders./Michael Becker, *Genealogien zur Papstgeschichte*, 6 Bände, Stuttgart 1999–2002. Zum römischen Feudalismus des 17. und 18. Jahrhunderts grundlegend: Bertrand Forclaz, *La famille Borghese et ses fiefs: l'autorité négociéee dans l'Etat pontifical d'Ancien Régime*, Roma 2006. Zur Papstfinanz im 17. Jahrhundert und zuvor Überblick und Angaben zur älteren Literatur bei: Moritz Isenmann, *Die Verwaltung der päpstlichen Staatsschuld in der Frühen Neuzeit. Sekretariat, Computisterie und Depositerie der Monti vom 16. bis zum ausgehenden 18. Jahrhundert*, Stuttgart 2005; Georg Lutz, *Zur Papstfinanz von Klemens IX. bis Alexander VIII. (1667–1691)*, in: Römische Quartalschrift für christliche Altertumskunde und Kirchengeschichte 74 (1979) S. 32–90.

Zur Herkunft der Päpste: Wolfgang Reinhard, *Herkunft und Karriere der Päpste 1417–1963. Beiträge zu einer historischen Soziologie der römischen Kurie*, in: Mededelingen van het Nederlands Historisch Instituut te Rome 38 (1976) S. 87–108; ders., *Le carriere papali e cardinalizie. Contributo alla storia sociale del papato*, in: Luigi Fiorani/Adriano Prosperi (Hg.), Roma, la città del papa, Torino 2000, S. 261–290. Zu Kardinal Scipione Borghese, seinem Einkommen und seiner Vermögensanlage: Volker Reinhardt, *Kardinal Scipione Borghese 1605–1633. Vermögen, Finanzen und sozialer Aufstieg eines Papstnepoten*, Tübingen 1984. Zur kurialen Debatte über das theologische und moralische Problem Nepotismus: Marzio Bernasconi, *Il cuore irrequieto dei papi. Percezione e valutazione ideologica del nepotismo sulla base dei dibattiti curiali del XVII secolo*, Bern 2004. Beginn und Grundlage der sozialhistorischen Nepotismusforschung bei: Wolfgang Reinhard, *Papstfinanz und Nepotismus unter Paul V. (1605–1621). Studien und Quellen zur Struktur und zu quantitativen Aspekten des päpstlichen Herrschaftssystems*, Stuttgart 1974; ergänzend dazu, 35 Jahre später: ders., *Paul V. Borghese (1605–1621). Mikropolitische Papstgeschichte*, Stuttgart 2009; zu diesem Forschungsansatz und seinem Begründer: Volker Reinhardt, *Einführung*, in: Historische Anstöße. Festschrift für Wolfgang Reinhard zum 65. Geburtstag am 10. April 2002, Berlin 2002, S. 173–178. Zu weiteren Rollen des Kardinalnepoten: Martin Faber, *Scipione Borghese als Kardinalprotektor. Studien zur römischen Mikropolitik in der Frühen Neuzeit*, Mainz 2005; Volker Reinhardt, *Der römische Hof um 1600*, in: August Buck/Georg Kauffmann/Blake Lee Spahr/Conrad Wiedemann (Hg.), Europäische Hofkultur im 16. und 17. Jahrhundert, Band 3, Hamburg 1981, S. 709–715. Zum Gesamtphänomen Nepotismus eher traditionell: Antonio Menniti Ippolito, *Il tramonto della curia nepotista. Papi, nepoti e burocrazia curiale tra XVI e XVII secolo*, Roma 1999. Versuche einer globalen Neubewertung in: Daniel Büchel/Volker Reinhardt (Hg.), *Die Kreise der Nepoten. Neue Forschungen zu alten und neuen Eliten Roms in der frühen Neuzeit*, Bern 2001; dort ebenso wie in der Festschrift für Wolfgang Reinhard verschiedene Einzelstudien, vor allem zu den Borghese,

Ludovisi, Barberini und Chigi. Zum Normenkonflikt an der Kurie, speziell in Sachen Nepotismus: Volker Reinhardt, *Normenkonkurrenz an der frühneuzeitlichen Kurie*, in: Günther Wassilowsky/Hubert Wolf (Hg.), Werte und Symbole im frühneuzeitlichen Rom, Münster 2005, S. 51– 65. Zum Barberini-Pontifikat insgesamt und speziell zum Nepotismus Urbans VIII. grundlegend: Ulrich Köchli, *Urban VIII. und die Barberini. Nepotismus als Strukturmerkmal päpstlicher Herrschaftsorganisation in der Vormoderne*, Stuttgart 2017. Zum Pontifikat Clemens' X. und dem „Mehrfamilien-Nepotismus" dieses Pontifikats: Susanne Hohwieler, *Die Altieri – Eine römische Familie. Status und Selbstdarstellung vom 15.-17. Jahrhundert. Eine Nepotengeschichte*, Bern u. a. 2019. Zu Anna Colonna Barberini und Frauen im System des Nepotismus allgemein grundlegend: Caro Nater, *Zwischen Konvention und Rebellion: Die Handlungsspielräume von Anna Colonna Barberini und Maria Veralli Spada in der papsthöfischen Gesellschaft des 17. Jahrhunderts*, Göttingen 2011; zur Rolle von Frauen im System Rom auch: Benedetta Borello, *Trame sovrapposte. La società aristocratica e le reti di relazioni femminili a Roma (XVII–XVIII secolo)*, Napoli 2003. Zu den Papsttestamenten grundlegend: Maura Piccialuti, *Eine Säule des Nepotismus – vom Gebrauch des Fideikommisses an der römischen Kurie*, in: Daniel Büchel/Volker Reinhardt (Hg.), Die Kreise der Nepoten. Neue Forschungen zu alten und neuen Eliten Roms in der Frühen Neuzeit, Bern 2001, S. 61–74.; dies., *L'immortalità dei beni. Fedecommessi e primogeniture a Roma nei secoli XVII e XVIII*, Roma 1999.

Zum kurialen Klientelismus grundlegende Thesen und Hypothesen bei: Wolfgang Reinhard, *Freunde und Kreaturen. Verflechtung als Konzept zur Erforschung historischer Führungsgruppen. Römische Oligarchie um 1600*, München 1979; ders., *Amici e creature. Politische Mikrogeschichte der römischen Kurie im 17. Jahrhundert*, in: Quellen und Forschungen aus italienischen Archiven und Bibliotheken 76 (1996) S. 308–334. Zu diesen Ansätzen, drei Jahrzehnte danach: Birgit Emich/Nicole Reinhardt/Hillard von Thiessen/Christian Wieland, *Stand und Perspektiven der Patronageforschung. Zugleich eine Antwort auf Heiko Droste*, in: Zeitschrift für historische Forschung 32 (2005) S. 233–265; Maria Antonietta Visceglia, *Burocrazia, mobilità sociale e patronage alla corte di Roma tra Cinque e Seicento. Alcuni aspetti del recente dibattito storiografico e prospettive di ricerca*, in: Roma moderna e contemporanea 3 (1995) S. 11–55. Wichtige Fallstudien: Arne Karsten, *Kardinal Bernardino Spada. Eine Karriere im barocken Rom*, Göttingen 2001; Renata Ago, *Carriere e clientele nella Roma barocca*, Roma 1990; Irene Fosi, *All'ombra dei Barberini. Fedeltà e servizio nella Roma barocca*, Roma 1997; Maria Antonietta Visceglia (Hg.), *La nobiltà romana in età moderna. Profili istituzionali e pratiche sociali*, Roma 2001. Zu Bernini und seiner Einbindung in römische Netzwerke, speziell die Klientel der Barberini, grundlegend: Arne Karsten, *Bernini. Der Schöpfer des barocken Rom*, München 2006. Zum Grabmal Urbans VIII.: Carolin Behrmann, *Die Rückkehr der lebenden Toten. Berninis Grabmal Urbans VIII. Barberini (1623–1644)*, in: Horst Bredekamp/Volker Reinhardt (Hg.), Totenkult und

Wille zur Macht. Die unruhigen Ruhestätten der Päpste in Sankt Peter, Darmstadt 2004, S. 179–196; zu Kardinal Angelo Giori als „Kreatur" der Barberini: dies., *Kleiner Mann mit Geltungsdrang. Kardinal Angelo Giori (1586–1662) und die feinen Unterschiede im Kardinalskollegium*, in: Arne Karsten (Hg.), Jagd nach dem roten Hut. Kardinalskarrieren im barocken Rom, Göttingen 2004, S. 172–185. Zum Alltag der römischen Mittel- und Unterschicht materialreich: Massimo Petrocchi, *Roma nel Seicento*, Bologna 1970; Jean Delumeau, *Vie économique et sociale de Rome dans la seconde moitié du XVIe si cle*, 2 Bände, Paris 1957/59.

Zur Gewalt in Rom die minutiösen Aufstellungen von Peter Blastenbrei, *Kriminalität in Rom 1560–1585*, Tübingen 1995, dessen Ergebnisse sich grosso modo auf das 17. Jahrhundert übertragen lassen dürften; dasselbe gilt mit gewissen Einschränkungen für Irene Polverini Fosi, *La società violenta. Il banditismo dello Stato pontificio nella seconda metà del Cinquecento*, Roma 1985. Zu Caravaggios „Sozialverhalten": Howard Hibbard, *Caravaggio*, London 1983. Grundlegend zur „Korsenaffäre" und ihren Hintergründen: Arne Karsten, *„Nepotismum discussurus" – Die Korsenaffäre 1662 und ihre Auswirkungen auf die Nepotismus-Diskussion an der Kurie*, in: Historische Anstöße. Festschrift für Wolfgang Reinhard zum 65. Geburtstag am 10. April 2002, Berlin 2002, S. 263–290. Zu Berninis Aufenthalt in Frankreich und dem Tagebuch Chantelous: Pablo Schneider/Philipp Zitzlsperger (Hg.), *Bernini in Paris. Das Tagebuch des Paul Fréart de Chantelou über den Aufenthalt Gianlorenzo Berninis am Hof Ludwigs XIV.*, Berlin 2006.

Zu Heiligkeit im 16. Jahrhundert und ihrer Krise: Miguel Gotor, *Chiesa e santità nell'Italia moderna*, Roma/Bari 2004; ders., *I beati del papa. Santità, inquisizione e obbedienza in età moderna*, Firenze 2002; Peter Burschel, *Sterben und Unsterblichkeit. Zur Kultur des Martyriums in der Frühen Neuzeit*, München 2004 (auch zu den Fresken von Santo Stefano Rotondo); Elena Bonora, *„I beati del papa": note su politica e religione in età posttridentina*, in: Rivista di storia del cristianesimo 1 (2004) S. 405–414; Giovanni Papa, *Le cause di canonizzazione nel primo periodo della Congregazione dei Riti (1588–1634)*, Città del Vaticano 2001; Marcello Fagiolo (Hg.), *Festa politica, festa sacra, festa profana*, Roma 1997. Zu Carlo Borromeos allgemeinem Hintergrund bei: Mariano Delgado/Markus Ried (Hg.), *Carlo Borromeo und die katholische Reform in der Schweiz*, Fribourg/Stuttgart 2010; zur Heiligsprechung: Volker Reinhardt, *Krieg um die Erinnerungshoheit. Die Heiligsprechung Carlo Borromeos*, in: Zeitschrift für Religions- und Kulturgeschichte 103 (2009) S. 63–72; Julia Zunckel, *Das schwere Erbe San Carlos oder: Von der Übererfüllung der Norm. Der Mailänder Kardinalerzbischof Federico Borromeo (1564–1631)*, in: Arne Karsten (Hg.), Jagd nach dem roten Hut. Kardinalskarrieren im barocken Rom, Göttingen 2004, S. 69–87. Zu den Heiligsprechungen des Jahres 1622: Erich Gollino, *„Unsterbliches Rom der Heiligen und Märtyrer". Zu den Kanonisationen des Jahres 1622*, unveröffentlichte Lizentiatsarbeit Fribourg 2006; William Tronzo (Hg.), *St Peter's in the Vatican*, Cambridge 2005; José Luis Colomer (Hg.), *Arte y diplomacia de la Monarquía Hispánica en el siglo XVII*, Madrid 2003.

Zur Funktion von Wappen: Wolfgang Reinhard, *Sozialgeschichte der Kurie in Wappenbrauch und Siegelbild. Ein Versuch über Devotionswappen frühneuzeitlicher Kardinäle*, in: Erwin Gatz (Hg.), Römische Kurie. Kirchliche Finanzen. Vatikanisches Archiv. Studien zu Ehren von Hermann Hoberg, Band 2, Roma 1979, S. 741–772. Die Erforschung der römischen Papst- und Kardinalsgrabmäler ist vom interdisziplinären Forschungsprojekt „Requiem" auf eine völlig neue Grundlage gestellt worden, nicht zuletzt durch die dabei angelegte Datenbank (www.requiem-project.de), aus der auch die drei wiedergegebenen Inschriften stammen, doch auch durch die im Zusammenhang damit entstandenen Publikationen: Horst Bredekamp/Volker Reinhardt (Hg.), *Totenkult und Wille zur Macht. Dieunruhigen Ruhestätten der Päpste in Sankt Peter*, Darmstadt 2004; Arne Karsten/ Philipp Zitzlsperger (Hg.), *Tod und Verklärung. Grabmalskultur in der Frühen Neuzeit*, Köln/Weimar/Wien 2004; Carolin Behrmann/Arne Karsten/Philipp Zitzlsperger (Hg.), *Grab, Kult und Memoria*. Studien zur gesellschaftlichen Funktion von Erinnerung, Köln/Weimar/Wien 2007; in diesen Tagungsbänden Einzelbeiträge zu den hier vorgestellten Monumenten. Zum Grabmal Gregors XV. vertieft: Daniel Büchel/Arne Karsten/Philipp Zitzlsperger, *Mit Kunst aus der Krise? Das Grabmal Pierre Legros' für Papst Gregor XV. Ludovisi in der römischen Kirche Sant'Ignazio*, in: Marburger Jahrbuch für Kunstwissenschaft 29 (2002) S. 165–198. Für wertvolle Informationen und Bildmaterial zur den Bolognetti in Gesù e Maria danke ich Tobias Weißmann (Berlin), der über diese Monumente forscht.

Die Ausführungen zu Getreideversorgung, *moral economy* und Hungerrevolten beruhen auf meiner Habilitationsschrift: Volker Reinhardt, *Überleben in der frühneuzeitlichen Stadt. Annona und Getreideversorgung in Rom 1563–1797*, Tübingen 1991; zu den Präfekten der Annona: ders., *Die Präfekten der römischen Annona im 17. und 18. Jahrhundert. Karrieremuster als Behördengeschichte*, in: Römische Quartalschrift für christliche Altertumskunde und Kirchengeschichte 85 (1990) S. 98–115; zu den römischen Bäckern und ihrer Verteilung im römischen Stadtbild: ders., *Bäcker, Brot und Bevölkerungsentwicklung in der römischen Stadtgeschichte vom 16. bis 18. Jahrhundert*, in: Quellen und Forschungen aus römischen Archiven und Bibliotheken 69 (1989) S. 151–180; zur Katastrophe von 1648/49: ders., *Brotpreis und Papstfinanz. Annona und Getreideversorgung in Rom während der Krise 1647– 49*, in: Freiburger Universitätsblätter 96 (1987) S. 41–59. Zu Sixtus V. als Stadtplaner: René Schiffmann, *Roma felix. Aspekte der städtebaulichen Gestaltung Roms unter Sixtus V.*, Bern 1995. Zur Rolle der „Päpstin" Olimpia Maidalchini: *Donata Chiomenti Vassalli, Donna Olimpia o del nepotismo nel Seicento*, Milano 1980. Zu den römischen Behörden im 17. Jahrhundert: Laurie Nussdorfer, *Civic Politics in the Rome of Urban VIII.*, Princeton 1992.

Zu den Heiligen Jahren des 17. Jahrhunderts außer den ausführlichen Schilderungen bei Ludwig von Pastor: Marcello Fagiolo/Maria L. Madonna (Hg.), *L'arte degli Anni Santi, Roma 1300–1875*, Milano 1984; Francesco Gligora/Biagia Catanzaro,

Anni Santi. I Giubilei dal 1300 al 2000, Città del Vaticano 1996; zu kritischen Kommentaren und „Journalisten": Rossana Arzone (Hg.), *Pasquinate del Seicento*, Roma 1995; Tommaso Bulgarelli, *Il giornalismo a Roma nel Seicento*, Roma 1988. Zum Anno Santo 1650 und dem „Insider-Tagebuch": Uta Piereth, *Bericht aus Rom. Ein Diario zum Heiligen Jahr 1650*, in: Römische historische Mitteilungen 42 (2000) S. 323–350.

Zur *familia* im Rom des 17. Jahrhunderts grundlegend: Markus Völkel, *Römische Kardinalshaushalte des 17. Jahrhunderts. Borghese – Barberini – Chigi*, Tübingen 1993, dort auch der Bericht über die Misere Kardinal Gonzagas, der Aufstieg des Lucas Holstenius und fundierte Ausführungen zur Livree. Zu Berninis Büsten Urbans VIII. ausgezeichnete Analysen, speziell zur symbolischen Aussage der Kleidung, bei: Philipp Zitzlsperger, *Gianlorenzo Bernini. Die Papst- und Herrscherporträts. Zum Verhältnis von Bild und Macht*, München 2002.

Zur Konkurrenz in Bau- und Bildprogrammen beste Gesamtdarstellung bei: Arne Karsten, *Künstler und Kardinäle. Vom Mäzenatentum römischer Kardinalnepoten im 17. Jahrhundert*, Köln/Weimar/Wien 2003, dort auch eine ausführliche Bibliographie zur kunsthistorischen Spezialliteratur; von dieser für historische Fragestellungen weiterhin sehr ergiebig: Gerhard Eimer, *La fabbrica di Sant'Agnese in Navona. Römische Architekten, Bauherren und Handwerker im Zeitalter des Nepotismus*, 2 Bände, Stockholm 1970/71; Alessandro Angelini, *Gianlorenzo Bernini e i Chigi tra Roma e Siena*, Siena 1998; William L. Barcham, *Grand in design. The life and career of Federico Cornaro, prince of the church, patriarch of Venice and patron of the arts*, Venezia 2001; Mirka Benes, *The Villa Pamphili (1630–1670). Family, Gardens and Land*, Yale 1989; Michael P. Fritz, *Der Statuenhain in den Gärten der Villa Ludovisi*, in: Daidalos 65 (1997) S. 42–51; Katrin Kalveram, *Die Antikensammlung des Kardinals Scipione Borghese*, Worms 1995; Jörg Martin Merz, *Pietro da Cortona. Der Aufstieg zum führenden Maler im barocken Rom*, Tübingen 1991; Richard Krautheimer, *Roma di Alessandro VII*, Roma 1987.

Zur römischen Inquisition: Andrea del Col/Giovanna Paolin (Hg.), *L'inquisizione romana: metodologia delle fonti e storia istituzionale*, Trieste 2000; *L'inquisizione e gli storici: un cantiere aperto*, Roma 2000; Hubert Wolf (Hg.), *Inquisition – Index – Zensur. Wissenskulturen der Neuzeit im Widerstreit*, Paderborn 2003; Übersicht über ältere Literatur und Forschungstendenzen bei: Jean-Pierre Dedieu/René Millar Carvacho, *Entre histoire et mémoire. L'inquisition à l'époque moderne: dix ans d'historiographie*, in: Annales 57 (2002) S. 349–372. Zum Prozess gegen Giordano Bruno: Volker Reinhardt, *Der nach den Sternen griff. Giordano Bruno. Ein ketzerisches Leben*, München 2024; Francesco Beretta, *Giordano Bruno e l'Inquisizione romana. Considerazioni sul processo*, Pisa/Roma 2001. Zum Fall Galilei beste Übersicht und Literaturhinweise bei: Volker R. Remmert, *Ariadnefäden im Wissenschaftslabyrinth. Studien zu Galilei: Historiographie – Mathematik – Wirkung*, Bern 1998; ders., *Widmung, Welterklärung und Wissenschaftslegitimierung. Titelbilder und ihre Funktionen in der wissenschaftlichen Revolution*, Wiesbaden

2005; Mario Biagioli, *Galilei der Höfling. Entdeckungen und Etikette – vom Aufstieg der neuen Wissenschaften*, Frankfurt am Main 1999. Zur „Zweiten Reform" unter Innozenz XI.: Volker Reinhardt, *Der Sanierer*, in: Arne Karsten/Volker Reinhardt (Hg.), Kardinäle, Künstler, Kurtisanen. Wahre Geschichten aus dem päpstlichen Rom, Darmstadt 2004, S. 37– 47. Zum Nepotismus im 18. Jahrhundert die Pionierstudie von Almut Goldhahn, *Von der Kunst des sozialen Aufstiegs. Statusaffirmation und Kunstpatronage der venezianischen Papstfamilie Rezzonico*, Wien/Köln 2017.

Nachweis der Bildzitate

S. 2: WBG-Archiv; S. 28: V. Reinhardt, Rom – ein illustrierter Führer durch die Geschichte, 1999, S. 201; S. 36: Reinhardt, Rom – Kunst und Geschichte, S. 145; S. 37: Reinhardt, Überleben in der frühneuzeitlichen Stadt, S. 24; S. 48: L. von Matt/F. Barelli, Rom. Kunst und Kultur der „Ewigen Stadt" in mehr als 1000 Bildern, ²1977, S. 267; S. 55: Karsten, Bernini, S. 201; S. 66: Bredekamp/Reinhardt, Totenkult, S. 180; S. 69: V. Reinhardt, Rom – ein illustrierter Führer durch die Geschichte, 1999, S. 195; S. 73/74: Karsten, Bernini, S. 40; S. 72: Karsten/Reinhardt, Kardinäle, Künstler, Kurtisanen, S. 40; S. 75: L. von Matt/F. Barelli, Rom. Kunst und Kultur der „Ewigen Stadt" in mehr als 1000 Bildern, ²1977, S. 98; S. 77: Karsten, Bernini, S. 167; S. 85: Karsten, Bernini, S. 94; S. 87: Karsten/Reinhardt, Kardinäle, Künstler, Kurtisanen, S. 114; S. 95: Wassilowsky/Wolf, Werte und Symbole im frühneuzeitlichen Rom, Tafeln; S. 101: WBG-Archiv; S. 107: Karsten, Bernini, S. 223; S. 111: V. Reinhardt, Rom – ein illustrierter Führer durch die Geschichte, 1999, S. 188; S. 112: Karsten, Bernini, S. 158; S. 114: L. von Matt/F. Barelli, Rom. Kunst und Kultur der „Ewigen Stadt" in mehr als 1000 Bildern, ²1977, S. 191; S. 120: mit freundlicher Genehmigung von Tobias C. Weissmann; S. 123: Bredekamp/Reinhardt, Totenkult, S. 164; S. 128: Reinhardt, Rom – Kunst und Geschichte, S. 152; S. 131: Wassilowsky/Wolf, Werte und Symbole im frühneuzeitlichen Rom, Tafeln; S. 145: L. von Matt/F. Barelli, Rom. Kunst und Kultur der „Ewigen Stadt" in mehr als 1000 Bildern, ²1977, S. 190; S. 148: Kaiserzeit, Skulpturen, S. 190; S. 157: Reinhardt, Rom – Kunst und Geschichte, S. 230; S. 170: Chiomenti Vassalli, Donna Olimpia, Buchmitte; S. 179: V. Reinhardt, Rom – ein illustrierter Führer durch die Geschichte, 1999, S. 199; S. 186/187: Wassilowsky/Wolf, Werte und Symbole, Tafeln; S. 188/189: Zitzlsperger, Gianlorenzo Bernini, Bildseite 33/34; S. 198: Reinhardt, Rom – Kunst und Geschichte, S. 241; S. 199: Reinhardt, Rom – Kunst und Geschichte, S. 239; S. 196: WBG-Archiv; S. 201: Wassilowsky/Wolf, Werte und Symbole, Tafeln; S. 204/205: Karsten, Künstler und Kardinäle, Buchmitte; S. 207: Karsten, Bernini, S. 121; S. 208: picture-alliance; S. 211: V. Reinhardt, Rom – ein illustrierter Führer durch die Geschichte, 1999, S. 193; S. 215: Karsten, Künstler und Kardinäle, Buchmitte; S. 217: Karsten, Künstler und Kardinäle, Buchmitte; S. 219: Karsten, Künstler und Kardinäle, Buchmitte; S. 220: Karsten, Bernini, S. 165; S. 223: Karsten, Bernini, S. 197; S. 229: picture-alliance; S. 234: Reinhardt, Rom – Kunst und Geschichte, S. 251; S. 236: V. Remmert, Widmung, Welterklärung und Wissenschaftslegitimierung – Titelbilder und ihre Funktion in der wissenschaftlichen Revolution, 2005, S. 62; S. 255: Bredekamp/Reinhardt, Totenkult, S. 277.

Personenregister